当代中国
社会结构

Social Structure of Contemporary China
2010-2020

龚维斌　张林江　等　著

社会科学文献出版社
SOCIAL SCIENCES ACADEMIC PRESS (CHINA)

目 录
CONTENTS

2010 年，陆学艺先生领衔的"当代中国社会变迁研究"课题组出版了《当代中国社会结构》一书。书中强调，当时是调整社会结构的关键时期，应当以社会建设为重点，抓好社会体制改革，大力推进以城市化为突破口的系列社会发展议程。

2021 年 7 月 1 日，习近平总书记在北京代表党和人民庄严宣告，在中华大地上全面建成了小康社会。在百年不遇的新冠肺炎疫情、世界经济陷入第二次世界大战结束以来最严重的衰退、一些国家对我国遏制打压全面升级的三重压力下，中国实现了率先控制疫情、率先复工复产、率先恢复了经济正增长。2020 年，我国 GDP 达到 1015986 亿元，比上年增长 2.3%，这是我国国内生产总值首次迈上百万亿元台阶。国内就业局势抗压企稳，城乡居民生活水平有所提升，社会和谐稳定。

在这样一个历史节点和背景下，对 2010～2020 年我国社会结构的变迁情况进行再研究，既是继承陆学艺先生开创的"新社会结构学派"学术思想的理论自觉行动，也是全面、客观、准确、深入地解释和判断当代中国社会转型的整体进程、政策脉络、动力机制、未来趋势的学术使命。

第一节　把社会结构带到社会发展研究的核心

自然界中，结构不同导致性状不同的现象比比皆是。比如，石墨和金刚石都是一种碳单质，从化学元素角度看二者完全相同，但由于它们的分子结构不同，二者的物理强度、硬度差异巨大。

人类很早就开始认识到结构的重要性，并充分利用其特点改善生产生活。比如，在种类繁多、形态各异的世界建筑中，虽然也有材料的不同，但通过基础、板、梁、柱、墙等构件的结构化设计和建造，实现建筑的稳定性、耐久性和安全性，已经成为建筑行业的通识。

在长期对宏观社会的观察和分析中，人们也发现了社会结构对于社会发展影响的秘密。社会结构和社会行动相对应，是社会学的基本概念范畴。虽然人们对其内涵的理解存在差异，但从社会学史来看，"社会结构是社会学研究的核心问题，是研究社会变迁和社会转型的重要理论工具"①。作为一种对纷繁复杂社会现象的深度扫描和全面概括，社会结构既是"对社会静态分析的终点，也是对社会动态分析的起点"。②

在一定时间范围内，每个国家的地理条件、自然资源禀赋和人口是经济社会发展的约束性条件，很难在短期内发生大的变化（虽然也可以通过计划生育、教育等政策改变人口数量和素质等，但是个相对慢的变量）。那么，如何通过有效的公共政策调整，实现国家要素的结构化组合，推动社会结构与经济结构的良性匹配和互相促进，达到经济增长和社会进步的目标，就成为现代国家治理中非常重要的内容。如果说"经济发展是一个遵循经济总量增长和经济结构变化这双重主题的推进过程"③ 的话，那么作为一枚金币的另一面，"社会结构中的资源与机会配置的公平，能够促进社会成员的积极性，释放出推进发展的重要活力，同时促进社会各维度结构的合理调整，为经济增长提供重要的结构性支撑"④。

在人类社会进步的历程中，各个国家和地区走向现代化的道路和结果不尽相同。但是，实现了现代化的国家和地区，往往有着某些共性的结构性特点；那些在现代化进程中出现挫折的国家和地区，也往往有着某些共性的结构性特点。为此，研究社会结构除了具有理论探索的意义外，还可以从社会结构的演进中发现其普遍性的规律，并在遵循规律的基础上，积极运用各种政策工具，适时适度动态调整增长函数和社会平衡度。为此，"要加强对社会结构发展变化的调查研究，深入认识和分析阶层结构、城

---

① 陆学艺主编《当代中国社会结构》，社会科学文献出版社，2018，第12页。
② 陆学艺主编《当代中国社会结构》，社会科学文献出版社，2018，第8页。
③ 蔡昉、林毅夫：《中国经济》，中国财政经济出版社，2004，第50页。
④ 陆学艺主编《当代中国社会结构》，社会科学文献出版社，2018，第11页。

乡结构、区域结构、人口结构、就业结构、社会组织结构等方面的发展变化和发展趋势，以利于深入认识在发展社会主义市场经济和对外开放的条件下我国社会发展的特点和规律，更好地推进社会建设和管理"①。

正是基于这样的认识，《当代中国社会结构》一书提出，社会结构是指一个国家或地区占有一定资源、机会的社会成员的组成方式与关系格局。该书还从人口结构、家庭结构、组织结构、城乡结构、区域结构、就业结构、收入分配结构、消费结构、社会阶层结构九个子结构的维度，对21世纪初期我国的社会结构进行了调查研究和分析，从而建立了自己的社会结构分析模型（见图0-1）。

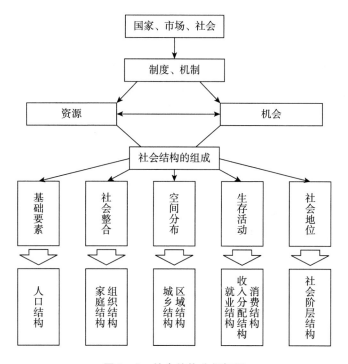

图0-1 社会结构分析框架

资料来源：陆学艺主编《当代中国社会结构》，社会科学文献出版社，2018，第11页。

如何对社会结构发生的变化进行客观评价？这就需要建立一个什么才

---

① 胡锦涛：《在中央政治局第二十次集体学习时的讲话》，《人民日报》2005年2月23日，第1版。

是"好的"社会结构的评判标准，从而为社会结构转型或者说社会结构良性演化提供一个参照系。"那么，是否能从现代产业社会中抽象出可称为普遍性的社会结构形态呢？我认为是能抽象出来的。当然，由于现实的各个现代产业社会的历史有长有短，它们之间又有文化的差异（西方各社会也互有差异），所以社会结构不尽相同，但如果我们把现代产业社会理解为马克斯·韦伯所说的'理想型'就可以把现代产业社会所固有的各种结构要素加以纯化并抽取出来，把这种特性作为现代产业社会的典型性的（在此意义上也是普遍性的）社会结构，不仅是可能的，而且是有意义的。"①

事实上，为了测度社会现代化程度，人们尝试建立了多样化的测量工具，比如，经典现代化的"箱根模型"、"列维模型"②、"布莱克标准"③和"英格尔斯标准"，以及联合国开发计划署（UNDP）提出的人类发展指数（Human Development Index，HDI）等。结合这些指标，以及我们对现代化社会结构的理解，我们尝试提出如下社会结构现代化评价标准（见表0 - 1）。基于研究深化和表述准确的需要，我们将《当代社会结构》一书中采用的就业结构修改为就业和职业结构，收入分配结构修改为收入和财富分配结构，组织结构修改为社会的组织结构。鉴于近年来互联网深度嵌入人类社会生活，对现实世界产生了多元而又复杂的影响。而且，网络社会在与现实社会互动过程中也形成了一种新的结构，所以，我们的研究将网络社会结构也纳入了进来。

表0 - 1   社会结构现代化评价标准

		评价标准	评价指标
1	人口结构	合理的人口替代率； 合理的社会抚养率	人口数量、人口增长率、社会抚养比、人口素质

---

① 富永健一：《社会结构与社会变迁——现代化理论》，董兴华译，云南人民出版社，1988，第17~18页。

② 指美国社会学家列维在其《现代化与社会结构：国际事务体系》一书中提出的现代化社会八大特征。Marion J. Levy, Jr., *Modernization and the Structure of Societies: A Setting for International Affairs* (Princeton, NJ: Princeton University Press, 1966).

③ 指美国历史学家布莱克在其《现代化的动力》一书中提出的10个区分"前现代化社会"和"现代化社会"的标准。C. E. 布莱克：《现代化的动力》，段小光译，四川人民出版社，1988。

续表

		评价标准	评价指标
2	家庭结构	规模小型化； 部分功能外包	家庭规模、权力和资源配置、主要功能
3	社会的组织结构	各类社会组织数量多、质量高； 社会团结程度高	万人社会组织数、社会韧性、社会整合
4	城乡结构	城市化率较高； 城乡协调发展	城市化、基础设施、公共服务、生活水平
5	区域结构	不同地区均衡发展	基础设施、公共服务、生活水平
6	就业和职业结构	比较充分就业； 职业结构高级化	失业率，一、二、三产就业比，地区就业比，劳动力流出流入量，职业比例
7	收入和财富分配结构	贫富差距不大； 有利于调动积极性	基尼系数、收入等分比
8	消费结构	消费成为拉动经济增长的主要动力； 全社会生活水平较高	消费的经济贡献、消费水平
9	社会阶层结构	阶层合理分化； 较好的社会流动； 不同阶层关系和谐融洽	阶层位序、社会资源和机会配置、阶层关系、社会流动率
10	网络社会结构	正常的网络空间秩序； 不对现实社会生活形成强破坏	网民数、网络净化程度、网络权力安排

资料来源：作者自制。

第二节　我国社会结构的"十年巨变"及当前特征

过去十年，我国经济发展取得长足进步。国内生产总值由 2009 年的 348517.7 亿元，[①] 增长到 2020 年的 1015986 亿元。2010 年超越日本，成为世界第二大经济体。人均国内生产总值由 2009 年的 26180 元，增长到 2020 年的 72447 元，超过了人均 1 万美元的水平。我国是世界第一大工业国，工业增加值于 2010 年超过美国。与此同时，社会领域改革取得重大进展，民生保障和社会福利水平持续提升。根据联合国开发计划署 2019 年《人类发展报告》，1990~2018 年，中国人类发展指数（HDI）从 0.501 跃

[①] 如无特殊说明，本书所引数据均来自历年《中国统计年鉴》或国家统计局"国家数据库"。

升到 0.758，增长超过 51%。自 1990 年引入人类发展指数以来，我国是世界上唯一一个从"低人类发展水平"跃升到"高人类发展水平"的国家。[①]

从宏观社会角度看，2010～2020 年我国的社会结构呈现如下主要特征和变化。

一 收入分配差距大的状况有所改善

2010 年以来收入分配调节最大的成就是"保低"工作取得重大进展。2011 年中央扶贫开发工作会议召开，要求全面加强扶贫开发工作。特别是 2013 年精准扶贫理念形成，2015 年中央扶贫开发工作会议召开，打响了脱贫攻坚战。精准脱贫以及社会救助扩面提标极大改善了低收入群体的生活。农村贫困人口从 2010 年的 16566 万人，到 2020 年实现了现行标准下清零。提前 10 年完成联合国 2030 年可持续发展议程的减贫目标，创造了世界减贫史上的奇迹。与此同时，社会救助制度日趋完善，保障水平持续提升。农村贫困家庭、绝对弱势群体、低收入群体等在收入分配改革中得到了实惠，一定程度上促进了居民收入分配结构改善。

1978 年，我国的基尼系数为 0.18，社会财富呈现非常低度的分化，全体社会成员"平等的贫穷"。1998 年我国基尼系数突破 0.4 这个公认的过度分化标志值，此后长期在这一警戒线上运行。2008 年达到峰值 0.491，然后进入非常缓慢的下降通道。2015 年下降到 0.462 后又出现反弹，2019 年仍然处于 0.465 的高位。

从全国居民按收入五等份分组的人均可支配收入情况来看，2020 年 20% 高收入组家庭人均可支配收入为 80293.8 元，而 20% 低收入组只有 7868.8 元，前者是后者的 10.20 倍。[②] 从 2013 年国家统计局开展城乡一体化住户收支与生活状况调查算起，这一情况已经保持了 8 年，2018 年还曾接近 11 倍。由于近年来农村居民收入增速高于城镇居民，城乡居民人均可支配收入差距略有缩小。2010 年这一数据为 3.23 倍，2013 年是 2.8 倍，

---

① 陈偲：《2019 年人类发展报告：中国进入"高人类发展水平"国家之列》，中国发展门户网，2019 年 12 月 12 日，http://cn.chinagate.cn/news/2019－12/12/content_75504438.htm，最后访问日期：2021 年 5 月 13 日。

② 国家统计局编《2021 中国统计摘要》，中国统计出版社，2021，第 59 页。

2020 年下降到 2.56 倍。但城镇居民内部、农村居民内部的收入差距开始扩大。另外，东部地区居民与其他地区居民，特别是与西部地区居民的人均可支配收入差距也在拉大。

党的十八大以来，国家高度重视收入分配问题，将扩大中等收入群体规模作为经济社会发展关键性议题，扩大中等收入群体规模成为调节收入分配、调整阶层结构的主线。根据国家统计局测算，中国拥有全球规模最大、最具成长性的中等收入群体，2017 年就已经超过 4 亿人，2018 年以来还有增加。[①] 连续多年的经济稳定增长，市场在资源配置中的作用持续强化，日益开放的社会空间，政府掌握的各类资源数量、质量的变化，民生事业和社会保障的推进，无疑是中等收入群体成长的基础性土壤。高等教育的迅速扩张和城市白领职业的增加，为中等收入群体人数的增加创造了机会和条件。但是，这与我国已经进入工业化后期、多达 14 亿人口的规模相比，中等收入群体规模仍然过小，离理想的"橄榄型"结构还有很大差距。还要看到，在收入分配差距仍然过大的情况下，近年又叠加了财富分配的差距，二者还形成互相增强效应。房地产、股市和资本市场的"马太效应"以及科技发展与产业的融合，进一步导致居民财富差距难以短期内缩小。

总体来看，收入差距问题以及中等收入群体规模较小的问题，影响到消费动能的全面发挥、公正价值的社会认同，对可持续发展产生多方面的负面效果。这有悖于中国特色社会主义的本质要求，成为共同富裕道路上必须战胜的拦路虎。

二 城乡结构不平衡尚未根本扭转

2011 年，我国城市化率达到 51.27%，首次超过 50%，实现了从"乡

[①] 2019 年 1 月 21 日，国家统计局局长宁吉喆在国务院新闻办公室举行的新闻发布会上表示，根据国家统计局测算，中国拥有全球规模最大、最具成长性的中等收入群体。根据他的介绍，国家统计局测算中等收入群体的标准是，以中国典型的三口之家年收入在 10 万元至 50 万元之间，且有购车、购房、闲暇旅游的能力。据此标准，2017 年中国已经有 4 亿多人、约 1.4 亿个家庭属于中等收入群体。引自丁宝秀《超过 4 亿人 中国拥有全球规模最大中等收入群体》，中国新闻网，2019 年 1 月 21 日，https://www. chinanews.com/cj/2019/01-21/8734812.shtml，最后访问日期：2021 年 5 月 13 日。

土中国"到"城市中国"的质的变化。2014 年国务院出台《关于进一步推进户籍制度改革的意见》，决定建立城乡统一的户口登记制度，取消农业户口与非农业户口性质区分和由此衍生的蓝印户口等户口类型，统一登记为居民户口。2020 年底，城镇常住人口 90199 万人，城镇化率达到 63.89%。可以说，以户籍制度为基础、城乡分治的二元结构，已经得到很大改变。

党的十九大提出乡村振兴战略，2018 年初《中共中央　国务院关于实施乡村振兴战略的意见》公布，2020 年底中央农村工作会议召开，全面谋划了新发展阶段的"三农"工作。经过多年努力，农业农村取得历史性成就，发生历史性变革。农业综合生产能力上了大台阶，农民收入较 2010 年翻了一番多，农村民生显著改善，乡村面貌焕然一新。[①] 但也应当看到，城乡结构不均衡仍然是当代中国最大的发展不平衡，农村发展相对落后仍然是当代中国最大的发展不充分。

这主要体现在如下方面。其一，"现阶段，城乡差距最直观的依然是基础设施差距大，城乡发展不平衡最突出的依然是公共服务不平衡"。[②] 公共资源配置偏城市轻农村的状况仍未彻底改变。与城市相比，农村的交通、通信、饮用水、电力供应、生产基础设施、污水和垃圾处理、公共活动场所等方面，还存在弱项、短板甚至缺项，人居环境提升空间很大。农村居民在就业、教育、养老、医疗、社会保障、住房保障等多个方面，尚未获得与城市人同等的权利保护和福利水平。其二，城乡要素双向流动机制"千呼万唤难出来"，农村要素单向向城市流动、继续"失血"的现象未能改变。除了少数地区外，农村的土地、资金、青壮年劳动力等要素持续向城市流动，特别是各类人才愿意进城但不愿意下乡。由于担心"资本下乡"带来的副作用，各地对农业资本化运作、土地流转集中等看法和认识不一，客观形成一些影响要素流动的体制机制性障碍。其三，农民的收入和整体生活水平与城镇居民存在较大差距，"用脚投票"走出农村仍是多数家庭的选择。2020 年城镇居民人均消费支出达到 27007.4 元，农村居

---

① 《习近平出席中央农村工作会议并发表重要讲话》，中央人民政府门户网站，2020 年 12 月 29 日，http://www.gov.cn/xinwen/2020－12/29/content_5574955.htm，最后访问日期：2021 年 5 月 13 日。

② 韩俊：《破除城乡二元结构　走城乡融合发展道路》，《光明日报》2018 年 11 月 16 日。

民只有 13713.4 元。从反映饮食结构优化的肉、蛋、奶、菜、干鲜果品消费量来看，农村居民全部低于城镇居民。从百户居民主要耐用消费品拥有量来看，除了摩托车、电动助力车两项外，城镇居民拥有的汽车、洗衣机、电冰箱、彩电、微波炉、空调、热水器、抽油烟机、移动电话、计算机、照相机的数量，均多于农村居民。作为山、水、林、田、湖、草、沙等各种生态齐备的地方，农村本应当比城市更美丽、更宜居，但由于存在上学、就医、购物、办事等诸多不便，而且因农业面源污染、厕所脏臭、冬季无供暖、人居环境缺乏长效建管护机制、风俗习惯落后等，不光城市人不愿到农村居住，农村人口也仍在流出。而且出现新的流出特点：一是由个人流出变为整个家庭流出；二是由单纯的生产性流出（外出务工经商）转为加上生活性流出（子女上学、女性出嫁、城镇购房等）；三是由"候鸟式流出"（季节性返乡）变成定居式流出（返乡频率更低、逢年过节将农村老人接到城镇共同生活等）。

这一时期，农村地区也出现快速分化，不同地域农村差异很大。珠三角、长三角、闽东南、山东沿海等经济发达地区，初步实现城乡一体化，城乡居民的公共服务、基础设施、生活水平差距缩小。少数集体经济发达的"超级村庄"的经济实力和居民富裕程度，已经超过城市。发达地区农村和近郊农村，在农村集体资金、农村集体资产、农村集体资源"三资"制度改革和城乡差距缩小的大背景下，保有农村户籍已经成为部分地方农民的理性选择。但大量中西部地区、东北地区、边远地区的农村，不同程度地存在集体经济空心化、产业空壳化、人口过疏化和老龄化、环境脏乱差的衰败现象，缺少生机和活力。

这一时期，我国城镇化的势头不减甚至还在加速。2013 年 12 月，中央城镇化工作会议召开，2014 年 3 月《国家新型城镇化规划（2014—2020年）》出台，城镇化进入新的发展阶段。新型城镇化进程中，城市数量迅速增加，大中小城市、小城镇得到不同程度的发展，建成区面积大幅度扩大，人口和资源加速向大城市、城市群聚集。作为推进城镇化的主体形态，"19＋2"的城市群格局基本形成，中心城市和城市群正成为承载发展要素的主要空间形式。2016 年，全国大多数省会城市城镇化率就已经达到70％的水平。多数城市敞开大门欢迎落户，甚至出现了所谓的"抢人"大战，进城落户门槛越来越低。如果说一线城市最具吸引力，二线城市颇具吸引力的话，那么大量的三线以下城市特别是小城市、城镇户籍"含金量"不足，吸引力不断下降。同时，部分城市出现了所谓的"城市病"：盲目无序扩张，土地利用效率低下；基础设施、公共服务等相对不足、不均；城市历史文化遗产和人文气息丢失，千城一面；交通拥挤、住房紧张、垃圾围城；不宜居不宜业、居民生活成本高；等等。

三 就业和职业结构的影响因素多样复杂

2008 年以来，我国经济发展波动加剧，但就业形势总体稳定。这既与已经形成充分竞争、相对公平公正的劳动力市场有很大的关系，也与及时完善的就业调节政策有很大的关系。2008 年由美国诱发、席卷全球的金融危机，对我国产业发展、就业市场产生了较大冲击。中央政府推出"保增长、保民生、保稳定"的公共政策，快速扭转就业率下滑趋势。党的十八大以来，经济发展进入新常态，经济增速下降，但就业态势基本平稳，没有出现大规模失业现象。2018 年后，中美贸易摩擦不断升级，对经济发展和就业产生极其广泛且深远的影响。2018 年下半年以来，党中央、国务院将就业放在宏观政策之首。2019 年提出要扎实做好"六稳"，2020 年提出要实现"六保"，都将就业问题放在第一位。

2012 年起，国内劳动力供求关系和就业形势有了较大变化。劳动年龄人口总量、劳动力总量以及全国就业人员数均开始出现负增长。农村富余劳动力转移速度趋缓，劳动力供给总量逐年减少。2012 年，劳动年龄人口的总量达到峰值 9.22 亿人，之后开始减少，2018 年为 8.97 亿人。2019 年，劳动年龄人口、就业人数继续下降。"预计到 2035 年劳动年龄人口仍将保持在 8 亿人左右。"[1] 也就是说，到 2035 年，劳动年龄人口将减少 1 亿人。2020 年，在新冠肺炎疫情影响下，虽然承受了巨大压力，但随着疫情逐渐得到控制和复工复产加快，未出现大量人口失业、生活困难等问题。这些都表明，我国就业问题的拐点出现。长期困扰我国的就业总量性矛盾开始缓解，就业问题的核心转换为就业的结构性问题和摩擦性、周期

---

[1] 人力资源和社会保障部党组：《如何看待我国就业形势》，《求是》2020 年第 1 期。

性失业问题。

从全社会的职业结构来看，总体延续趋高级化态势。全社会体力劳动强度有所下降，劳动条件和劳动环境不断改善，劳动收入和劳动保障程度有所提升。社会成员的职业继续从第一产业向第二产业和第三产业转移，由体力劳动向轻体力劳动、脑力劳动转移。第一产业就业人员占比从 2010 年的 36.7%，连续下降到 2020 年的 23.6%。第三产业吸纳就业能力显著增强，就业人员占比从 2010 年的 34.6%，连续上升到 2020 年的 47.7%。第二产业就业人员占比从 20 世纪 90 年代初进入上升通道，持续到 2012 年达到 30.3% 的高峰后，进入缓慢下降通道，2020 年占比为 28.7%。自 2014 年起，我国形成"三二一"就业结构，开始呈现"倒金字塔型"的现代社会就业结构特征。

如果将就业结构与产业结构进行比较，就会发现就业结构仍然有很大的调整空间。2020 年占 23.6% 的第一产业就业人员创造了 7.7% 的 GDP，对 GDP 增长的贡献率只有 9.5%，这还是在 2020 年新冠肺炎疫情对第二、第三产业造成巨大冲击，第一产业贡献有所上升的情况下。按城乡分就业人员来看，2013 年城镇就业人员比重首次超过乡村。2020 年，城镇就业人员为 4.63 亿人，乡村就业人员为 2.88 亿人，后者占到就业人员总数的 38.4%。可以看出，我国在农业、在乡村就业的人员不仅绝对数量大，而且占比长期过高，这严重滞后于发达国家在工业化后期、城市化中后期的就业结构。总体上看，未来从第一产业、从乡村需要转出的劳动力数量仍然巨大。

就业的地区结构、类型结构、年龄结构延续了前期的变化趋势。受社会发展机会和国家经济布局影响，就业人员向东部沿海地区，向长三角、粤港澳大湾区、京津冀以及城市群转移速度继续加快，中西部地区和东北地区劳动力仍在向外流出。就业人口中，服务于非公经济部门的占到绝对多数，民营经济提供了 80% 左右的就业岗位。2010 年，经济活动人口更多地集中于 35~49 岁年龄组，比重达到 41%，全国就业年龄整体步入中年。随着全国人口年龄结构中年龄中位数的上升，就业年龄仍在继续攀升。

从职业结构来看，虽然缺乏权威准确的统计数据，但从经验观察，受教育程度较高、以从事脑力劳动为主的管理人员、职员、办事员、设计师、教师、医生、律师、银行家、工程师、科研人员等白领群体，数量持续增加，岗位类型日趋多样化。从事生产流水线、建筑工地作业、交通运输仓储、采矿、批发零售等体力型劳动的蓝领群体，在我国仍然有巨大的数量。受就业市场、职业观念和互联网经济等的影响，灵活就业人员快速增加。这既包括因就业市场多样化而出现的小时工、派遣工、劳务工、临时工、季节工、承包工等，也包括因就业形式宽松化而出现的远程就业、兼职就业、无固定工时就业（如保险推销员、产品直销员）等，还包括自雇型就业（如个体经营户）和自主就业（如自由撰稿人、独立艺人、网络直播者）等。

需要强调的是，近十年来，以互联网和人工智能为代表的新技术正在重塑新一轮经济形态和就业格局。新技术革命对就业的"替代效应"和"创造效应"正在我国人力资源市场上叠加显现。[1]"机器换人"直接导致一些岗位被淘汰，但新职业也不断出现。新冠肺炎疫情进一步推动网络经济"大爆炸"，网上生活和消费增速惊人。一些新的就业形态，如网约车司机、快递"小哥"、外卖"骑手"、"网约工"、"网络主播"以及灵活就业人员数量飙升，规模已达数千万人。

未来一个时期，随着人口外流、就业观念、农业生产方式的继续变化，年青一代从事农业生产的越来越少，职业农民绝大多数年龄偏大。农民工也开始呈现高龄化，而且数量供应将继续减少。特别要注意的是，在社会日益富足、思想观念多元的大背景下，全社会的吃苦耐劳精神都在下降，对劳动环境、劳动条件和生活品质的要求却在上升，对于职业的选择将更加挑剔甚至苛刻，这将导致就业、职业出现新的特点。另外，国家推进科技优先型的产业战略，但这些产业多数是技术和资本密集型，一般来说吸纳劳动力的能力有限，因而会使劳动力市场的情况更加复杂。

四　消费结构发生重大变化

如果说 2010 年前，我国的消费经历了吃饱穿暖、"老三大件"、"新三大件"、通信产品、房产与汽车进入家庭等几个排浪式、模仿式消费阶段的话，那么 2010 年后，人民群众则更加注重个人发展类、精神享受类、体

---

[1] 龚维斌：《我国社会结构：变化、特点及风险》，《中国特色社会主义》2019 年第 4 期。

验类、个性化的消费。消费的主流人群、内容、方式、水平都发生了巨大改变。

收入是消费的基础。2020年，全国居民人均可支配收入为32188.8元，继2019年首次跨过3万元大关后继续增长，是2010年10046元的3倍多。居民人均消费支出21209.9元，继2019年首次迈过2万元大关保持高位。其中，农村居民消费支出增速快于城镇居民。

与钱纳里工业化阶段理论①所揭示的规律相似，我国的发展情况也表明，经济发展存在产业转型和消费升级的联动效应。改革开放以来，我国居民消费结构不断升级，已经由改革开放初的温饱型发展到21世纪初的小康型，再到今天的相对富足型。其中，反映食品占比的恩格尔系数显著下降，而用于衣着、居住、生活用品及服务、交通和通信、教育文化和娱乐、医疗保健的各项支出都连年上升。即使是在食品消费中，肉蛋奶、水产、干鲜瓜果、蔬菜的数量在上升，粮食的数量在下降。彩电、冰箱、洗衣机、空调和移动电话等耐用消费品趋于饱和，而且更新淘汰速度加快。2010年到2020年，全国每百户居民拥有的家用汽车数量翻了一番还多，2020年达到每百户37.1辆。这些都说明我国多数群众的消费已经从温饱型开始转向发展和享受型。

我国中等收入群体的生活标准和消费方式，已经基本上与发达国家相近或相仿。物质生活丰富之后，人们开始讲究消费品质和消费环境。他们多数对于商品品牌有较强认知，愿意到大型商场甚至境外购物。许多家庭每年都安排外出旅游，相当部分出境出国旅游。中国游客"买买买"的消费能力让许多"老外"咂舌。总体来看，中等收入群体用于学习、健康、

---

① 由著名发展经济学家钱纳里提出。该理论认为，随着人均GDP增长，发展中国家的产业结构会经历以下阶段：(1)人均GDP小于3000美元时，处于不发达经济及工业化初期阶段，产业结构以农业和劳动密集型产业为主，生产力水平较低，人们的消费水平也较低；(2)人均GDP在3000~6000美元时，处于工业化中期阶段，以重工业和先进技术产业为主导；(3)人均GDP在6000~12000美元时，进入工业化后期，工业占比开始逐步回落，新兴服务业，如金融、信息、咨询、房地产等迎来快速发展，居民消费快速扩张，消费逐渐成为三大需求中的主力；(4)人均GDP大于12000美元后，步入后工业化及现代化阶段，技术密集型产业迅速发展，科技创新成为产业发展主要驱动力，高档耐用品被普及推广，知识密集型产业开始从服务业分离并占主导地位，人们的消费欲望呈现多样性，更追求个性化消费。参见霍利斯·钱纳里、谢尔曼·鲁宾逊、摩西·赛尔奎因《工业化和经济增长的比较研究》，吴奇、王松宝译，格致出版社，2015。

旅游、文娱等方面的支出，已经超过用于耐用消费品等物质方面的支出。估算我国有 10% 的家庭消费已经达到富裕型，他们无须为即期消费而量入为出，实现了所谓的"财务自由"。

大多数农村人口、城市新市民、农民工和少部分原城镇户籍居民，收入水平相对较低，消费能力受限，但消费水平也实现了缓步提升。用于食品、衣物等最基础的生活用品支出占比下降，基本普及了彩电、冰箱、洗衣机、手机等物质消费，用于居住条件改善、子女教育、旅游等方面的支出也在增加。

分地区和城乡来看，与收入分配结构基本一致，中西部地区的消费水平普遍要低于东部沿海地区（少量城市除外），农村地区的消费水平基本上都低于城市地区。同时，一些具有典型特征的消费亚群体开始出现，比如"驴包一族"[①]、"月光族"、"饭圈女孩"[②]、"小镇青年"[③]、"名媛群"[④]、"三和大神"[⑤]、"蚁族"和"德云女孩"[⑥] 等。

近年来消费的一个突出变化是消费方式的变革。随着互联网应用特别是移动互联网的深度应用，城乡居民网购消费和网络支付数额逐年增加。从 2010 年到 2020 年，网购总额大幅攀升，从 5000 亿元增长到了 11.76 万亿元，翻了四番还要多；同时，网络购物占社会消费品零售总额的比例也从 3.3% 提升到了 24.9%。

以"80 后"为代表的独生子女一代，已经逐渐成为消费主力。他们的消费观念更为开放积极，能挣敢花、会花。健身、美容、文娱、旅游、探险、能力提升、MALL 式生活、网上购物等现代消费，他们都是主体。他们在互联网上非常活跃，是网上购物、娱乐、外卖服务、学习的核心群

---

① 因知名品牌 LOUIS VUITTON 的简写"LV"中文拼音发音而得名，指追求名牌的时尚消费群体。

② 指追随明星、具有特定"饭圈"文化的女性粉丝群体。

③ 指生活在四五线城市，收入不高，但由于当地物价水平低、生活压力小而相对幸福的年轻消费群体。

④ 指实际消费能力有限，但通过虚假的外表和网上炫耀包装自己，以示富有且身份尊贵的城市女性消费者。

⑤ 指凭借薪水日结的工作和低廉的生活成本而工作一天玩三天、远离主流社会和亲友、生活于深圳龙华区三和人力市场的外来务工人员。

⑥ 指喜爱听德云社相声、愿意与年轻相声艺人台上台下无节制互动、比较有消费能力的女性听众。

体。全社会兴起的宅生活、粉丝经济、解构甚至嘲笑崇高、泛娱乐化、吐槽、段子，以及大量的网络语言普及化，都与他们的生活方式与消费行为有很强的关系。在消费主义的影响下，购买过程即消费、兴趣圈消费、"造节消费"、"马拉松是中产的信仰"、"颜值即正义"等新消费观成为社会热点。

总体来看，我国消费对经济的贡献率在上升。按支出法国内生产总值计，2010 年最终消费率是 49.3%（此前曾连续十年下降）。但 2010 年后开始连续上升，到 2020 年达到 54.3%。2010~2020 年，最终消费支出对国内生产总值的贡献率 2013 年最低，刚过 50.0%，2015 年达到峰值 69.0%，2019 年下降到 58.6%。这与发达国家 80.0% 以上的消费贡献率差距较大，成为我国经济持续健康发展的重要障碍。近年来中央和地方出台了大量促进消费的政策措施，但国内消费增长乏力的总体形势没有得到改变。耐用消费品饱和导致家庭消费进入瓶颈期；公款消费因为反腐倡廉大受影响；为打好蓝天保卫战、解决城市交通拥堵问题，部分城市限制汽车消费。与此同时，广大群众对教育、医疗、养老等方面支出的负面预期提高，即期消费意愿持续下降。

党的十九届五中全会提出，要加快构建以国内大循环为主体、国内国际双循环相互促进的新发展格局，要形成强大国内市场，坚持扩大内需这个战略基点。从消费潜力看，具有规模广阔、需求多样的国内消费市场，有庞大的人口基础、多层次消费需求。全面启动消费动能，既要从增加城乡居民收入、调整收入分配结构入手，也要充分考虑并利用好消费结构升级、消费因子变化而带来的机遇。

五 各阶层占有的资源和机会剧烈调整

进入 21 世纪以来，我国社会流动持续加快，社会阶层结构继续向着"橄榄型"的现代社会结构方向发展。《当代中国社会结构》的阶层结构分析，采用的是《当代中国社会阶层研究报告》的"十大阶层"理论——是在调查统计基础上，以职业分类为基础，以组织资源、经济资源、文化资源占有状况为标准，把中国的社会群体划分为国家与社会管理者阶层、私营企业主阶层、经理人员阶层、专业技术人员阶层、办事人员阶层、个体工商户阶层、商业服务业从业人员阶层、产业工人阶层、农业劳动者阶层、城乡无业失业半失业者阶层（见表0－2）。

表0－2 十大阶层在四个分类指标上的情况

社会阶层	劳动分工	权威等级	生产关系	制度分割	主要资源
国家与社会管理者	中高级专业技术水平	中高层管理	代理（不占有生产资料但可以控制生产资料）	体制内核心部门	组织资源
私营企业主	不确定	高层管理	雇用他人（占有生产资料）	体制外	经济资源
经理人员	中高级专业技术水平	中高层管理	受雇（不占有生产资料但可以控制或支配生产资料）	体制内、体制内边缘部门或体制外	文化资源或组织资源
专业技术人员	中高级专业技术水平	自主从业或被管理（有一定自主性）	受雇或自雇（不占有生产资料）	体制内或体制外	文化资源
办事人员	中低级专业技术水平	被管理或中低层管理	受雇（不占有生产资料）	体制内或体制外	一定的文化资源和少量组织资源
个体工商户	高低不等	管理或自主从业	自雇或雇用（占有生产资料）	体制外	一定的经济资源
商业服务业从业人员	技术型、半技术型或非技术型体力劳动	被管理或低层管理	自雇或受雇（不占有生产资料）	体制内或体制外	少量文化资源或组织资源
产业工人	技术型、半技术型或非技术型体力劳动	被管理或低层管理	自雇或受雇（不占有生产资料）	体制内或体制外	少量文化资源或组织资源
农业劳动者	技术型、半技术型或非技术型体力劳动	自主从业	自雇或受雇（占有少量或不占有生产资料）	介于体制内与体制外之间	少量经济资源或文化资源
城乡无业失业半失业者	——	——	——	——	基本没有以上三种资源

资料来源：张海东、姚烨琳《中国特大城市社会阶层结构调研报告》，载李培林等主编《2021年中国社会形势分析与预测》，社会科学文献出版社，2020，第185页。

2010～2020年，十大社会阶层占有的资源和机会剧烈调整，各社会阶层的规模与人数有所变化（见表0－3），而且阶层位序也有所调整。

表 0 - 3 　2019 年特大城市社会阶层比例分布

单位：%

社会阶层	十城市平均	京津冀城市群	长三角城市群	珠三角城市群	成渝城市群	长江中游城市群
国家与社会管理者	1.45	2.01	1.63	0.95	0.66	1.97
私营企业主	2.27	1.08	3.01	3.02	1.67	2.58
经理人员	0.67	0.88	0.82	0.79	0.10	0.76
专业技术人员	22.88	27.98	25.13	26.05	15.21	20.26
办事人员	8.89	10.56	11.34	5.13	8.32	8.99
个体工商户	7.78	4.38	7.15	6.83	8.77	12.18
商业服务业从业人员	33.20	28.03	30.95	38.86	36.51	31.78
产业工人	15.77	20.92	15.83	9.16	17.80	14.96
农业劳动者	4.69	2.58	3.12	6.35	7.20	4.24
城乡无业失业半失业者	2.30	1.60	1.02	2.86	3.75	2.27
合计	100.0	100.0	100.0	100.0	100.0	100.0

注：本表只代表京津冀、长三角、珠三角、长江中游、成渝五大城市群的社会阶层分化情况，并不能代表全国。由于缺乏全国性的规范性调查数据，这样的分析是非常难得的。

资料来源：张海东、姚烨琳《中国特大城市社会阶层结构调研报告》，载李培林等主编《2021年中国社会形势分析与预测》，社会科学文献出版社，2020，第185页。

国家与社会管理者阶层主导地位得到强化。党的十八大以来，党的建设全面加强，党对各项工作的领导更加坚强有力，党的向心力、凝聚力、号召力、组织力和领导力不断增强。同时，由于国家治理方式大量采用"项目制"[①]，国家与社会管理者阶层掌握的资源及分配权力越来越大。国家对市场和社会的调控能力得到加强，国家与社会管理者的影响力和地位得到提升。

工人队伍空前壮大，农民工成为主体，内部结构变化较大。2020年，全国农民工总量为2.86亿人，比2019年减少517万人，占全国7.5亿就业人员的38.9%。三次产业就业中，服务业从业人员数超过了工业从业人员数。国有企业职工占比继续降低，而且经济社会地位分化较大。人们对

① 渠敬东：《项目制：一种新的国家治理体制》，《中国社会科学》2012年第5期。

企业所有制性质逐渐淡化，更加看重企业所处行业、薪酬待遇、工作岗位和成长空间。农业劳动者在就业中所占比重不足 1/3，而且日益老龄化。新生代农民工成为农民工主体，他们受教育程度较高，思想观念较为开放，接受新生事物快，但吃苦耐劳精神相对较差，对文化生活追求更多。他们渴望在城市稳定工作和生活，但融入城市仍然困难。

个体工商户和民营企业家迅速成长。2020 年末，登记在册的个体工商户有 8261 万户，就业人数为 17691 万人；私营企业有 3516 万户、就业人数为 22833 万人。民营经济对国家财政收入的贡献占比超过 50%；GDP 和固定资产投资、对外直接投资占比均超过 60%；企业技术创新和新产品占比超过 70%；城镇就业占比超过了 80%。私营企业主素质和影响力大幅提升，他们通过入党，被选为人大代表、政协委员，参加工商联等多个途径参政议政。2010～2020 年，如何看待民营经济、是否出现"国进民退"、对部分风险敞口较大的民营企业集团整顿等曾经引起社会热议。2018 年 11 月，中央召开民营企业座谈会，习近平总书记发表重要讲话，重申坚持基本经济制度，坚持"两个毫不动摇"，民营经济发展进入新时期。2015 年颁布的《中国共产党统一战线工作条例（试行）》把新的社会阶层人士作为新时期统战工作的对象。2016 年，全国新社会阶层人士约有 5000 万人，2020 年估算会超过 6000 万人。

私营企业主阶层社会地位上升，位居经理人员阶层之前。关于这一变化，2018 年再版的《当代中国社会结构》一书进行了解释。首先，是私营企业主阶层整体实力有了显著的提高，一方面，私营企业主阶层的进入门槛不断提高，越来越多的政府官员、专业技术人员等拥有组织资源和智力资本的群体开始创办企业。另一方面，随着 20 世纪 90 年代后期国有中小企业的改制，相当一批原来的国有企业经理人员转变为私营企业主。与此同时，原来的私营企业主阶层也在不断成长，社会地位不断提升。国家对于私营企业主的政治地位也有了明确的肯定。其次，经理人员阶层也有明显的变化。经理人员阶层中，非国有企业经理人员所占比重不断提高，而国有企业经理人员所占比重明显下降。剥离国有背景而服务于民营企业的经理人员，不再像过去那样拥有组织资源优势。另外，经理人员阶层在文化资源方面的既有优势，也因私营企业主来源构成的变化而不复存在，再加上原有的经济资源劣势，经理人员阶层位序下移，私营企业主阶层位序提高，二者的阶层位序调换。①

社会阶层结构进一步趋向"中产化"。无论是按照经济中产，还是教育中产、职业中产的标准来测算，2010～2020 年我国的中产阶层数量持续增加，占比持续提高。中产阶层已经是市场领域就业的中坚力量，消费领域的主导性力量。他们是现代价值理念的倡导者，是改革开放的拥护者。他们的政治态度是积极而非激进的，是民主政治建设可以依靠的对象。但他们也有一些焦虑与不满，生活的压力和对未来的担心增加了他们的财务和心理负担。

社会流动空间仍然在增加，但长距离社会流动开始减少。中国改革开放释放的巨大社会空间以及结构性差距带来的发展与成长机会，让绝大多数社会成员仍然具备社会资源增加、社会地位提升的可能。虽然出现了某些流动困难现象和机制性梗阻，但远远未达到流动僵化、阶层固化的状态。与此同时，改革开放初期乃至 21 世纪初期，那种能够依靠偶然性机会、抢先优势、特殊资源、技术创新特长、媒体传播等而快速致富、"成名成家"的可能性大为减少，那种能在资源占有上实现量级增长甚至跨阶层长程向上流动的现象越来越少，普通社会阶层成员只有非常狭窄但又非常无奈的成长空间。

六 其他结构性变化

如前所述，社会结构由十个子结构构成。2010～2020 年，除了上述五大突出性结构变化外，其他方面也存在一些不同程度的变化。

人口结构变化主要表现为五个方面：一是人口老龄化程度不断提高，二是少子化现象日益显现，三是全社会受教育程度有较大提升，四是流动人口规模进入调整期，五是"改革开放的孩子们"② 开始成为社会中坚人群。

家庭结构变化表现在家庭规模、家庭类型、家庭功能和家庭关系等方面。家庭规模持续小型化，"父母＋未婚子女"的核心家庭数量持续减少，

① 陆学艺主编《当代中国社会结构》，社会科学文献出版社，2018，第 426～429 页。
② 李春玲：《改革开放的孩子们——中国新生代与中国发展新时代》，《社会学研究》2019 年第 3 期。

两人户家庭成为最主要的家庭类型。在婚恋观念多元化和城乡人口流动影响下，家庭类型越来越多样化。离婚不再被"污名化"，同性婚恋关系正被社会逐渐接受。家庭内部关系趋于平权化，部分家庭男性地位下降。老年人在家庭中地位下降，"父权制"传统基本被瓦解。以生产组织为导向的家庭功能减弱，但消费功能日益凸显。

2010～2020年，我国在区域结构调整方面做了大量开创性工作。"一带一路"倡议、京津冀协同发展、长江经济带、粤港澳大湾区、长三角一体化、黄河流域生态保护和高质量发展、海南自由贸易实验区和海南自由贸易港等区域发展战略相继出台实施。2012年、2019年、2020年先后颁行《西部大开发"十二五"规划》、《西部陆海新通道总体规划》和《中共中央　国务院关于新时代推进西部大开发形成新格局的指导意见》。目前我国区域结构呈现如下特点。一是南北发展差距拉大，经济中心南移。二是区域发展正梯度跨越"中等收入陷阱"[1]，"十四五"时期有望整体跨过"中等收入陷阱"。三是区域发展均衡程度有所提高。2010年以来云贵川等西南地区经济增速居于前列，特别是贵州，2016～2020年，全省GDP年均增长8.5%，高于全国同期水平2.8个百分点，是全国经济增长最快的省份，中部地区继续崛起，东部地区增速有所放缓。四是区域经济差别正在演化成区域社会差别，主要体现在区域内部的同质化程度提升、合作常态化、内部生产要素高频流动，以及区域内部基础设施、公共服务水平趋同以及市场规则、行为方式、生活方式和整体文化趋同，进而更发展成区域性的社会规则与生活形态。

我国社会的组织方式由改革开放以来的"去组织化"和"自组织化"

---

[1] "中等收入陷阱"一词由世界银行最早在《东亚经济发展报告（2006）》中提出，指不少低收入国家达到中等收入水平之后，很难再进入并保持在高收入水平国家行列。第二次世界大战以来，只有韩国、日本、以色列、中国香港等少数国家和地区实现了这一飞跃。虽然对低收入、中等收入、高收入的划分标准存在很大争议，但一般会认为人均国民总收入是衡量一个国家富裕程度及其在各个组别中所处位置的主要指标。根据世界银行公布的2020年国别收入分类标准，2020年四个组别人均国民总收入门槛分别是：低收入为不到1036美元；中等偏下收入为1036美元到4045美元；中等偏上收入为4046美元到12535美元；高收入为高于12535美元。引自Sean Fleming《世界银行2020年国别收入分类详解》，世界经济论坛网，https：//cn.weforum.org/agenda/2020/08/shi－jie－yin－hang－2020－nian－guo－bie－shou－ru－fen－lei－xiang－jie/，最后访问日期：2021年6月24日。

向着"再组织化"的方向继续发展。① 最突出的是中国共产党领导核心地位不断加强。2015 年，党中央首次召开党的群团工作会议，印发《中共中央关于加强和改进党的群团工作的意见》，群团组织的"机关化、行政化、贵族化、娱乐化"现象得到纠正，不断创新工作方式，团结群众、服务群众的作用得到增强。事业单位是教育、科技、文化、卫生等领域公共服务的重要提供者。2012 年，《中共中央　国务院关于分类推进事业单位改革的指导意见》出台。但由于种种原因，整体进展并不理想，在领导干部任命、人员和财务管理、日常运行等多个方面，没有体现出事业单位的特点。各类市场主体是发展经济、解决就业、提供市场化服务的主力军。民营部门在数量、提供就业岗位等方面占绝对优势，是市场经济的重要组织者和推动者。2013 年《中共中央关于全面深化改革若干重大问题的决定》发布，给社会组织发展带来"利好"，2017 年《中华人民共和国境外非政府组织境内活动管理法》实施。各地积极加强社会组织孵化培育，全面激发社会组织活力，完善向社会组织购买服务机制，促进社会组织内部治理水平提升，引导社会组织参与社会治理，推进行业协会商会脱钩。根据中国社会组织网的数据，2021 年 7 月，全国共有社会组织 90 多万个。② 社会组织已经成为社会建设的重要力量，在活跃城乡群众文化体育生活、参与基层社会治理与服务、推动基层民主协商等方面，发挥着非常重要的作用。但在社会组织管理方面，出现一些管得过多、过细、过死现象。城乡社区是广大社会成员的生活共同体。2019 年底，全国共有基于城乡社区的基层群众性自治组织 64.3 万个。党中央、国务院非常重视以社区为基础的基层治理，2017 年印发《关于加强和完善城乡社区治理的意见》。中共中央办公厅、国务院办公厅 2019 年出台《关于加强和改进乡村治理的指导意见》，2021 年，中共中央、国务院印发《关于加强基层治理体系和治理能力现代化建设的意见》。社区作为社会治理基本单元，在搭建群众参与治理平台、改善人居环境、减负增效和执法力量下沉等方面的工作扎实推进，共建共治共享的社会治理格局初步形成。特别是，在抗击新冠肺炎疫

---

① 龚维斌:《我国社会结构:变化、特点及风险》,《中国特色社会主义》2019 年第 4 期。
② 《民政部举行 2021 年第三季度例行新闻发布会》,http://www.scio.gov.cn/xwfbh/gbwxwf-bh/xwfbh/mzb/Document/1710167/1710167.htm,最后访问日期:2021 年 8 月 19 日。

情过程中，社区发挥了非常重要的基础性作用。

网络社会结构是一种全新的社会结构。2010 年以来，3G、4G、5G 技术接续发展，移动终端处理信息能力增强和信息应用资费降低，互联网应用无处不在。根据中国互联网络信息中心（CNNIC）发布的第 47 次《中国互联网络发展统计报告》，截至 2020 年 12 月，我国网民规模达 9.89 亿人，是 2010 年的 2 倍多，占到总人口的 70.4%。手机网民规模达 9.86 亿人。中国人在网络购物、扫码支付、共享单车、网络娱乐、网络办公等方面，开始与发达国家并肩奔跑甚至领跑。2020 年以来，互联网为打赢新冠肺炎疫情阻击战、促进疫情常态化防控和复工复产起到了重要作用。在互联网权力分配方面，既出现了对现实生活的"结构复制"，也出现了"结构异化"。互联网社交媒介兴起之后，随着社会成员交往行为的变化，网民凭借社交平台，形成了各种不同类型的网络社会群体。截至 2020 年 12 月，在线政务服务用户规模达 8.43 亿人。互联网强化了国家和民众双方的沟通能力，是对国家和民众的双向赋权。政府越来越重视民众在互联网上的集体意见表达。网络围观、网络抗议、网络维权和线下维权的结合使民众自发的力量逐渐增强。

第三节　我国社会结构变迁的主要动力机制

社会结构变迁是多种力量综合作用的结果，既有自发演进的一面，也有国家通过社会经济政策加以干预的一面。对社会结构变迁进行全景式深描固然有一定价值，但对变化背后的动力机制进行研究，找到规律也非常重要。因为，"观察一个国家、一个民族、一个社会的发展现状和发展前景，除了用一组指标来评价其发展水平，更重要的是看其是否具有持续推动发展的'社会动力'"①。

一　工业化的影响

进入 21 世纪后，中国加入国际经济体系，有机地将自己的劳动力数量

---

① 李培林：《中国社会学的历史担当》，《社会学研究》2016 年第 5 期。

优势与国际资本的全球布局相结合，迅速找到了一条以制造业为先导，其他工业、建筑业、商业等共同协调发展的道路，而且结构不断优化。在这个过程中，第二产业龙头带动作用不断增强，货物进出口总额不断增加。2010 年，中国工业增加值超过美国，成为世界第一大工业国；国内生产总值超越日本，成为世界第二大经济体。从全国来看，2011 年以后中国工业化水平就进入了工业化后期，与中国经济进入新常态时间节点大体一致，到 2020 年基本实现工业化，到 2035 年将全面实现工业化。①

我们这个世界第一人口大国的工业化，大大提高了全球工业化与现代化程度，也为中国财富增长、社会进步提供了坚实的经济基础。在工业化过程中，因为地理位置、历史传统、商业环境等多种因素影响，我国的区域结构、城乡结构发生了深刻变化。除北上广深等城市外，苏州、东莞、长沙、武汉、泉州等一大批制造业基地崛起。在此基础上发展成的片状经济、面状经济极大地改变了中国经济地理版图。工业化引发的要素流动和造富效应，导致经济重心持续向南方转移，人口持续向城市转移，城市及城市群发展提速。一个非常有意思的现象是，经济先发地区形成"经济发展—吸引外地就业—增加财富—政府放管服加速—经济发展"和"经济发展—地方财力增加—改善基础设施和公共服务水平—促进发展"的经济、社会良性双循环。工业化极大改变了区域结构和城乡结构，还对劳动力的数量与质量、就业和职业结构、收入和消费结构等产生了直接影响。

二 市场化的影响

党的十八届三中全会提出"使市场在资源配置中起决定性作用"和"更好发挥政府作用"。近年来，政府对市场的直接干预大量减少，商品和服务的国家定价占比很低，非国有经济数量占绝对优势，法治环境不断完善。《中国分省份市场化指数报告（2018）》表明，我国市场化总指数2016 年为 6.72 分，比 2008 年的 5.45 分提高了 1.27 分。② 要素市场建设和改革取得重要进展，资本、土地、劳动力市场从无到有、从小到大，市

① 黄群慧：《新中国 70 年工业化进程的历史性成就与经验》，《光明日报》2019 年 7 月 9 日。
② 王小鲁、樊纲、胡李鹏：《中国分省份市场化指数报告（2018）》，社会科学文献出版社，2019。

场配置要素资源能力明显增强。

国企改革是市场化改革的重头戏之一。加强党的领导、实行混合所有制改革、强化和规范干部激励问责、员工持股、强化国资监管等方面举措，促进了国有企业做大做强。国有企业利用特有身份、金融支持、产业布局、人力资源等方面的综合优势，使经营效益明显提高，国有资产和企业利润均实现了较快增长。

我国经济于 2008 年进入下行通道。多数从事传统产业的民营企业创新能力不足、转型困难，又面临资金链紧张、房租和劳动力成本上涨、产能过剩、价格战凶猛等外部环境。部分民营企业经营不善以致破产倒闭，部分民营企业投奔国有经济。2018 年 11 月，习近平总书记亲自主持召开民营企业座谈会，强调"民营经济是我国经济制度的内在要素，民营企业和民营企业家是我们自己人"[1]，给民营企业家和民营经济稳定发展吃了"定心丸"。但从民营经济发展现状看，与国有企业相比，民营企业仍然处于劣势地位，面临许多困难。

还要看到，同商品市场相比，我国要素市场发育还不充分，存在市场决定要素配置范围有限、要素流动仍有体制机制障碍、要素价格传导机制不畅等问题。城乡土地分割与征地制度、户籍制度附加的福利差异、金融行业管制过度等，不断扭曲着市场经济的发育，造成我国企业间接融资占比过高、融资难融资贵。房地产市场虚火过旺，部分地方依赖"土地财政"。社会成员跨地区流动成本过高，农民工融入城市难，城乡差距不断扩大。

三　城市化的影响

2010 年我国城镇化率为 49.95%，此后一路攀升，2019 年跨过 60% 的门槛。根据第七次全国人口普查公报（第七号）公布的数据，2020 年 11 月 1 日零时居住在城镇的人口约 9.02 亿人，占总人口的 63.89%。由乡土中国变为城市中国，这是千年未有之大变局。"快速的城镇化不仅带来了产业升级、技术进步、空间集聚以及农业制度变迁等正面效应，同时也带

---

[1]　习近平：《在民营企业座谈会上的讲话》，http://www. gov. cn/xinwen/2018－11/01/content _ 5336616. htm，最后访问日期：2021 年 8 月 19 日。

来了农业有效劳动力短缺、耕地面积减少以及农村产业结构遭受冲击等诸多问题。"① 在一个互相促进、彼此叠加的循环中，社会多因素变量推进城市化，城市化又反作用于社会各因素，从而呈现非常复杂的交互影响图景。我们只选择其中最重要的社会资源变量之一——基于城镇化诱发的土地及其相关收益的分配——来展开其对社会结构影响的讨论。

1990 年，我国城市建成区面积为 12856 平方公里，2000 年达到 19264平方公里，2010 年达到 40058 平方公里，2019 年达到了 60312 平方公里。同期城市建设用地面积也呈现几乎相同的增长趋势。从 2007 年到 2018 年的 12 年间全国共征用土地 19001.67 平方公里，比同期城市建设用地多2000 多平方公里。城市面积扩大有如下几种推动力：一是地方招商引资过程中建设各种开发区、高新区、工业园区、物流园区等占用土地；二是以房地产和基建为主的增长模式推动城市面积扩大和占用土地；三是制度约束下各地对作为发展资源的土地的争夺加剧。

鉴于土地本身就是重要的财富，而将其与其他生产资料、生产方式、利用方式组合就能够进一步催化其财富增值速度、扩大财富增值空间，一场针对土地及其增值收益的"争夺"就不可避免地发生了。具体来说，地方政府是非常重要的利益获得者一方。税改后地方政府"财权小事权大"，地方财政"入不敷出"。国有土地出让收入对地方发展日益重要。2019 年，地方全口径收入中，地方本级收入与国有土地使用权出让收入之比约为 10∶7，②这还不算与土地开发相关联的其他税费。各类工商企业特别是房地产开发商是土地及其增值收益的主要分享者之一。《财富》杂志评选的"2020 中国企业 500 强"中，房地产行业入榜的 53 家公司收入总额达 4.5 万亿元，占到全国 GDP 的近 5%。房地产业是资金密集型产业，银行、信托、证券、基金、保险等各类金融企业也参与融资、提供专业服务，也在土地增值收益中分得一杯羹。由于近年来房价持续上升，先购买房产者都享受了溢价红利，从而也参与了土地及其增值收益的分配。据中国人民银行调

① 高延雷、王志刚：《城镇化是否带来了耕地压力的增加？——来自中国的经验证据》，《中国农村经济》2020 年第 9 期。

② 《关于 2019 年中央和地方预算执行情况与 2020 年中央和地方预算草案的报告》，中央人民政府门户网站，2020 年 5 月 30 日，http://www.gov.cn/xinwen/2020 – 05/30/content_5516231.htm，最后访问日期：2021 年 5 月 13 日。

查，城镇居民家庭资产以实物资产为主，74.2%为住房资产，户均住房资产 187.8 万元。① 被征地农民也获得了部分经济补偿。随着房价、地价飙升，城中村、近郊村的拆迁成本及补偿数额不断上升，出现了一些因拆迁而致富的家庭，还出现了所谓的"拆二代"。而"小产权房"及各类城镇家庭的私搭乱建行为，让部分人获得了非法土地收益。

四 经济全球化的影响

2008 年美国次贷危机之后，包括经贸关系在内的世界格局发生深刻变化，但我国仍然在一定程度上延续了与世界的正常经贸联系。2009 年，我国出口额达 12016.1 亿美元，跻身全球第一大出口国。2013 年，进出口总额达 41589.9 亿美元，超过美国成为世界第一大货物贸易国。2018 年、2019 年，中国对世界经济增长的贡献率达 30%，超过美国和日本的贡献率总和，持续成为世界经济增长的主要动力源。2020 年，面对新冠肺炎疫情严重冲击和异常复杂国际形势，中国外贸逐渐向好，实现"V"形反转，并刷新历史纪录。全年进出口总值 32.16 万亿元人民币，进出口规模均创历史新高，货物贸易第一大国地位更加巩固。对主要贸易伙伴进出口实现增长，东盟首次成为我国第一大贸易伙伴。向 200 多个国家和地区出口防疫物资，推动构建人类卫生健康共同体。外贸领域率先复工复产，产能充分释放，为全球贸易贡献中国力量，有力支撑国际供应链运转。跨境电商成为企业开展国际贸易的首选，进出口增长 31.1%。② 国际经贸关系的背后，是多重嵌套的国际国内社会结构，是结构不合理但过程具有一定合理性的国家间分工，以及基于产业分工的国内就业、职业结构及社会分层结构。

其一，中国作为世界人口金字塔的底座，保证和维护了占世界人口少数的富裕国家及其中产阶层的体面生活。发达国家通过向新兴市场投资、出口技术和服务、收取铸币税、进口廉价商品等多种方式，维持国民较好

---

① 中国人民银行调查统计司城镇居民家庭资产负债调查课题组：《2019 年中国城镇居民家庭资产负债情况调查》，《中国金融》2020 年第 9 期。
② 《中国对外贸易形势报告（2020 年春季）》，中华人民共和国商务部网站，http://zhs.mof-com.gov.cn/article/cbw/202006/20200602974110.shtml，最后访问日期：2020 年 10 月 29 日。

的中产阶级生活。

其二，国家间的经济不平等为中国人的社会流动提供了可能，孕育了中国的中产阶层。市场化取向和外向型经济为相当多的社会成员提供了向上的社会流动机会，数以亿计的农民工依靠这一途径进入制造业改变了命运，一大批民营企业家和个体工商户借助这个趋势发育成长，管理、技术、营销、广告、法务、会计等职业的"白领"职业阶层快速增长。

其三，国家间的经济长期不平等导致的产业和就业结构变化，让以美国为代表的发达国家的中产阶层出现向下社会流动的情况。中国成为世界工厂的同时，美国等发达国家制造业出现空心化、边缘化。21世纪后，金融和高科技行业成为美国经济代名词。那些老工人、低学历者、外来移民以及其他初级体力劳动者不得不面临收入下降、生活困难的窘境。奥巴马于2009年11月提出美国再工业化，特朗普担任美国总统后提出制造业回归，但效果都不明显。大量体力劳动者、轻脑力工作者缺少工作机会，那些昔日靠辛勤劳作谋生的人生活困难。残酷的现实之外，美国还叠加了另一层铁幕。美国著名社会学家帕特南的《我们的孩子》一书中有生动的反映：长期的阶级固化，直接影响到下一代人的生活际遇和人生道路，种下社会不平等的根苗，所谓个人依靠奋斗就能成功的"美国梦"已经破碎。①在美国部分中产阶层困顿、向上流动困难的现实下，一些并不科学理智的看法甚嚣尘上，影响了美国政局和美国与世界（特别是与中国）的关系。

五 科技进步与信息化的影响

改革开放40余年来，中国压缩性地将四次工业革命以来所有的科技创新"来者不拒"地运用到生产生活中。先是以"后发优势"借鉴吸纳一切促进生产力发展的科技成果，后来又从制度、人才培养、成果转化等多领域推进科技进步，在许多领域实现"跟跑"、"并跑"甚至"领跑"的转换。我们仅以三个形象性的场景来说明现代科技对于中国社会的影响。

其一，从"机器排挤农民"到"机器排挤工人"。我国基本实现了农业机械化、电气化、水利化、信息化、产业化，大量的农机、育种、生物

---

① 罗伯特·帕特南：《我们的孩子》，田雷、宋昕译，中国政法大学出版社，2017。

肥、设施化生产、间作间种、立体种养等农业科技得到运用，农林牧渔业从业人员呈现数千万级人数的减少。与此同时，自 2012 年起，传统制造企业逐渐兴起"机器换人"，众多企业引进现代化、自动化装备进行技术改造，从而提高生产效率，保证产品品质，应对人工成本上涨，防范安全事故。在把工人从繁重、重复、危险的体力劳动中解放出来的同时，许多就业岗位甚至职业也随风而逝了。

其二，从绿皮火车到高铁。作为一个地域辽阔、地形复杂的国家，交通问题事关人员流动、区域经济布局、城乡关系乃至国防军事等重大事务。高速铁路是最有中国发展特征的交通科技应用。2020 年末，我国高铁营业里程达到 3.79 万公里，比"十二五"末的 1.98 万公里翻了近一番。①全球占比超过 2/3，是运输密度最高、成网运营场景最复杂的国家。与此同时，普通铁路、公路、航空、航运、管道、城市交通等都高速发展，交通运输日益便捷，舒适程度大为提高，构筑起生活新时空和生产资料流通新格局，极大地促进了人员流动、区域物资交换。

其三，互联网改变中国。从 20 世纪 90 年代开始，多数中国人对于互联网从陌生到熟悉、从尝试到离不开，互联网已经深度嵌入日常生活。信息技术不仅直接通过硬件、软件生产销售的方式促进了财富增长，而且通过与制造业、服务业等相互结合的方式，促进了生产效率和生活品质的提高。参与这一领域、在 IT 产业就业的社会成员，是 2010 ~ 2020 年期间收入回报最高的人群之一。互联网在促进人们生活便利的同时，还让社会成员获得了空前的选择自由和欲望满足，人的"原子化"趋势更加强化，给社会再组织带来挑战。

六　制度与政策的影响

中国人在处理政府与市场关系、政府与社会关系方面，没有照抄照搬西方模式，采用西方国家所谓的"自由市场 + 政府守夜人 + 市民社会"制度。我们把完善和发展中国特色社会主义制度、推进国家治理体系和治理能力现代化作为全面深化改革的总目标，走出了一条在中国共产党领导下

---

① 《G2020 号，数说铁路成绩单》，新华网，2021 年 1 月 5 日，http://www. xinhuanet.com/mrdx/2021 - 01/05/c_139643253. htm，最后访问日期：2021 年 5 月 13 日。

的"有效的市场 + 有为的政府① + 既充满活力又拥有良好秩序的现代化的社会"② 的中国特色社会主义之路。其中重要经验之一是，根据发展阶段、环境、条件和情势的变化，及时推进制度变革和公共政策演进。2005 年以来，有四次（项）制度和公共政策变化影响深远。

一是党的领导全面加强。党的领导的广度、宽度、深度前所未有。基层党建更加扎实有效，党组织成为群众的"主心骨"。"打虎""拍蝇""猎狐"系列行动使党风政风焕然一新，良好的政治生态正在形成。

二是 2013 年《中共中央关于全面深化改革若干重大问题的决定》和2019 年《中共中央关于坚持和完善中国特色社会主义制度 推进国家治理体系和治理能力现代化若干重大问题的决定》出台实施。前者极大地创新和推进了改革议程，增强了各项改革的协同性。后者从制度层面，科学、完整、准确、全面地阐明了我们的主张、我们的道路，为经济发展、政治稳定、文化繁荣、民族团结、人民幸福、社会和谐、国家统一提供了一整套强有力的制度保障。

三是为对冲 2008 年全球金融危机推出大规模财政刺激计划。4 万亿元的刺激计划，以及宽松的货币信贷政策，稳定了经济增长，扩大了经济资源，有效避免了因巨大的外部冲击而出现大的经济波折。各项基础设施建设速度加快，公共服务能力和民生保障水平得到提升。

---

① 习近平总书记 2015 年 11 月 23 日在十八届中央政治局第二十八次集体学习时的讲话中指出："在社会主义条件下发展市场经济，是我们党的一个伟大创举。我国经济发展获得巨大成功的一个关键因素，就是我们既发挥了市场经济的长处，又发挥了社会主义制度的优越性。我们是在中国共产党领导和社会主义制度的大前提下发展市场经济，什么时候都不能忘了'社会主义'这个定语。之所以说是社会主义市场经济，就是要坚持我们的制度优越性，有效防范资本主义市场经济的弊端。我们要坚持辩证法、两点论，继续在社会主义基本制度与市场经济的结合上下功夫，把两方面优势都发挥好，既要'有效的市场'，也要'有为的政府'，努力在实践中破解这道经济学上的世界性难题。"引自万鹏、谢磊《习近平：既要"有效的市场"，也要"有为的政府"》，中国共产党新闻网，2017 年 6 月 19 日，http://cpc.people.com.cn/xuexi/n1/2017/0619/c385474 - 29347581.html，最后访问日期：2021 年 5 月 13 日。

② 习近平总书记 2020 年 8 月 24 日在经济社会领域专家座谈会上的讲话中指出："一个现代化的社会，应该既充满活力又拥有良好秩序，呈现出活力和秩序有机统一。"引自《习近平：在经济社会领域专家座谈会上的讲话》，中央人民政府门户网站，2020 年 8 月 25 日，http://www.gov.cn/xinwen/2020 - 08/25/content_5537101.htm，最后访问日期：2021 年 5 月 13 日。

四是共建共治共享的社会治理制度基本确立。一大批事关基层治理的政策和制度出台。作为一项非常重要的社会组织、社会整合方式，社会治理制度致力于对全体社会成员的无缝式覆盖和精准化管理服务。

七　社会行动与个体行为的影响

曾经有学者提出，"中国改革开放之初，具有明显的用行动来破解结构的特征，而进入新世纪特别是党的十八大以来，则呈现出用结构来规范社会行动的迹象"。[①] 从 1978 年小岗村 18 户农民偷偷签订"大包干"契约，到 1982 年中国共产党第一个农村工作一号文件出台，再到 2003 年《中华人民共和国农村土地承包法》施行，一直到 2013 年一号文件提出"引导农村土地承包经营权有序流转，鼓励和支持承包土地向专业大户、家庭农场、农民合作社流转"。[②] 最初少数农民自发的关于农地利用方式的个体行为，由不合法到不反对再到支持，最后上升为国家制度。在我国的改革开放史上，类似例子还有很多。这些例子表明，作为一种积极回应型政府，中国公共政策和制度的演进呈现一种包容、开放和合作的模式。这表明在我国的现实政治生活中，人们的社会行动是具有公共价值的。个体或者小群体的诉求、做法或者尝试，能够通过一定的机制实现向公共政策的转化，从而对社会结构产生根本性的影响。在这里，制度变革或者说公共政策是社会行动与社会结构的中间变量，社会行动只有通过改变制度或者说公共政策，才可能对结构产生作用。当然，并非所有的社会行动和社会结构的互动都表现得如此平滑平稳。

中国改革开放的进程虽然有着鼓励、包容社会成员的社会行动以促进对结构改进的意味，但结构的约束性对于社会成员的资源获得、社会地位变化也有非常强的规定意义。以农民工为例，经过"自发性外出务工经商—形成比较大的规模—偶发性个体极端方式维权—引发社会关注—纳入公共政策规制—法律政策性保护"等一系列过程后，农民工的工资收入、劳动

---

① 这个说法来自与中国社会科学院社会学研究所陈光金研究员的讨论。由于讨论的随意性以及语言交流中语意传播的失真性，如有表达不准确问题，责任完全在本人。

② 《中共中央　国务院关于加快发展现代农业进一步增强农村发展活力的若干意见》，中国政府网，http://www.gov.cn/jrzg/2013-01/31/content_2324293.htm，最后访问日期：2021 年 8 月 5 日。

保障、生活条件水平总体来看是不断提升的。但反过来看，这个达数亿人的群体，仍然不能获得与城市居民相同的子女教育、医疗保险、养老保障、住房福利等方面的平等公共服务。究其原因，当然与长期的城乡二元结构、社会制度改进的复杂性等有很强的关系。

八　社会观念和文化的影响

在社会学视域内，观念与文化既是社会变迁的一个结果，也是诱发社会结构变化的重要动因。"较之很多国家来说，更为明显的世俗化现象或'世俗化伦理'则是中国自改革开放以来现代化建设之所以能够取得举世公认巨大成就的一项极为重要的推动力量，而且还会对未来的中国现代化建设产生巨大的影响。"[①]"一切向钱看"成为少部分人行为的准则，虽然这多少带有贬义的色彩。但这是世俗生活在市场化条件下最直接的折射，体现的是各个社会主体的精心"算计"，而这种"算计"与国家以经济建设为中心目标的咬合，使国家发展、社会进步、个人福利提升呈现"帕累托最优"式的多元共赢。

对美好生活的向往，对具有悠久世俗传统的中国人来说是一种强大的驱动力和心理暗示（当然，我们的公共政策和群体价值观也参与了这种文化与观念的塑造。比如，我们对摆脱贫困、勤劳致富的广泛宣传和鼓励表扬），是经济发展以及就业与职业结构、城乡结构、区域结构、收入分配结构、消费结构、社会阶层结构变化的原初动力。

近几年来，基于对过度物质化和世俗生活的反思，人们的价值观也在发生变化。"原来是物质主义倾向，对物的占有和积累非常感兴趣，而后物质主义关注的焦点和偏好，则转向了良好的环境和心理感受、获得他人尊重、社会关系和谐等方面。"[②]党的十八大提出了"富强、民主、文明、和谐、自由、平等、公正、法治、爱国、敬业、诚信、友善"的核心价值观。2013年12月，中共中央办公厅印发《关于培育和践行社会主义核心

---

① 吴忠民：《世俗化与中国的现代化建设》，《清华大学学报》（哲学社会科学版）2020年第2期。
② 冯仕政：《解决中等收入陷阱，着力点不在经济在社会治理上》，2020年9月2日，https://baijiahao.baidu.com/s? id = 1676713439669070646&wfr = spider&for = pc，最后访问日期：2021年5月13日。

价值观的意见》。在党和政府全面加强文化建设的背景下，主流价值观得到弘扬，大众传媒和互联网风气得到净化。近年来，西方部分国家出现不少治理乱象，特别是 2020 年新冠肺炎疫情全球蔓延呈现的中外对比，极大地增强了中国人的民族自豪感和自信心。以社会主义核心价值观为主流的社会观念和文化正在影响和塑造着人们的行为方式，进而影响社会结构的变化。

"两个世纪以来，社会理论家们一直致力于创立一套解释社会变革的宏伟理念。但是人类社会的发展，从狩猎和采集及游牧社会到传统社会，再到今天高度复杂的社会系统，没有任何一个单因素理论可以解释其中的多样性。"[①] 我们试图穷尽影响我国社会结构变迁的所有因素，并试图解释背后复杂的具体作用机制。但社会生活的复杂性、各因素之间的交互作用性，远远超过我们的能力。正如恩格斯所指出的："历史是这样创造的：最终的结果总是从许多单个的意志的相互冲突中产生出来的，而其中每一个意志，又是由于许多特殊的生活条件，才成为它所成为的那样。这样就有无数互相交错的力量，有无数个力的平行四边形，而由此就产生出一个总的结果，即历史事变，这个结果又可以看作一个作为整体的、不自觉地和不自主地起着作用的力量的产物。"[②]

第四节　持续优化我国社会结构的对策建议

现代社会，除了国家干预和市场调节之外，社会结构转型是影响资源配置和经济发展的"另一只看不见的手"，它既是经济增长的结果，也是社会变革的力量。[③] 通过适当的政府治理举措，对社会资源和机会配置进行必要的干预，纠正发展过程中出现的市场失灵和社会结构扭曲，是现代国家治理不可或缺的重要内容。

---

① 安东尼·吉登斯：《社会学》（第四版），赵旭东、齐心等译，北京大学出版社，2003，第 54 页。
② 恩格斯：《致约·布洛赫》，载《马克思恩格斯选集》（第 4 卷），人民出版社，2005，第 697 页。
③ 李培林：《另一只看不见的手：社会结构转型》，《中国社会科学》1992 年第 5 期。

一　科学设定近、中、长期社会结构调整目标

2020 年中国全面建成小康社会、实现第一个百年奋斗目标，开启全面建设社会主义现代化国家新征程、向第二个百年奋斗目标进军。在这样一个历史时刻，要充分考虑到社会结构调整相对滞后、社会建设拥有的巨大空间，早做综合研究和政策储备。特别是，应当对与我国社会现代化相关联的国家中长期社会发展战略做出总体性安排，合理设定与经济发展相适应的社会发展指标，分阶段、分步骤、分项目地加以落实。基于这样的看法，我们提出如下政策目标建议（见表 0 - 4）。

表 0 - 4　我国社会结构调整政策目标

	主要指标（目标）	2025 年目标	2035 年目标	2050 年目标
人口结构	人口自然增长率	初步遏止人口过快下降势头	根据人口增长率变化调整对外国移民的开放度	
	受教育年限	平均受教育年限达到 15 年	普及 12 年义务教育	实现教育基本免费
家庭结构	养老功能	家庭养老 >90%	家庭养老 >90%	家庭养老 >90%
就业和职业结构	一产从业人员比重	<20%	<15%	<10%
城乡结构	常住人口城镇化率	>65%	>70%	>80%
区域结构	基础设施均等化	基本实现	全面实现	高水平实现
	公共服务均等化	教育、养老领域实现	基本实现	全面实现
社会的组织结构	社区治理	社区治理体制更加成熟定型，社区治理能力更为精准全面	社区治理法治化、科学化、精细化水平和组织化程度达到较高水平	
	万人均社会组织数量	10 个	20 个	30 个
收入和财富分配结构	城乡、区域、阶层收入差别	三大收入差距得到根本控制	基本消除城乡收入差距，实现城乡一体化	消除两极分化，实现共同富裕
消费结构	生活性消费	全面普及	高水平	高水平
	发展性消费	逐步扩大	全面普及	全面普及
	消遣性消费	少数人群	逐步扩大	全面普及

	主要指标（目标）	2025 年目标	2035 年目标	2050 年目标
社会阶层结构	中产阶层占比	≥35%	≥50%	≥60%
网络社会结构	互联网的社会渗透率	初步建成数字社会	全面建成数字社会	建成高水平数字社会

资料来源：作者自制。

一是遏止人口自然增长下降趋势，实施积极应对人口老龄化国家战略，不断提高人口素质。二是形成完善的家庭社会政策，保证家庭养老功能不被进一步弱化。三是继续有序转出农业劳动人口，提高农业劳动生产回报。四是常住人口城镇化率到 2035 年达到 70% 以上，多措并举提高户籍人口城镇化率。五是用好扩大投资政策，推进全国基础设施均衡化发展，分领域逐步实现基本公共服务均等化。六是将社区打造成社会整合、社会动员的基础平台，提高社区治理现代化水平。进一步放宽社会组织登记和管理，形成多种形式社会团结的新局面。七是努力解决收入分配差距扩大问题，扎实推进全体人民共同富裕，到 2035 年，缩小城乡区域发展差距取得明显的实质性进展。八是结合畅通国民经济循环和供给侧结构性改革，不断改善消费结构，释放内需潜力，让更多社会成员分享改革开放的红利。九是以扩大中等收入群体为重点，到 2035 年中产阶层占人口总数的50% 以上。十是继续提高互联网的社会渗透率，加快数字社会建设。

二　加快形成中国特色的社会政策体系

党的十八大特别是十八届三中全会以来，以简政放权为突破口，政府与社会、与市场关系不断理顺，社会体制改革取得了前所未有的进展。但是，随着情况出现新变化，社会领域一些深层次的问题和矛盾日益显现，强政府－强市场－弱社会的格局并未得到根本改变，政社关系重构、利益关系调整面临不少难题。为此，应当树立"大社会""大治理"思维，配合经济体制、政治体制等领域的改革，在社会体制关键性基础性重大改革上取得新突破，加快形成与时代发展相适应的社会政策体系，持续提高民生保障水平，优化社会治理方式。

面向 2025 年、2035 年、2050 年三个时间节点，社会体制改革和社会结构调整的重心应当是，以利益调整推进"公正型社会"建设，以管理服务精细化推进"品质型社会"建设,以向社会放权赋权推进"共治型社会"建设,以信息化推进"智慧型社会"建设。① 2020 年 5 月,中共中央、国务院发布了《关于新时代加快完善社会主义市场经济体制的意见》,对经济体制改革做出了新的全面部署,增强了全社会市场化改革的信心,回应了国际社会在世界进入动荡变革期、新冠肺炎疫情全球大流行加速百年未有之大变局背景下对中国动向的关切。建议中央近两年就社会体制改革和社会建设问题进行专题研究,适时制定并出台"关于新时代加快推进社会体制改革的指导意见",以更大的改革力度推进社会现代化进程,推动形成与经济结构相适应的社会结构。同时,建议增设中央社会建设委员会,将"中央经济工作会议"调整为"中央经济社会工作会议",更好地统筹经济与社会协调发展。②

三 做到"三种资源"和机会一体化配置

要以调整经济资源配置为重点,不断完善资源配置方式。我国社会主要矛盾已经转化为人民日益增长的美好生活需要和不平衡不充分的发展之间的矛盾,继续做好与财富直接关联的利益分配非常重要。一要在产业结构升级中稳定就业总体形势,实现更高质量就业,延续职业趋高级化态势。二要加快推进基本公共服务均等化进程,不断提升公共服务的硬件、软件水平,吸引更多社会力量参与公共服务。三要建立知识导向型、鼓励奉献型的薪酬体系,普遍性提高教师、医护、军人、警察、应急救援人员、科研人员等的收入水平,促使他们成为中上收入群体,成为体面、社会向往的职业。四是通过税收、社会保障、转移支付、公益慈善等措施有效缩小收入分配差距,加强脱贫人员、困难群众的救助帮扶,促进共同富裕。

同时,要更加重视组织资源和文化资源的配置。对特定群体、特定阶层、特定社会成员来说,组织资源、文化资源的重要性并不亚于经济资源。为此,要将与权力(利)相关联的组织资源和与精神状态以及认知相

---

① 龚维斌、张林江:《"四型"社会建设:未来社会发展的思路与对策——疫情"大考"之后的社会建设路径》,《行政管理改革》2020 年第 5 期。
② 龚维斌、张林江、马福云:《2019~2020 年中国社会体制改革分析及未来展望》,载龚维斌主编《中国社会体制改革报告(2020)》,社会科学文献出版社,2020,第 11 页。

关联的文化资源，作为社会资源配置的重要内容。具体来说，要进一步向基层、向居民、向社会组织赋权让权，调动全社会参与公共生活的积极性和主动性。要通过制度化渠道包容社会成员和相关群体的合理诉求和社会行动，给予他们参与政治生活和社会治理的公共空间。要增强普通群众文化资源的可获得性，帮助他们实现文化资源质和量的提升。

机会公平是促进社会结构优化的关键环节。人们参与竞争的机会不平等以及竞争过程的不平等，会引发普遍性不满，加剧社会撕裂。为此，应当创造条件让个人通过努力，而不是依仗家庭背景、种族、性别等达致个人的成功。首先，要大力加强教育的普遍获得性和公平性，真正按照终身学习原则为每个社会成员提供基础教育、职业教育和提升教育，通过教师流动、合作办学、教育资源调节等多种方式，促进教育的区域、城乡、校际公平性。其次，要给予每个社会成员公平的就业和参与社会生活的机会，拆除各种有形无形的个人发展门槛，鼓励每个人依靠个人奋斗实现精彩的人生。最后，加快户籍制度改革和民生保障领域改革，让全体国民享受平等的权利保护。

四 用好经济社会发展新机遇

总体来看，工业化、城市化仍然是我国当前和今后一个时期经济发展和社会结构调整的主要动力。我国已经进入工业化后期，也部分出现了"后工业化"现象。幸运的是，以创新为核心的"第四次工业革命"正在到来，未来10年，我国仍将有上亿人口进入城市，对于城乡结构改善、拉动消费、扩大中产阶层都有积极意义。

市场化、经济全球化可能呈现新的形态。下一阶段，如果我国的资本、劳动力、土地、数据等要素的流动能够更加顺畅，那么经济增长就会更快。但各生产要素的市场地位差异必然会导致利益回报分化，收入和财富很可能向少数人进一步集聚。如果不利用政府"看得见的手"加以调节，则收入分配结构将可能进一步呈现极化现象。世界进入动荡变革期，受国际环境影响，经济全球化局部受阻。未来国际经济形势扑朔迷离，给我国的区域结构、就业和职业结构带来不确定性，需要持续跟踪观察，及时调整相关政策。

科技进步和信息化、制度革新是我国经济社会发展最大的利好因素。"实现高质量发展，必须实现依靠创新驱动的内涵型增长。我们更要大力提升自主创新能力，尽快突破关键核心技术。这是关系我国发展全局的重大问题，也是形成以国内大循环为主体的关键。"① 人类史上，很少有像我国这样的国家，将全面深化改革作为治国理政的核心战略。大量的制度创新帮助我们不断释放生产力，不断调整生产关系，从而打破旧的利益格局，形成新的有利于发展的局面，实现经济增长和社会进步。科技进步和信息化、改革与制度创新，应当是面向2035年、2050年最能确定的因素，是优势和潜力所在，对于经济高质量发展和社会结构优化起着牵头作用。

五　实施一批民生、民心项目

近年来，我国在传统基础设施建设之外，大力推进"新基建"。② 建议与经济结构调整相适应，配套推进以民生、民心项目为主的"新社建"，有效促进社会事业发展、民生福祉提升和社会结构优化，推动经济发展与社会发展良性互动。

第一，开展教育高质量发展行动。提高国家教育投入，促进教育公平。建议到"十四五"末国家财政性教育经费占国内生产总值的比重达到5%，到2035年达到7%，到2050年达到10%。加大教育体制机制改革，向学校、教师、学生、社会放权让权。提高教师薪酬待遇，调动教育从业者的积极性和创造性。大力发展职业教育和民办教育，增强教育领域活力。着力改革和优化考试招生制度。实现教育管办评分离。

第二，实施全民健康工程。加快卫生健康领域改革，形成医疗、医保、医药之间的"三医联动"格局，根治看病难、看病贵问题。在完善医

---

① 习近平：《在经济社会领域专家座谈会上的讲话》，中央人民政府门户网站，2020年8月25日，http://www.gov.cn/xinwen/2020－08/25/content_5537101.htm，最后访问日期：2021年5月13日。

② 2018年12月召开的中央经济工作会议提出，加强人工智能、工业互联网、物联网等新型基础设施建设。此后，我国中央文件中多次出现新型基础设施建设的有关表述。2020年4月20日，国家发改委创新和高技术发展司司长伍浩在国家发改委新闻发布会上表示，新基建包括信息基础设施、融合基础设施和创新基础设施三方面。目前，一般会认为新基建主要包括5G基站建设、特高压、城际高速铁路和城市轨道交通、新能源汽车充电桩、大数据中心、人工智能、工业互联网七大领域，涉及诸多产业链。

保体系的同时，扭转"重已病不重未病"现象，将更多的资源用于体育、保健、日常护理等方面。建议"十四五"末实现全民免费体检，2035年基本实现免费医疗。加大公立医院财力保障力度，给予医生稳定和体面的薪酬，促进公立医院回归公益属性。通过机制创新促进优质医疗资源平衡分布和合理流动，解决基层医疗机构和大医院人、财、物配置不合理的问题。构筑强大的公共卫生体系，完善疾病预防控制体系。普及卫生健康知识，促进全体居民形成良好的生活和卫生习惯。

第三，实施跨越"中等收入陷阱"攻坚工程。我们需要解决的是双重中等收入陷阱问题：一是从发展中经济体进入高收入经济体行列；二是建成一个中等收入群体占主体的"橄榄型"社会。[①] 前者要坚持以供给侧结构性改革为主线，牢牢把握扩大内需这个战略基点，不断激发市场主体活力，实现经济高质量发展。同时，大力防范贫富分化过大、金融体系崩溃、腐败多发、就业困难等经济社会危机，避免影响做大蛋糕的进度。后者则需要从经济资源、组织资源、文化资源和机会配置多维度出发，通过精准施策促进中产阶层有较大幅度增加。力争到2035年建成知识导向型的收入分配格局。目前应当以农民工作为中等收入群体后备主力，促使他们跨入中等收入群体行列。

第四，开展收入和消费双倍增工程。2012年党的十八大提出"2020年实现国内生产总值和城乡居民人均收入比2010年翻一番"，这两个目标的实现极大地提振了全体人民的信心。在新的历史条件下，建议提出到2035年实现人均收入比2020年翻一番的目标。消费倍增的重心应当放到消费弹性较大的中等收入群体。一要提高消费意愿。通过提升公共服务和社会保障水平，让中产阶层增加对未来的良好预期，提高其即期消费的愿望。二要解决好"有时间消费"的问题。多数中产阶层是工作骨干，时间紧缺是其普遍特征。而服务型消费（如旅游、健身、艺术欣赏、文化、休闲、娱乐等）的典型特征是必须投入时间。要逐步营造生产与消费并重的社会氛围，研究完善假期制度，通过税收抵扣等方式鼓励适当适度的消费。三是建构与中产阶层相适应的生活与消费方式。凡勃伦讲的炫耀性消

---

① 李培林：《中国跨越双重中等收入陷阱的路径选择》，载李培林、戈尔什科夫等《中国和俄罗斯的中等收入群体》，社会科学文献出版社，2018，第3页。

费表明，不同的社会阶层或群体的消费会受一些特殊的社会规则的支配。①应当通过文化塑造、宣传和引领，形成既非西方消费主义又与我国过度强调节俭的传统消费不同的中产阶层新消费文化。四是开展市场主导、政府引导的各类消费促进活动。各地应当根据财力情况，启动家电更新、电脑和手机普及、旅游休闲补贴或免费、锻炼身体消费券、夜间和节假日经济等消费促进活动。

第五，开展乡村发展系列折子工程。未来我国仍将有 3 亿以上人口住在农村，建议将乡村全面振兴的相关内容进行分解和精准推进，从而使其更具有针对性和可操作性。一是对广大的农村地区进行以乡（镇）、村为基础的评估和规划，根据实际情况做到一乡（镇）一策、一村一策。二是财政投入向人口较多、发展条件较好的农村倾斜，避免撒胡椒面，推进农村人口和资源适度集中。三是加快建立健全城乡融合发展的体制机制。促进各类人才和生产要素下乡。切实贯彻执行《关于调整完善土地出让收入使用范围优先支持乡村振兴的意见》，稳步提高土地出让收入用于农业农村的比例。到"十四五"期末，以省（自治区、直辖市）为单位核算，土地出让收益用于农业农村的比例达到 50% 以上。四是继续加强农业科技应用，推进控肥、控药、控水等技术研发，带动农作物生产向绿色高效型转变，动物生产向生态健康、清洁生产型转变。五是结合建设美丽乡村，改善农村人居环境和基础设施。

第六，开展数字经济、数字社会建设工程。牢牢抓住 5G 契机，利用现代信息技术推动数字经济发展，提高全社会信息应用的广度与深度。促进互联网进一步深度嵌入社会民生、政府管理、艺术文化、生态建设的各个方面，不断丰富移动支付、智慧出行、智能工厂、智慧城市、互联网医院、远程教学等应用场景。继续加大数字基础设施建设力度，推动公共数据开放和数据互联互通，完善数据交易市场机制和监管体系，强化基础研发和标准制定。加快推进数字化社会信用体系建设。

六　积极防范和化解社会危机

社会结构变化的过程就是社会转型的过程，也是社会矛盾和社会问题

---

① 索尔斯坦·邦德·凡勃伦：《有闲阶级论》，李风华译，中国人民大学出版社，2017。

集中出现的高发期，甚至可能成为社会的动荡期。托克维尔的《旧制度与大革命》就反映了这一点。[1] 为此，在促进社会结构优化的过程中，要做好社会关系调节，积极化解社会风险，防范颠覆性社会危机。我国社会转型尚未完成，社会结构调整尚未到位，必须采取切实措施避免现代化进程被打断、被延宕。

一是调整好现代社会最为重要的官民、贫富、劳资三大关系。全面从严治党和反腐倡廉的大力推进，改善了党群、干群关系，总体来看，人民群众对干部是信任和尊敬的。要不断实现"不敢腐、不能腐、不想腐"一体推进目标，保持对于腐败问题、官僚主义和形式主义的高压态势。另外，要加强对干部的关爱。特别是，各级干部尤其是基层干部工作非常辛苦，"5＋2""白＋黑""雨＋晴"普遍化，问责、督查、巡视、审计常态化。为防止出现多干多错、"多一事不如少一事"、"当太平官"的官场风气蔓延，要保护干部干事创业的积极性和创造性，健全激励机制和容错纠错机制，让广大干部愿干事、敢干事、能干成事。要改变问责过度、"监军多战士少"的状况，真正形成鼓励干部主动作为、积极担当的良好氛围。我国有全世界最大的劳动者队伍和企业家队伍，劳动力市场的供求关系、就业状况变化很快，劳动关系的主体及其利益诉求越来越多元化，构建和谐劳动关系的任务艰巨繁重。要坚持政府主导下的劳资双方平等协商制度，在法治的轨道上解决薪酬、福利、劳动保护、社会保障等利益矛盾，防止极端的劳资对立冲突和群体性事件。

二是防范民粹主义情绪上升引发社会断裂和社会仇恨。社会资源的再配置和社会结构的调整，是一个痛苦的过程。长期的社会不平等，很容易转化成社会对立甚至仇恨。近年来，许多国家和地区出现了民粹主义思潮和激进社会运动，其反建制、反主流、反精英、反智的趋向酝酿着极大的社会冲突和政治风暴，是社会危机的早期警告。[2] 特别是，结构调整期出现的权力、财富、文化和发展机会差异，会在互联网时代信息传播速度加快和情绪叠加放大效应下，触发某些群体、某些社会成员敏感的神经，甚

① 托克维尔：《旧制度与大革命》，冯棠译，商务印书馆，1992。
② 约翰·朱迪：《民粹主义大爆炸：经济大衰退如何改变美国和欧洲政治》，马霖译，中信出版集团，2018。

至转变成立场和观点的争执、语言和行为的冲突。要坚决抵制民粹主义思潮，以社会资源和机会均衡化来彻底铲除民粹主义滋生的土壤。要通过主流价值观建设和宣传，引导人们理性、平和地看待社会转型期出现的种种问题。要防范境外民粹主义思潮的输入和传播，防止其与国内矛盾同频共振而引发社会不稳定风险。

三是用共建共治共享理念推进社会整合与团结。确保政府的基本民生支出只增不减，重点领域支出得到切实保障，力争到 2050 年实现全民免费教育、免费医疗、免费养老。充分利用市场机制和社会力量，提高民生保障的丰富性、针对性和可及性。加强和创新基层社会治理，实现政府治理同社会调节、居民自治良性互动，建设人人有责、人人尽责、人人享有的社会治理共同体。不断增强社会韧性和反脆弱性，提高全社会抵御风险的能力。用好群团组织、社会组织、单位、社区、家庭等多元化的社会整合方式，使每个社会成员都能得到发展机会和社会关爱，促进人的全面发展和社会全面进步。

第一章 ｜

人口结构

　　人口问题是一个国家或地区面对的基础性、全局性和战略性问题。从社会结构的角度来理解，人是资源和机会配置的主体和载体，是推动社会结构变化的主要力量。同时，人口不同构成要素之间的组合，也反映了资源和机会在不同人群中的分布，是社会结构的重要组成部分。长期以来，我国一直重视对人口总量的调控，通过控制人口的过快增长，减少其对资源环境带来的压力。近年来，我国人口总体形势发生了重要转变，国家对人口战略进行了调整。党的十八届五中全会提出促进人口均衡发展，把人口调控的重点从总量控制向结构优化转变；党的十九届五中全会提出实施积极应对人口老龄化国家战略，2021 年 6 月中共中央、国务院印发了《关于优化生育政策促进人口长期均衡发展的决定》，对人口生育政策进行了又一次重大调整。在此背景下，对近年来我国人口结构的变化及趋势进行分析，有利于把握我国人口结构的总体形势，为新时期国家人口发展战略制定提供依据。

第一节　我国人口结构变化及主要特征

　　人口结构又称为人口构成，是反映某一地区、某一时点人口总体内部各种不同质的规定性的数量比例关系。根据人口本身所固有的自然的、社会的、空间的特征，人口总体内部可以被划分为若干不同质的子群体，每个子群体均占人口总体的一定比重，即人口结构，通常用百分比表示。按人口不同的特点及运动方式，可分为人口自然构成、人口社会构成和人口地域构成三部分和其他若干种类。本章按照人口结构的分类，从中选取具有代表性的指标，对 2010 年以来我国人口结构的变化情况进行分析，对其主要特点进行概括。

一　性别结构总体趋向平衡

性别是人的基本属性之一。在一个国家或地区的总人口中，男性人口和女性人口各自所占的比重，就成为这个国家或地区的人口性别结构。总人口性别比是衡量人口均衡发展的重要指标，其含义是平均 100 个女性人口所对应的男性人口数量。总人口性别比观测到的正常值应该基本等于或低于 100，偏离这一正常值，则被认为性别失衡。

20 世纪 80 年代以来，我国社会的性别失衡问题日益凸显，逐渐成为影响可持续发展的重要因素和社会治理的重大难题。中国历次人口普查的总人口性别比始终处于 105～107 的偏高水平。1982～2000 年，总人口性别比持续稳定在 106 以上，在 2000 年达到 106.74 的峰值，此后总人口性别比略有回落。[1] 2010 年中国的总人口性别比为 105.21，2020 年末中国总人口性别比为 105.07，男性人口比女性人口多出大约 3490 万人，差距有所缩小（见图 1-1）。2010 年以来，我国总人口性别比呈现稳定下降趋

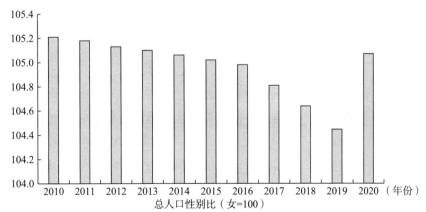

图 1-1　2010～2020 年中国性别结构的变化

资料来源：国家统计局编《中国统计年鉴 2021》，中国统计出版社，2021。

[1]　国家统计局编《中国统计年鉴 2021》，中国统计出版社，2021。

势，说明人口性别结构演变的驱动因素及其作用程度已经发生了显著变化。① 特别是全面"二孩"政策及"三孩"有关政策的实施，对缓解出生性别偏差发挥了重要作用。

从人口性别比的城乡构成来看，2010～2018 年，城镇人口性别比和乡村人口性别比基本保持在 104～107 的水平。在总人口性别中，城镇和农村并无显著差距，一些年份城镇的总人口性别比反而高于乡村，这反映了人口流动对城乡人口性别构成的调节作用。自 2015 年起，城镇人口性别比呈下降趋势，由 2015 年的 106.27 降至 2018 年的 105.01，而乡村人口性别比基本维持在 105 左右（见表 1－1）。

表 1－1　2010～2018 年中国分城乡人口性别比

单位：%

年份	城镇			乡村		
	男性占比	女性占比	性别比（女＝100）	男性占比	女性占比	性别比（女＝100）
2010	51.30	48.70	105.32	51.19	48.81	104.87
2011	51.67	48.33	106.91	51.51	48.49	106.21
2012	51.38	48.62	105.66	51.48	48.52	106.09
2013	51.39	48.61	105.71	51.42	48.58	105.86
2014	50.69	49.31	102.80	51.54	48.46	106.37
2015	51.52	48.48	106.27	51.23	48.77	105.03
2016	51.34	48.66	105.49	51.23	48.77	105.06
2017	51.41	48.59	105.80	51.24	48.76	105.07
2018	51.22	48.78	105.01	51.24	48.76	105.10

资料来源：国家统计局编《中国人口和就业统计年鉴2019》，中国统计出版社，2019。

性别结构还可以按不同年龄组的人口进行统计。最常用的有出生人口性别构成和婚龄人口性别构成。出生人口性别结构主要是由生物因素决定的，比较稳定，出生人口性别比一般都在 105±2。20 世纪 80 年代，我国的出生人口性别比从正常逐渐走向偏高，长期处于异常值域内，到 2004 年达到 121.2 的峰值，出生人口性别比严重失衡。2009 年以后中国的出生性别比呈持续下降趋势，在 2015 年降到 113.54，2020 年进一步下降到 111.3（见

① 李树茁、孟阳：《改革开放 40 年：中国人口性别失衡治理的成就与挑战》，《西安交通大学学报》（社会科学版）2018 年第 6 期。

图1-2）。中国是世界上出生人口性别比失衡最严重的国家之一，重男轻女、偏好男孩的思想观念是造成我国出生人口性别比偏高的根本原因。

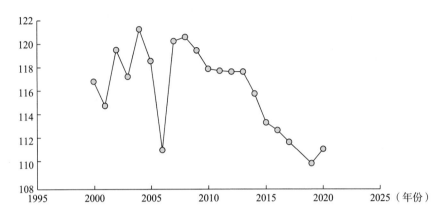

图1-2 2000~2020年中国出生人口性别比（女性=100）
资料来源：根据公开资料整理。

我国出生性别比具有明显的城乡差异，乡村地区的出生人口性别比高于城镇地区。1982年以来，城镇和乡村的出生人口性别比都呈上升趋势，但乡村地区上升更快，导致城乡差别日益扩大，这种趋势一直持续到2005年。2010年农村地区出生人口性别比有所下降，城乡差距开始缩小。2010~2015年，城镇和乡村出生人口性别比都出现了较大幅度的下降，但总体上看，乡村地区仍然比城镇地区稍高（见图1-3）。

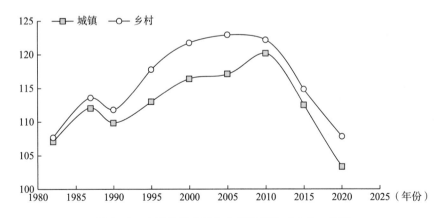

图1-3 中国分城乡出生人口性别比（女性=100）
资料来源：国家统计局，1982年、1990年、2000年和2010年《中国人口普查资料》，2015年1%人口抽样调查数据，2020年全国人口普查数据。

分年龄段来看，2020 年我国 10～14 岁年龄段人口性别比最高，人口性别比达到了 116.12 以上，也就是说"00"后一代男女性别差最大，100 个女性对应 116 个男性（见图 1－4）。这部分人口很快进入婚龄阶段，将导致未来 20 年内我国适婚年龄段男性人数大大多于适婚年龄段女性人数，女性人口紧缺，男性婚配面临的压力比较大，"剩男"问题将成为严重的社会问题。

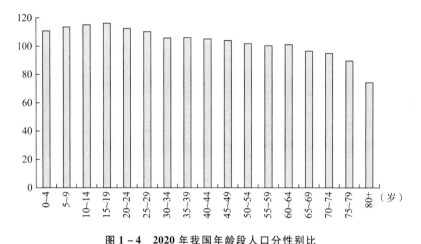

图 1－4　2020 年我国年龄段人口分性别比
资料来源：国家统计局编《中国统计年鉴 2021》，中国统计出版社，2021。

二　高龄化、少子化特征明显

年龄结构也是人的自然属性，不同国家或地区在不同时期的人口总是从零岁组开始直到某个最高的年龄组为止。各个年龄组人口在其总人口中所占的比例就构成该人口的年龄结构。对人口年龄结构类型的划分，有年轻型、成年型和老年型三种。国际上通常把 60 岁及以上人口占总人口的比例达到 10%，或 65 岁及以上人口占总人口的比例达到 7%，作为一个国家或地区进入老龄化的标准。1999 年末，我国 60 岁及以上老年人口比例达到 10.3%，标志着我国进入老龄社会。[1] 以此为标准，我国自 2000 年已进入老龄化社会。

人口金字塔是一种表示人口性别与年龄构成的塔状条形统计图，可分

---

[1]　国家统计局编《中国统计年鉴 2020》，中国统计出版社，2020。

为增长型、缩减型和静止型三种。从 2010 年中国人口金字塔的形状来看，我国的人口结构属于"钟型"的人口缩减型，底部出现明显萎缩。根据第六次全国人口普查数据，2010 年我国 0～14 岁的人口为 2.2 亿人，只占全国人口的 16.60%，比 2000 年第五次全国人口普查结果下降了 6.29 个百分点。60 岁及以上人口达 1.8 亿人，占全国总人口的 13.26%，比第五次全国人口普查结果上升了 2.93 个百分点。仔细观察人口金字塔会发现，2010 年 20～50 岁的人群仍然是人口金字塔上人数最多的人群（见图 1-5）。

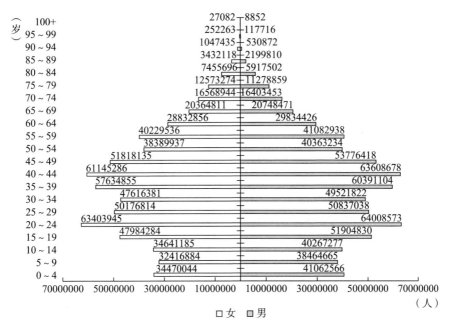

图 1-5　2010 年我国人口金字塔构成

资料来源：国家统计局编《中国统计年鉴 2011》，中国统计出版社，2011。

与 2010 年相比，2020 年中国人口金字塔底部进一步缩小，整个人口的构成向金字塔顶部移动，塔的形状更加细长。按照三种类型划分，正在从缩减型向静止型过度（见图 1-6）。

2010 年以来，我国尽管在人口生育政策上进行了调整，0～14 岁年龄段青少年人口在总人口中所占的比例没有进一步降低，但是 65 岁及以上年龄段人口在总人口中所占的比例持续提高。从 2010 年的 8.9% 提高到 2020 年的 13.50%（见图 1-7），十年时间增加了 7170 万人，平均每年增加 717 万人。从 2010 年的变化来看，我国人口老龄化的速度正在加快，主要

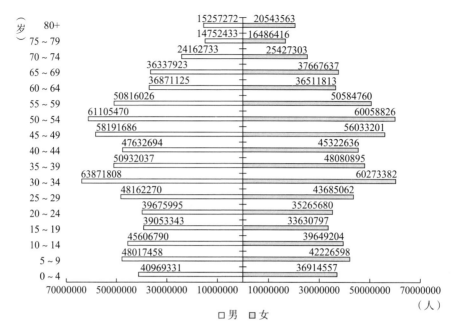

图 1-6 2020 年我国人口金字塔构成

资料来源：国家统计局编《中国统计年鉴 2021》，中国统计出版社，2021。

原因是顶部人口老龄化。如果以 60 岁作为老年人口的标准，那么 2020 年末，我国 60 岁及以上老年人口达 2.6 亿人，占总人口的 18.7%[①]，我国老龄化人口众多。我国 60 岁及以上老年人口规模之大，超过世界第五人口大国巴西的总人口数（2.11 亿人）（见图 1-7）。

人口老龄化是经济社会发展到一定阶段的产物，具有一定的客观规律性。从全球来看，截至 2019 年，全球 65 岁及以上人口已经占全球总人口的 9.10%，已达到联合国老龄化社会标准（65 岁及以上老年人口占比达到 7% 或 60 岁及以上老年人口占比达到 10%），比 2000 年的 6.89% 增长了 2.21 个百分点。从全球老龄化的发展趋势来看，经济越发达，老龄化越严重，从全球主要国家来看，日本的人口老龄化程度最高，2019 年日本老龄化程度达 27%，其次是欧洲国家，如意大利（23%），德国（21%），法国（20%）（见图 1-8）。

从城乡来看，乡村地区 65 岁及以上老年人口比重显著高于城镇地区。

---

① 国家统计局编《中国统计年鉴 2020》，中国统计出版社，2020。

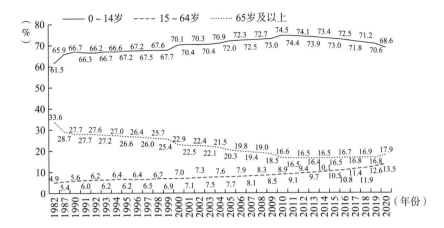

图 1 - 7　1999～2020 年中国人口年龄构成情况变化

资料来源：国家统计局编《中国统计年鉴 2021》，中国统计出版社，2021。

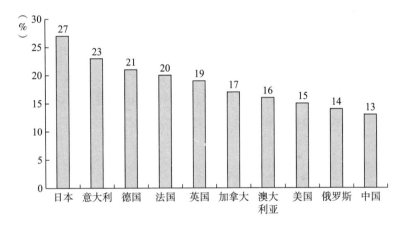

图 1 - 8　2019 年世界主要国家人口老龄化比较

资料来源：根据公开资料整理。

2010～2018 年来，城镇和乡村 65 岁及以上老年人口比重均呈上升趋势，9 年间城镇地区 65 岁及以上老年人口比重上升了 3.09 个百分点，乡村地区 65 岁及以上老年人比重上升了 3.78 个百分点。2018 年，乡村地区 65 岁及以上老年人比重达到 13.84%（见表 1 - 2）。乡村老龄化率再创新高，距离 14.0% 的深度老龄化门槛越来越近。乡村老龄化问题加剧使乡村养老问题变得严重而迫切。

表 1 - 2　2010～2018 年中国分城乡人口年龄构成

单位：%

年份	0～14 岁		15～64 岁		65 岁及以上	
	城镇	乡村	城镇	乡村	城镇	乡村
2010	16.87	19.16	75.15	70.78	7.98	10.06
2011	16.80	18.82	75.24	70.83	7.96	10.36
2012	16.81	18.87	74.58	70.53	8.61	10.60
2013	16.72	18.82	74.74	70.03	8.54	11.15
2014	17.05	18.90	74.07	69.59	8.88	11.52
2015	17.04	19.18	73.60	68.78	9.35	12.03
2016	17.07	19.28	73.33	68.19	9.61	12.53
2017	17.29	19.39	72.42	67.39	10.29	13.22
2018	17.24	19.45	71.69	66.71	11.07	13.84

资料来源：国家统计局编《中国人口和就业统计年鉴 2019》，中国统计出版社，2019。

　　从区域来看，除了西藏自治区以外其他省份均进入老龄化社会，老龄化最严重的省份是山东省、上海市、四川省、辽宁省、重庆市和江苏省，这些省份 65 岁及以上人口占比均超过了 14%，已经进入"深度老龄化"阶段。年龄结构相对比较年轻的是新疆、青海、宁夏等少数民族聚居地区以及外来人口流入比较多的海南、广东、福建等省份（见图 1 - 9）。

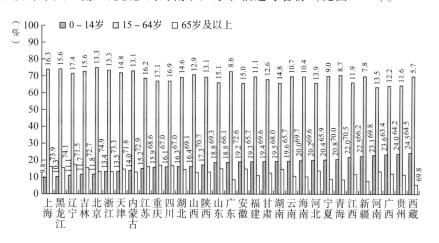

图 1 - 9　2019 年中国分地区人口年龄构成

资料来源：国家统计局编《中国统计年鉴 2021》，中国统计出版社，2021。

从劳动年龄人口数量的变化来看，2010 年以来我国劳动年龄人口（16 ~ 59 岁）占总人口的比重持续下降，2010 年占总人口的比重为 74.5%，到 2020 年下降到 68.6%，十年减少了 3067 万人，平均每年减少 306.7 万人（见图 1 - 10），数量虽然不多，但随着 20 世纪 60 年代和 70 年代生育高峰期出生的人口逐渐进入老龄化，中国将与目前一些发达国家一样，面临劳动力短缺的问题。劳动年龄人口占比的持续下降，将导致中国劳动红利消失，给经济社会发展带来挑战。因此，要充分发挥好现有劳动年龄人口和就业人口的作用，通过加大教育投入力度，不断优化和提升人口素质，把人口红利转化为人才红利。

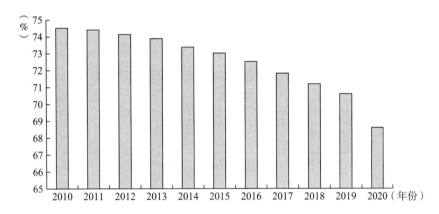

图 1 - 10 2010 ~ 2020 年劳动年龄人口数量变化
说明：劳动年龄人口指 16 ~ 59 岁的人口。
资料来源：国家统计局编《中国统计年鉴 2021》，中国统计出版社，2021。

人口抚养比也是用来描述人口年龄结构社会经济含义的一个基础性指标。2000 年以来，我国少儿抚养比显著下降，2011 年最低，为 22.1%，此后有所回升。老年抚养比快速上升，由 2000 年的 9.9% 提高至 2020 年 19.7%。总抚养比先下降后又上升，2010 年最低，为 34.2%，到 2020 年又上升到 45.9%（见图 1 - 11）。

从城乡来看，2010 ~ 2018 年，城镇地区和乡村地区总抚养比均呈上升趋势，乡村地区的总抚养比高于城镇地区。乡村地区的少儿抚养比和老年抚养比均高于城镇地区，城乡之间的差距基本保持在 5 个百分点左右（见表 1 - 3）。

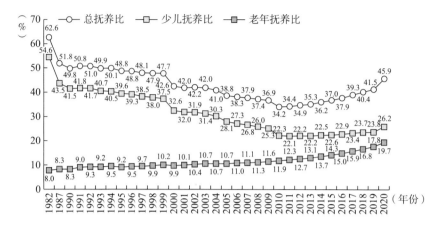

图 1 - 11　1982～2020 年中国人口抚养比变化

资料来源：国家统计局编《中国统计年鉴 2021》，中国统计出版社，2021。

表 1 - 3　2010～2018 年中国分城乡人口抚养比统计情况

单位：%

年份	总抚养比		少儿抚养比		老年抚养比	
	城镇	乡村	城镇	乡村	城镇	乡村
2010	33.07	41.29	22.45	27.07	10.62	14.21
2011	32.91	41.19	22.33	26.57	10.58	14.62
2012	34.08	41.79	22.54	26.76	11.54	15.04
2013	33.80	42.79	22.37	26.87	11.43	15.93
2014	35.00	43.71	23.01	27.16	11.99	16.55
2015	35.87	45.38	23.16	27.89	12.71	17.49
2016	36.38	46.65	23.28	28.27	13.10	18.38
2017	38.08	48.39	23.87	28.77	14.21	19.62
2018	39.49	49.90	24.05	29.15	15.44	20.74

资料来源：国家统计局编《中国人口和就业统计年鉴 2019》，中国统计出版社，2019。

　　分区域来看，2020 年，河南省总抚养比以 57.79% 排在首位，其次为广东省、贵州省、湖南省、安徽省，排在后五位的是北京市、黑龙江省、上海市、浙江省和内蒙古自治区。全国有 11 个省、自治区、直辖市的总抚养比高于全国总抚养比（45.98%）水平，其中 5 个位于西部地区，4 个位于中部地区，2 个位于东部地区（见图 1 - 12）。

　　在少儿抚养比方面，贵州省以 37.17% 排在首位，其次为广西壮族自

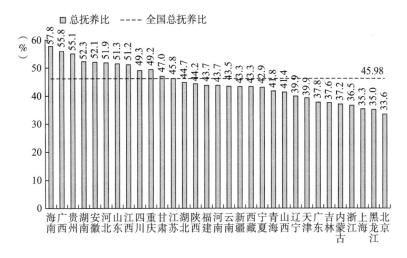

图 1 - 12　2019 年中国分地区人口总抚养比统计

资料来源：国家统计局编《中国统计年鉴 2020》，中国统计出版社，2020。

治区、河南省、西藏自治区和江西省，排在后五位的是上海市、黑龙江省、辽宁省、北京市和吉林省。全国有 16 个省、自治区、直辖市的少儿抚养比高于全国平均水平（26.24%），其中，18 个位于西部地区，4 个位于中部地区，4 个位于东部地区（见图 1 - 13）。在老年抚养比方面，重庆省以 25.5% 排在首位，其次分别为四川省、辽宁省、江苏省和山东省，排在

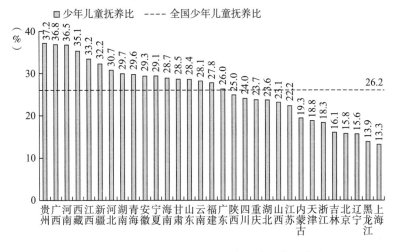

图 1 - 13　2019 年中国分地区少年儿童抚养比统计

资料来源：国家统计局编《中国统计年鉴 2020》，中国统计出版社，2020。

后五位的分别是西藏自治区、新疆维吾尔自治区、广东省、青海省和宁夏回族自治区。全国有14个省、自治区、直辖市的老年抚养比高于全国老年抚养比平均水平（19.74%），其中，2个位于西部地区，6个位于中部地区，6个位于东部地区，2个位于东北地区（见图1-14）。

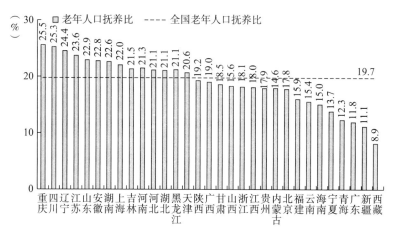

图1-14 2019年中国分地区老年抚养比统计

资料来源：国家统计局编《中国统计年鉴2020》，中国统计出版社，2020。

三 进入普及高中教育和高等教育大众化阶段

教育是人后天改变自身能力和素质的重要因素，在一定数量的人口中，不同受教育水平的人口构成了一个国家的国民总体受教育水平。不同人口受教育水平的构成是人口社会结构的重要组成部分，体现了社会的进步程度，受教育水平的普遍提高是现代社会的一个重要特征。

2010年以来，我国人口教育水平提高的一个显著标志是在普及九年制义务教育的基础上，努力推动实现高中教育的普及化。2017年4月，教育部等四部门联合发布了《高中阶段教育普及攻坚计划（2017—2020年）》，其中指出"到2020年在全国范围内普及高中教育"。从数据上看，我国高中毛入学率从2010年的82.5%上升到2020年的91.2%，超越中高等收入国家水平，正逐步接近"2020年普及高中阶段教育"的目标（见图1-15）。普及高中阶段教育将会提高青年劳动人口的受教育水平，而受教育水平的提高不仅意味着更多的知识和技能，还将改善劳动者的非认知能力，即作为一般劳动者的理念、心态和意愿，这将在很大程度上提高劳动力的整体素质并在经济上带来可观的回报。同时，普及高中阶段教育不仅有助于降低教育领域的不平等程度，还有助于缩小贫富差距和降低性别不平等程度，促进社会公平和社会流动。[①]

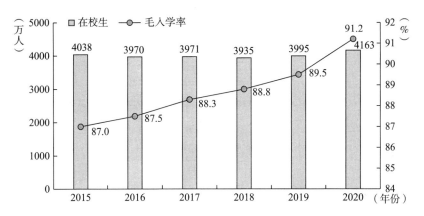

图 1 - 15　2015 年以来我国高中阶段在校学生规模和毛入学率的变化

资料来源：《2020 年全国教育事业发展统计公报》。

2010 年以后，我国人口受教育水平变化的另外一个特征是高等教育从精英化走向大众化。1990 年之前，我国高等教育毛入学率处于低位平稳缓慢式增长状态。1990 年以后，随着"科教兴国""人才强国"战略的提出，我国先后启动"211 工程"和"985 工程"，大力实施高等教育扩招政策，加大高层次人才队伍培养力度，高等教育毛入学率呈拉升式增长。2000 年，我国高等教育毛入学率达到 12.5%，到 2010 年上升到 26.50%。2020 年，我国高等教育毛入学率达到 54.4%，相比 1990 年的 3.4% 提高了 51 个百分点，增长速度远高于同期世界中高等收入国家增长速度（见图 1 - 16）。在 1990 年至 2020 年 31 年的时间里，我国实现了高等教育从精英化向大众化、由小规模向高等教育大国的两次历史性转变。

我国总体国民受教育水平的提升可以通过不同年龄阶段人口平均受教育年限来直观反映。1982 年，我国 6 岁及以上人口平均受教育年限仅有 5.20 年，而随着九年义务教育的普及和高层次教育入学率的提升，

[①] 谢宇等：《普及高中阶段教育的背景、意义和挑战》，《北京大学学报》（哲学社会科学版）2019 年第 4 期。

图 1-16　2015 年以来我国高等教育在校学生规模和毛入学率变化

资料来源：《2020 年全国教育事业发展统计公报》。

2018 年，我国 6 岁及以上人口平均受教育年限达到 9.26 年，相当于高中一年级的水平，涨幅达 78.08%。此外，我国劳动年龄人口平均受教育年限从 1982 年的刚刚超过 8 年提升至 2019 年的 10.7 年，达到高中教育水平；新增劳动人口平均受教育年限在 2019 年已达 13.7 年，[①] 达到大学一年级水平，这为我国建设知识型、技能型、创新型社会提供了强有力的人才支撑。

随着社会经济的发展和男女平等思想的宣传和普及，女性与男性有着平等的受教育机会。近年来，女性接受高等教育的人数越来越多。根据 2000 年第六次全国人口普查和 2020 年第七次全国人口普查数据，2000 年只有 0.88% 的女性进入大学本科学习，2020 年这一比例达到 7.23%，增长 6.35 个百分点（见图 1-17）。另外，2020 年女性人数占研究生总数的 49%，相比 2000 年上升了 18.8 个百分点。可见，我国女性在高等教育的占比大幅度提高。造成这一现象的原因有以下两个方面：一是女性青年承担家庭经济负担的压力小于男性青年，继续深造的愿望大；二是女性在就业市场相比男性不占优势，倾向于通过提高学历来提升自己的竞争力，寻求更大的发展。

---

① 尹德挺、石万里：《新中国成立 70 年来我国人口素质变迁》，《人口与健康》2019 年第 10 期。

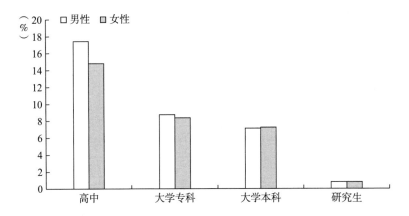

图 1 – 17　2020 年中国高中及以上学历男性、女性人口占比

资料来源：国家统计局编《中国统计年鉴 2021》，中国统计出版社，2021。

四　人口健康水平显著提高

人口健康素质通常是指人口发育的健全程度，主要包括身体素质、心理素质、社会素质、综合素质等。我国十分重视提高人口健康素质。党的十九大报告提出人民健康是民族昌盛和国家富强的重要标志。预期寿命是反映一个国家和地区人民健康水平的综合性指标。新中国成立前，由于经济发展水平低、医疗条件差，我国居民平均预期寿命约为 35 岁。新中国成立后，我国居民平均预期寿命迅速上升，1973 ~ 1975 年，男性和女性的预期寿命分别达到 63.6 岁和 66.3 岁，在发展中国家中创造了奇迹。此后，我国居民预期寿命一直稳定上升，从 1981 年到 2015 年，居民平均预期寿命由 67.9 岁延长至 76.3 岁，其中，男性平均预期寿命由 66.4 岁延长至 73.6 岁，增加了 7.2 岁，女性平均预期寿命由 69.3 岁延长至 79.4 岁，增加了 10.1 岁。[①] 到 2019 年，我国居民平均预期寿命达到 77.3 岁（见图 1 – 18），高于世界平均水平，接近一些发达国家的水平。

儿童死亡率是人口健康素质的一个重要综合性指标。2000 年我国新生儿死亡率和婴儿死亡率分别为 22.8‰ 和 32.2‰，到 2020 年已经分别下降

---

① 国家卫生和计划生育委员会编《2016 中国卫生和计划生育统计年鉴》，中国协和医科大学出版社，2016。

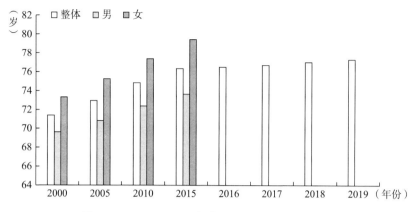

图1－18　2000～2019年我国居民预期寿命的变化

资料来源：2000～2018年数据来自国家卫生健康委员会编《2019中国卫生健康统计年鉴》，中国协和医科大学出版社，2019；2019年数据来自国家卫生健康委员会《2019年我国卫生健康事业发展统计公报》，http://www.catcm.org.cn/bianqiqi/attached/file/2020 0626/2020 0626084969986998.pdf。

到3.4‰和5.4‰；5岁以下儿童死亡率从2000年的39.75‰，下降到2020年的7.5‰；孕产妇死亡率从2000年的53.0/10万，下降到2020年的16.9/10万（见图1－19）。中国在经济社会发展水平处于世界中等水平的情况下，以上指标均达到了发达国家的平均水平。

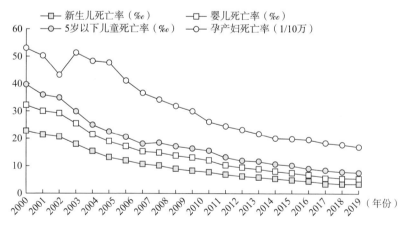

图1－19　2000～2020年我国儿童和孕产妇死亡率变化情况

资料来源：根据历年卫生统计年鉴数据整理。

疾病以及死亡原因的构成是影响健康水平的重要因素。进入21世纪以来，伴随我国经济社会发展水平的提升和人口老龄化的快速发展，疾病模式发生了新变化。当前中国疾病模式既带有慢性病、老年疾病增加等发达国家的特征，也有明显的转型国家和中国自身特点，环境污染、食品安全等对健康的威胁越来越大。如表1-4所示，2005~2020年，城市居民死因中，恶性肿瘤、心脏病、脑血管病、呼吸系统疾病等由生活方式和行为方式引起的疾病死亡率一直位居前列。随着妇幼健康事业发展，围生期疾病、妊娠和分娩产褥期并发症、先天畸形和染色体异常导致的死亡率，损伤和中毒等外部因素导致的疾病死亡率、寄生虫病导致的死亡率呈下降趋势。

表1-4 2005~2020年城市居民主要疾病导致的死亡率排名

单位：位

疾病名称	2005 年	2010 年	2015 年	2020 年
恶性肿瘤	1	1	1	1
心脏病	3	2	2	2
脑血管病	2	3	3	3
呼吸系统疾病	4	4	4	4
损伤和中毒等外部原因	5	5	5	5
内分泌、营养和代谢疾病	7	6	6	6
消化系统疾病	6	7	7	7
泌尿生殖系统疾病	8	8	10	9
神经系统疾病	11	10	8	8
传染病（含呼吸道结核）	9	9	9	10

资料来源：国家统计局编《中国统计年鉴2021》，中国统计出版社，2021。

农村居民死因中，2005年，呼吸系统疾病是农村居民首要死因，2010年和2015年脑血管病和恶性肿瘤交替成为农村居民首要死因，2020年心脏病和脑血管病在农村居民死因中排前两位（见表1-5）。由于生存环境、生活方式和医疗卫生条件等多方面的差异，农村居民因传染病、呼吸系统疾病、围生期疾病、妊娠和分娩产褥期并发症死亡的比例较城市居民略高，因恶性肿瘤死亡的比例则明显低于城市地区。

表1-5 2005~2020年农村居民主要疾病死亡率排名

单位：位

疾病名称	2005 年	2010 年	2015 年	2020 年
心脏病	4	3	3	1

疾病名称	2005 年	2010 年	2015 年	2020 年
脑血管病	2	1	2	2
恶性肿瘤	3	2	1	3
呼吸系统疾病	1	4	4	4
损伤和中毒等外部原因	5	5	5	5
内分泌、营养和代谢疾病	9	8	6	6
消化系统疾病	6	6	7	7
神经系统疾病	12	12	10	8
泌尿生殖系统疾病	8	9	9	9
传染病	10	10	8	10

资料来源：国家统计局编《中国统计年鉴2020》，中国统计出版社，2020。

五 人口区域分布格局未发生根本变化

人口空间结构是指人口的地理分布情况，包括人口的城乡分布和人口的区域分布。受地理位置、气候环境等因素的影响，中国人口分布是不均衡的。地理学家胡焕庸在1935年提出我国人口地理分界线，这条线从黑龙江省的瑷珲到云南省的腾冲。线东南36%的土地供养了全国96%的人口，线西北64%的土地仅供养全国4%的人口。80多年来，随着中国经济社会变迁和人口的增长，中国人口分布的大格局仍然没有发生根本变化。从两侧地理区域的人口分布来看，1953～2017年，中国人口地理分界线东南区域人口占比从91.53%降至88.88%，仅下降了2.65个百分点，中国人口地理分界线西北区域人口占比从8.47%升至11.12%（见表1－6）。

表1－6　1953～2017年"胡焕庸线"两侧人口占比情况

单位：%

年份	东南侧人口占比	西北侧人口占比	两侧人口比值
1953	91.53	8.47	10.81
1964	90.85	9.15	9.93
1982	89.54	10.46	8.56
1990	89.56	10.44	8.58
2000	89.27	10.73	8.32

年份	东南侧人口占比	西北侧人口占比	两侧人口比值
2010	89.24	10.76	8.29
2017	88.88	11.12	7.99

资料来源：尹德挺、袁尚《新中国 70 年来人口分布变迁研究——基于"胡焕庸线"的空间定量分析》，《中国人口科学》2019 年第 5 期。

从分省份的数据来看，广东省自 2006 年以来，已连续 14 年"霸占"常住人口排行榜第一，山东省排名第二，这两个省份自 2019 年起常住人口均已破亿。2020 年，在常住人口增长方面，广东、浙江、江苏等东部沿海省份人口增长比较快。广东省常住人口比 2019 年末增加 135 万人，已连续 10 年年均新增人口超百万人。在广州和深圳引领下，粤港澳大湾区正成为吸引和集聚国内乃至世界各路英才的高地。从长三角经济区来看，亦呈现同样的趋势。以浙江为例，2020 年常住人口增加 93 万人，常住人口中，流动人口 2556 万人，占总人口近 40%，[1] 成为该地区最吸引人的省份。在京津冀地区，2020 年末，北京市常住人口为 2189 万人，北京市常住人口连续四年呈负增长。在东北地区，2020 年末相对于 2019 年末，黑龙江、吉林、辽宁三省常住人口分别减少 84 万人、49 万人、22 万人（见表 1 - 7），三地常住人口自然增长率分别为 -2.58‰、-2.00‰、-0.51‰，均为负增长。

表 1 - 7　2011～2020 年分地区年末常住人口统计情况

单位：万人

地区	2011 年	2012 年	2013 年	2014 年	2015 年	2016 年	2017 年	2018 年	2019 年	2020 年
北京	2024	2078	2125	2171	2188	2195	2194	2192	2190	2189
天津	1341	1378	1410	1429	1439	1443	1410	1383	1385	1387
河北	7232	7262	7288	7323	7345	7375	7409	7426	7447	7464
山西	3562	3548	3535	3528	3519	3514	3510	3502	3497	3490
内蒙古	2470	2464	2455	2449	2440	2436	2433	2422	2415	2403
辽宁	4379	4375	4365	4358	4338	4327	4312	4291	4277	4255

---

① 《31 省份常住人口数据出炉：粤浙年增百万 四地负增长》，http://www.jwview.com/jing-wei/html/04 - 16/311493.shtml，最后访问日期：2021 年 10 月 29 日。

续表

地区	2011 年	2012 年	2013 年	2014 年	2015 年	2016 年	2017 年	2018 年	2019 年	2020 年
吉林	2725	2698	2668	2642	2613	2567	2526	2484	2448	2399
黑龙江	3782	3724	3666	3608	3529	3463	3399	3327	3255	3171
上海	2356	2399	2448	2467	2458	2467	2466	2475	2481	2488
江苏	8023	8120	8192	8281	8315	8381	8423	8446	8469	8477
浙江	5570	5685	5784	5890	5985	6072	6170	6273	6375	6468
安徽	5972	5978	5988	5997	6011	6033	6057	6076	6092	6105
福建	3784	3841	3885	3945	3984	4016	4065	4104	4137	4161
江西	4474	4475	4476	4480	4485	4496	4511	4513	4516	4519
山东	9665	9708	9746	9808	9866	9973	10033	10077	10106	10165
河南	9461	9532	9573	9645	9701	9778	9829	9864	9901	9941
湖北	5760	5781	5798	5816	5850	5885	5904	5917	5927	5745
湖南	6581	6590	6600	6611	6615	6625	6633	6635	6640	6645
广东	10756	11041	11270	11489	11678	11908	12141	12348	12489	12624
广西	4655	4694	4731	4770	4811	4857	4907	4947	4982	5019
海南	890	910	920	936	945	957	972	982	995	1012
重庆	2944	2975	3011	3043	3070	3110	3144	3163	3188	3209
四川	8064	8085	8109	8139	8196	8251	8289	8321	8351	8371
贵州	3530	3587	3632	3677	3708	3758	3803	3822	3848	3858
云南	4620	4631	4641	4653	4663	4677	4693	4703	4714	4722
西藏	309	315	317	325	330	340	349	354	361	366
陕西	3765	3787	3804	3827	3846	3874	3904	3931	3944	3955
甘肃	2552	2550	2537	2531	2523	2520	2522	2515	2509	2501
青海	568	571	571	576	577	582	586	587	590	593
宁夏	648	659	666	678	684	695	705	710	717	721
新疆	2225	2253	2285	2325	2385	2428	2480	2520	2559	2590

资料来源：国家统计局编《中国统计年鉴2021》，中国统计出版社，2021。

从城乡人口的分布来看，2020年末，我国城镇化率为63.89%，有12个省份的城镇化率超过全国平均水平，上海市城镇化率以89.30%排全国第一，北京市、天津市分别排在第二位和第三位。广东省以城镇化率74.15%排名第四，紧跟其后的是江苏省和浙江省。全国只有西藏的城镇化率低于50%。从2010年以来的数据来看，我国东、中、西部的城镇化率差距在不断缩小（见表1－8）。

表 1 - 8 2010～2020 年我国分省份年末城镇化率

单位：%

地区	2010 年	2011 年	2012 年	2013 年	2014 年	2015 年	2016 年	2017 年	2018 年	2019 年	2020 年
全国	49.95	51.27	52.57	53.73	54.77	56.10	57.35	58.52	59.58	60.60	63.89
北京	85.96	86.20	86.20	86.30	86.35	86.50	86.50	86.50	86.50	86.60	87.55
天津	79.55	80.50	81.55	82.01	82.27	82.64	82.93	82.93	83.15	83.48	84.70
河北	44.50	45.60	46.80	48.12	49.33	51.33	53.32	55.01	56.43	57.62	60.07
山西	48.05	49.68	51.26	52.56	53.79	55.03	56.21	57.34	58.41	59.55	62.53
内蒙古	55.50	56.62	57.74	58.71	59.51	60.30	61.19	62.02	62.71	63.37	67.48
辽宁	62.10	64.05	65.65	66.45	67.05	67.35	67.37	67.49	68.10	68.11	72.14
吉林	53.35	53.40	53.70	54.20	54.81	55.31	55.97	56.65	57.53	58.27	62.64
黑龙江	55.66	56.50	56.90	57.40	58.01	58.80	59.20	59.40	60.10	60.90	65.61
上海	89.30	89.30	89.30	89.60	89.60	87.60	87.90	87.70	88.10	88.30	89.30
江苏	60.58	61.90	63.00	64.11	65.21	66.52	67.72	68.76	69.61	70.61	73.44
浙江	61.62	62.30	63.20	64.00	64.87	65.80	67.00	68.00	68.90	70.00	72.14
安徽	43.01	44.80	46.50	47.86	49.15	50.50	51.99	53.49	54.69	55.81	58.33
福建	57.10	58.10	59.60	60.77	61.80	62.60	63.60	64.80	65.82	66.50	68.75
江西	44.06	45.70	47.51	48.87	50.22	51.62	53.10	54.60	56.02	57.42	60.44
山东	49.70	50.95	52.43	53.75	55.01	57.01	59.02	60.58	61.18	61.51	63.05
河南	38.50	40.57	42.43	43.80	45.20	46.85	48.50	50.16	51.71	53.21	55.43
湖北	49.70	51.83	53.50	54.51	55.67	56.85	58.10	59.30	60.30	61.00	62.89
湖南	43.30	45.10	46.65	47.96	49.28	50.89	52.75	54.62	56.02	57.22	58.76
广东	66.18	66.50	67.40	67.76	68.00	68.71	69.20	69.85	70.70	71.40	74.15
广西	40.00	41.80	43.53	44.81	46.01	47.06	48.08	49.21	50.22	51.09	54.20
海南	49.80	50.50	51.60	52.74	53.76	55.12	56.78	58.04	59.06	59.23	60.27
重庆	53.02	55.02	56.98	58.34	59.60	60.94	62.60	64.08	65.50	66.80	69.46
四川	40.18	41.83	43.53	44.90	46.30	47.69	49.21	50.79	52.29	53.79	56.73
贵州	33.81	34.96	36.41	37.83	40.01	42.01	44.15	46.01	47.52	49.02	53.15
云南	34.70	36.80	39.31	40.48	41.73	43.33	45.03	46.69	47.81	48.91	50.05
西藏	22.67	22.71	22.75	23.71	25.75	27.74	29.56	30.89	31.14	31.54	35.73
陕西	45.76	47.30	50.02	51.31	52.57	53.92	55.34	56.79	58.13	59.43	62.66
甘肃	36.12	37.15	38.75	40.13	41.68	43.19	44.69	46.39	47.69	48.49	52.23
青海	44.72	46.22	47.44	48.51	49.78	50.30	51.63	53.07	54.47	55.52	60.08

续表

地区	2010年	2011年	2012年	2013年	2014年	2015年	2016年	2017年	2018年	2019年	2020年
宁夏	47.90	49.82	50.67	52.01	53.61	55.23	56.29	57.98	58.88	59.86	64.96
新疆	43.01	43.54	43.98	44.47	46.07	47.23	48.35	49.38	50.91	51.87	56.53

资料来源：国家统计局编《中国统计年鉴2021》，中国统计出版社，2021。

在我国人口分布大格局没有发生明显改变的前提下，我国不同区域内部和区域之间人口分布发生了一些改变。导致区域人口分布变化的主要原因是人口的流动和迁移。从2010～2020年人口流动和迁移数量变化来看，与2010年相比，2020年流动人口增长了1.548亿人，总规模达到3.76亿人，比2000至2010年的增量多了0.55亿人（见图1－20）。全国人户分离人口为4.93亿人，其中市辖区内户分离人口为1.7亿人，

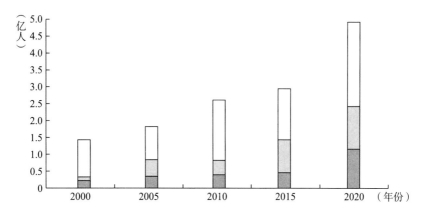

图1－20　2000～2020年历次普查流动人口数量

资料来源：五普、六普、七普数据以及2005年、2015年全国1%人口抽样调查数据。

人口流动大的方向是从中西部地区流向东南沿海省份，流动人口在东、中、西部三大区域的分布经历了先集中后扩散的过程。2005年，流动人口在东部的占比为64.5%，随后10年，东部地区流动人口下降到54.8%，下降了近10个百分点。[①] 2015年，中部和西部地区流动人口的占比大体相似，达到20%以上。流动人口迁移区域的变化不仅反映了流动人口的集中程度，更显著地反映了区域吸引力的变化。从具体区域来看，

————————————————

① 段成荣、谢东虹、吕利丹：《中国人口的迁移转变》，《人口研究》2019年第2期。

2010 年和 2018 年东北地区是人口持续流出的省份（见图 1－21），中部地区的安徽、河南、湖南、湖北等省份近年来人口逐渐回流。

2010 年以来，我国人口进一步向中心城市和城市群聚集，呈现"大分散、小聚集"的特征。1982～2017 年 15 个城市群（长三角、珠三角、京津冀、中原、海峡西岸、关中平原、北部湾、哈长、长江中游、辽中南、呼包鄂榆、山东半岛、成渝、天山北坡、滇中）人口占比由 73.56% 上升至 75.18%。[①] 2010 年和 2018 年以京津冀、长三角、珠三角为代表的城市群是流动人口的主要聚集地，容纳了全国近 50% 的流动人口（见图 1－21）。近年来，随着这三大城市群聚集度进一步提升，对流动人口的吸引

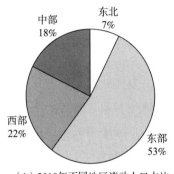

（1）2010年不同地区流动人口占比

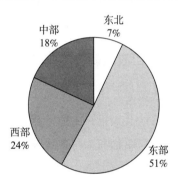

（2）2018年不同地区流动人口占比

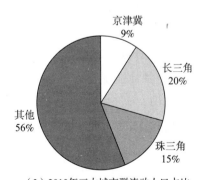

（3）2010年三大城市群流动人口占比

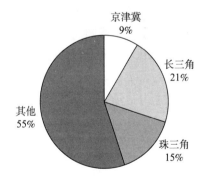

（4）2018年三大城市群流动人口占比

图 1－21　2010 年和 2018 年中国流动人口的区域分布情况

资料来源：根据国家统计局 2018 年人口抽样数据进行测算，抽样比为 0.082%。

---

① 尹德挺、袁尚：《新中国 70 年来人口分布变迁研究——基于"胡焕庸线"的空间定量分析》，《中国人口科学》2019 年第 5 期。

力也进一步增强。当前，我国经济发展的空间结构正在发生深刻变化，中心城市和城市群正在成为承载发展要素的主要空间形式。

第二节　人口结构变化的动力分析

人口结构的变化受各种因素的影响，有自然因素也有社会因素，从世界发达国家人口结构变化的历程来看，长期综合性因素与经济社会发展水平和人口受教育水平密切相关，而短期或阶段性因素受国家或地区生育政策、人口迁移政策等因素影响较大，也有部分国家人口结构受战争、文化观念等因素影响。

一　人口政策调整带来的影响

人口政策是一个国家或地区根据社会经济发展状况和资源环境承受能力所确立的涉及人口再生产的调控政策，它通过影响人口再生产过程对人口数量、人口结构和人口质量发挥引导性作用。新中国成立以来，中国人口政策几经变迁，大体上经历了从鼓励生育到节制生育，再到限制生育，最后向鼓励生育转变的过程。不同时期人口政策的调整都是基于当时经济社会发展的内外部环境条件和人口发展状况做出的重大决策，对后期人口结构均会产生重大影响。

2010 年以来，中国人口政策最大的变化是计划生育政策的战略性调整，为了应对人口老龄化以及劳动力减少给经济社会发展带来的挑战，在综合评判人口发展趋势基础上，中央政府从 2013 年开始调整人口政策，逐步将严格的"独生子女"政策放宽为"单独二孩"政策和"全面二孩"政策。2013 年 11 月 12 日，党的十八届三中全会通过《中共中央关于全面深化改革若干重大问题的决定》，启动实施一方是独生子女的夫妇可生育两个孩子的政策（"单独二孩"）。随后，党中央、国务院印发《关于调整完善生育政策的意见》，对"单独二孩"做了具体规定，以促进人口长期均衡发展。到 2014 年底，各地普遍实施了"单独二孩"政策。

"单独二孩"政策实施后，中国人口出生率并没有出现预期的上升，2013~2015 年的出生率仍维持在 12.08‰、12.37‰和 12.07‰的低水平。

2015 年 10 月 29 日，党的十八届五中全会决定全面实施一对夫妇可生育两个孩子政策（"全面二孩"），2015 年 12 月 31 日出台了《中共中央　国务院关于实施全面两孩政策　改革完善计划生育服务管理的决定》，提出从 2016 年开始实施"全面二孩"政策，并"实行生育登记服务制度，对生育两个以内（含两个）孩子的，不实行审批，由家庭自主安排生育"，强调"依法依规查处政策外多孩生育"。

在"全面二孩"政策实施后，其对人口结构的影响仍然没有完全显露出来。从人口总量来看，"全面二孩"政策实施后的两年里，中国人口出生率有所回升，2016 年和 2017 年分别提高到 12.95‰和 12.43‰。但 2018 年和 2019 年，人口出生率又分别下降到 10.94‰和 10.48‰。[①] 出生人口从 2016 年的 1786 万人下降到 2020 年的 1203 万人（见图 1-22）。人口政策的调整虽然没有扭转人口出生率下降的总体趋势，但普遍放开二孩生育政策落地后，家庭在出生孩子性别的选择上发生改变，长期来看对人口出生的性别偏差起到了缓解作用。2021 年 5 月，中共中央政治局会议决定，实施一对夫妻可以生有三个子女政策及配套支持措施，并取消社会抚养费等系列措施，清理和废止机关处罚规定，将入户、入学、入职等与个人去离情况全面脱钩，标志着中国的生育政策全面转型。

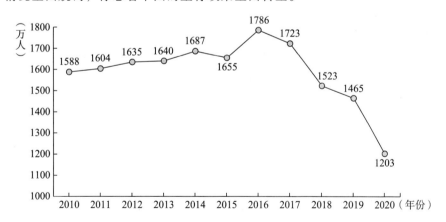

图 1-22　2011~2020 年中国出生人口数量

资料来源：国家统计局编《中国统计年鉴 2021》，中国统计出版社，2021。

————————

① 国家统计局编《中国统计年鉴 2020》，中国统计出版社，2020。

二　经济发展带来的影响

改革开放以来，我国经济快速发展，国内生产总值从 1978 年的 3650.2 亿元，增长到 2020 年的 1015986.2 亿元，人均 GDP 从 1978 年的 382.0 元增长到 2020 年的 72000.0 元。1978 年一般公共预算收入和一般公共预算支出分别为 1132.3 亿元和 1122.1 亿元，2020 年一般公共预算收入和一般公共预算支出分别为 182894.9 亿元和 245588.0 亿元（见表 1－9）。横向比较来看，中国 GDP 的世界排名，从 2002 年第 6 位上升至 2010 年第 2 位，并一直保持着这一排名。①

表 1－9　1978～2019 年我国国内生产总值与一般公共预算收支等情况

年份	国内生产总值（亿元）	人均 GDP（元）	一般公共预算收入（亿元）	一般公共预算支出（亿元）	一般公共预算收入占 GDP 的比重（%）
1978	3650.2	382.0	1132.3	1122.1	31.0
1978	3650.2	382.0	1132.3	1122.1	31.0
1989	17090.3	1528.0	2664.9	2823.8	15.6
2000	99776.3	7902.0	13395.2	15886.5	13.4
2010	408903.0	30567.0	83101.5	89874.2	20.3
2011	484123.5	36018.0	103874.4	109247.8	21.5
2012	534123.0	39544.0	117253.5	125953.0	22.0
2013	588018.8	43320.0	129209.6	140212.1	22.0
2014	636138.7	46629.0	140370.0	151785.6	22.1
2015	676707.8	49351.0	152269.2	175877.8	22.5
2016	743585.5	53935.0	159605.0	187755.2	21.5
2017	827121.7	59660.0	172566.6	203330.0	20.9
2018	900309.0	64644.0	183352.0	220906.1	20.4
2019	990865.0	70724.6	190390.0	238858.0	19.2
2020	1015986.2	72000.0	182894.9	245588.0	18.00

资料来源：国家统计局编《中国统计年鉴 2021》，中国统计出版社，2021。

经济的快速发展成为人口结构变化的强大驱动因素。当前，我国人口

---

① 《中国经济总量跃居世界第二》，中央人民政府门户网站，http://www.gov.cn/jrzg/2012－06/03/content_ 2152071.htm，最后访问日期：20201 年 10 月 29 日。

结构变化的内生动力也从主要由政策驱动转变为主要由经济社会因素驱动。马克思主义认为，经济发展对人口变动起着决定性的作用，不同的社会生产方式有着不同的人口增长规律。从经济发展与人口增长的关系来看，一般而言，经济发展程度越高，人口出生率和死亡率越低，人口替代的速度越慢，相应的，人口年龄结构方面老年人口越多。世界上大多数发达国家人口老龄化程度都比较高。就中国而言，"全面二孩"政策实施后并没有带来出生人口的大幅增加，除了政策实施初期的 2016 年和 2017 年人口出生率有明显增长之外，2019 年我国人口出生率又回落到 10.48‰，低于 2010 年的 11.90‰。① 这说明人口结构的变化有其自身规律，经济社会发展水平对人口结构的影响更大。

从发达国家人口生育率的变化来看，随着经济社会发展，生育率下降是必然趋势，也是基本规律。从 1950～1970 年世界人口总和生育率的变化来看，20 世纪 70 年代以前，世界人口总和生育率在 5 左右徘徊，70 年代以后开始进入长期下降期，2015～2020 年世界人口总和生育率已经下降到 2.47（见图 1-23）。

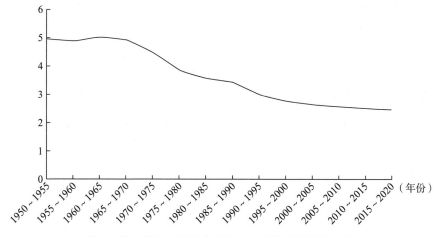

图 1-23　1950～2020 年世界人口总和生育率的变化

资料来源：靳永爱、陈佳鞠《世界生育水平究竟能降到多低？——世界各国生育水平趋势比较与特征总结》，中国人口学会网，人口论坛，https://mp.weixin.qq.com/s/TVMvcYrbf2gpgWNY4yrT0g，最后访问日期：2021 年 1 月 12 日。

---

① 国家统计局编《中国统计年鉴 2020》，中国统计出版社，2020。

《世界人口展望2019》按照社会经济发展水平将世界各国（地区）粗分为发达国家（地区）、欠发达国家（地区）和最不发达国家（地区），并估计了这三类国家（地区）从1950～1955年到2015～2020年的总和生育率。最不发达国家（地区）的整体生育水平高，生育转变处于刚刚起步阶段。一直到1980～1985年，总和生育率都在接近7的水平上高位徘徊，直到1985年之后才出现连续且明显的下降趋势；欠发达国家（地区）的生育水平在1950～2020年间快速下降，生育转变接近尾声，目前的总和生育率已非常接近更替水平；发达国家（地区）早在20世纪70年代就完成了生育转变，总和生育率降到更替水平以下，此后总和生育率一直在2以下的水平徘徊（见图1－24）。

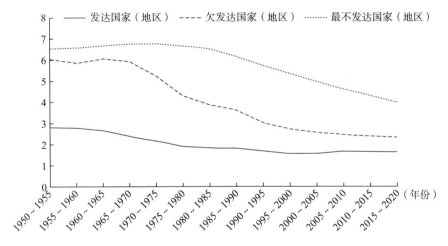

图1－24 1950～2020年不同类型国家（地区）人口总和生育率的变化

资料来源：靳永爱、陈佳鞠《世界生育水平究竟能降到多低？——世界各国生育水平趋势比较与特征总结》，中国人口学会网，人口论坛，https://mp.weixin.qq.com/s/TVMvcYrbf2gpgWNY4yrT0g，最后访问日期：2021年1月12日。

从经济发展对人口结构影响的途径来看，首先，经济发展对人的生育观念产生影响。在人口学上，15～49岁的女性被视为育龄妇女，但现实中，生育主力军是20～35岁的女性。这部分女性大多处于职业发展的上升阶段，她们的生育观念和生育行为已经发生了变化，主要表现为平均初婚年龄和平均初育年龄推迟。从1990年至2017年，我国育龄妇女平均初婚年龄推迟了4岁多，从21.4岁提高到25.7岁；平均初育年龄也从23.4岁提高到26.8岁。从生育的孩次分布来看，1990年至2017年的近30年间，妇女高孩次生育明显下降。1982 年至 2017 年，我国三孩及以上生育占比从 30.3% 下降到 6.7%。2017 年新一轮生育政策调整以后，一孩生育占比有所下降，但低孩次生育已成主流选择。[①]

其次，经济发展改善了医疗卫生条件。改革开放 40 多年来，经济的快速发展带来了医疗卫生投入的大幅增加，极大改善了医疗卫生条件。从医疗卫生投入角度来看，1980 年中国的医疗卫生总费用为 143.23 亿元，2020 年已增长到 72175.00 亿元；从医疗卫生产出的视角来看，1980 年我国医疗卫生机构数、卫生人员数、每千人卫生技术人员数、医疗卫生机构床位数分别为 180553 个、7355483 人、2.85 人、218.44 万张，2020 年分别增加到 1022922 个、13474992 人、7.57 人、910.07 万张。2020 年，我国每千人医疗卫生机构床位数也增长到 6.44 张（见表 1 - 10）。医疗卫生事业的发展对人口健康素质的提高发挥了重要作用。医疗卫生条件的改善对降低死亡率，提高预期寿命起到重要作用，是中国人口结构顶端老龄化形成的重要因素，也是未来人口老龄化的主要模式。

表 1 - 10　1980 ~ 2020 年我国医疗卫生投入产出和服务情况

年份	医疗卫生总费用（亿元）	医疗卫生机构数（个）	卫生人员数（人）	每千人卫生技术人员数（人）	医疗卫生机构床位数（万张）	每千人医疗卫生机构床位数（张）
1980	143.23	180543	7355483	2.85	218.44	2.21
2010	19980.39	936927	8207502	4.39	478.68	3.58
2011	24345.91	954389	8616040	4.58	515.99	3.84
2012	28119.00	950297	9115705	4.94	572.48	4.24
2013	31668.95	974398	9790483	5.27	618.19	4.55
2014	35312.40	981432	10234213	5.56	660.12	4.85
2015	40974.64	983528	10693881	5.84	701.52	5.11
2016	46344.88	983394	11172945	6.12	741.05	5.37
2017	52598.28	986649	11748972	6.47	794.03	5.72
2018	59121.91	997433	12300325	6.83	840.41	6.03

[①]《统筹人口发展战略　实现人口均衡发展》，国家统计局网站，http://www.stats.gov.cn/ztjc/ztfx/ggkf40n/201809/t20180918_ 1623598.html，最后访问日期：2021 年 10 月 29 日。

续表

年份	医疗卫生总费用（亿元）	医疗卫生机构数（个）	卫生人员数（人）	每千人卫生技术人员数（人）	医疗卫生机构床位数（万张）	每千人医疗卫生机构床位数（张）
2019	65841.39	1007579	12928335	7.26	880.70	6.30
2020	72175.00	1022922	13474992	7.57	910.07	6.44

资料来源：国家统计局编《中国统计年鉴2021》，中国统计出版社，2021。

三 教育水平提高带来的影响

教育是影响人口结构变化的重要内部因素。从性别结构来看，受教育水平较低的人，受传统文化的影响比较大，重男轻女的思想严重，在我国严格实施计划生育政策的条件下，具有强烈的男孩偏好，从而造成出生人口性别失衡。教育与人口出生率密切相关，如果不考虑人为因素，女性受教育水平是影响生育率的最大因变量。根据已有研究结果，生育率与受教育水平成反比关系，即受教育水平越高，生育率越低；生育率水平还反映在育龄妇女所孕育孩子的胎次上，受教育水平越高，育龄妇女生育孩子的胎次越少。教育对生育率的影响是间接的，育龄妇女接受教育后，生育观念、生育文化和生育行为有了一定转变。同时，教育还使人们养成了科学生育和养育的习惯，这些都会对人口的死亡率、性别结构、年龄结构有直接影响。

教育是影响健康水平的重要因素，当前影响我国居民健康的主要因素是生活方式和个人行为，而受教育水平的提高有利于健康生活方式的形成。同时，父母受教育水平的提高，对子女健康水平有重要影响。相关研究表明，儿童的健康主要取决于母亲的受教育水平，母亲只要受过1~3年的教育就可使儿童死亡率降低近15%。[1] 同样，育龄妇女的受教育水平对婴幼儿死亡率也会产生一定影响。在印度，未受过教育的人群的子女死亡率为4.04%，而接受过大学教育的人群的子女死亡率下降为2.75%。[2] 1995年《哥本哈根社会发展问题宣言》明确提出，妇女教育投资是实现社会平等和更高生产力的关键因素，也是提高健康水平、降低婴儿死亡率、

---

[1] 李鲁主编《社会医学》（第四版），人民卫生出版社，2012。
[2] 诸子平：《论人口与教育》，《江西教育科研》1990年第3期。

减少高生育率的关键因素。

四　人口迁移和流动带来的影响

人口迁移和流动一定程度上重塑了人口的区域分布，影响了人口空间结构。改革开放后，伴随着我国工业化和城镇化进程的快速推进，农村流向城市的人口大幅增加，大量农村人口脱离农业生产部门向非农业生产部门转移，形成了规模庞大的农民工群体，成为推动国家现代化建设的重要力量，为我国经济社会发展做出了巨大贡献。然而，长期以来，由于户籍制度改革的滞后，人口流动一定程度上仍存在较大阻力，加上城乡分割的社会保障和公共服务制度，致使在城乡二元结构尚未根除的情况下，又在城市内部产生了以农民工和城镇居民为主体的新二元结构，大量进入城镇就业创业的流动人口无法享受与城镇居民同等的待遇，制约着新型城镇化建设和社会和谐发展。

进入 21 世纪，随着户籍制度改革和城乡统筹发展，农村人口向城市流动的障碍逐步消除，农村流动人口能够更好地与城市人口共享发展成果。2000 年以来，党中央、国务院相继采取了一系列政策措施，明确提出要加强理论和制度创新，不断促进农业转移人口市民化，体现了对做好农民工服务工作的重视。党的十八大报告明确提出要 "加快改革户籍制度，有序推进农业转移人口市民化，努力实现城镇基本公共服务常住人口全覆盖"；党的十九大报告再次强调 "要以城市群为主体构建大中小城市和小城镇协调发展的城镇格局，加快农业转移人口市民化"。在党中央、国务院一系列政策文件的推动下，户籍制度改革逐渐破冰，并取得显著成绩，人口流动也开始变得越来越普遍，人口流动数量达到空前规模。

人口的迁移和流动改变了人口的区域分布。数据显示，1982～1990年，我国人口流动增长并不是特别明显，1990～2014 年，流动人口进入快速增长期，2020 年达到峰值 3.76 亿人，当年流动人口占全国总人口的比重达到 26.6%。1980 年至 2020 年的 40 年来，我国流动人口数量增加了 3亿多人，平均每年增加近 1000 万人。[①] 当前，我国人口流动的方向是从农

[①] 《人口总量平稳增长 人口素质显著提升》，国家统计局网站，http://www.stats.gov.cn/tjsj/zxfb/201908/t20190822_1692898.HTML，最后访问日期：2021 年 10 月 29 日。

村流入城市、从中小城市流入大城市、从中西部地区流向东部沿海地区；分省份来看，上海市、北京市、广东省、浙江省、天津市和福建省流动人口占常住人口的比重均超过了30％，而上海市和北京市已超过了50％（见图1－25）。在人口出生率和死亡率保持均衡的情况下，人口的流动和迁移是造成人口区域分布变化的主要因素。

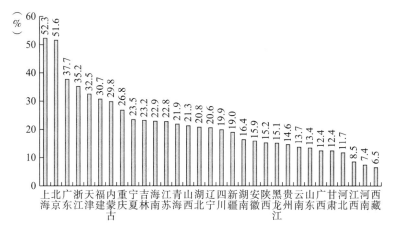

图1－25　2018年我国各省份流动人口占常住人口的比例

资料来源：根据国家统计局2018年人口抽样数据进行测算，抽样比为0.082％。

人口流动和迁移也影响了人口性别构成，这与各地经济结构、劳动力需求有关，例如建筑业、制造业等第二产业对男性劳动力需求比较高，低端服务业对女性劳动力需求比较高，这就带来了性别结构的区域不平衡。从城乡的关系来看，人口流动在一定程度上减缓了一些大城市人口老龄化的进程，但是加剧了农村地区人口老龄化程度。2015年，全国乡村65岁及以上老龄人口占总人口的比重高达12.03％[①]，分别比城市和城镇高2.8个和2.6个百分点。在主要的人口流出省份，农村人口老龄化更加严重。

第三节　未来人口结构变化的趋势

未来几十年，结构问题将成为中国人口问题的核心，特别是人口老龄

————————

① 王慧斌、李连友：《农村人口结构变化对农村经济影响机制研究》，《经济师》2019年第7期。

化问题变得越来越突出，将对中国经济社会发展带来更多挑战。

一　人口老龄化进一步加速

从老年人口在总人口中的占比来看，1953～2018 年年均变动差异较大：1953～1964 年、1964～1982 年、1982～1990 年、1990～2000 年、2000～2010 年、2010～2018 年，年均变动分别为 −0.07、0.07、0.09、0.13、0.20、0.38 个百分点。可见，除了第一次与第二次人口普查间为负向变动外，此后持续增长，即随时间推移，老龄化进程呈现加速发展的模式。

根据联合国界定的 65 岁及以上人口超过 7% 作为进入人口老龄化社会的标准，2000 年中国开始进入人口老龄化社会。2015 年，65 岁及以上人口占总人口的比重为 10.5%，预计到 2050 年这一比重将达到 29.0%，届时在中国每 3 人中就有 1 人是老年人。[①]《中国人口老龄化发展趋势预测研究报告》指出，2001～2100 年，中国人口老龄化将经历快速发展、加速发展以及稳定且重度发展三个主要阶段。[②] 2021 年到 2050 年是加速老龄化阶段，伴随着 20 世纪 60 年代到 70 年代中期新中国成立后第二次生育高峰人群进入老年，老年人口数量开始加速增加，平均每年增加 620 万人。到 2050 年，老年人口总量将超过 4 亿人，其中 80 岁及以上老年人口将达到 9448 万人，占老年人口的 21.78%。第三阶段为 2051～2100 年，是稳定且重度老龄化阶段，这一阶段，老年人口将稳定在 3 亿～4 亿人，老龄化水平基本稳定在 31% 左右，80 岁及以上高龄老人占老年人口的比重保持在 25%～30%。

为应对持续加深的人口老龄化现状，2019 年 11 月，中共中央、国务院印发的《国家积极应对人口老龄化中长期规划》提出：到 2022 年，我国积极应对人口老龄化的制度框架初步建立；到 2035 年，积极应对人口老龄化的制度安排更加科学有效；到 21 世纪中叶，与社会主义现代化强国相

---

① 杜鹏、李龙：《新时代中国人口老龄化长期趋势预测》，《中国人民大学学报》2021 年第 1 期。

② 《中国人口老龄化发展趋势预测研究报告》，http://www.scio.gov.cn/xwfbh/xwbfbh/wqfbh/2006/1212/document/325195/325195.htm，最后访问日期：2021 年 10 月 29 日。

适应的应对人口老龄化制度安排成熟完备。面对人口老龄化的严峻形势，党的十九届五中全会提出，实施积极应对人口老龄化国家战略。把积极应对人口老龄化上升为与科教兴国、乡村振兴、健康中国等并列的最高层级的国家战略，使之成为党和国家的中心工作之一。积极应对人口老龄化战略涉及生育政策、退休制度、教育和培训体系、社会养老保险模式、收入分配格局、老年服务产业发展等内容。"十四五"期间我国将逐渐步入中度老龄化社会，要利用好养老服务准备的宝贵窗口期，迎接"银发社会"到来的挑战。

二 长期来看性别失衡逐步缓解

经历了总人口性别比连续十几年下降后，到 2020 年中国男性人口仍然比女性人口多出 3490 万人。未来我国总人口性别失衡的状况将逐渐得到缓解。特别是，随着我国生育政策的放松，生育中性别选择的问题将得到解决，长期来看，我国性别比将逐渐趋向平衡。但是多年来我国出生性别比失衡产生的效果，将在未来 20 年内集中释放，特别是 00 后出生的人口，在未来 20 年内进入婚配期，将面临严重的婚姻挤压现象。根据国家 2010 年第六次全国人口普查数据，"00 后"（2000～2010 年出生）总人口大约为 1.46 亿人，其中男性 7952 万人，女性 6688 万人，男性比女性多出 1264 万人，性别比达到了 118.90，远超国际标准上限水平。

出生人口性别比失衡带来的问题首先是婚配问题。随着人口的迁移和流动，农村地区和中西部偏远地区男性青年将面临严重"择偶难"问题。根据国家统计局 2015 年的抽样调查数据测算，2015 年全国 15 岁以上的未婚男性比未婚女性多 4000 万人，其中农村地区更为严重，数量高达 3000 多万人。[①] 未来随着我国城镇化水平的提高，农村年轻人口将进一步流向城市，相对于女性而言，农村流出的男性年轻人口在城市选择配偶的难度较大，在没有完全融入城市社会的前提下，相比城市男性年轻人面临更大的困难。

---

① 赵玉峰、杨宜勇：《我国中长期人口结构变化及社会风险分析》，《中国经贸导刊》2019
　年第 12 期。

三 大城市人口聚集度将进一步增强

未来一二十年，中国仍处于城镇化快速发展阶段。根据《国务院关于印发国家人口发展规划（2016—2030 年）的通知》，2030 年我国常住人口城镇化率将达到 70%。2020 年户籍人口和常住人口城镇化率分别为 45.4%、63.89%。① 常住人口城镇化率距离 2030 年目标还有近 10 个百分点，在户籍制度改革不断推进的前提下，如果户籍人口城镇化率同步达到 70%，将还有 20 多个百分点。综合判断未来 20 年我国还将有 2 亿左右的人口从农村流入城镇。未来随着我国市场经济的发展和人口流动迁移的制度性约束逐渐消除，人口将随着资源在全国的配置而发生流动，城市与城市之间的人口流动将代替乡城流动成为主流，城市向农村的流动增多，国外人口流入中国的规模不断扩大，人口流动和迁移将成为一种常态。

伴随着我国城镇化水平的提高，未来大城市对人口的吸引力还将进一步增强，人口区域聚集度将进一步提高。从世界城市化发展的规律来看，城镇化率水平与大城市人口占比呈高度正相关。1990~2015 年中国城区常住人口在 500 万人以上的城市，从 2 个增加到 16 个。2009~2014 年，中国 35 个一、二线城市的人口共增加 3778 万人，其中前 15 个大城市增加了 3010 万人，约占 80%。② 党的十九大提出，要以城市群为主，构建大中小城市和小城镇协调发展的城市格局，加快促进农业转移人口市民化。随着国家新型城镇化战略的实施，未来国家重点规划的 19 个城市群集聚的常住人口占全国的比重将进一步提升，特别是城市群的中心城市人口总量将进一步提升，除了北京、上海、广州、深圳四个超大城市外，我国将有一大批大城市进入特大城市行列。

从人口的区域分布来看，2005 年以来流动人口的迁移方式中省内流动的比例提高，跨省流动的比例下降。2005 年跨省流动人口占比达到峰值，为 46.1%。此后，跨省流动比例逐渐下降，相较于 2005 年，2010 年跨省

① 《国务院关于印发国家人口发展规划（2016~2030 年）的通知》，中国政府网，http://www.gov.cn/zhengce/content/2017-01/25/content_5163309.htm?trs=1，最后访问日期：2017 年 1 月 15 日。

② 《樊纲：当务之急是放弃城镇化，确立城市化，发展大城市》，搜狐网，https://www.sohu.com/a/223735263_100007391，最后访问日期：2018 年 2 月 24 日。

流动人口占比下降了 3.5 个百分点，随后 5 年间又下降了 3.2 个百分点，2015 年跨省流动人口占比为 39.4%，而省内流动人口占比上升为 60.6%。未来随着西部大开发和中部崛起战略的实施，以及劳动密集型产业内迁，我国人口留在本地就业的比例将进一步提高。跨省流入东部沿海地区的人口将部分回流。从总量上看，根据两次人口普查数据及 2015 年 1% 人口抽样调查数据，2000 年至 2015 年，东部地区接收的流动人口占全国流动人口总量的比例下降了 2.15 个百分点，对应地，中部地区提高了 1.34 个百分点，西部地区提高了 0.81 个百分点。[①]

四　文化和健康素质将进入快速提升阶段

2019 年 2 月，中共中央、国务院印发《中国教育现代化 2035》，提出了 2035 年八个方面的主要发展目标：一是建成服务全民终身学习的现代教育体系；二是普及有质量的学前教育；三是实现优质均衡的义务教育；四是全面普及高中阶段教育；五是职业教育服务能力显著提升；六是高等教育竞争力明显提升；七是残疾儿童少年享有适合的教育；八是形成全社会共同参与的教育治理新格局。

根据教育发展规划，未来我国学前教育普及率将持续上升，国家财政对幼儿教育发展的支持力度加大。高中阶段教育升学率将进一步提高，城乡和区域教育差别将进一步缩小。随着经济发展与结构转型升级，我国高技能人才将面临很大缺口，职业教育将成为未来发展的重点方向。2019 年，我国高等教育毛入学率越过 50%[②]，进入高等教育普及化阶段，未来在继续提高数量的基础上，将注重质量和教育模式创新，推进教育体制改革，为我国经济社会发展提供高质量的创新型人才。

2016 年，中共中央、国务院印发了《"健康中国 2030" 规划纲要》，提出实施健康中国战略，把健康放在优先发展的地位，把健康融入所有政策。到 2030 年，促进全民健康的制度体系将更加完善，健康领域发展更加协调，健康生活方式得到普及，健康服务质量和健康保障水平不断提高，

---

① 段成荣、谢东虹、吕利丹：《中国人口的迁移转变》，《人口研究》2019 年第 2 期。

② 《2019 年全国教育事业发展统计公报》，http://www.moe.gov.cn/jyb_ sjzl/sjzl_ fztjgb/202005/t20200520_ 456751.html，最后访问日期：2021 年 10 月 29 日。

健康产业繁荣发展，基本实现健康公平，主要健康指标进入高收入国家行列。具体指标为：人民身体素质明显增强，2030 年人均预期寿命达到 79.0 岁，人均健康预期寿命显著提高；婴儿死亡率和 5 岁以下儿童死亡率分别下降到 5.0‰和 6.0‰；孕产妇死亡率下降到 12.0/10 万。[①] 城乡居民达到国民体质测定标准合格以上的人数比例为 92.2%，人民的健康素养更加提升，健康生活方式逐渐形成。

总之，人口结构问题是我国人口均衡发展的核心问题，调整人口结构是我国人口战略的重点内容。面对人口结构变化给我国经济社会发展带来的挑战，我们要做好充分的准备，对未来的发展形势进行科学研判，制定政策积极应对。在促进人口平衡发展的同时，增强经济社会发展的可持续性。

---

① 《"健康中国 2030"规划纲要》，中国政府门户网，http://www.gov.cn/xinwen/2016 - 10/25/content_ 5124174.htm，最后访问日期：2021 年 10 月 29 日。

第二章
家庭结构

家庭指的是由婚姻、血缘或收养关系组成的社会生活的基本单位，它是社会的细胞，是社会整合的基础。家庭结构指的是家庭成员相互作用和共同组织而形成的稳定的家庭构成形态。作为社会结构的重要形态，家庭结构的变化是整个社会结构变迁的缩影，深入研究家庭结构的变化对理解中国社会结构的整体变迁具有重要意义。改革开放以来，中国的家庭结构发生了巨大的变化，家庭规模不断趋于小型化、家庭关系趋于简单化、家庭功能也日益收缩，"家庭"对个体和社会的意义也在悄然发生转变。

第一节　家庭规模与结构

一　家庭规模持续小型化

（一）家庭规模持续小型化，两人户家庭占比跃居第一

许多研究发现，尽管古来崇尚家庭兴旺，也一直有大家庭的存在，但历史地看，中国家庭人口的规模主要维持在 4～6 人，核心家庭①和主干家庭是主要形式。② 一系列调查显示，近一个世纪以来，中国家庭人口的规模是持续小型化的，而这一过程在进入改革开放之后的速度明显加快，2010～

---

① 核心家庭即由一对夫妻及未成年子女组成的家庭。
② 邓伟志、徐榕：《家庭社会学》，中国社会科学出版社，2001，第 50～57 页。

2019 年则稳定在 3 人左右（见表 2 - 1），且小型化与改革前三十年相比明显加快，至 2020 年跌落至 2.62 人。

表 2 - 1　中国家庭户人口规模的历史变动

单位：人

时期	资料来源	家庭户平均规模
1931 年	金陵大学美籍卜凯教授的调查	5.21
1930 ~ 1940 年	社科院人口研究中心组织的生育历史调查	5.58
1953 年	第一次全国人口普查	4.30
1964 年	第二次全国人口普查	4.29
1982 年	第三次全国人口普查	4.43
1990 年	第四次全国人口普查	3.96
2000 年	第五次全国人口普查	3.44
2010 年	第六次全国人口普查	3.10
2018 年	1‰人口变动调查样本数据	3.00
2019 年	0.78‰人口变动调查样本数据	2.92
2020 年	第七次全国人口普查	2.62

资料来源：2010 年及之前数据来自国家卫生计生委家庭司编《中国家庭发展报告 2016》，中国人口出版社，2016；2018 年数据来自国家统计局编《中国统计年鉴 2019》，中国统计出版社，2019；2019 年数据来自国家统计局编《中国统计年鉴 2020》，中国统计出版社，2020；2020 年数据来自国家统计局、国务院第七次全国人口普查领导小组办公室《第七次全国人口普查公报（第二号）——全国人口情况》。

在家庭人口平均规模缩小的趋势下，家庭户内的人口构成情况与之前相比也有了巨大变化。统计数据显示，2019 年约 48.03% 的家庭人口数在两人及以下，2017 年二人户家庭占比已超过三人户家庭，成为最主要的家庭类型。2019 年底，二人户家庭占比达到 29.58%，三人户家庭占比仅为 22.29%，而一人户家庭更是呈现较快的增长趋势，有望超过三人户家庭（见图 2 - 1）。

对比地看，2011 ~ 2019 年，中国家庭中两人户家庭和一人户家庭大幅攀升，特别是 2016 年之后，这背后有人口老龄化加速和生育率持续下降的深刻原因。相比而言，三人及以上规模人口的家庭却呈不断下降趋势。资料显示，从 20 世纪 90 年代中期开始，中国三人户家庭的占比不断提升，而四人户和五人户家庭占比不断下降，简单家庭的比例逐渐提高，复杂家

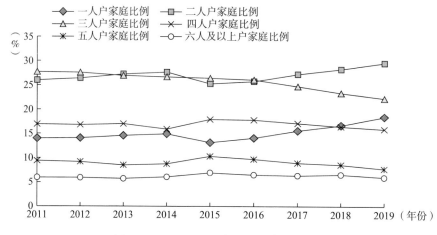

图 2－1　2011～2019 年中国家庭构成变迁

资料来源：参见 http://data. stats. gov. cn/easyquery. htm？cn＝C01。

庭的比例逐渐降低。[①] 至 2006 年左右，三人户家庭成为主要家庭类型，其次是二人户家庭、四人户家庭、五人户家庭、一人户家庭。2010 年的研究指出，中国家庭结构的小型化是在核心化之后出现的，且更多的是计划生育政策的结果。但自 2017 年以来的中国人口政策的调整变化则显示出家庭小型化的加速趋势，二人户家庭已超过三人户家庭成为占比最高的家庭类型，同时一人户家庭也表现出强劲的增长态势，2019 年已经超过四人户家庭成为占比排第三的主要家庭类型。以上变化趋势表明，家庭规模在不断持续小型化的同时，标准核心家庭即"夫妻＋孩子"的家庭类型已不是中国主要家庭类型。

（二）家庭规模呈现明显的地域性差别

1. 城乡差异

城镇家庭规模小于农村，但差距在逐渐缩小。国家抽样数据显示，2002 年我国农村居民平均每户常住人口为 4.1 人，2012 年下降为 3.9 人；2002 年城镇居民平均每户家庭人口为 3 人，2012 年下降为 2.9 人，城乡差距由 2002 年的 1.1 人降为 1 人。[②] 更近的专题调查数据则显示，2014 年农

---

① 陆学艺主编《当代中国社会结构》，社会科学文献出版社，2018，第 90 页。

② 参见国家统计局网站相关数据，http://data. stats. gov. cn/easyquery. htm？cn＝C01。

村平均户规模为 2.76 人，城镇平均户规模为 2.63 人。① 农村家庭户规模大于城市家庭户规模，主要源于农业生产的需要、居住习惯和传统观念的影响，更重要的则是现代化的影响相对滞后。随着生活方式和思想观念的转变，特别是人口流动速度与城镇化速度的不断加快，这一差距正在逐渐缩小。农村家庭的小型化以及相伴随而出现的诸多家庭结构问题，将对中国乡村社会治理产生重大影响。

农村老年单人户家庭较多。2014 年中国家庭发展追踪调查数据显示，在一人户家庭中，20 岁以下的一人户家庭占比为 1.3%，其中农村为 0.7%，城镇为 1.3%，城镇比农村高出 0.6 个百分点。年轻人独立居住比例的提高一方面表明城镇年轻人独立意识的增强和家庭养育模式的变化，另一方面则提示年轻流动人口的增多。该数据还显示，60 岁及以上的一人户家庭占比，在农村为 43.4%，在城镇仅为 29.8%，农村比城镇高出近一半。② 这突出显示出由于人口流动、农村空心化等复杂因素，农村老年人独居问题日益严重，它与农村养老服务滞后、社会保障水平较低相互叠加，凸显了农村养老问题的复杂化和艰巨性。

2. 地区差异

表 2 - 2 显示，2019 年底，平均家庭户规模最小的省（直辖市）分别为上海、黑龙江、辽宁、浙江、北京，而平均家庭户人口最多的六个省（自治区）则分别为西藏、海南、甘肃、江西、河南和新疆。人口的外流和经济发展程度或许是影响家庭户规模的重要变量。

表 2 - 2　2019 年中国平均家庭户规模最大与最小的省区市

单位：人/户

家庭户规模最大的六个省（自治区）		家庭户规模最小的五个省（直辖市）	
地区	平均家庭户规模	地区	平均家庭户规模
西藏	4.13	上海	2.38
海南	3.62	黑龙江	2.47
甘肃	3.35	辽宁	2.54

① 国家卫生计生委家庭司编《中国家庭发展报告 2016》，中国人口出版社，2016，第 21 页。
② 国家卫生计生委家庭司编《中国家庭发展报告 2016》，中国人口出版社，2016，第 24 页。

续表

家庭户规模最大的五个省（自治区）		家庭户规模最小的五个省市	
地区	平均家庭户规模	地区	平均家庭户规模
江西	3.32	浙江	2.55
河南、新疆	3.31	北京	2.56

资料来源：国家统计局编《中国统计年鉴2020》，中国统计出版社，2020。

从家庭内部的人口构成来看，2015年除个别省（自治区、直辖市）外，绝大多数地区二人户家庭均已超过三人户家庭，成为占比最高的家庭类型。而在广东，一人户家庭（29.34%）成为占比最高的家庭类型，一些经济发达地区如上海、北京、浙江的二人户家庭与一人户家庭的占比甚至已经占50%。这一情况除反映了中国家庭小型化趋势已经相当普遍之外，还突出说明了经济发展与现代化程度是影响家庭规模的重要因素之一。

二　家庭代际层次持续简单化

家庭代际层次是反映家庭结构的一个重要指标。家庭代际层次越多，说明同住的不同代的人越多，家庭关系通常会更复杂，家庭功能相比较而言会更多，家庭的连续性和承继性也越强。

与2010年相比，2015年二代户家庭略有下降，但仍是中国家庭占比最高的类型，一代户也略有下降，是占比居第二位的家庭类型（见图2-2）。从改革开放以后的长时段数据来看，一代户家庭呈不断增长的趋势，而二代户家庭有不断减少的趋势。[①] 近八成家庭属于一代户与二代户，说明传统几代同堂的家庭已经很少，中国人越来越崇尚小家庭。家庭代际层次的减少说明，人们的家庭观念、居住习惯都发生了重大变化，家庭关系正在变得越来越简单。

值得注意的是，城乡家庭户类别具有一定的差异。城市一代户家庭的占比远高于镇与乡村，二代户家庭在镇的占比最高，但是三代户家庭在乡村的占比则远高于在城市的占比（见表2-3），凸显城镇化对代际关系的重要影响。

---

① 王跃生：《中国城乡家庭结构变动分析：基于2010年人口普查数据》，《中国社会科学》2013年第12期。

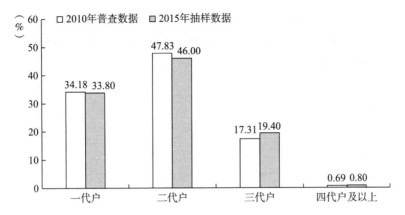

图 2 - 2　2010 年与 2015 年全国家庭户类型

资料来源：国家统计局人口和就业统计司编《2015 年全国 1% 人口抽样调查资料》，中国统计出版社，2016；国务院人口普查办公室、国家统计局人口和就业统计司编《中国 2010 年人口普查资料》，中国统计出版社，2012。

表 2 - 3　2015 年全国家庭户类别

单位：%

地区	一代户	二代户	三代户	四代及以上户
全国	33.8	46.0	19.4	0.8
城市	39.58	45.97	14.11	0.34
镇	31.23	47.90	20.03	0.83
乡村	30.57	45.07	23.24	1.12

资料来源：国家统计局人口和就业统计司编《2015 年全国 1% 人口抽样调查资料》，中国统计出版社，2016。

三　核心家庭持续减少

（一）核心家庭持续减少，但占比依然最高

新中国成立前，以核心家庭为主导的城市家庭类型即已确立。费孝通先生曾指出，大家庭不是近代中国的普遍模式，相反，4 ~ 6 人的小家庭则比较常见。[①] 1982 年、1990 年、2000 年、2010 年的全国人口普查数据显示，核心家庭户依然是中国占比最高的家庭类型，但自 20 世纪 90 年代开始，

[①]　费孝通：《论中国家庭结构的变动》，《天津社会科学》1982 年第 3 期。

核心家庭占比开始下降，从 1990 年的 70.61% 下降至 2000 年的 68.18% 和 2010 年的 60.89%（见表 2－4）。而同时，单人户家庭则持续增加。2014 年中国家庭发展追踪调查数据显示，核心户家庭还是家庭主导类型，占所有家庭类型的 59.5%，单人户家庭占 14.4%。[①]《中国家庭发展报告 2016》所定义的"核心户家庭"指仅由已婚夫妇或已婚夫妇及其未婚子女组成的家庭，与表 2－4 的界定范围基本一致。

表 2－4　1982～2010 年全国家庭结构及其变动

家庭类型	1982 年	1990 年	2000 年	2010 年
核心家庭	68.3	70.61	68.18	60.89
单人户家庭	7.98	6.34	8.57	13.67

注：表中"核心家庭"指由夫妇二人组成的或由夫妇（或夫妇一方）和未婚子女组成的家庭。
资料来源：王跃生《中国城乡家庭结构变动分析：基于 2010 年人口普查数据》，《中国社会科学》2013 年第 12 期。

可以发现，核心家庭虽依然是中国占主导地位的家庭类型，但其占比一直在持续降低。以往的研究指出，核心家庭的减少使中国的家庭结构演变呈现不同于西方国家的特征，其原因在于工业化、城市化以及国家政治权力的多重影响，特别是国家通过行政组织和手段将家庭功能较早地实现了社会化。[②] 但实际上，福利体系对家庭功能的"挤出"作用一直是一个争议性较大的论题。在中国，国家保障与家庭福利功能发挥之间的关系呈现较大的城乡差异和时间差异。

（二）标准核心家庭持续减少

关于核心家庭的分类，不同学者的界定有一些差别。最典型的分类方式是将核心家庭分为四种：一是标准的核心家庭模式，即一对夫妻与其子女组成的家庭；二是夫妻核心家庭，即只有夫妻二人所组成的家庭；三是残缺核心家庭，即夫妻一方与子女组成的家庭；四是扩大核心家庭，即夫妻二人与子女加上未婚兄弟姐妹组成的家庭。[③]

---

① 国家卫生计生委家庭司编《中国家庭发展报告 2016》，中国人口出版社，2016，第 24 页。
② 陆学艺主编《当代中国社会结构》，社会科学文献出版社，2018，第 96 页。
③ 王跃生：《当代中国家庭结构变动分析》，《中国社会科学》2006 年第 1 期。

而细分来看,"夫妇+子女"式的标准核心家庭是核心家庭中占比最高的类型,也是所有家庭类型中占比最高的。但自改革开放以来,标准核心家庭的占比在不断降低①。全国人口普查数据显示,标准核心家庭在全部家庭中的占比从 1990 年的 53.53% 下降至 2000 年的 46.75%,并进而下降至 2010 年的 33.14%(见表 2 – 5),同时期的许多研究也印证了这一判断②。因此,伴随家庭规模的不断小型化,核心家庭也在不断"缩水",标准"夫妇+子女"式的核心家庭正在逐渐减少。而相反,夫妻二人式的核心家庭占比则不断提高,从 1982 年的 4.79%,逐渐增加至 2010 年的 18.46%(见表 2 – 5)。2019 年数据显示,二人户家庭已经超过三人户家庭成为中国占比最高的家庭类型。③ 不管二人户家庭的具体成员构成如何,但至少可说明它不是标准的核心家庭,因此可以推断,标准核心家庭已不是中国主要的家庭类型,但详细数据还有待进一步挖掘验证。

表 2 – 5 1982~2010 年全国家庭结构及其变动

单位:%

家庭类型	1982 年	1990 年	2000 年	2010 年
夫妇核心家庭	4.79	6.49	12.93	18.46
标准核心家庭	48.16	53.53	46.75	33.14

资料来源:王跃生《中国城乡家庭结构变动分析:基于 2010 年人口普查数据》,《中国社会科学》2013 年第 12 期。

四 家庭类型复杂化

在核心家庭、主干家庭、联合家庭等标准的家庭类型之外,还存在大量的其他家庭类型,有些研究将其称为"变异家庭",如单身家庭、单亲家庭、丁克家庭、非婚家庭、隔代家庭等。随着生活方式和观念的不断变化,家庭类型将会越来越多样化、复杂化,并对社会结构产生重要影响。

---

① 陆学艺主编《当代中国社会结构》,社会科学文献出版社,2018,第 91 页。
② 马春华、李银河等:《中国家庭城市变迁的趋势和最近发现》,《社会学研究》2011 年第 2 期;王跃生:《当代中国家庭结构变动分析》,《中国社会科学》2006 年第 1 期;郭志刚:《关于中国家庭户变化的探讨与分析》,《中国人口科学》2008 年第 3 期。
③ 参见国家统计局网站相关数据,http://data.stats.gov.cn/easyquery.htm? cn = C01。

（一）单人户

前文图 2－1 数据已显示，近年来一人户（也称单人户）家庭呈不断增长趋势，已成为占比居第三位的家庭类型。单人户家庭的大量出现与生活方式的改变有关，也与家庭和婚姻观念的转变有关，更与社会结构的变化密不可分。从年龄上看，18 岁以下的未成年人单人户与老年单人户需要引起关注，而单人户在性别、地域和阶层上的差异也值得进一步分析。

分年龄来看，目前老年单人户家庭问题突出。2015 年的抽样调查数据显示，在单人户家庭中，65 岁及以上老年人家庭占比高达 30.48%，数量巨大（见图 2－3）。而如果分地区来看，则可发现老年独居家庭主要位于乡村，城市次之，镇最少。在乡村，约四成的单人户家庭是 65 岁及以上的老年家庭，说明农村养老问题非常突出，形势也很严峻。

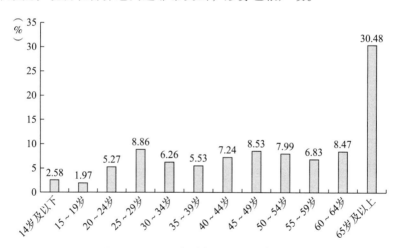

图 2－3　2015 年分年龄组单人户占比

资料来源：国家统计局人口和就业统计司编《2015 年全国 1% 人口抽样调查资料》，中国统计出版社，2016。

表 2－6　2015 年分地区 65 岁及以上单人户家庭分布

单位：户，%

地区	一人户家庭	65 岁及以上一人户家庭	65 岁及以上一人户家庭占一人户家庭的比重
全国	835737	254696	30.48
城市	346663	70823	20.43

续表

地区	一人户家庭	65 岁及以上一人户家庭	65 岁及以上一人户家庭占一人户家庭的比重
镇	164053	52565	32.04
乡村	325021	131308	40.40

资料来源：国家统计局人口和就业统计司编《2015 年全国 1% 人口抽样调查资料》，中国统计出版社，2016。

分性别来看，男性单人户的总体占比较高，为 55.24%，高于女性约 10 个百分点。但细分年龄来看，则会发现，除了 65 岁及以上年龄段外，男性单人户占比几乎在各个年龄段都高于女性单人户，特别是 30~39 岁年龄段，接近七成的单人户都是男性（见图 2-4）。这至少说明两个问题：一是女性独居老人的数量确实远远多于男性，这既是寿命使然也是生活习惯使然；二是青壮年男性的独居数量远远多于女性，这可能是婚姻使然，而如果叠加城乡和受教育水平等其他因素，青壮年男性独居现象的增多值得政府和社会高度关注。

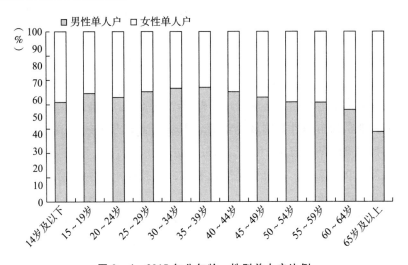

图 2-4　2015 年分年龄、性别单人户比例

资料来源：国家统计局人口和就业统计司编《2015 年全国 1% 人口抽样调查资料》，中国统计出版社，2016。

（二）单亲家庭

单亲家庭是核心家庭的一种，准确说是残缺的核心家庭。关于单亲家庭的定义，中国与西方、理论界与实践界有一定的差别。美国人口普查局将单亲家庭定义为一个成年人与一个以上的依赖儿童（无论其为亲生或领养的关系）所组成的家庭。英国单亲家庭委员会将家庭定义为："一个没有配偶与之生活（或同居），并与其未婚的没有独立的年龄在 16 岁以下，或者年龄在 16～19 岁但正在接受全日制教育的子女一块生活的父亲或母亲所组成的家庭。"① 有的中国学者认为单亲家庭的类型包括亲代未婚、已婚配偶不在、分居、离婚、丧偶等五种形式，② 有的则认为只包括未婚、离婚、丧偶、分居等四种类型。③ 本研究参考实践中人们对该词的使用和认识，认为"已婚配偶不在"的情况并不适合称为单亲家庭。因此将单亲家庭界定为：一个母亲或父亲与未成年子女所组成的家庭，而亲代的婚姻状况则为未婚、丧偶、离异、分居等四种情况。

获取单亲家庭的数据较为困难，一个原因在于定义不统一，另一个原因则在于许多数据并未对此类信息进行专门收集，因此只能通过深度挖掘来筛选。区域性研究显示，1990～2000 年，北京市单亲家庭及单亲家庭子女的数量在快速增加，比例也在快速增长，单亲家庭十余年增长速度达到 173%，单亲家庭比例从 1990 年的 0.98% 提高到 2000 年的 1.39%，单亲家庭类型从"丧偶主导型"转变为"离婚主导型"，单亲母亲家庭也多于单亲父亲家庭，且在不断年轻化。④ 有研究使用 2010 年中国家庭追踪基线调查数据进行研究发现，15 岁以下的被调查儿童中，有 4.8% 生活在单亲/孤儿家庭中。⑤

更大规模的全国性数据较难得到，但是在普查与抽样调查中，有一个指标具有重要的参考意义，即"二代二人户"。"二代二人户"在实践中可能是两人的单亲家庭，也可能是隔代家庭，因此仅可作为参考。2015 年全国抽样调查数据显示，"二代二人户"家庭占比为 5.36%，比 2010 年的 5.66% 有所下降，但比 2000 年的 4.33% 依然高出很多。无论"二代二人

① 刘鸿雁：《单亲家庭研究综述》，《人口研究》1998 年第 2 期。
② 王跃生：《当代中国农村单亲家庭变动分析》，《开放时代》2008 年第 5 期。
③ 刘鸿雁：《单亲家庭研究综述》，《人口研究》1998 年第 2 期；马学阳、杨文庄、段成荣：《大都市的单亲家庭：数量和基本特征初探——以北京为例》，《河南教育学院学报》（哲学社会科学版）2008 年第 4 期。
④ 马学阳、杨文庄、段成荣：《大都市的单亲家庭：数量和基本特征初探——以北京为例》，《河南教育学院学报》（哲学社会科学版）2008 年第 4 期。
⑤ 陈立钧、杨大利、任强：《中国儿童现状调查》，社会科学文献出版社，2016，第 7 页。

户"家庭的实际组合是什么，它都是不完整家庭，值得高度关注。

（三）空巢家庭

空巢家庭是家庭生命周期的一个阶段，严格说它并不是"变异家庭"，而是家庭走向衰亡的必经阶段。空巢家庭指的是子女长大成人后从家庭分离出去，只剩老年一代独自生活的家庭。2010 年全国人口普查数据显示，全国有 60 岁及以上老年人口的家庭户有 122941578 户，其中单人老年户占比为 14.84%，夫妇老年户占比为 17.80%，合计共约 32.64%。这些老年户都是空巢老年户。2015 年全国 1% 人口抽样调查数据显示，单身老年户占老年人口家庭户的比重为 13.96%，夫妇老年户占比为 20.66%，合计共约 34.62%，比 2010 年上升约 2 个百分点。

随着工业化和现代化的推进，特别是人口老龄化和社会流动的加速，中国的空巢家庭越来越多，空巢独居老人更是常见。空巢家庭的增多和空巢时间的延长引发了许多社会问题，其中最重要的就是养老问题。与此同时，"中年空巢家庭"也越来越多，生活重心的转变，子女链接作用的缺失，可能引发多重婚姻与家庭问题，特别是将会对女性造成较大的影响。

（四）隔代家庭

隔代家庭主要是由于人口流动而凸显的一种特殊家庭，它指的是祖孙两代共同生活而缺乏父代直接参与的家庭类型。父代的不参与可能是外出工作、出国、离婚、身体受限、居住受限等各种难以照顾子女的原因。

根据 2010 年全国人口普查数据，将"一个老年人与未成年人的亲属户"与"一对老年夫妇与未成年的亲属户"进行合并，视其为简化版的隔代家庭，[1] 得到的数据显示，只有老人（1 人或 1 对夫妇）与未成年人组成的家庭共计 315.26 万户，其中，城市占到 13.71%，镇占 17.16%，乡村占 69.13%。[2] 2015 年全国 1% 人口抽样调查数据则显示，城市中的这类

---

[1] 这是因为数据中"老年人与未成年人的关系"并不一定是祖孙关系，可能还包括其他关系。而那些三个及以上老年人与未成年人组成的家庭也有可能是隔代家庭，但并不在此数据之中。因此，只能是"简化版"。

[2] 国务院人口普查办公室、国家统计局人口和就业统计司编《中国 2010 年人口普查资料》，中国统计出版社，2012，表 5-5。

家庭占比达到 14.41％，镇约占 20.34％，乡村约占 65.25％。有超过六成的隔代家庭在乡村的现实，一方面印证了人们的印象，显示出人口流动特别是农民外出打工对家庭结构的重要影响，另一方面凸显了该问题极其严重的程度。隔代家庭是不完整的家庭模式，其稳定性较差，养育模式存在较大的缺陷，极容易对儿童的成长与发展带来负面影响。

（五）流动家庭

流动家庭指的是家庭成员一起迁移流动，即只要有 2 人及以上家庭成员同时流动，即可称为流动家庭。流动家庭的产生主要源于社会流动的增加和户籍限制之间的矛盾。有研究显示，2016 年，2 人及以上流动人口家庭户占比达到 81.8％。[1] 2017 年的数据显示，五大城市群中，珠三角城市群约有八成的流动人口和家人同时迁移，其他城市群的这一比例约为九成，1 人迁移占比较低（见表 2－7）。

表 2－7 2017 年中国五大城市群流动人口的家庭规模

单位：％

城市群	1 人	2～3 人	4～5 人	6 人及以上
京津冀	12.49	54.21	31.34	1.96
成渝	12.09	55.35	29.27	3.28
珠三角	22.67	33.7	40.57	3.06
长三角	8.93	52.64	36.04	2.39
长江中游	9.49	47.38	40.20	2.93

资料来源：国家卫健委编《中国流动人口发展报告 2018》，中国人口出版社，2018。

流动人口举家迁移的情况越来越普遍。它一方面说明流动人口逐渐出现"定居化"的流动取向，即流动人口"不流动"，另一方面说明流动人口的家庭稳定性在增强。这一趋势将会对夫妻关系、子女养育和父母赡养产生正向影响。但流动家庭的增加对城市公共服务提出了较高的要求，特别是住房、教育、医疗等全方面的需求将会不断增加，要求户籍制度深化改革和城乡一体化均衡发展。

---

[1] 贺丹：《新时代乡村人口流动规律与社会治理的路径选择》，《国家行政学院学报》2018年第 3 期。

（六）非婚家庭

非婚家庭不等于同居家庭，它指的是具有结婚条件但自愿选择不结婚的男女双方所组成的，以长期甚至永久共同生活为目的的家庭。有研究也将其称为"伴侣家庭"或"非婚同居家庭"。非婚家庭是追求家庭生活自治而自愿选择的一种生活方式，一些人可能并不愿意缔结婚姻关系，但长期以事实上的伴侣关系共同生活。这种家庭模式其实在历史上并不少见，却长期被法律禁止并受伦理道德和舆论的谴责。自 20 世纪 60 年代以来，非婚同居现象开始增多，并逐渐为一部分人所认可。在我国，最近十多年，法学界开始从立法层面讨论"准婚姻关系"、"事实婚姻"和"类婚姻关系"等，但关于此类家庭的详细数据依然比较少见。

但值得注意的是，近些年老年非婚家庭开始增多。有个别研究认为，老年人的非婚同居比例甚至高达 50% 。① 造成这一现象的主要原因是老年人再婚所面临的财产分割和亲属关系上的许多障碍。一些老年人为了回避这些复杂的问题，出于相互依靠、相互照料的原因，选择非婚同居。从结果上看，非婚同居帮助老年人实现了结伴的目的，也保障了原生家庭的和睦与财产安全。但非婚同居也会产生许多道德和经济上的问题，特别是对相对弱势一方的老年人（往往是女性）形成一定的压力，并形成新的不公平。

第二节　家庭关系变迁

家庭关系指的是家庭成员之间的互动和联系，婚姻关系和血缘关系（包括通过收养关系建立起来的拟血缘关系）是家庭关系的基础。影响我国家庭关系的内部变量包括家庭人口数、代际层次、夫妻对数、成员差异程度、成员区位距离等②，外部变量则非常复杂，包括社会生产方式、居住方式、受教育水平、社会规范等。家庭人口越多，代际层次越多，家庭

---

① 罗杰、尹鸽:《"走婚同居"养老的法律问题研究》，《湖南工程学院学报》2019 年第 4 期。

② 邓伟志、徐榕:《家庭社会学》，中国社会科学出版社，2001，第 88～89 页。

关系越复杂。因此，家庭规模的小型化与代际层次简单化的总体趋势决定了我国家庭关系正在日益简单化。而家庭结构的复杂化，特别是一些变异家庭的出现更是对传统家庭模式和家庭关系造成了不小的冲击，乃至挑战。

一　婚姻关系

婚姻是家庭的核心，也是家庭的起点，婚姻关系是家庭中的核心关系，决定了家庭的稳定性。研究婚姻关系可以从婚姻的缔结基础、夫妻的角色分工、夫妻的互动模式、婚姻的稳定性等多个角度入手。

（一）平权化

随着女性社会地位和劳动参与率，特别是受教育水平的提高，中国家庭的夫妻关系越来越趋于平权化。首先，从择偶上看，尽管"男高女低"依然是中国人择偶的主要模式，但婚姻匹配的方式也在逐渐平等化。许多研究发现，随着时代变迁，夫妻教育同质婚的比例越来越高，而"男高女低"的占比则不断下降，[1]"男低女高"的占比也有所上升，但统计并不显著。[2] 在户籍匹配、家庭背景匹配上的同质婚姻都是占比最高的。在婚姻匹配中，同质匹配的占比越高说明配偶双方的社会阶层越同质，这在很大程度上决定了双方的权力关系。

其次，从家庭经济地位来看，女性收入已成为家庭收入的重要支柱，特别是在大城市更是如此。数据显示，2016 年被调查的城市女性对家庭收入的平均贡献率为 38.0%，其中，广州达到 46.3%，而 2015 年这一比例高达 47.8%。[3] 而 2016 年内蒙古"万名城乡妇女大型问卷调查"的数据显示，城乡妇女对家庭收入的贡献率约为 49.1%。[4] 女性真的撑起了半边天。

最后，从家庭事务的参与度来看，男性对家务劳动和子女照料的参与

---

① 郑晓冬、方向明：《婚姻匹配模式与婚姻稳定性——来自中国家庭追踪调查的经验证据》，《人口与经济》2019 年第 3 期。

② 国家卫生计生委家庭司编《中国家庭发展报告 2016》，中国人口出版社，2016，第 119 页。

③ 《第 11 次中国城市女性生活质量调查报告》，载韩湘景主编《中国女性生活状况报告 No. 10・2016》，社会科学文献出版社，2016；《第 12 次中国城市女性生活质量调查报告》，载韩湘景主编《中国女性生活状况报告 No. 11・2017》，社会科学文献出版社，2017。

④ 内蒙古自治区妇联：《内蒙古万名城乡妇女调查报告》，载高博燕主编《中国女性生活状况报告 No. 12・2018》，社会科学文献出版社，2018。

度越来越高。特别是当女性感到工作与家庭难以平衡的压力时，其配偶通常也会感到这一压力。研究显示，当女性存在工作－家庭时间冲突的情况时，有 54.3% 的配偶也存在这一冲突。这说明在妻子承受压力的情况下，丈夫可能也不得不调整自己对家庭的时间分配。[①]

但不可否认的是，在平权化的趋势下，男女两性对家庭分工的认识依然还是"男主外，女主内"的。实际调查结果也显示，男女两性在家庭事务的参与上依然存在较大的不平等。如在 0～5 岁儿童的陪伴上，母亲的日均陪伴时间基本上是父亲的两倍，女性的家务劳动时间也是男性的 2 倍之多。[②] CFPS 2016 年的数据也显示了这一发现，而且无论是在业、失业还是退出劳动力市场的群体，男性的家务劳动时间都仅为女性的一半。[③]

总体而言，中国婚姻关系中男女双方的地位已日益平等，其背后的原因除妇女本身经济地位提高、受教育水平提高和社会整体文化观念的转变之外，人口因素等也不容忽视，如计划生育政策对家庭结构和婚姻关系的影响等。实践中一些地区出现的"两头婚"或"两头姓"现象，既是婚姻关系的一种新模式，也是一种更为平等的婚姻关系。当然，婚姻关系转变最根本的原因还是现代化，它改变了人们对性别、婚姻和家庭的定义，推动婚姻家庭关系朝更加文明的方向发展。2021 年 1 月 1 日，我国开始施行《民法典》，其中对夫妻共同亲权和家事决定权有了更加明确的规定，会进一步推动夫妻双方在婚姻家庭关系中的平等地位。这些内容的增加和修改多是建立在社会发展和司法实践的基础上，融入了这个时代的婚姻家庭观。

（二）稳定性下降

在夫妻关系已成为家庭关系的主轴时，它的稳定性却在不断下降。数据显示，中国近十年的离婚率保持了较高的增长势头，从 2009 年的 1.85‰ 提高到 2019 年的 3.36‰，提高了 1.51 个千分点（见图 2－5）。

离婚率上升的背后既有社会流动性增强、受教育水平提高、生活观念

[①] 国家卫生计生委家庭司编《中国家庭发展报告2016》，中国人口出版社，2016，第82页。

[②] 国家卫生计生委家庭司编《中国家庭发展报告2016》，中国人口出版社，2016，第69、83页。

[③] 谢宇、张晓波、涂平、任强、黄国英：《中国民生发展报告2018～2019》，社会科学文献出版社，2019，第73页。

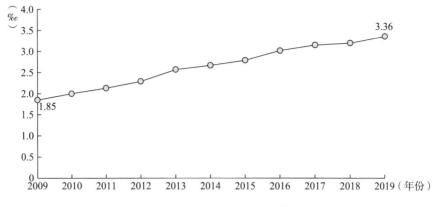

图 2－5　2009～2019 年中国粗离婚率

资料来源：国家统计局数据，http：//data. stats. gov. cn/easyquery. htm？ cn = C01，最
后访问日期：2021 年 5 月 13 日。

转变、生活节奏加快等直接原因，也有婚姻制度、社会政策、社会结构等
方面的间接原因。一些研究显示，个人收入、受教育程度和所在地区等变
量是影响离婚和再婚行为的重要因素。[1] 房价、就业率、子女数量[2]等因素
也对离婚率有影响。对情感破裂的夫妻来讲，早日结束婚姻关系，可能对
子女和彼此都是一个提高生活质量的机会。过去，离婚受到许多条件的限
制，特别是亲属朋友压力和社会舆论污名化的影响，也会造成个体在婚姻
市场上的谈判力下降。离婚率的上升，从某种程度上也代表社会开放程度
的增强，但是，离婚对家庭和社会的稳定性是有冲击的。

（三）个体性增强

现代中国家庭关系的一大变化是家庭成员"个体性"的增强。与传统
家庭不同的是，家庭与家族的利益不再被视为绝对高于个体的利益，个体
需求的满足和独立性的保持越来越受到重视。这既表现在夫妻关系上，也
表现在代际关系上。有研究显示，父代与子代在对家庭责任的认同上存在
显著差异，比如父母比子女更认同"家庭和睦，比追求自己的利益更重

[1] Qingbin Wang, and Qin Zhou，"China's Divorce and Remarriage Rates：Trends and Regional
Disparities." *Journal of Divorce & Remarriage* 51（4），2010，pp. 257 － 267.

[2] 许琪、于健宁、邱泽奇：《子女因素对离婚风险的影响》，《社会学研究》2013 年第 4 期。

要"和"家庭圆满了，我个人也圆满了"，且存在统计上的显著差异。而年青一代则比父母们更赞同"家庭不是我生活的全部，我还希望拥有自己的圈子"，赞同比例甚至高出父母样本 22 个百分点①，这突出说明了当代年轻人的个体主义倾向。而一项针对广州市青年婚恋观的调查显示，越来越多的年轻人赞同"婚前财产公证"、"夫妻双方收入自理"和"婚后家务均担"等观点，其中赞同婚前财产公证的达到 80%。② 这些研究发现也被视为"传统家庭主义"的式微和家庭个体主义的兴起。某种程度上，这一趋势可能对家庭亲密关系带来不利影响。阎云翔曾在《私人生活的变革》中将这一趋势解释为私人化和个体主义的兴起。但最近的一些研究也发现，个人主义的凸显可能并没有完全脱离家庭的支持，因而出现了"新家庭主义"的概念。③

二　代际关系

费孝通先生曾指出，传统中国家庭的主轴是父子关系，夫妻关系是配轴。随着工业化与现代化的推进，中国家庭的权力关系逐渐从以纵向为主转型为以横向为主。④ 但最近的许多研究却指出，父母与子女之间的关系有重新成为主轴的趋势，有学者将其称为新家庭主义的产生。

（一）代际关系向下倾斜

阎云翔在《私人生活的变革》中曾引用过一句俗语："爷爷变孙子，妇女上了天。"这句话捕捉到了中国家庭权力关系转变的重要趋势——父权主义的衰落。中国传统家庭中的父权主义在现代中国已悄然发生变化，家庭关系正在经历一场深刻的变革：反映在代际关系上，则是更加平等化、个体化，甚至是向下倾斜的趋势。

一方面，社会流动性的增加、家庭资源的积聚和继承方式的转变、传

---

① 康岚：《代差与代同：新家庭主义价值的兴起》，《青年研究》2012 年第 3 期。
② 刘梦琴：《广州青年婚恋发展状况研究》，载魏国华、张强编《广州青年发展报告 2014～2015》，社会科学文献出版社，2015。
③ 《新家庭主义的崛起》，搜狐网，http://www.sohu.com/a/292910083_737767，最后访问日期：2021 年 7 月 15 日。
④ 陆学艺：《当代中国社会结构》，社会科学文献出版社，2018。

统社区的衰落等都使父权主义不再具有传统社会下的权威力，而工业化、现代化、信息化和城镇化的迅速发展则使年青一代拥有更多的资源优势，从而改变了代际的权力关系。而另一方面，由于生育政策的原因，家庭子女数迅速减少，独生子女成为一代人的特点，"421 家庭"越来越普遍，"子女"显得异常珍贵，对其看护与照顾也日益精心，连带对孙辈的态度也发生转变。此外，由于就业市场化程度的提高和福利制度的改革，年青一代开始面临其父辈所未经历的工作与生活压力。就业压力增加、房价高涨、孩子无人看管、工作节奏加快……家庭与工作之间的矛盾日益凸显。年轻的家庭开始越来越依赖父辈家庭的帮助，许多老人开始远离故土进入城市帮助孩子照料孙辈，从经济上也在帮助子女，甚至出现"啃老"现象。调查显示，2015 年北、上、广、深四个城市中，流动老人流动的首要原因是"照顾孙辈"。流动老人中，"照顾子女"和"照顾孙辈"的，在北京、上海、广州和深圳的比重分别为 55.0%、52.0%、55.1% 和 66.0%。[①] 有超过一半以上的老人在"为爱流动"，说明整个大家庭的焦点与重心是向下的。而另一项对老年就业人口的调查也发现，10.7% 的老年在业人口认为子女存在"啃老"情况，而农村老年在业人口认为子女"啃老"的比例更是高达 18.3%。[②] "啃老"并不是一个良性的代际关系，但它的产生却具有复杂的社会原因，是时代问题在家庭和阶层中的映射。

（二）代际差异加速增大

不同代的人，由于生理、心理、社会地位、成长背景和社会经历的不同，在行为和认识上往往会产生差异，差异若无法得到理解则会产生"代沟"。改革开放以来，随着社会变迁的加速，我们逐渐进入一种高速发展的"前象征文化"[③] 时代。新的理念、技术和知识层出不穷，特别是随着

---

① 宋贵伦、冯虹主编《2017 年北京社会建设分析报告》，社会科学文献出版社，2017，第 92 页。

② 党俊武主编《中国城乡老年人生活状况调查报告（2018）》，社会科学文献出版社，2018，第 204 页。

③ 玛格丽特·米德在《代沟》中指出了三种不同社会发展速度的文化类型：后象征文化、互象征文化和前象征文化。后象征文化即晚辈主要向长辈学习，互象征文化即晚辈和长辈互相学习，前象征文化即长辈反过来向晚辈学习。

互联网的普及，不同年代人之间的差异性越来越大，甚至有人戏称"5 年"即有代沟。

代际差异的产生根源于成长背景的不同，其影响不容低估。代际的最大差异表现为生活态度和生活方式的差异，包括人生观、价值观、消费观、交友观、婚姻观、生育观等方面的差异以及由此所产生的生活方式的差别等。以生育观为例，研究显示，80 后的"生育意愿"和"生育性别偏好"要远远低于和弱于 60 后，在"意愿生育"年龄上，晚育趋势明显，几乎是越年轻，生育第一孩的意愿年龄越高。① 这说明"生育"问题可能是极易引起代际冲突的一个敏感问题。代际差异落到家庭内部，是极易引发家庭冲突的焦点。而由于父代对子代的影响力在减弱，几乎不可能像传统社会一样通过继承权和财产控制权实现权力影响，因此代际冲突的结局极有可能是父代的妥协和双方的对峙，而这将会削弱家庭关系的亲密性。

三 亲属关系

（一）亲属关系简单化

摩尔根在《古代社会》中将亲属关系分为血缘关系与姻亲关系两种，从婚姻和直系血亲开始，亲属关系可以不断延伸至更为复杂的亲属网。亲属关系不完全是生物属性的，它还具有非常明显的社会性，即亲属还要以频繁的互动为基础。具有亲属联系的人如果长期不联络、不走动，没有密切的交往，则其所能起的作用也非常有限。随着中国人口流动速度的加快、社会沟通方式的变化以及正式支持系统的健全，亲属之间的联系也相对弱化。但正如后面将要指出的一样，亲属关系对中国人来说依然非常重要，亲属关系所形成的传统支持网络依然是当前中国人求助的一条重要渠道，甚至是首选渠道。

由于生育政策的干预和养育成本的不断上升，以及由于人们生育观念的转变，自 20 世纪 70 年代开始，中国的生育率就开始下降。恒大研究院的数据显示，中国的总和生育率从 20 世纪 70 年代之前的 6 左右降至 1990

---

① 张春延、郑真真编《生育意愿与生育行为》，社会科学文献出版社，2017，第 163~165 页。

年的 2 左右，再降至 2010 年的 1.5 左右。[1] 许多研究显示，2016 年"全面二孩"生育政策主要释放了二孩生育意愿，而一孩的生育率自 2012 年开始迅速持续走低。[2] 生育率的下降直接影响到了中国家庭的人口规模，直系兄弟姐妹的数量大幅度减少，这种情况直接造成了中国人亲属关系的简单化。

（二）家庭网依然发挥重要的支持作用

亲属关系所形成的网络就是家庭网。家庭网是指有亲属关系的家庭组成的社会网络，通常情况下，它是由能够组成主干家庭和联合家庭的几个核心家庭组成的一种特殊的社会联系网络，具有相互支持的功能。与此相类似的还有"亲属网络""网络家庭"等概念。家庭网不同于传统的家族，因为组成家庭网的每个家庭都是独立的，但家庭网发挥了传统家族的功能，发挥着重要的风险分担作用。有研究发现，农村的家庭网确实起到了部分经济风险的分担作用，特别是对非食物消费的风险分担，其中，中等资产家庭的风险分担程度更高。[3]

实际上，家庭网的支持作用除了表现在经济资源的统一调配上，也发生在精神支持与日常照料的支持上，特别是父母家庭与子女家庭居住得较近时，相互支持会非常普遍。即使相距较远，父母远离故土来城市照顾子女和孙子女的情况也很常见，而子代对亲代的支持相比而言则弱很多。有调查显示，在第一代被访者网络家庭中，仅有 12% 的子代家庭几乎天天或每周帮父母做家务。而亲代对子代的家务支持却非常多。此外，网络家庭中多数兄弟姐妹在就业、建房/买房及子女上学、结婚等大事上会互相帮助。[4] 此外，原有家庭网主要是以男系亲属网络为主的，但随着婚姻的平权化和女性地位的提高，家庭网也开始向双系并重转变。

① 任泽平、熊柴、周哲：《中国生育报告 2019》，《发展研究》2019 年第 6 期。
② 陈卫：《中国的两孩政策与生育率》，《北京大学学报》（哲学社会科学版）2019 年第 5 期。
③ 梁腾坚、刘奇、郭志芳：《"家庭网"中的风险分担》，《西安交通大学学报》（社会科学版）2019 年第 4 期。
④ 王跃生：《社会变革时代的民众居住方式》，社会科学文献出版社，2016，第 163～207 页。

第三节　家庭结构变迁的社会功能

一　家庭结构变迁中的新问题

(一) 不完整家庭增多

不完整家庭指的是家庭结构不完整的家庭。在实践中，它往往指的是从子女特别是未成年人的角度而言，因父母离婚或丧偶而产生的单亲家庭，以及由于父母外出而产生的隔代家庭。"不完整"带有对比的含义，往往指的是家庭结构的非正常缺损，因此丁克家庭、老年丧偶家庭、独身家庭等并不是"不完整"家庭。

前面已经指出，随着婚姻不稳定性的增强和社会流动的加快，单亲家庭和隔代家庭越来越多。这类"不完整家庭"所带来的问题首先是对儿童成长的影响，无论是父爱的缺失还是母爱的缺失都会对儿童的情绪、社会化进程、认知发展、学业成绩、心理健康和社会交往等产生复杂影响，一些教育和心理学的研究也证明了实践中这种差异的存在。[①] 如果干预不当，则"不完整家庭"所引发的问题还有可能进一步延伸至儿童成年后所组成的"新"家庭，甚至延伸至职场，从而带来更复杂的社会问题。

此外，随着人口流动的加快和父母对子女教育的不断重视，还出现了两种较"新"的"不完整家庭"：一种是夫妻一方（通常是父亲）外出的单流动家庭，留守的是子女和另一方；另一种是夫妻一方（通常是母亲）与子女离开家乡求学，留守的是另一方。这两种家庭的不完整性可能是暂时的，是由于居住距离而产生的。表面上这种"新"的"不完整家庭"的负面效应可能低于单亲与隔代家庭，但也存在类似的问题，如亲代照顾不足、家庭分工失衡、婚姻不稳定性增加等，也需要引起足够的重视。

---

① 康绍芬：《完全家庭与不完全家庭儿童心理健康的比较调查研究》，《内蒙古师范大学学报》（教育科学版）2005 年第 8 期；戴晓阳、曾宇霞：《单亲与非单亲家庭儿童自我意识与人际信任关系的比较研究》，载《中国心理卫生协会第五届学术研讨会论文集》，2007。

（二）失独家庭问题凸显

失独家庭是计划生育政策下产生的一种特殊的家庭类型。其典型特征是独生子女家庭中的"子女"死亡，而父母可能已超过生育年龄。在各级计生协会的相关扶助政策中，他们往往被称为"计划生育困难家庭"。目前来看，失独家庭的数量并无明确统计，一是因为对于"失独家庭"的定义特别是年龄界定、观察对象甚至是子女死亡的年龄和死亡子女的数量等还存在学术上的争议；二是因为目前一些部门所掌握的数据主要还是基于失独家庭的主动申请，可能距离真实的数据有一定的差距。此外，失独家庭的状态可能是会变动的，比如随着人均寿命的增长和独生子女年龄的增加，失独家庭的数量可能会不断增加，而随着生育技术的进步，失独家庭还可能再次生育。

我国第一代独生子女约出生在 20 世纪 70～80 年代，80 年代初期计划生育政策控制较严。因此，如果以独生子女成年后死亡作为失独家庭的一项指标的话，那么进入 21 世纪之后，失独现象应该就开始出现了。而实际上，2004 年我国在农村开始实行计划生育家庭奖励扶助制度，2007 年在城乡开始试点独生子女伤残死亡家庭扶助制度，也印证了这一点。失独给家庭和个体带来巨大的精神创伤、经济损失及养老风险，也对社会稳定、社会福利等带来诸多挑战，并将随着人口老龄化的发展而不断产生新的矛盾与问题。

（三）女性"回归家庭"趋势显现

随着现代化的发展，女性主妇化（housewifization）成为一种全球化的伴生现象。尽管这种情况古已有之，但在现代社会，随着男女平权化趋势的不断增强、妇女受教育水平和就业率的提高，女性回归家庭似乎有了新的时代内涵。自新中国成立以来，女性的就业率一直较高，双职工家庭也是许多城市家庭的基本形态。改革开放后，随着生活水平的提高、养育子女成本的上升、观念的转变，特别是劳动力市场的挤压，女性回归家庭现象又开始增多。

全国妇联的抽样调查数据显示，18～64 岁中国女性的在业率在 1990 年为 90.5%，2000 年为 87%，2010 年为 71.1%，而城镇女性这三年的在业率分别为 76.3%、63.7% 和 60.8%，两项数据均显示自 20 世纪 90 年代以来女性在业率的不断下降。[①] 与之前相比，这一时期回归家庭的女性少了许多污名化的压力，有了不同于"家庭主妇"的另一个名称——"全职太太"。第 13 次中国城市女性生活质量调查（2017 年度）的数据显示，在被调查的 20～60 岁女性中，"全职主妇"占 8.2%。[②] 女性因为照顾家庭而退出劳动力市场的比例为 23.36%，远高于男性的 3.69%。[③]

女性回归家庭既是家庭的理性选择，也是社会环境使然。它是家庭在养育成本升高、女性就业压力增大情况下的理性选择，也是社会对家务劳动的价值、女性角色再定义的一种反映。女性回归家庭虽并非坏事，但中国女性回归家庭也反映了一定的社会问题，如针对家庭的福利支持不足、就业市场中的性别歧视、婚姻中的权力不平等等等，在某种程度上这也是对劳动力的一种浪费。难以预见的是，回归家庭后的女性是否能在孩子不需要照顾时再重新进入劳动力市场，如日韩女性一样在不同年龄段呈现就业的 M 形曲线，是一个值得重视和研究的问题。

二　家庭的功能发生重要变化

（一）家庭的生产功能极度弱化，而消费功能日益强劲

随着生产的社会化，以生产为需要的大家庭几乎已经消失。特别是在城市，生产功能几乎被排除在家庭之外，多数家庭已经不是生产资料的占有单位和劳动的组织单位。即便是在农村，承包地也较少以家庭的方式在耕种，每家几乎都有青壮年劳力前往城市打工，而土地也多会交由农村经济组织或他人经营。尽管也有家族式的企业或产业，但毕竟不是普遍现象。在生产功能不断弱化的同时，家庭的消费功能开始日益凸显，家庭表

① 吴小英：《主妇化的兴衰——来自个体化视角的阐释》，载吴小英编《家庭与性别评论》第 6 辑，2015。
② 中国妇女杂志社、华坤女性生活调查中心：《第 13 次中国城市女性生活质量调查报告（2017 年度）》，载高博燕主编《中国女性生活状况报告 No.12·2018》，社会科学文献出版社，2018。
③ 谢宇、张晓波、涂平、任强、黄国英：《中国民生发展报告 2018～2019》，社会科学文献出版社，2019，第 64 页。

现出强劲的消费动力。随着城镇化的加速推进和生活水平的提高，家庭在住房、教育、健康、娱乐、出行、家政乃至照料服务等方面的需求不断高涨。而家庭小型化的趋势更加速了这些需求的爆发，家庭总体数量不断增多，各种以家庭为主要受众群体的消费模式也开始显现，如旅游、家政、教育培训等。

（二）家庭的生育功能受到冲击

在多重因素的影响下，中国女性的总和生育率已跌破警戒线，生育与家庭的分离趋势越来越明显。调查显示，近年来中国女性特别是成年育龄妇女的初婚年龄呈不断上升趋势。1990～2017年，中国育龄妇女平均初婚年龄推迟了4岁多，从21.4岁提高到25.7岁，初婚年龄推迟导致初育年龄同步推迟，平均初育年龄从1990年的23.4岁提高到2017年的26.8岁。[1] 伴随初婚、初育年龄的升高，我国妇女的总和生育率也在持续下降。2016年"全面二孩"政策开始推行，生育率有所提振，但主要表现在"二孩"生育率上，而"一孩"生育率依然在持续下降。[2] 这一趋势表明，越来越多的女性、家庭可能推迟甚至是不愿意生育，表现在家庭类型上则是单人户家庭与二人户家庭数量的不断增加。生育率的持续下降会对家庭、社会和国家乃至民族的发展产生深远影响。党的十九大提出，要促进生育政策和相关经济社会政策配套衔接，十九届四中全会提出优化生育政策的主张，十九届五中全会则提出增强生育政策的包容性，一系列的政策导向表明国家开始从战略层面重视人口的长期均衡发展。2021年则进一步优化生育政策，实施一对夫妻可以生育三个子女政策及配套支持措施。

（三）家庭的照料功能正在转型

家庭的照料功能主要体现在养育子女与赡养老人两个方面。

---

[1] 国家统计局人口司：《统筹人口发展战略 实现人口均衡发展——改革开放40年经济社会发展成就系列报告之二十一》，国家统计局网站，http://www.stats.gov.cn/ztjc/ztfx/ggkf40n/201809/t20180918_1623598.html，最后访问日期，2021年5月13日。

[2] 陈卫、段媛媛：《中国10年来的生育水平与趋势》，《人口研究》2019年第1期；郭志刚：《中国低生育率进程的主要特征——2015年1%人口抽样调查结果的启示》，《中国人口科学》2017年第4期。

家庭的养育功能正在发生重要转变。家庭生育功能的减弱使家庭在养育子女的数量压力上有所减弱，但由此带来"精耕细作"，使子女的教育与日常生活照料比以往更加精心，"养育"的质量变得更高、内涵也更加丰富。需要指出的是，当前中国家庭养育子女的功能有部分外包的趋势，如家庭雇用保姆、专业教师来照料与教育子女，子女参加大量的课外辅导与兴趣班以应对激烈的竞争等。特别是后者，正在大量吞噬代际亲密相处的时间与机会。有研究指出"母职经纪人化"的趋势，[①] 从侧面说明当前中国家庭的养育功能正在发生重要的变化。在教育竞争化日趋强烈的背景下，家庭对教育分层化的焦虑愈发强烈，对教育的投资在不断增加，家庭教育功能甚至还延伸至学校的教育体系。而市场对家庭教育的介入也愈发明显，在学校教育之外，一个庞大的教育市场正在形成，不断影响着家庭的教育模式。

家庭的养老功能面临不断弱化的趋势。前面的一些分析已经指出，中国的代际关系有向下倾斜的趋势，亲代对子代的照料支持远大于子代对亲代的支持，而人口流动性的增强、居住方式的转变、生育政策的影响和生活观念的变化等导致家庭的赡养功能越来越弱化。许多老年人处于空巢和独居状态，部分老人进入养老机构去寻求专业化的养老，还有部分老年人则雇用保姆来一对一照料，尽管其费用可能来自子女，但越来越多的年轻人已没有时间和精力来照料自己的父母。家庭养老的弱化带来许多社会问题，随着人均寿命的增长，这一问题将会变得越来越严重，亟须多元化的支持。重建家庭的养老功能，不仅具有缓解养老压力的现实意义，也具有重建社会关系、增强社会黏合力的长远意义。党的十九届五中全会提出"支持家庭承担养老功能"和"发展普惠托育服务体系"，彰显了家庭照料功能重建的重要政策导向。

（四）家庭的情感支持功能增强

在家庭的生产、生育、照料等功能不断弱化的情况下，家庭的另一些共同事务也有外移的趋势，如家庭理财、家务劳动等。社会流动的加速、

---

① 杨可：《母职的经纪人化——教育市场化背景下的母职变迁》，《教育科学文摘》2018 年第 2 期。

工作节奏的加快以及单位与居所的分离等因素使家人团聚的时间变得越来越少，特别是夫妻单独相处的时间更是变得异常珍贵。在这种情况下，"婚姻"和"家庭"对于人们的意义到底如何呢？

2017 年的一次调查显示，有 2/3 的被调查者能够每天和配偶或恋人、子女见面，家人在一起做的事情通常是看电视（78.7%）、吃饭（75.5%）、聊天（61.4%），他们最期待的与家人之间的情感表达方式是"与家人一起专注地做某件事情、交谈或共享一段时光"（37.7%）。① 值得注意的是，有 31.9% 的女性认为日常生活的状态是"忙工作、忙家庭、忙孩子，夫妻较少有机会单独相处"，但依然有 16.1% 的被调查女性强调"再忙也要创造机会享受二人世界"。② 这些证据表明，现代人对夫妻关系、家庭关系更加重视，在忙碌的生活中努力保持并建设着家庭关系，"为爱而辛苦"可能是多数家庭的一个常态。在家庭的工具性功能减弱的同时，"家庭"所承载的情感意义正变得愈发明显，缔结婚姻和维系家庭的目的可能越来越基于情感的需要而不是工具性的需要。

（五）"工作 - 生活矛盾"凸显

随着生活水平的提高，个体对"生活"的重视程度日益增强，"工作"已不是生活的唯一重心，为工作而牺牲家庭的观念日益受到挑战，越来越多的人，特别是年轻人开始追求家庭与工作"双赢"的目标。但是日益增加的就业压力、居高不降的房价、不断上升的养育成本和高强度的工作使家庭与工作之间的平衡越来越难，而这一压力将首先传导至女性的身上，并最终影响家庭关系的稳定。

第 13 次中国城市女性生活质量调查（2017 年度）的资料显示，被调查女性感觉到的最大压力是"抚养教育孩子"（45.2%）。③ 第 14 次中国女性生活质量调查（2018 年度）的资料显示，有 32.2% 的女性感到"事业

---

① 高博燕主编《中国女性生活状况报告 No.12·2018》，社会科学文献出版社，2018，第 74 ~ 93 页。
② 高博燕主编《中国女性生活状况报告 No.12·2018》，社会科学文献出版社，2018，第 74 ~ 93 页。
③ 高博燕主编《中国女性生活状况报告 No.12·2018》，社会科学文献出版社，2018，第 14 ~ 73 页。

与家庭两头牵扯"，其中 30～40 岁女性的比例最高。[1] 工作与家庭之间的冲突已成为当代家庭面临的最大冲击，受教育程度越高的女性感受到的冲突可能越大。这一问题不仅仅影响家庭关系的和谐、儿童的成长、老人的赡养，更影响就业的稳定性、积极性和效率的提高，对经济发展和社会稳定具有双重作用。这一矛盾的产生，从根本上说是现代化的生产方式所造成的，并随着女性劳动参与率的提高、家庭支持功能的减弱和现代福利体系的改革等而不断加剧。

三 家庭结构变迁对经济社会发展的影响

（一）家庭结构变迁对经济和消费的影响

首先，家庭是消费的重要单位。伴随人口数量的增加与家庭规模的小型化，家庭户数量迅速增多。家庭户的数量对中国经济特别是消费影响巨大。尽管家庭规模小，但独立的家庭对家具、家电、交通工具等耐用消费品的需求却是一样的，对日用消耗品的需求也维持了一定的数量。研究发现，家庭的能源消费占全球能源消费的 35%。如在韩国，家庭的能源消费可以达到全国总能源消费的 52%。而在美国，家庭车辆能源消费可以占到全部道路交通能源消费的 68%。[2] 2010 年第六次全国人口普查时我国共有 4.18 亿个家庭，比 2000 年第五次全国人口普查时的 3.40 亿个增加了 0.78 亿个，2020 年第七次全国人口普查时家庭户数量又增至 4.94 亿个。[3]

其次，家庭结构与功能的变化对消费行为的影响深远。正如"单身经济"是消费中的一个独特领域，"家庭经济"也具有重要的分析价值，特别是家庭结构与功能的变化对消费行为、消费趋势的影响巨大。当前，家庭的照料需求、教育需求、住房需求、医疗需求、金融服务、交通需求、旅游需求、家政服务需求等几乎全面爆发。而随着消费升级、互联网的发

---

[1] 高博燕主编《中国女性生活状况报告 No.13·2019》，社会科学文献出版社，2020，第 28～29 页。

[2] 曾毅：《被忽略的"胡焕庸家庭户密度线"——家庭户小型化对能源消费和可持续发展的影响》，《探索与争鸣》2016 年第 1 期。

[3] 国家统计局：《第七次全国人口普查公报（第二号）》，www.stats.gov.cn/ztjc/zdtjgz/zgrkpc/ggl/202105/t20210519_1817685.html，最后访问日期：2021 年 7 月 15 日。

展，家庭的消费行为也在不断升级，智能化、便捷化和享受化趋势越来越强。这些变化已经直接反映到了餐饮业、旅游业、教育培训业、保险业、养老服务业等产业的发展中。

（二）家庭结构与社会结构的相互建构

社会结构的转型影响家庭结构转型。城乡结构、人口结构、区域结构、阶层结构等这些基本社会结构转型，深刻影响了家庭结构的转型。如留守家庭、隔代家庭、老年独居家庭在农村特别多，就是城乡二元结构在家庭方面的反映。养老功能的弱化、照料需求的凸显、初婚年龄的推迟等，则是人口结构变化对家庭的影响。而不同资产规模、收入水平和阶层的家庭，其婚姻关系、代际关系和家庭需求也会呈现明显的差别。此外，社会结构转型中的问题也会集中反映在家庭中。如阶层分化过程中产生的"固化"问题、产业结构调整中出现的转岗与失业问题、城镇化过程中出现的公共服务供给失衡等问题都将最终反映到家庭中，影响家庭的代际流动、收入提高和功能发挥。

家庭结构转型影响社会结构的再造。许多研究发现，家庭在改变和催生社会阶层的过程中，发挥了非常重要的作用。不同阶层的家庭对子女的教育投入、教育期待和具体的教养方式都具有较大的差异[1]，这进一步影响了子女的阶层流动，甚至引发"阶层固化""阶层再生产"的讨论，尽管这一假设在实践中可能还未获得证实。[2] 家庭及其所形成的网络关系还是个体发展中非常重要的社会资本。一些研究发现，家庭在促进阶层流动中发挥了非常重要的促进作用，许多人是在亲友、家人等非正式组织的支持下，不断努力从而改变了自己的阶层地位。[3] 有研究认为，中国的"家庭"文化在农村发展中发挥了重要的动力作用，那种为了家人而努力工作的动力，是中国经济发展的"永动机"，还是"拟家族化"的社会资本。[4]

---

[1] 刘程：《家庭教养方式的阶层分化及其后果：国外研究进展与反思》，《外国教育研究》2019 年第 11 期；帕特南：《我们的孩子》，田雷、宋昕译，中国政法大学出版社，2017。

[2] 胡建国、李伟、蒋丽平：《中国社会阶层结构变化及趋势研究》，《行政管理改革》2019 年第 8 期。

[3] 张厚义、明立志：《中国私营企业发展报告（1978～1998）》，社会科学文献出版社，1999。

[4] 王春光：《中国社会发展中的社会文化主体性》，《中国社会科学》2019 年第 11 期。

（三）　家庭变迁对社会稳定的影响

家庭的支持是个人应对社会风险的重要保障。现代社会风险越来越多，失业、疾病、事故等各种意外都会发生。一些意外事件还会与社会变迁的过程相互嵌入，如国企改革，产业结构调整，金融风险来临，大型灾难性事件如地震、非典疫情、新冠肺炎疫情，等等。个体如生活在家庭或家庭网中，将会大大降低风险的概率和不良后果。家是温暖的港湾，来自家庭的情感支持是个体获得心理慰藉的重要途径，家庭成员的有效沟通和心理支持会增强个体抵御风险的信心与能力。

家庭的稳定是社会稳定的基础。家庭属于初级群体，是人们亲密关系的最初来源，也是每个人社会化的重要途径。家庭的稳定对社会的稳定具有不可忽视、不容置疑的作用。但是离婚率的上升、社会流动的加快、不完整家庭的增多导致家庭稳定性正在不断下降，不仅影响了家庭内部关系的和谐，也影响了社会的整合。许多研究显示，在现代化的冲击下，家庭关系的变化往往是影响青少年犯罪的一个重要原因，而家庭的教养方式，更是对青少年的偏差行为有直接影响，甚至父母间的冲突都与子女的被欺凌现象呈现显著正相关。[①]

（四）　家庭结构变迁与社会政策改革相互影响

社会政策改革会影响家庭的行为和功能发挥。如计划生育政策直接影响了中国家庭规模的小型化和家庭功能的转型，而"全面二孩"政策的实施则会进一步深入影响未来的家庭结构，进而催生更多的家庭需求，如生育服务、养老服务、托幼服务需求等。社会保障政策也对家庭功能和家庭稳定性具有重要影响。现代社会保障体系，如生育保险、养老保险、医疗保险、住房公积金制度等的完善，在一定意义上弥补和替代了家庭的传统保护功能。此外，住房制度的改革也对我国家庭具有深远的影响，如房价的升高客观上起到了推迟初婚年龄的作用。一些研究发现，房价每提高1%，初婚年龄增加0.0158%，男性初婚年龄的增加比女性更多，东部地

---

① 李德：《中国家庭教养方式与青少年发展》，社会科学文献出版社，2018，第204~230页。

区比中部和西部地区人们的初婚年龄增加得更多。① 有研究显示，住房限购政策的确引起了一定规模的"为购房而离婚"的行为。②

当然，家庭结构的变迁也会影响现代社会政策的改革。一方面，家庭功能的弱化需要现代社会福利体系的弥补和支撑，如家庭养老功能的弱化呼吁社会化养老体系的健全，而养育压力的增大则期待儿童福利体系的完善；另一方面，家庭结构的变化也需要社会政策的干预和调整，如老年单人户增多及不完整家庭特别是单亲家庭、留守家庭增多等问题需要我们不断完善现有的福利体系，加大社会服务的支持力度。此外，家庭关系的变化也亟须社会政策特别是社会服务的应对，如对婚姻关系和代际关系的协调等。

第四节　家庭结构的发展趋势与政策建议

W. F. 奥格本在 1955 年的《技术和变化中的家庭》总结出现代技术社会中家庭发生的八个方面的巨大变化：日趋增长的离婚率、生育控制的广泛普及和家庭规模的缩小、丈夫和父亲权威的下降、日益增加的非婚姻关系、妻子为薪金而工作的人数增加、家庭成员的个人主义和自由的增强、政府日益代替了家庭的保护功能、婚姻和家庭中宗教行为的减少等。③ 半个多世纪过去了，这些论断依然是有解释力的，而在今天的中国，其中某些趋势还正在发生中。

一　中国家庭结构变迁的未来趋势

第一，家庭的持续小型化。在现代化的进程中，家庭规模的小型化似乎是必然的趋势。在西方发达国家，出现家庭小型化的时期更早。据统计，2011 年德国所有家庭类型中，占比最高的是一人家庭（37.2%）。④ 在中国，

① 曾臻：《房价对初婚的影响分析——来自中国的实证经验》，硕士学位论文，湖南大学，2018。
② 陈洲博、陈立中：《住房限购政策对离婚率的影响——基于 DID 方法的实证估计》，《江汉论坛》2019 年第 6 期。
③ 转引自马克·赫特尔《变动中的家庭——跨文化的透视》，宋践等译，浙江人民出版社，1988，第 30 页。
④ 张威：《德国家庭政策的核心框架与特征》，《社会工作》2018 年第 2 期。

导致家庭小型化的原因非常多，人口政策的实施、晚婚晚育的倡导、教育水平的提高、生活观念的变化甚至是居住条件的限制等都会对此产生影响。值得注意的是，家庭的小型化不是标准核心家庭的增多，而是一人户、单人户家庭的增多，这将对传统家庭观念、家庭关系和社会的整合方式产生重大挑战。

第二，家庭功能的深度转型。家庭功能的转型正在改变"家庭"对于中国人的意义。它最原初的生产功能、生育功能、赡养功能都在面临重大挑战，特别是生育率的不断下降与现代生殖技术的进步使家庭在生育上所能起的作用变得越来越小，家庭的部分赡养和抚育功能也开始被市场和现代社会福利体系所替代。但家庭的情感支持功能则进一步凸显。

第三，家庭关系的松弛化。婚姻关系的不稳定是全球性的趋势。欧美国家的离婚率长期居高不下，亚洲等一些国家也面临婚姻不稳定的挑战。在中国，教育水平的提高、女性就业率的提高、婚姻观念的转变、生育率的降低、社会流动的加速与家庭成员共生支持作用的下降，都推高了离婚的风险。代际的平权化甚至是向下倾斜，使子女的个体意识日益增强，代际关系的经济约束和文化约束将极大降低。可以说，中国的家庭关系正在面临现实的、文化的和情感上的多重冲击。

第四，"家庭"的含义正在发生转变。人口流动正在逐渐转变"家庭"的内涵。家庭成员的物理空间分离，可能与家庭成员间的经济与情感支持同时并存。"家庭"的内涵或许不再强调长期的共同生活，而可能是社会性的支持。此外，科技发展也可能赋予家庭以新的内涵。如随着科学技术的发展和社会需求的推动，移动办公、弹性办公可能使部分劳动者脱离工厂和办公室而重新回到家庭。随着互联网的飞速发展，人们参与劳动的方式也正在发生巨大的变化，许多人可以通过开网店、做直播等方式实现在家办公。这种情况可能会导致家庭关系和结构的改变。或许当家庭再次成为人们生活和工作的场域时，家庭之于我们的意义将更加重要。

二　应对家庭结构变迁的政策建议

家庭是人类社会发展到一定阶段的产物，是社会的一种基本制度。随着时代的变迁，它既有一定的稳定性又面临诸多挑战。在中国，家庭曾发挥巨大的保障作用，特别是在现代福利制度产生之前，但是随着现代社会保障体系的发展以及一系列社会变化的出现，家庭的支持作用开始不断弱化。中国并没有专门针对家庭的独立政策，有关家庭的政策散落在人口政策、社会保障政策、教育政策、就业政策、减税政策和各类服务性工作中，缺乏系统联动性。应重新将"家庭视角"带回，确保将家庭政策融入所有政策，构建"家庭友好型"社会。

（一）完善与家庭发展相匹配的生育支持政策

计划生育政策在抑制中国人口增长上曾发挥了巨大作用，但也催生了大量的独生子女，加速了家庭规模的小型化和家庭关系的简单化，带来一些复杂的社会问题，如失独家庭产生和家庭养老功能的弱化等。完善人口政策，要在准确研判中国人口发展趋势和开展生育意愿调查的基础上，有序放开生育，支持计生困难家庭，对计生妇女予以深度关怀。为家庭提供生育支持，如提高生育津贴、延长产假、探索一定哺乳期内的弹性工作制、探索育儿补助金制度和育儿休假制度等，减轻家庭生育负担，减少工作与家庭之间的冲突。在生育保障方面，务必厘清地方政府与中央政府的责任、政府与单位之间的责任，避免由于新政策出台而造成新一轮的就业歧视和地方差异。最近几年，国家已开始注意到生育政策的系统性和联动性，主张增强生育政策的包容性，并试图从养老、教育、托育服务等各个层面入手降低生育、养育和教育的成本。

（二）完善以支持家庭为目的的社会政策

社会福利体系的每步发展都对家庭有深刻的影响。要改变"补缺式"的改革思路，在托底的基础上对家庭予以提前支持和预防性干预，避免家庭陷入困境，这是发展型社会政策的思路，也是许多国家社会福利改革的重要取向。在中国，要准确评估一些福利政策对家庭的潜在影响，如最低生活保障制度、住房保障制度、医疗保险制度、养老保险制度、失业保险制度等。将"家庭"视为政策的影响目标，既要建立家庭成员在保障中的共济共享机制，又要尽量避免由于政策意外后果而产生的家庭解体现象，增强家庭的整合性。

具体而言，首先，完善养老保障体系。特别是城乡居民养老保障体系，要加快推动养老服务业的发展，探索对家庭照料予以津贴支持，推广一些地方出台的护理补贴、高龄津贴和困难老人养老服务补贴制度、带薪护理假制度等，探索长期护理保险的支付范围向居家护理扩展等。其次，要完善医疗保险政策。探索家庭式的医疗保险给付方式，如医保个人账户的家庭共济，即配偶、未成年子女、父母等可以使用个人账户资金进行支付。再次，要完善社会救助制度。加强对贫困家庭、单亲家庭、孤儿家庭的支持，通过资金补贴、服务支持和心理辅导等多渠道支持帮助家庭恢复正常功能。又次，要完善 0～3 岁托幼服务。将儿童照护全面纳入公共服务体系，建立政策支持、社会广泛参与的儿童照顾体系，切实减轻家庭负担。还次，要加强对中低收入家庭的教育投资，保障儿童的健康和受教育机会，提升家庭的发展能力，增强其抗击风险的能力。最后，要完善就业政策。加强就业公平的立法和执法保障，将弹性就业、灵活就业纳入政策干预范围。实施就业援助时要充分考虑"零就业家庭"的特殊性，增加社区公益岗位，以缓解"工作－家庭矛盾"。

（三）完善以协调家庭关系为目的的婚姻家庭制度

婚姻与家庭制度是社会性制度，具有强烈的社会属性。斯特劳斯曾说："家庭只有置于义务与禁律这一人工网的网眼上时，社会才允许家庭持续永存。"[1] 因此，家庭需要有婚姻制度的支撑和约束。在现代社会，家庭所受的道德与文化约束力虽已式微，但法律约束依然存在。在中国，《婚姻法》的调整重点正在从"人身自由"逐渐转向"财产安全"。我国 2021 年施行的《民法典》对相关条文的诸多修订与完善表明，现代婚姻制度与社会变迁是高度互嵌的，现代婚姻家庭关系正在不断走向理性。因此，法律需要以更加明确、更具前瞻性的方式对婚姻中的财产问题、养育和赡养问题等予以规定，在婚姻自由的基础上，尽量将婚姻对个人及他人的不利影响降至最低，维护家庭关系的和谐。

具体而言，要建立婚姻财产登记制度、完善离婚财产分割制度、离婚

---

[1]　安德烈·比尔基埃等编《家庭史（第一卷：遥远的世界　古老的世界）》，袁树仁、姚静、肖桂译，生活·读书·新知三联书店，1998，第 7 页。

损害赔偿制度等，规范调整婚姻财产关系。要实行离婚冷静期或探索离婚分居制度等，加大专业社会服务对家庭的支持，如社会工作服务、心理咨询服务等。加强家事调解在处理家事纠纷中的作用，维护婚姻家庭的和谐与稳定。此外，要不断完善《反家庭暴力法》《老年人权益保障法》《未成年人保护法》《妇女权益保障法》等法律法规，保障家庭中妇女、儿童与老人的合法权益。在婚姻家庭立法中体现"儿童最大利益原则"，完善监护人制度、探视权制度和抚养费收取与执行制度等。

（四）建立与家庭发展相融合的经济政策

对家庭的支持与保障离不开财政支出，而家庭的生育行为、消费行为、养育选择、就业取向都受到经济政策影响，并对经济发展产生反影响。以生育政策为例，党的十九大报告指出要"促进生育政策和相关经济社会政策配套衔接"。大量研究也发现生育成本高是影响家庭生育行为的重要变量，因此从财税政策上支持生育很有必要。可在借鉴其他国家经验的基础上，通过加大对生育保险和儿童医疗的投入力度，完善托幼服务，探索通过育儿补贴或托儿补助的方式直接减轻家庭负担。财税政策中要充分体现"家庭视角"，投资家庭、支持家庭，看到家庭与个人之间的差别、家庭与家庭之间的差别，将家庭负担纳入个税减免范围。目前，我国已将赡养老人的费用和子女的教育费用在个人所得税中予以扣除，未来还可以将税收优惠扩展至 0～3 岁幼儿养育、家庭首次购房、购车和子女入托等方面。除直接支持家庭之外，还可以通过支持各类家政服务业、托幼服务业、养老服务业的发展，对该类组织予以税收优惠或政策支持，大力促进社会力量参与支持家庭发展。同时，充分重视女性的就业问题，重视灵活就业的社会保障，对企业在分担妇女生育中所产生的成本予以补偿，可通过税收减免、奖励或补贴的方式实现。

（五）构建"家庭友好型"的社会支持体系

对家庭的支持不仅仅是政府和个体的责任，也是全社会的责任。要在全社会形成支持家庭、投资家庭、尊重妇女、保护儿童的社会环境和制度体系，形成政府、企业、社会组织、社区和个人共同参与的家庭发展的制度环境和舆论氛围。其中，政府要起主要作用，从政策上真正重视家庭，将家庭政策融入所有政策；要积极发展各类专业性的托幼、养老和家政服务机构，提供更加专业化、规范化的服务，切实减轻家庭负担。社会组织要广泛参与到家庭项目中来，在协调家庭关系、维护家庭整合、保护妇女儿童与老人的合法权益中发挥重要作用。社区要加强社会资本建设，创新工作方式方法，增强家庭与社区的黏合度。整个公共服务体系都要纳入家庭视角、儿童视角、女性视角和老年视角，努力构建"儿童友好型"与"家庭友好型"社会。

从长期发展的角度，可借鉴国外经验，建立一个专门机构来负责协调和统筹家庭政策与家庭事务。中国家庭结构正在遭遇重大转型，也面临诸多风险，它对个人和社会的意义重大，但较少进入政策视野，这或许与家庭一直被视为"私"的领域有关系。但在新的时代，"家庭"视角应被带入社会政策和经济政策之中，从而将分散的家庭政策加以协调和整合，推动必要的体制机制创新。

第三章｜

就业和职业结构

　　就业结构是在资源生产中所形成的社会结构，反映的是劳动力在产业、行业、岗位等方面的配置情况。[1] 职业结构是就业结构的一个侧面，反映的是劳动力在具体岗位上的配置情况。就业和职业结构在经济社会结构中占有极其特殊的地位，一头连着经济结构特别是产业结构，并深受后者影响甚至由其发挥基础决定作用，另一头连着社会结构，深刻影响着后续资源分配和消耗过程中所形成的收入分配结构、消费结构，以及由资源和机会在社会阶层中的分配所形构的社会地位结构。

第一节　我国就业和职业结构的最新发展

一　我国就业和职业结构日益趋向现代化

　　2009 年以后，我国经济结构特别是产业结构发生了重大调整和变化，第二产业增加值在国内生产总值中的占比持续下降，而第三产业增加值在国内生产总值中的占比则加速上升，在 2012 年首次超过第二产业占比后取代第二产业成为国民经济的主要支撑部门。与经济（产业）结构调整相适应，2009 年后我国经济增速也开始显著下降，从 2009 年的 9.4% 下降到 2020 年的 2.3%（见表 3-1），经济整体进入"新常态"发展阶段。在经

_____

　　[1]　陆学艺主编《当代中国社会结构》，社会科学文献出版社，2018，第 18 页。

济结构持续调整、经济增速进入新的平台期的过程中，我国就业结构和职业结构也发生了很多显著的变化，渐趋现代化。

表 3 - 1　2009～2020 年中国国内生产总值构成及当年增速的变化情况

单位：%

年份	第一产业	第二产业	第三产业	当年增速
2009	9.6	46.0	44.4	9.4
2010	9.3	46.5	44.2	10.6
2011	9.2	46.5	44.3	9.6
2012	9.1	45.4	45.5	7.9
2013	8.9	44.2	46.9	7.8
2014	8.6	43.1	48.3	7.4
2015	8.4	40.8	50.8	7.0
2016	8.1	39.6	52.4	6.8
2017	7.5	39.9	52.7	6.9
2018	7.0	39.7	53.3	6.7
2019	7.1	39.0	53.9	6.1
2020	7.7	37.8	54.5	2.3

资料来源：国家统计局编《中国统计年鉴 2020》，中国统计出版社，2020；《中华人民共和国 2020 年国民经济和社会发展统计公报》。

（一）就业形势发生深刻变化、就业结构日趋现代化

1. 就业形势发生深刻变化

2008 年国际金融危机爆发，引发了全球就业危机，我国就业也深受影响。2008 年下半年，我国城镇新增就业岗位急速下滑，城镇登记失业率快速攀升，农民工就业受到严重冲击。为应对金融危机的严重冲击，中央决策层审时度势，及时出台了一揽子政策计划。在不到半年的时间里，国务院先后出台了四个就业文件并实施了一系列政策措施，帮助企业和劳动者渡过金融危机影响下的艰难时刻，由此形成了更加积极的就业政策体系。在"保增长、保民生、保稳定"的战略部署和一揽子政策措施推动下，我国快速扭转就业下滑趋势，到 2009 年下半年就业状况就已基本恢复到金融危机前的水平。[1]

---

[1]　信长星：《实施就业优先战略和更加积极的就业政策》，《行政管理改革》2014 年第 11 期。

从 2012 年开始，我国劳动力供求关系和就业形势日益呈现新特点，主要有以下几个方面。一是劳动年龄人口总量、劳动力总量以及全国就业人员数分别于 2012 年、2017 年、2018 年相继出现负增长，农村富余劳动力转移速度趋缓，劳动力供给总量逐年减少。二是在就业的总量性矛盾得到缓解的同时，就业的结构性和摩擦性矛盾日益突出。一系列劳动力市场指标变化反映了劳动力供求关系的变化：全国城镇调查失业率稳定在 5.0%左右的较低水平，城镇登记失业率也保持在 4.0% 左右（见表 3－2）；劳动力市场运行平稳，公共就业服务机构记录的求人倍率（岗位数与求职人数之比）持续保持在 1.0 以上，[1] 市场提供的岗位数量始终略大于求职人数。2012 年末至 2016 年末，公共就业服务机构市场求人倍率分别为 1.08、1.10、1.15、1.10 和 1.13。[2] 也就是说，在经济增长已经由高速转为中高速的情况下，劳动力供求关系保持平稳，长期困扰我国的就业总量性矛盾得到缓解。与此同时，近年来正在推进的以"调结构、去产能和处置'僵尸企业'"为主要内容的经济结构调整将使我国部分地区、部分行业遭遇就业冲击，部分职工面临结构性和摩擦性失业，就业的结构性和摩擦性矛盾日益凸显。

表 3－2　2009～2020 年全国城镇调查失业率和登记失业率

单位：%

年份	城镇调查失业率	城镇登记失业率
2009	—	4.30
2010	—	4.10
2011	—	4.10
2012	—	4.10
2013	—	4.05
2014	—	4.09
2015	—	4.05

① 国家统计局人口司：《就业规模不断扩大 就业形势长期稳定——新中国成立 70 周年经济社会发展成就系列报告之十九》，《中国信息报》2019 年 8 月 21 日，第 1 版。

② 国家统计局人口司：《就业形势持续向好 民生之本亮点纷呈——党的十八大以来经济社会发展成就系列之十一》，《中国信息报》2017 年 7 月 24 日，第 1 版。

年份	城镇调查失业率	城镇登记失业率
2016	—	4.02
2017	—	3.90
2018	4.90	3.80
2019	5.20	3.62
2020	5.20	4.20

资料来源：历年《中国统计年鉴》;《中华人民共和国 2020 年国民经济和社会发展统计公报》。

2. 就业结构日趋现代化

在就业形势发生深刻变化的同时，我国就业的城乡结构、产业结构、区域结构、所有制结构持续优化，城镇就业比重过半，第三产业成为吸纳就业的最大产业，区域就业结构更趋合理，非公有制经济成为城镇就业主渠道，就业结构日趋现代化。

就业的城乡结构持续优化。城镇化进程进一步加快，吸引了大量农村劳动力到城镇就业，城镇就业人员迅速增加。2009 年底，城镇就业比重为43.9%，农村就业比重高达 56.1% （见表 3 - 3）。也就是说，我国更多的就业人员在农村地区实现就业。2014 年城镇就业比重首次超越农村，达到50.9%，城乡就业格局发生了历史性转变。根据人力资源和社会保障部发布的《2020 年人力资源和社会保障事业发展统计公报》，到 2020 年，城镇就业人员达 46271 万人，占全国就业人员比重进一步提高到 61.6%。

表 3 - 3 2009 ~ 2020 年中国就业城乡构成的变化情况

单位：%

年份	城镇比重	农村比重
2009	43.9	56.1
2010	45.6	54.4
2011	47.0	53.0
2012	48.4	51.6
2013	49.7	50.3
2014	50.9	49.1
2015	52.2	47.8
2016	53.4	46.6
2017	54.7	45.3

年份	城镇比重	农村比重
2018	56.0	44.0
2019	57.1	42.9
2020	61.6	38.4

资料来源：国家统计局编《中国统计年鉴2017》，中国统计出版社，2017；国家统计局编《中国统计年鉴2020》，中国统计出版社，2020；《2020年人力资源和社会保障事业发展统计公报》。

就业的产业结构不断升级（见表3－4）。我国第三产业蓬勃发展，为吸纳就业提供了广阔的增长和提升空间，带动和助推就业人员快速增加，服务业成为吸纳就业人员的主体。就业人员从第一产业大量转移到第二、三产业，使第二、三产业就业成为吸纳就业的绝对主体，特别是第三产业分别在1994年和2011年超过第二产业和第一产业，成为吸纳就业人数最多的产业部门，就业"蓄水池"功能日趋强化。目前，我国三次产业就业结构的高低排序从2009年的"一、三、二"的发展型模式转变成2020年"三、二、一"的现代型模式，第三产业占主导的"倒金字塔型"就业结构进一步形成。这表明，近年来，三次产业的就业结构与产值结构的协调性明显提高，初步改变了三次产业就业结构长期滞后于产值结构的局面。

表3－4　2009～2019年中国就业产业构成的变化情况

单位：%

年份	第一产业	第二产业	第三产业
2009	38.1	27.8	34.1
2010	36.7	28.7	34.6
2011	34.8	29.5	35.7
2012	33.6	30.3	36.1
2013	31.4	30.1	38.5
2014	29.5	29.9	40.6
2015	28.3	29.3	42.4
2016	27.7	28.8	43.5
2017	27.0	28.1	44.9
2018	26.1	27.6	46.3
2019	25.1	27.5	47.4

资料来源：国家统计局编《中国统计年鉴2020》，中国统计出版社，2020。

就业的区域结构更趋合理。改革开放以来，我国在劳动力资源市场化配置方面呈现"孔雀东南飞"或称"春水向东流"的总体特征，即作为经济要素的劳动力按照市场规律从中西部地区向东部沿海地区流动和聚集。近年来，随着中西部地区经济社会加快发展、承接产业转移规模不断扩大，作为传统劳务输出地的中西部地区，劳动力需求在不断上升，并且提供的工资待遇和福利水平也在提高，劳动力就近就地就业和返乡就业创业趋势开始显现。中西部地区在创造就业方面已经逐渐超过东部地区，成为拉动新增就业的主力，就业的梯度发展效应开始显现。例如，2012～2016年全国就业人员净增899万人，其中，中西部地区占了90%以上；城镇就业人员净增4326万人，其中，中西部地区占近50%。[①]

非公有制经济成为城镇就业的主渠道。在社会主义市场经济体制建立和完善的过程中，我国多种所有制经济得到共同发展，非公有制经济也逐渐发展壮大并提供了大量就业岗位，为稳定和扩大就业发挥了重要作用。从2009年到2019年，城镇私营企业、个体工商户就业人员占城镇就业人员总数的比重从29.3%上升到59.3%，提高了30个百分点（见表3-5），吸纳的城镇就业人数已经过半。2018年，城镇非公有制经济就业人员占比从1978年的0.2%提高到83.6%，其中，城镇私营企业、个体工商户就业人员分别占城镇就业人员总数的32.1%和24.0%。[②]

表3-5 2009～2019年中国城镇私营企业、个体工商户就业人员占城镇就业人员比重变化情况

单位：%

年份	城镇私营企业就业人员占城镇就业比重	城镇个体工商户就业人员占城镇就业比重	合计
2009	16.6	12.7	29.3
2010	17.5	12.9	30.4
2011	19.2	14.6	33.8

① 国家统计局人口司：《就业形势持续向好 民生之本亮点纷呈——党的十八大以来经济社会发展成就系列之十一》，《中国信息报》2017年7月24日，第1版。
② 国家统计局人口司：《就业规模不断扩大 就业形势长期稳定——新中国成立70周年经济社会发展成就系列报告之十九》，《中国信息报》2019年8月21日，第1版。

年份	城镇私营企业就业 人员占城镇就业比重	城镇个体工商户就业 人员占城镇就业比重	合计
2012	20.4	15.2	35.6
2013	21.6	16.1	37.7
2014	25.1	17.8	42.9
2015	27.7	19.3	47.0
2016	29.2	20.8	50.0
2017	31.4	22.0	53.4
2018	32.1	24.0	56.1
2019	32.9	26.4	59.3

资料来源：历年《中国统计年鉴》。

（二）就业岗位生产呈现新特征，就业渠道和途径不断拓宽

就业岗位主要是由"体制外"单位生产。这是改革开放以来我国就业领域存在的一个突出特点。[1] 这种情况在 2009 年以后也基本得以延续。在城镇就业统计口径中，2009 年以来，我国城镇私营企业和个体工商户就业人员总量逐年上升，从 2009 年的 9789 万人增加到 2019 年的 26259 万人；有限责任公司以及股份有限公司就业人员总量也是稳步上升的，从 2009 年的 3389 万人增加到 2019 年的 8487 万人；港澳台商投资单位和外商投资单位就业人员总量则是先上升后下降，从 2009 年的 1699 万人快速增加到 2013 年的 2963 万人，又稳步下降到 2019 年的 2360 万人。与此同时，国有单位、城镇集体单位、股份合作单位、国有和集体联营单位等公有单位就业人员总量则总体呈下降趋势，从 2009 年的 7235 万人缓慢增加到 2012 年的 7616 万人，后又下降到 2019 年的 5841 万人（见表3－6）。这说明，非公有制经济在就业岗位生产中发挥着越来越重要的作用，不仅在就业存量中占比超过 80%，而且在就业增量中占比超过 90%，[2] 已经成为城镇就业的最大保障。

---

[1] 陆学艺主编《当代中国社会结构》，社会科学文献出版社，2018，第 137 页。

[2] 李竞博、原新：《如何再度激活人口红利——从劳动参与率到劳动生产率：人口红利转型的实现路径》，《探索与争鸣》2020 年第 2 期。

农业就业岗位生产呈现新特征。长期以来，我国农业生产经营方式以分散的小规模经营户为主，农业、农村经济发展一直面临无法破解"小生产"与"大市场"之间矛盾的困扰。根据国务院第三次全国农业普查领导小组办公室、国家统计局发布的《第三次全国农业普查主要数据公报（第一号）》，截至2016年底，全国共有20743万农业经营户，其中，398万规模农业经营户，仅占1.92%。[①] 但是，2007年《农民专业合作社法》实施后，特别是党的十八大以来，农民专业合作社、家庭农场、专业大户和农业产业化龙头企业等新型农业经营主体以及农业社会化服务组织呈快速发展之势，截至2019年底，全国家庭农场超过70万家，依法注册的农民合作社220.1万家，从事农业生产托管的社会化服务组织数量42万个。[②] 根据相关研究，在70万家家庭农场中，有相当一部分从事社会化服务业务；220多万家农民专业合作社不仅覆盖了50%左右的农户，其中不少还给非成员提供服务。我国通过社会化服务带动小农户，提升规模经营水平和农业现代化水平，有力地推动了农业规模化经营、机械化耕作、市场化用工，也带来了农业就业岗位生产的新变化，即推动农业就业岗位工作内容渐趋一、二、三产融合发展。当前，在我国农村地区中，越来越多的农户已经处于一种"以一业为主、兼营他业"的兼业经营状态。

表3-6 2009~2019年各种类型单位就业人员变化情况

单位：万人

年份	国有单位	城镇集体单位	股份合作单位	国有和集体联营单位	有限责任公司	股份有限公司	港澳台商投资单位	外商投资单位	城镇私营企业	城镇个体工商户
2009	6420	618	160	37	2433	956	721	978	5544	4245
2010	6516	597	156	36	2613	1024	770	1053	6071	4467
2011	6704	603	149	37	3269	1183	932	1217	6912	5227

---

① 国务院第三次全国农业普查领导小组办公室、国家统计局：《第三次全国农业普查主要数据公报（第一号）》，国家统计局网站，http://www.stats.gov.cn/tjsj/tjgb/nypcgb/qgnypcgb/201712/t20171214_1562740.html，最后访问日期：2017年12月14日。

② 孔祥智：《促进新型农业经营主体和服务主体高质量发展》，《中国合作经济》2020年第4期。

续表

年份	国有单位	城镇集体单位	股份合作单位	国有和集体联营单位	有限责任公司	股份有限公司	港澳台商投资单位	外商投资单位	城镇私营企业	城镇个体工商户
2012	6839	589	149	39	3787	1243	969	1246	7557	5643
2013	6365	566	108	25	6069	1721	1397	1566	8242	6142
2014	6312	537	103	22	6315	1751	1393	1562	9857	7009
2015	6208	481	92	20	6389	1798	1344	1446	11180	7800
2016	6170	453	86	18	6381	1824	1305	1361	12083	8627
2017	6064	406	77	13	6367	1846	1290	1291	13327	9348
2018	5740	347	66	12	6555	1875	1153	1212	13952	10440
2019	5473	296	60	12	6608	1879	1157	1203	14567	11692

资料来源：历年《中国统计年鉴》。

新就业形态成为就业岗位生产新的增长点。近年来，随着创新驱动发展战略、"大众创业、万众创新"的深入实施，以及移动互联网、大数据、云计算等新型信息技术的广泛应用，以"互联网＋"、智能制造为代表的新经济蓬勃发展，掀起了一轮创业创新的热潮，新的就业形态不断孕育，越来越多劳动者依托互联网为社会提供商品或服务，并获取劳动报酬或收入。当前，我国正处在转变经济发展方式、优化经济结构、转换增长动力的攻关期，新的劳动形态、新的就业方式、新的创业路径不断涌现，不仅能够作为越来越重要的新动能拉动经济增长，而且创造了大量新职业新岗位，业已成为我国吸纳就业的一个重要渠道。与传统就业方式相比，新就业形态特别是互联网新就业形态，在劳动关系、技术手段、组织方式、就业观念等方面，都表现出较大差异。从雇佣关系到合作关系、从操作机械设备到运用信息技术、从定点定时劳动到随时随地工作、从追求正规稳定就业到"自由自雇职业"兴起，新就业形态彰显勃勃生机，展现出灵活性强、自由度高，以及颇具包容性、兼职、职业生活混合等特点，在拓宽就业渠道、增强就业弹性、增加劳动者收入等方面，发挥着传统就业形态难以替代的作用。国家信息中心统计数据显示，2019年我国共享经济领域就业保持较快增长，提供服务者约有7800万人，同比增长4％，平台员工数达 623 万人，比上年增长 4.2%。[1] 除了创造更多就业岗位，新就业形态还能够提高劳动者收入水平、增加弱势群体就业机会、激发劳动者技能发展。例如，一些残障人士在知识技能共享领域找到就业机会，成为网络主播、设计师、培训师等。正是由于平台经济、共享经济、"互联网 +"现代服务业等各类新业态、新模式、新产业蓬勃兴起，以及新就业形态的不断涌现，近年来我国服务业吸纳就业能力显著增强。据测算，2009～2012年，服务业每增长 1%，可带动新增就业 70 万人；而到 2016 年时，服务业每增长 1%，就能创造约 120 万个就业岗位。[2] 正因为如此，我国才能够在经济由高速增长转向中高速增长的发展新常态下，确保城镇新增就业人数始终稳定在一个较高的水平上（见表 3-7），使就业成为经济运行中的突出亮点。

表 3-7 2009～2020 年中国城镇新增就业人数

单位：万人

年份	城镇新增就业人数
2009	1102
2010	1168
2011	1221
2012	1266
2013	1310
2014	1322
2015	1312
2016	1314
2017	1351
2018	1361
2019	1352
2020	1186

资料来源：历年《国民经济和社会发展统计公报》。

① 殷鹏：《让"新就业形态"茁壮成长》，《人民日报》2020 年 6 月 9 日，第 5 版。
② 国家统计局服务业司：《服务业在改革开放中快速发展 擎起国民经济半壁江山——改革开放四十年经济社会发展成就系列报告之十》，《中国信息报》2018 年 9 月 11 日，第 1 版。

（三）就业促进方式和途径日趋丰富，就业保护得到日益加强

就业政策同时兼具经济政策与社会政策的双重属性。传统上，政府对于劳动力市场的介入仅限于规范劳动力市场、保护劳动者合法权益；后来，随着劳动力市场运行状况对经济社会发展的影响越来越大，促进就业就日益成为现代政府需要履行的一项重要职能。[①] 改革开放以来，传统计划经济体制下的隐性失业得以逐渐显性化，促进就业成为我国政府在劳动力市场上的主要政策目标之一。为了解决好经济体制改革过程中出现的失业问题，我国从 2002 年开始确立积极就业政策体系的基本框架，到 2005 年积极就业政策进一步扩展。随着 2008 年《就业促进法》的颁布施行，我国就业促进制度框架基本设立，为积极就业政策的长期实施提供了法律保障，并在应对国际金融危机的过程中形成更加积极的就业政策。党的十八大以来，除了继续完善包括职业介绍、职业指导和职业培训/再就业培训等内容的公共就业服务体系，我国在就业促进中更加突出创业和就业紧密结合、支持发展新就业形态、加强对就业困难人员实施就业援助，并综合运用失业保险等各项社会政策，积极就业政策不断升级，就业促进方式和途径日趋丰富。[②]

2008 年以来，我国连续颁布实施了《劳动合同法》《劳动争议调解仲裁法》《社会保险法》等一系列保障劳动者就业和社会保险权益的法律法规，使就业保护得到日益加强。这主要表现在以下几个方面。一是就业稳定性不断提高。2015～2020 年全国企业劳动合同签订率连续达到并保持在 90% 以上，全国报送人力资源和社会保障部门审查并在有效期内的集体合同及其覆盖职工也在稳步增长（见表 3－8）。二是企业用工进一步规范。2007 年以来，我国先后出台了一系列法律法规，对工时制度、加班费用、带薪年休假等事项做出了明确规定，进一步规范了企业用工行为并减少了超时用工现象，劳动者权益得到有效保护。2018 年底，我国企业就业人员

[①] 李志明：《中国就业政策 70 年：走向充分而有质量的就业》，《天津社会科学》2019 年第 3 期。

[②] 张车伟：《十八大以来我国就业新特点和就业优先战略新内涵》，《人民日报》2017 年 7 月 19 日，第 7 版。

周平均工作时间为 46.0 小时。① 三是劳动保障得到持续加强。2009 年以来，我国社会保险制度建设取得巨大进展，各项社会保险覆盖范围不断扩大，保障水平不断提高，就业人员获得的社会保障不断加强。2020 年，全国参加基本养老保险人数达到 99865 万人，参加失业保险人数达到 21689 万人，参加工伤保险人数达到 26763 万人；参加基本医疗保险人数达到 136131 万人，参加生育保险人数达到 23567 万人（见表 3 – 9）。

表 3 – 8 2009～2020 年劳动合同、集体合同签订情况

年份	全国企业劳动合同签订率（%）	有效期内集体合同（万份）	集体合同覆盖职工（亿人）
2009	—	70.3	0.94
2010	—	92.1	1.14
2011	86.4	96.2	1.22
2012	88.4	131.1	1.45
2013	88.2	155.5	1.57
2014	88.0	170.0	1.60
2015	90.0	176.0	1.70
2016	90.0 以上	191.0	1.78
2017	90.0 以上	183.0	1.60
2018	90.0 以上	175.0	1.55
2019	90.0 以上	175.0	1.49
2020	90.0 以上	145.0	1.40

资料来源：历年《人力资源和社会保障事业发展统计公报》。

表 3 – 9 2009～2020 年各项社会保险覆盖职工人数变化情况

单位：万人

年份	基本养老保险	基本医疗保险	失业保险	工伤保险	生育保险
2009	23549.9	40147.0	12715.5	14895.5	10875.7
2010	35984.1	43262.9	13375.6	16160.7	12335.9
2011	61573.3	47343.2	14317.1	17695.9	13892.0
2012	78796.3	53641.3	15224.7	19010.1	15428.7

① 国家统计局人口司：《就业规模不断扩大 就业形势长期稳定——新中国成立 70 周年经济社会发展成就系列报告之十九》，《中国信息报》2019 年 8 月 21 日，第 1 版。

年份	基本养老保险	基本医疗保险	失业保险	工伤保险	生育保险
2013	81968.4	57072.6	16416.8	19917.2	16392.0
2014	84231.9	59746.9	17042.6	20639.2	17038.7
2015	85833.4	66581.6	17326.0	21432.5	17771.0
2016	88776.8	74391.6	18088.8	21889.3	18451.0
2017	91548.3	117681.4	18784.2	22723.7	19300.2
2018	94293.3	134458.6	19643.5	23874.4	20434.1
2019	96753.9	135407.4	20542.7	25478.4	21417.3
2020	99865.0	136131.0	21689.0	26763.0	23567.0

资料来源：国家统计局编《中国统计年鉴2020》，中国统计出版社，2020；《2020年人力资源和社会保障事业发展统计公报》；《2020年全国医疗保障事业发展统计公报》。

（四）职业层级的趋高级化正在深化，职业类别的复杂化仍在进行

2009年以来，随着技术分工进一步深化、劳动复杂性进一步提升、知识含量持续增加，中高层级职业在整个职业分布中所占的比重逐渐提高而低层级职业比重下降的趋势得以延续。根据2000年第五次全国人口普查、2010年第六次全国人口普查以及2015年全国1%人口抽样调查的数据（见表3－10），七种职业大类中有五种职业大类的比重呈现上升趋势：国家机关、党群组织、企业和事业单位负责人（党的机关、国家机关、群众团体和社会组织、企事业单位负责人）各年份占比分别为1.7%、1.8%、1.8%；专业技术人员占比分别为5.7%、6.8%、8.5%；办事人员和有关人员占比分别为3.1%、4.3%、4.7%；商业、服务业人员（社会生产服务和生活服务人员）占比分别为9.2%、16.2%、26.3%；不便分类的其他从业人员占比分别为0.0%、0.1%、0.2%。其中，处于中间职业层级的商业、服务业人员（社会生产服务和生活服务人员）的增长幅度最大，2015年是2000年的2.86倍；办事人员和有关人员的增长幅度排在第二位，2015年比2000年增长了1.6个百分点；专业技术人员的增长幅度排在第三位，2015年比2000年增长了2.8个百分点。生产、运输设备操作人员及有关人员（生产制造及相关人员）占比先是从2000年的15.8%上升到2010年的22.5%，随后又小幅降至2015年的21.9%。属于低层级职业的农、林、

牧、渔、水利业生产人员（农、林、牧、渔业生产及辅助人员）所占的比重大幅度下降，从 2000 年的 64.5% 下降到 2015 年的 36.6% ，下降了 27.9 个百分点。

表 3 – 10　各职业大类分布在 2000 ~ 2015 年的变化情况

单位：%

	2015 年全国 1% 人口抽样调查	2010 年第六次全国人口普查	2000 年第五次全国人口普查
国家机关、党群组织、企业和事业单位负责人（党的机关、国家机关、群众团体和社会组织、企事业单位负责人）	1.8	1.8	1.7
专业技术人员	8.5	6.8	5.7
办事人员和有关人员	4.7	4.3	3.1
商业、服务业人员（社会生产服务和生活服务人员）	26.3	16.2	9.2
农、林、牧、渔、水利业生产人员（农、林、牧、渔业生产及辅助人员）	36.6	48.3	64.5
生产、运输设备操作人员及有关人员（生产制造及相关人员）	21.9	22.5	15.8
不便分类的其他从业人员	0.2	0.1	0.0
合计	100	100	100

资料来源：国务院人口普查办公室、国家统计局人口和社会科技统计司编《中国 2000 年人口普查资料》，中国统计出版社，2002；国务院人口普查办公室、国家统计局人口和就业统计司编《中国 2010 年人口普查资料》，中国统计出版社，2012；国家统计局人口和就业统计司编《2015 年全国 1% 人口抽样调查资料》，中国统计出版社，2016。

2009 年以来，随着社会劳动分工的不断深化以及产业融合和科技创新的进一步推进，新类型和新性质的就业岗位被不断地创造出来，以至就业岗位日趋多样化、异质化、复杂化。特别是近年来，随着依托互联网技术等现代信息技术、大数据、云计算、智能终端等发展起来的平台经济、共享经济的兴起，外卖送餐员、快递员、代驾司机、网约车司机等一系列新的就业形态和新职业新岗位不断涌现。这些新职业新岗位与新技术、新产业、新业态和新模式等经济特征紧密结合在一起，其工作性质、工作内容、工作方式、工作环境等方面本身就充满着与传统职业截然不同的现代气息。根据《中华人民共和国职业分类大典》，近年来新增加的就业岗位类型有"网络与信息安全管理员"、"快递员"、"文化经纪人"、"动车组制修师"、"风电机组制造工"、"数字化管理师"、"人工智能工程技术人员"、"物联网工程技术人员"、"大数据工程技术人员"、"云计算工程技术人员"、"建筑信息模型技术员"、"电子竞技运营师"、"电子竞技员"、"无人机驾驶员"、"农业经理人"、"物联网安装调试员"、"工业机器人系统操作员"、"工业机器人系统运维员"、"区块链工程技术人员"、"城市管理网格员"、"互联网营销师"、"信息安全测试员"、"区块链应用操作员"、"在线学习服务师"、"社群健康助理员"、"老年人能力评估师"和"增材制造设备操作员"等。

二　我国就业和职业结构关系形态的阶段特点和趋势

1. 党和政府介入劳动关系的方式日益丰富

2009 年以来，以劳动力市场为基础、以劳资双方构建契约关系为形式、以劳动法律为规范、以政府宏观调控与监督执法为保证的劳动关系市场运行机制在我国得以确立。在这个过程中，党和政府介入劳动关系的方式日益丰富，使非公有制经济特别是私营企业劳动关系的处理方式发生了根本性变化。[①] 具体体现在以下两个方面。

一方面，通过出台并严格实施具有强制性的法律实行硬性调控。进入21 世纪以来，我国劳动关系呈现多样性和复杂性两个方面的突出特征：不同所有制企业之间、不同产业之间、不同规模企业之间、不同经营业态之间、不同用工方式下的劳动关系都呈现多样性、异质性[②]；处在市场化、工业化、城镇化、全球化、信息化、老龄化等多重因素叠加影响下的我国劳动关系，不仅得面对劳动者价值观念和利益诉求日益多元化的时代变奏，还与国有企业减员增效等改革所导致的历史遗留问题以及经济发展、就业形势、社会稳定等其他经济社会问题相交织、相关联，致使当前劳动关系矛盾处理的难度增大。西方国家在不同时期渐次出现的许多劳动关系

---

① 游正林：《对中国劳动关系转型的另一种解读——与常凯教授商榷》，《中国社会科学》2014 年第 3 期。

② 李文静、王文珍：《中国特色协调劳动关系体制机制研究》，《中国劳动》2018 年第 1 期。

矛盾和问题，在我国最近三四十年间集中表现出来。为了更好地应对这种错综复杂的局面，我国明显加快了劳动法律制度建设步伐。我国在2004年制定并发布了《集体合同规定》《劳动保障监察条例》，在2008年颁布实施了《劳动合同法》和《劳动争议调解仲裁法》，并在2012年对《劳动合同法》进行修订，为劳动关系的调整和规制提供了基本规范和遵循。

另一方面，通过出台"红头文件"积极引导、正面激励实行软性调控。具体的措施主要有以下几点。一是在非公有制经济中建立健全党组织及其领导下的工会组织，完善非公有制企业的内部治理结构，进一步密切了党群系统与非公有制经济的联系。二是在规模以上私营企业中设立综合治理工作室（站），与企业所在社区（村）和乡镇综合治理机构联动，承担企业治安保卫、安全生产、权益保障、矛盾化解等多种职能，从而将非公有制经济纳入社会治安综合治理体系，建立地方党委和政府与企业互动的平台。三是由统战部门牵头调查研究并反映非公有制经济代表人士的情况，协调关系，提出政策建议，团结、帮助、引导他们。四是通过在非公有制企业中开展和谐劳动关系创建活动，引导、激励、督促劳动关系主体中的资方遵守有关劳动保障的法律法规及相关政策。五是通过组织开展各种评比活动，引导和激励非公有制企业改善劳动者的生产生活条件，强化企业的社会功能。

党和政府采用硬性和软性调控措施不仅是应当的，而且是必需的，为的是规范劳资双方行为、平衡劳资双方利益、预防化解劳资纠纷，尽力促成劳资合作、构建和谐劳动关系。其中，党和政府对私营企业劳动关系运行产生的影响，可以概括为以下四个方面。一是党和政府的介入，能够在一定程度上平抑资方力量，引导、激励、督促劳动关系中强势一方遵守有关法律法规和政策，公平对待处于相对弱势地位的劳动者一方。二是党和政府介入后，在企业中倡导建立党组织领导下的工会组织，以便劳方能够在劳动关系中获得相对平等的地位与权利，实现自我保护。三是党和政府介入后，主要致力于在企业内部创建和谐劳动关系，强调并促成劳资双方协商协调、合作共赢。四是党和政府参与到劳动关系三方协调机制中（见图3-1），首要目的在于预防劳资纠纷，并在出现劳资纠纷时致力于通过各种劳动争议处理途径及时化解劳资纠纷。

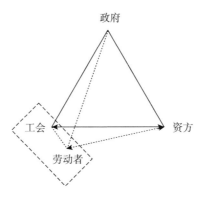

图 3 - 1 劳动关系中三方主体

2. 劳动关系开始从个别调整向集体调整转型

20 世纪 80 年代以来，伴随着国有企业改革以及建立现代企业制度的深入推进，到 21 世纪初我国市场化的劳动关系初步形成。与其他市场经济国家不同的是，我国市场化的劳动关系并不是经济发展过程中自然生发的结果，而是作为经济体制改革的一部分从计划经济体制中转型而来的：公有制经济中的劳动关系由行政化逐步走向市场化，并通过深化改革来解决市场化改革进程中遇到的各种问题；改革开放后新发展起来的非公有制经济中的劳动关系则自始便是市场化的，并通过加强规制来处理市场化不足的问题。①

在理论上，劳动关系可以做出个别劳动关系和集体劳动关系的区分。当劳动者个人通过与雇主签订书面或口头的劳动合同来确定和规范双方的权利与义务时，作为个体的劳动者就与雇主结成了个别劳动关系。这种个别化的劳动关系，由于劳资双方②社会经济地位上的不平等以及在生产过程中劳方对资方的从属关系而处于不对等的状态，难以实现劳动关系的平衡和自行调整。集体劳动关系则通常是指劳动者集体或团体一方（通常以工会为代表）与雇主或雇主组织一方，就劳动条件、劳动标准以及有关劳资事务进行协商交涉而形成的社会关系③，是为矫正个别劳动关系的从属

---

① 李文静、王文珍：《中国特色协调劳动关系体制机制研究》，《中国劳动》2018 年第 1 期。
② 在个别劳动关系中，劳方是作为劳动力所有者的个别劳动者，资方是雇主及其代理人所代表的资本所有者。
③ 常凯：《劳动关系的集体化转型与政府劳工政策的完善》，《中国社会科学》2013 年第 6 期。

性而产生的。在集体劳动关系中，劳动者借由自身的团结（成立自己的工会而结成集体的力量）和集体行动来获得与雇主相对等的地位。因此，劳动关系从个别调整向集体调整的转型，既是劳动者获取自我保护的权利诉求，也是市场经济条件下劳动关系调整的一般发展趋向。

2008年《劳动合同法》的颁布实施，巩固了改革开放以来我国推动劳动制度改革以及建立市场化劳动关系的总体成果，标志着我国法律体系对于劳动关系个别调整的规范建构已经初步完成。以《劳动合同法》所规范和调整的劳动合同制度为主要标志的个别劳动关系得到规范和稳定，既对集体劳动关系的建构和规制提出了要求，也为集体劳动关系的构建和规制提供了基础。我国需要在此基础上通过进一步制定和完善"劳动基准法""集体合同法"等法律来形成法制化的集体劳动关系，只有这样，才能最终完成市场化劳动关系的转型。[1] 早前，已经出现的劳动争议的集体性趋势未能促成集体劳动关系的形成，只能被视作劳动关系集体化转型的预演和先声；每年全国报送人力资源和社会保障部门审查并在有效期内的数以百万计的集体合同，实际上也"并没有真正发挥作用，或者说集体劳动关系并没有真正成为劳动关系运行的基本形式"。[2] 因此，当前我国劳动关系正处在由个别调整向集体调整转型的关键时期。

3. 新型雇佣关系的兴起与发展

近年来，各种基于现代信息技术、对社会资源进行有效整合而发展起来的新经济业态层出不穷，在为社会提供了大量就业岗位的同时，也创造出了很多新型就业形态。伴随着互联网经济特别是平台经济的发展，新业态中的用工关系呈现区别于传统雇佣关系的新变化、新特征，例如，平台企业对从业者不再进行直接的管理控制，而是对从业者的工作时间、工作地点和工作日程等规定得比较宽松，从业者享有更多的工作安排的自主决定权，致使平台企业与从业者之间的关系更加松散。这些新型用工关系形式多样、性质复杂，既涉及本身就拥有相对固定职业的兼职从业人员，也涵盖像网络大V、具有影响力的网络红人、技术总监、互联网设计师、自

---

① 常凯：《劳动关系的集体化转型与政府劳工政策的完善》，《中国社会科学》2013年第6期。
② 参见常凯主编《中国劳动关系报告——当代中国劳动关系的特点和趋向》，中国劳动社会保障出版社，2009，第44页。

由撰稿人、音乐创作人等这样的因自身具有不可替代的专业知识、专门技术、优势资源和独有能力而具有谈判优势，能够与互联网企业结成经济合作关系的"独立承包人"。[①] 但是，互联网经济从业者中，数量最多、占据主体的还是像网约车司机、代驾司机、外卖送餐员、快递配送员等这样的依托互联网平台从事全职工作的普通劳动者。

互联网经济中不断涌现的新型就业形态，用工形式灵活多变，合作关系和雇佣关系这两种不同性质的关系都存在。但是，雇佣关系仍是互联网经济中基本的用工形式。互联网经济催生了多种新型雇佣关系，也使雇佣关系涵盖的范围不断扩大。这是因为，虽然相比传统经济部门以及正规就业，互联网经济下用工的形式和内容都发生了变化、具有了许多新特点，但是并没有改变劳动对于资本的从属关系，也就没有改变其作为雇佣关系的本质属性。[②] 具体表现在以下三个方面。

一是雇主仍然控制着整个劳动过程。互联网平台企业虽然改变了对从业者的用工管理方式，让从业者对其工作日程安排享有了一定的控制权，表面上实行了松散管理，但是，内里却不仅通过先进的技术手段实质性地控制了劳动过程，并且还对从业者的绩效产出、收入报酬等关键要素产生了深刻影响。例如，外卖送餐员在登录使用 App 应用期间，通常只能被动地接受由平台派给的任务安排并遵照平台实时规划的路线进行配送，否则将会招致平台企业根据事先确定的规则的相应惩罚。

二是劳动者在劳动过程中仍然处于从属地位。在互联网经济中，从业者形式上获得了独立自主权，能够根据自身意愿决定何时何地工作以及如何开展工作，但是，在劳动过程中从业者在经济、人格和组织等多方面对平台企业形成了实质上的依附和从属关系。例如，从业者的工作过程基本上都已经由应用系统事先规划好，他们在平台上的任何操作都是在互联网企业事先设定的程序和规则范围内行事，每时每刻都是在平台的工作指令下开展工作，实际上受到了相比直接的日常监督管理更加严格的人格约束。

---

① 常凯、郑小静：《雇佣关系还是合作关系？——互联网经济中用工关系性质辨析》，《中国人民大学学报》2019 年第 2 期。

② 常凯、郑小静：《雇佣关系还是合作关系？——互联网经济中用工关系性质辨析》，《中国人民大学学报》2019 年第 2 期。

三是劳资双方在劳动过程中的权利和地位对比仍然不平等。在互联网经济中，劳资双方名义上具有相对平等的权利关系，但是，低技能要求、高标准化、高替代性的工作性质，实际上促使权利关系不断向平台企业倾斜，使它们不仅在信息获取、规则制定等方面享有绝对优势，而且在与从业者开展个别和集体谈判时也都处于权利优势地位。例如，网约车司机对于平台企业制定的派单规则、考核评价政策以及设定的资费标准和抽成比例等关键事项几乎没有谈判和发言的权利；他们要登录并使用手机应用，就不得不全部同意并接受这些条款。

第二节　就业和职业结构变化的作用机理

一　工业化进程、产业结构发展与就业和职业结构

我国就业结构以及作为就业结构侧面的职业结构的发展变迁，首要的动因在于正在进行中的工业化进程及其带来的产业结构的变化。学术界对于工业化没有统一的定义，已有的界定也有广义和狭义之分。一般来说，工业化最经常被用于指代一个国家或地区的工业（特别是其中的制造业）或第二产业产值（或收入）在国民生产总值（或国民收入）中比重不断提高以至取代农业或第一产业产值（或收入）而成为国民经济主体的过程，以及工业就业人数在总就业人数中比重不断提高的过程。由此可见，与工业发展和工业化进程相伴随，产业结构和就业结构往往会发生转变。

我国大致是在 20 世纪 50 年代初国民经济得到初步恢复后开始工业化进程的。随后，受到国家优先发展重工业的经济发展战略、高度集中的计划经济体制以及宏观产业政策的影响，我国第二产业尤其是工业比重提高很快。[1] 1952 年，工业增加值在国内生产总值中的比重仅为 17.6%，1978 年，这一比重已经提高到了 44.1%，相比 1952 年上升了 26.5 个百分点。[2]但是，在计划经济时期，由强制性的计划体制推动的工业化在迅速推进的同时也使我国不仅形成了重工业占比过高的工业经济结构，而且导致第三

---

[1] 郭克莎：《中国工业化的进程、问题与出路》，《中国社会科学》2000 年第 3 期。

[2] 国家统计局编《中国统计年鉴 2020》，中国统计出版社，2020。

产业在我国也未得到应有发展，形成了低级化的产业结构。1952～1978 年，我国轻工业总产值年均增长 8.4%，重工业总产值年均增长 12.1%，重工业总产值所占比重从 1952 年的 35.5% 大幅度提高到 1978 年的 56.9%[①]；第三产业增加值占国内生产总值的比重由 1952 年的 28.6% 下降为 1978 年的 24.6%，下降了 4.0 个百分点（见表 3－11）。到了改革开放初期，我国产业结构总体呈现"第二产业尤其是工业比重偏高而第三产业比重偏低"的结构性偏差。这种结构性偏差给我国就业结构的现代化造成了非常不利的影响。由于资本密集型的重工业单位增加值所能创造和提供的就业岗位数量远少于轻工业和第三产业，片面追求重型化的经济结构也就导致了我国就业难度增加和就业结构不合理。因此，计划经济时期轻工业和第三产业的发展落后于工业化进程，是这一时期第一、第二产业特别是第一产业成为我国吸纳就业的主体，就业结构和职业结构的现代化转型滞后于产业结构的主要原因之一。1952～1978 年，第一产业增加值占国内生产总值比重降低了 22.8 个百分点，但是，第二产业和第三产业吸纳就业人数（非农产业就业人数）占总就业人数的比重仅仅提高了 13 个百分点（见表 3－11）。改革开放前，工业、农业是我国吸纳就业的主体。

改革开放以后，随着社会主义市场经济体制的确立以及经济主体的多元化，我国工业化发展路径也逐渐转向注重发挥比较优势，利用丰富的劳动力资源从"三来一补"起步发展外向型经济，以加工贸易为切入点参与国际分工，逐渐融入全球产业链并发展成为举足轻重的"世界工厂"。市场推动的工业化进程，使我国产业的结构性偏差逐渐好转、产业结构得到很大优化，也使产出结构的变动与需求结构的变动更加契合。1978～2008年，第一产业增加值占国内生产总值的比重从 27.7% 较大幅度下降至 10.2%、第二产业增加值占国内生产总值的比重稳中有降（由 1978 年的 47.7% 降至 47.0%）的同时，工业增加值比重由 1978 年的 44.1% 小幅下降至 41.3%，而第三产业增加值占国内生产总值的比重则从 1978 年的 24.6% 上升至 2008 年的 42.9%（见表 3－11）。在这个过程中，劳动密集型的第二、三产业的发展，也促进了就业结构和职业结构的优化。其中，

---

① 蔡昉：《中国发展蕴含的工业化规律》，《企业观察家》2019 年第 11 期。

第二产业吸纳就业人数占比从 1978 年的 17.3% 上升到 2008 年 27.2%，提高了 9.9 个百分点；第三产业吸纳就业人数占比则从 1978 年的 12.2% 上升到 2008 年的 33.2%，提高了 21 个百分点（见表 3 - 11）。

表 3 - 11 1952 ~ 2019 年中国产业结构和就业结构变化情况

单位：%

年份	产业结构			就业结构		
	第一产业增加值占比	第二产业增加值占比	第三产业增加值占比	第一产业就业人数占比	第二产业就业人数占比	第三产业就业人数占比
1952	50.5	20.9	28.6	83.5	7.4	9.1
1957	40.3	29.7	30.1	81.2	9.0	9.8
1962	39.4	31.3	29.3	82.1	8.0	9.9
1965	40.3	34.0	25.8	81.6	8.4	10.0
1970	35.2	40.5	24.3	80.8	10.2	9.0
1975	32.4	45.7	21.9	77.2	13.5	9.3
1978	27.7	47.7	24.6	70.5	17.3	12.2
1983	32.6	44.2	23.2	67.1	18.7	14.2
1988	25.2	43.5	31.2	59.3	22.4	18.3
1993	19.3	46.2	34.5	56.4	22.4	21.2
1998	17.2	45.8	37.0	49.8	23.5	26.7
2003	12.3	45.6	42.0	49.1	21.6	29.3
2008	10.2	47.0	42.9	39.6	27.2	33.2
2009	9.6	46.0	44.4	38.1	27.8	34.1
2010	9.3	46.5	44.2	36.7	28.7	34.6
2011	9.2	46.5	44.3	34.8	29.5	35.7
2012	9.1	45.4	45.5	33.6	30.3	36.1
2013	8.9	44.2	46.9	31.4	30.1	38.5
2014	8.6	43.1	48.3	29.5	29.9	40.6
2015	8.4	40.8	50.8	28.3	29.3	42.4
2016	8.1	39.6	52.4	27.7	28.8	43.5
2017	7.5	39.9	52.7	27.0	28.1	44.9
2018	7.0	39.7	53.3	26.1	27.6	46.3
2019	7.1	39.0	53.9	25.1	27.5	47.4

资料来源：历年《中国统计年鉴》。

2008 年以来，我国日益重视处理好工业化、城镇化、农业现代化、技术进步之间的关系。党的十八大以来，我国强调推动新型工业化、信息化、城镇化、农业现代化同步发展。党的十九届五中全会进一步提出保持制造业比重基本稳定，巩固壮大实体经济根基；推动互联网、大数据、人工智能等同各产业深度融合，推动先进制造业集群发展，构建一批各具特色、优势互补、结构合理的战略性新兴产业增长引擎，培育新技术、新产品、新业态、新模式。① 这一系列战略举措使我国工业化进程开始向纵深发展，逐渐转向以技术创新和结构升级为内涵的工业化新阶段，产业结构进一步优化，三次产业增加值占国内生产总值的比重从 2008 年的 10.2：47.0：42.9 发展为 2019 年的 7.1：39.0：53.9。按照库兹涅茨产业结构模式，到工业化后期阶段的产业结构模式将会是"三二一"模式，并且第一产业比重小于 10%。按照此标准，我国产业结构在 2012 年就已经进入工业化后期阶段。与之相伴随，2014 年我国的就业结构也已经同样转变为"三二一"模式，第一、二、三产业吸纳的就业人数之比为 29.5：29.9：40.6，变得更加现代化。但是，客观来讲，我国就业结构与职业结构的转变滞后于产业结构的转变，第一产业吸纳就业人数比重仍然偏高，未来农业富余劳动力向非农产业就业岗位特别是向第三产业转移的空间仍然较大。如果根据钱纳里的标准，则工业化中期阶段的就业结构标准依次应为15.6：36.8：47.6，② 2019 年中国就业结构依次为 25.1：27.5：47.4，这意味着我国就业结构仍然处于工业化初期阶段。

二　技术进步与就业和职业结构

技术进步与就业之间的关系是一个既古老又常新的话题。③ 相关研究最早可以追溯到 17 世纪末古典经济学家约翰·卡里的有关论述，而最近关于人工智能、新一代工业机器人对就业影响的研究方兴未艾。学术界对于技术进步的就业效应的研究多集中于讨论技术进步对于就业总量的影响，

---

① 《中共中央关于制定国民经济和社会发展第十四个五年规划和二〇三五年远景目标的建议》，《人民日报》2020 年 11 月 4 日，第 1 版。
② 陆学艺主编《当代中国社会结构》，社会科学文献出版社，2018，第 33 页。
③ 李正友、毕先萍：《技术进步的就业效应：一个理论分析框架》，《经济评论》2004 年第 2 期。

但是，后来也逐渐出现了技术进步对就业结构性影响的讨论。

从理论上讲，技术进步对于就业和职业结构的影响，主要通过技能和产业两个向度和层面对就业产生结构性影响。

（一）技术进步的技能取向对就业和职业结构的影响

在技能向度和层面，技术进步直接通过引发对劳动力技能需求的变化，进而影响就业和职业结构。在工业化早期阶段，技术进步主要体现出技能替代型的特征，技术进步能够促进劳动分工并且简化生产工艺，使大量无技能或低技能的农业富余劳动力能够转移出来并进入工业部门实现就业，也使全社会就业总量得以持续扩大。[1] 20 世纪 50 年代初期到 90 年代，我国大致处于技术进步以技能替代型为主的阶段。在这个时期，我国基本上完成了以原材料工业为重心的重工业化阶段，工业结构正在经由高度加工化进程向技术集约化阶段转变。[2] 随着工业化进程深入推进，技术进步逐渐转为以技能偏好型为主，这将会增加对高技能劳动力的需求而减少对低技能劳动力的需求，进而使劳动力开始从低技能需求就业岗位向高技能需求就业岗位转移，带动整个社会就业结构和职业结构的相应转变。如表 3-10 所示，2000~2015 年我国职业结构中，对劳动力技能要求更高的专业技术人员以及商业、服务业人员（社会生产服务和生活服务人员）等这两个职业大类的比重持续上升。

（二）技术进步的产业向度对就业和职业结构的影响

在产业向度和层面，技术进步能够加速产业结构调整并进而导致就业和职业结构的变迁。技术能够深化劳动分工以及促进生产专业化，以往很多过程产品和生产环节将分化出来成为新的产业部门；技术进步也可以促进原来相互独立的产业部门、生产环节、要素资源在新的技术平台上实现整合，并进而催生新的经济业态。产业结构调整，就业人员分布就会相应呈现总体从基础部门向新兴服务部门转移的特征。技术进步在产业向度和

---

[1] 毕先萍、李正友：《技术进步对就业的综合作用机制及社会福利影响研究》，《中国软科学》2004 年第 5 期。

[2] 郭克莎：《中国工业化的进程、问题与出路》，《中国社会科学》2000 年第 3 期。

层面对就业结构产生的影响，具体应当从"技术进步类型"[①] 和"社会需求演变"[②] 两个因素来进行分析。

第一，长期来看，第一产业吸纳的就业人员总量及其占比都呈下降趋势。在第一产业中，技术进步主要以工艺创新为主，使该产业部门生产率不断提高，即同样数量的产出所需劳动力将持续下降，从而导致劳动力从该产业部门转移出去；人们收入提高后，在恩格尔定律的作用下，社会对第一产业产品需求的下降也将导致该产业部门劳动力使用规模下降。这两个因素综合作用的结果是，第一产业资本有机构成提高所导致的机器替代劳动力效应将会占据主导地位，从而引发该产业部门就业总量从相对减少到绝对减少。

第二，长期来看，第二产业将经历就业人员总量及其占比先是逐渐上升，而后就业比重下降、就业人员总量绝对减少的趋势。在初期，从轻工业到基础工业再到高加工度工业渐次发生的产品创新和人们收入水平提高带来的产品需求提升所共同引发的就业促进效应占据主导地位，致使第二产业吸纳的就业人员总量及其占比持续提升；后来，随着产品创新逐渐转移到传统服务业再到知识信息服务产业，第二产业产品创新的就业促进效应逐渐减弱而工艺创新所引发的机器替代劳动力效应逐渐占据主导地位，

---

① 技术进步可以分为以产品创新为主和以工艺创新为主两种主要类型。产品创新型技术进步对就业的影响机制是通过提升原产品质量或开发新产品，创造出社会对于迭代产品或新产品的需求，从而促进产业扩张和就业增加。工艺创新型技术进步，一方面能够提高产业生产率及其资本有机构成，并进而产生机器替代劳动力的消极影响，另一方面也能够降低产品生产成本，导致社会对产品需求的增加，进而引起产业对劳动力需求的增长及相应的就业增加。工艺创新型技术进步引发的就业量的变动方向，最终取决于两个方面就业效应相向作用的相互抵消程度。参见李正友、毕先萍《技术进步的就业效应：一个理论分析框架》，《经济评论》2004 年第 2 期。

② 技术进步将提高整个社会的生产率以及社会总产出，降低社会生产成本并促使产品总体价格下降，使人们的真实收入水平得以提高。在恩格尔定律的作用下，收入增加将会导致社会对第一产业产品的需求相对减少，最终导致劳动力从第一产业流出并转移到其他产业部门；收入水平提高后，社会对衣着、住房、日用必需品等第二产业产品的需求量及其相对比重将会逐渐提升，导致该产业部门吸纳就业总量及其比重上升，但是，当收入水平进一步提高后，社会对第二产业产品的需求比重将逐渐递减，导致其吸纳的就业总量及比重也随之下降；随着收入水平上升，社会对满足人们最高层次精神需要的第三产业产品的需求量及相对比重都将持续提升，进而导致第三产业吸纳的就业总量及其比重也将持续上升。参见李正友、毕先萍《技术进步的就业效应：一个理论分析框架》，《经济评论》2004 年第 2 期。

同时，人们收入水平进一步提高致使社会需求相对下降也会削弱该产业部门吸纳就业的能力，从而共同导致第二产业所吸纳就业人员的比重相对下降；最后，工艺创新引起的机器替代劳动力效应将完全占据主导地位，致使第二产业对劳动力需求量的绝对减少以及实际吸纳就业总量的绝对下降。

第三，长期来看，第三产业吸纳的就业人员总量及其占比将会呈现持续增长的态势。以产品创新型技术进步为主要驱动的第三产业，一方面，通过不断产生新的服务行业和新的服务产品创造并满足新的社会需求来实现产业规模扩张和就业规模扩大；另一方面，工艺创新带来的机器替代劳动力效应相对微弱，第三产业吸纳就业的反向作用力量相对较弱。人们收入水平的提升将带来满足人们精神需要的产品需求的持续增长，也将导致第三产业吸纳的就业人员总量及占比绝对提升。

新中国成立以来，我国就业结构的变迁演进过程基本遵循上述变化趋势，即第一产业就业比重持续降低，第二产业就业比重先上升后下降，第三产业就业比重则持续提高（见表 3 - 11）。21 世纪以来的职业结构变化也能很好地体现这种变化趋势：属于第一产业从业人员的农、林、牧、渔、水利业生产人员（农、林、牧、渔业生产及辅助人员）的比重持续降低；属于第二产业从业人员的生产、运输设备操作人员及有关人员（生产制造及相关人员）的比重先是上升而后下降；属于第三产业的专业技术人员、办事人员和有关人员以及商业、服务业人员（社会生产服务和生活服务人员）的比重则呈现持续提高的趋势，国家机关、党群组织、企业和事业单位负责人（党的机关、国家机关、群众团体和社会组织、企事业单位负责人）的比重也有提高。

三　公共政策与就业和职业结构

一个国家或地区的就业和职业结构的变迁演进，不仅受到工业化进程、技术进步路径所引发的产业结构调整一般客观规律的制约，而且直接受到这个国家或地区所采取的包括产业政策、就业政策、财税政策、货币政策、教育政策乃至卫生政策等在内的各种公共政策的深刻影响。这种来自国家公权力主体对就业结构和职业结构的影响，包含了一定的目的性甚至计划性等主观因素，代表着国家对就业这个兼具经济属性和社会属性领域的主动干预。

1952～1978 年，我国第二产业和第三产业吸纳的就业人员比重之和长期徘徊在 30% 以下的低位。这是与工业化进程开启后，国家采取的优先发展重工业的宏观产业政策以及相配套实行的农产品统购统销制度、人民公社制度和城乡分割的户籍制度密切相关的。新中国成立之初，我国工业基础非常薄弱，还面临西方国家的全面封锁禁运，必须依靠优先发展重工业来打破各种"卡脖子"的瓶颈制约，奠定建立独立的、比较完整的工业体系和国民经济体系的基础。为了更好地积累国内资本发展重工业，我国还通过农产品统购统销制度、人民公社制度和户籍制度，一方面，制造工农业产品价格"剪刀差"来强制积累农业剩余为推进工业化提供资金支持；另一方面，也将包括劳动力等内在的农业生产要素严格限制在低效率且劳动激励不足的农业生产领域。于是，在改革开放前的 26 年中，由于重工业化导向的工业化进程吸纳就业能力有限，而农业生产容纳劳动力弹性较大且乡城流动被严格限制，农业和农村被国家当成容纳就业的"蓄水池"，引导城镇青年到农村去参加社会主义建设的"逆乡城流动"反倒成为解决城镇就业问题的政策选择，[①] 这样一来，劳动就业和社会职业的主体就长期集聚于第一产业。

1978 年党的十一届三中全会以后，农村家庭联产承包责任制的实施以及农产品收购价格的提高，极大地调动了农民的生产积极性进而提高了农业劳动生产率，使农村出现了大量的富余劳动力。出于经济理性，这些农村劳动力开始从单一粮食生产扩展到农业多种经营，再到农林牧副业全面发展；在国家逐渐消除一系列阻碍劳动力流动的体制障碍后，农村富余劳动力又开始"离土不离乡"进入到乡镇企业实现就地非农化转移就业，随后进一步"离土又离乡"转移到周边小城镇以及各种规模的城市，继而跨区域从中西部地区流动到东部沿海地区转移就业。[②] 在被冠以"民工潮"

---

① 李志明：《中国就业政策 70 年：走向充分而有质量的就业》，《天津社会科学》2019 年第 3 期。

② 蔡昉：《全球五分之一人口的贡献——中国经济发展的世界意义》，《世界经济与政治》2019 年第 6 期。

的大规模流动和转移就业过程中，农村富余劳动力实现了就业所属产业部门的转换，绝大多数由流出地的第一产业转移到流入地的第二产业和第三产业（见表3-12）；也相应实现了"职业身份"的转变，从农、林、牧、渔、水利业生产人员（农、林、牧、渔业生产及辅助人员），大量地转变为生产、运输设备操作人员及有关人员（生产制造及相关人员）以及商业、服务业人员（社会生产服务和生活服务人员）。

表3-12 2009~2020年农民工就业行业分布

单位：%

	2009年	2010年	2011年	2012年	2013年	2014年	2015年	2016年	2017年	2018年	2019年	2020年
第一产业	—	—	—	—	0.6	0.5	0.4	0.4	0.5	0.4	0.4	0.4
第二产业	—	—	—	—	56.8	56.6	55.1	52.9	51.5	49.1	48.6	48.1
制造业	36.1	36.7	36.0	35.7	31.4	31.3	31.1	30.5	29.9	27.9	27.4	27.3
建筑业	15.2	16.1	17.7	18.4	22.2	22.3	21.1	19.7	18.9	18.6	18.7	18.3
第三产业	—	—	—	—	42.6	42.9	44.5	46.7	48.0	50.5	51.0	51.5
批发和零售业	10.0	10.0	10.1	9.8	11.3	11.4	11.9	12.3	12.3	12.1	12.0	12.2
交通运输、仓储和邮政业	6.8	6.9	6.6	6.6	6.3	6.5	6.4	6.4	6.6	6.6	6.9	6.9
住宿和餐饮业	6.0	6.0	5.3	5.2	5.9	6.0	5.8	5.9	6.2	6.7	6.9	6.5
居民服务、修理和其他服务业	12.7	12.7	12.2	12.2	10.6	10.2	10.6	11.1	11.3	12.2	12.3	12.4
其他	—	—	—	—	12.3	—	—	11.0	11.6	12.9	12.9	13.5

资料来源：历年国家统计局发布的《农民工监测调查报告》。

在城市，经济体制改革在国有企业、所有制结构、劳动就业、收入分配、财税、金融等诸多领域和层面逐渐展开。其中，对于就业结构和职业结构具有最直接影响的是劳动就业制度改革。1980年我国提出并实行"劳动部门介绍就业、自愿组织起来就业和自谋职业相结合"的"三结合"就业方针，广开就业门路，使城镇劳动力得以在国有经济、集体经济和个体经济等多种所有制经济中多渠道实现就业，打破了计划经济时期公有制经济在吸纳城镇就业方面"一统天下"的局面。随着城市国有企业改革以及所有制结构改革的推进，数以千万计的国有和集体企业下岗职工从公有制经济转移进入非公有制经济重新就业，城镇新成长劳动力以及农村转移就业劳动力也大多在非公有制经济中实现就业，就业的所有制结构发生了深刻变化。这一时期内，与经济改革同时发生的对外开放，也带动和促进了就业结构和职业结构的转变。随着对外开放地区和领域的逐渐增多，我国日益融入世界经济体系和全球产业链。贸易扩大、外商直接投资（FDI）增长以及沿海地区出口主导型经济的发展，在引导我国产业结构转向符合资源比较优势的同时，也为农村富余劳动力转移提供了大量就业机会，制鞋、服装加工、玩具制造、塑料制品加工、电子装配等劳动密集型轻工业及相关服务业逐渐成为吸纳城镇就业的主力军，就业的产业结构得到逐步改善。

进入 21 世纪，我国逐渐意识到长期以来"重制造、轻服务"的产业政策趋向的弊端，在提出并推进新型工业化发展道路、用信息化带动工业化的同时，也不断促进服务业特别是生产性服务业的发展。在这一时期，我国大力发展高技术产业和先进制造业，积极推动战略性新兴产业，工业经济不断向中高端迈进，带动工业吸纳就业的结构进一步改善；与此同时，我国交通运输业、批发和零售业、住宿和餐饮业等传统服务业依托现代信息技术加速转型升级，房地产业、金融业等现代服务业对经济支撑作用逐渐增强，信息传输、软件和信息技术服务业、租赁和商务服务业等新兴服务业也在创新中不断发展壮大，日益成为拉动经济增长的主要动力以及扩大就业的主体。随着就业形势的发展变化，我国还先后提出了"劳动者自主择业、市场调节就业、政府促进就业"以及"劳动者自主就业、市场调节就业、政府促进就业和鼓励创业"两大就业方针，发展并形成了就业优先战略以及更加积极的就业政策。具体来讲，我国通过实施再就业工程、建设城乡统一的劳动力市场/人力资源市场，以及采取开展职业培训、创造就业岗位、鼓励创业带动就业、扶助中小企业、开展公共就业服务、开发公益性和社区服务性岗位、保障残疾人就业等一系列就业促进措施，较好地解决了先后出现的国有企业下岗失业人员、城镇新增劳动力以及农村富余劳动力、以高校毕业生为重点的青年以及城镇困难人员、退役军人、化解过剩产能分流职工、农村贫困劳动力等重点群体的就业问题，①

---

① 李志明：《中国就业政策 70 年：走向充分而有质量的就业》，《天津社会科学》2019 年第 3 期。

还促进形成了更为合理的城乡、产业、区域就业结构及更为现代的职业结构。

2020 年初突袭而至的新冠肺炎疫情及为应对疫情采取的防控措施，既对当期就业产生了一定程度的直接冲击（例如，劳动力流动受阻、企业用工需求减少，高校毕业生、农民工、退役军人、建档立卡贫困人口、低收入群体等重点群体的就业难度有所增加），也强化了某些就业形态或工作方式的变化趋势（比如，远程工作），致使线上教育、娱乐、体育、休闲等行业的职位需求由于"居家"和"远程服务"特征而快速增加，还带动了作家、编剧、撰稿、摄影等一些辅助性岗位需求的增加，这将对就业结构和职业结构产生长期影响。

第三节　继续推进就业和职业结构现代化

一　就业和职业结构现代化是社会结构现代化的基础

就业是现代社会化大生产条件下劳动者同生产资料相结合以获取生活资料过程的具体表现和实现形式，[①] 是社会成员获得收入来源的主要手段，关乎个人的生计、尊严和价值，也是人们融入社会和实现人的全面发展的基本途径。职业则是社会成员所从事的、作为主要生活来源的工作，并联系和对应着一定的经济收入、权力地位和社会声望，一定程度上决定了个人在社会分层中所处的位置及其所属的社会阶层。就业结构直接反映了社会劳动力在国民经济各个产业与部门、各个地区、各种职业等中的分布、构成和联系；而职业结构就是社会劳动力在各职业类型中的分布及其比例构成状况，是就业结构的一个侧面。

就业和职业结构是社会结构的重要方面，是社会结构在资源生产过程中的反映，直接影响着与之相关的收入分配结构、消费结构并与后两者一起构成社会结构的生存活动结构。[②] 国际经验表明，如果一个社会的就业

---

① 李志明、邢梓琳：《巩固民生之本：实现更高质量和更充分就业——学习习近平总书记关于就业的系列重要论述》，《学术研究》2019 年第 9 期。

② 陆学艺主编《当代中国社会结构》，社会科学文献出版社，2018，第 18 页。

人员越趋向于在第三产业中实现集聚，或者说社会就业的众数越趋向于分布在第三产业，那么，这个社会就越趋于现代，其社会结构也就越现代；反之，如果一个社会的就业人员越趋向于在第一产业中实现集聚，或者说社会就业的众数越趋向于分布在第一产业，那么，这个社会就越趋于传统，其社会结构也就越传统。

职业分化复杂也是现代社会所普遍具有的一项基本特征。[①] 如果一个社会的职业分布越趋于高级化，就业岗位的技术分工就越深化、劳动复杂性就越提升、知识含量就越增加，相应地，劳动者的人力资本和资源丰富程度也就越得到提升，知识职业和技术职业的数量就越增加，比重也就越提升，这一切都最终指向更加现代化的社会结构；反之亦然。[②] 因此，就业结构和职业结构现代与否深刻影响着社会结构的现代性程度，就业结构和职业结构现代化构成了社会结构现代化的基础。当前，我国就业结构和职业结构与产业结构之间存在着偏差，其现代化程度已然滞后于产业结构的现代化程度，2020 年，23.6% 的第一产业就业人员只创造了国内生产总值的 7.7%[③]。对此，我国必须着力促进就业和职业结构现代化，以此推动和实现社会结构现代化。

二 实现就业和职业结构现代化的政策路径

实现就业和职业结构的现代化，应当从以下几个方面着手。

（一）多策并举，推进产业结构调整和优化升级，促进产业结构现代化

产业结构现代化是就业结构现代化的关键性指标。由于工业化进程及其引发的产业结构变迁对于就业结构的变化具有先导性作用，并且工业化也是驱动人类社会从传统走向现代的重要动力，因此，促进产业结构现代化，应当首先从源头着手，以新型工业化为切入口，推进产业结构调整和优化升级。具体来说，推进中国特色新型工业化发展，就是要更加注重创

---

① 罗荣渠：《现代化新论——世界与中国的现代化进程》，商务印书馆，2004，第 3 ~ 6 页。

② 陆学艺主编《当代中国社会结构》，社会科学文献出版社，2018，第 142 页。

③ 国家统计局编《中国统计年鉴 2020》，中国统计出版社，2020。

新驱动和技术进步，从而带动各个行业以及社会整体效率的提高，推动产业水平提升和价值链升级，促进工业化与信息化、技术创新与商业模式创新、制造业与现代服务业的融合发展，进而促进产业结构调整和优化升级，使产业结构从资本密集型主导向技术密集型主导转型，并促使就业结构和职业结构发生相应的现代化转变。

当前，我国产业结构本身存在着结构性不平衡的问题，一方面，钢铁、煤炭、建材等行业的低水平产能过剩问题突出；另一方面，高端产业发展不充分，关键装备、核心零部件和基础软件等依赖进口和外资企业的现象较为严重。① 促进产业结构现代化，亦须针对这些结构性问题，推动供给侧结构性改革，通过主动改革来推进产业结构调整，使要素配置更加合理，扩大有效供给，增强供给结构对需求变化的适应性并提高两者间的匹配度，还要带动相关产业就业规模的扩大。

我国就业结构长期滞后于产业结构，一个重要原因也在于技术进步不足，这不仅使第一产业因劳动生产率维持在较低水平而无法挤出更多的富余劳动力，也使第三产业因无法不断催生新的服务行业和新的服务产品而不能更大幅度地扩大吸纳就业的规模。因此，促进产业结构现代化，还应致力于推进整体技术进步，特别是促进新一代信息技术广泛深度参与构建产业新体系，一方面，推动传统产业转型升级，不断提高这些行业的劳动生产率和全要素生产率，促使行业内的富余劳动力转移流出；另一方面，着力培育和发展新兴产业和业态，使之尽快成为产业构成向中高端水平转变、就业和职业向中高端岗位迁移的主要支撑。

（二）推进新型城镇化，探索城乡融合发展，促进城乡和区域结构现代化

长期以来，由于户籍制度、土地制度、社会保障制度等方面存在的体制性障碍以及地方政府对土地财政的依赖程度较高，我国的城镇化进程呈现"人口的城镇化滞后于土地城镇化"的显著特征。这种结构性失衡问题在就业方面的突出表现是：一方面，截至 2020 年底我国仍有 42.9% 的社

---

① 黄群慧：《从高速度工业化向高质量工业化转变》，《人民日报》2017 年 11 月 26 日，第 5 版。

会劳动力在农村地区实现就业；另一方面，我国农村地区劳动力、资金、土地等生产要素向城市单向流动的趋势在逐渐强化，致使农村产业和人才等方面"空心化"的问题日益突出。在这种情势下，我国不能再重蹈以往土地城镇化"粗放扩张、人地失衡、举债度日、破坏环境"的覆辙，而应当走新型城镇化道路。

党的十九大报告首次提出要"建立健全城乡融合发展体制机制和政策体系"，标志着我国对于城乡关系的思考和谋划已经进入到一个新的阶段，意味着新型城镇化绝不是单向城镇化、去"消灭农村"或搞"去农村化"，也不是用城市建设模式来建设农村、将农村城市化，而是要形成工农互促、城乡互补、全面融合、共同繁荣的新型工农城乡关系。推进由"新型城镇化"和"乡村振兴"两大战略双轮驱动的城乡融合发展，就是要立足于中国国情、以人为核心，推动新型工业化、信息化、城镇化、农业现代化协调发展，促进农业农村现代化，使城市文明不断拓展、加深并辐射带动农村，不断缩小城乡发展差距和居民生活水平差距，最终实现城乡发展一体化，为我国经济增长和社会进步拓展发展新空间。在这个过程中，我国需要着重破除体制机制弊端，推动城乡要素跨界配置和产业有机融合。一方面，既促进由于农业劳动生产率提升而产生的农村富余劳动力稳定有序地转移到城市各种产业实现就业，又鼓励各类人才返乡入乡创业并带动乡村产业振兴；另一方面，充分利用技术进步的成果特别是农业相关技术成果来改造提升传统农业，用城市工业和服务业来延伸农业的产业和价值链条，用互联网经济来丰富农村实现一、二、三产业融合发展的新业态和新模式。这不仅能够进一步优化就业的城乡结构，也使中西部地区能够在城乡融合发展中有更大作为，并创造更多的就近就业机会，不断改善就业的区域结构。

（三）构建和完善就业优先政策，实现更高质量和更充分就业，促进就业结构和职业结构现代化

当前，我国经济正处在从"重视数量"转向"提升质量"、从"规模扩张"转向"结构升级"、从"要素驱动"转向"创新驱动"的历史过程，追求"高质量发展"成为现阶段经济发展的基本特征。在经济由高速

增长阶段转向高质量发展阶段的同时，我国也在按照以人民为中心的发展思想的要求，主动适应社会主要矛盾变化的新形势新要求，将宏观经济政策目标从"保增长、稳就业"转变为"保就业、稳民生"。在这个过程中，我国将实现充分就业的目标和劳动力市场各类信号纳入宏观政策依据，并使就业优先政策与财政政策、货币政策并列统一纳入宏观政策，共同构建起宏观调控新框架，不仅升级和完善了宏观经济调控政策体系，还使就业优先这个经济发展目标拥有了量级匹配、联动运行的宏观政策的支撑。例如，在促进就业结构和职业结构现代化方面，通过采取普惠性减税降费、定向降准以解决民营企业和小微企业融资难、融资贵问题的财税政策、货币政策，支持就业容量大的小微企业和部分劳动密集型产业发展，使新兴服务业就业得到较快增长，进一步优化就业结构和职业结构。

　　同时，在我国经济由高速增长阶段转向高质量发展阶段的过程中，新机器、新技术、新产品的迭代更新引发的技术进步，以及新产业、新业态、新商业模式不断涌现驱动的产业结构调整速度将加快。这不仅会促使社会对劳动力素质和技能的需求结构发生总体性变化，而且会使劳动力市场上的求职者技能与岗位需求不适应、不匹配的现象越来越突出，劳动者更容易陷入结构性失业或遭遇结构性就业困难，还会导致化解过剩产能、处置"僵尸企业"、"机器替代劳动力"等结构调整对低技能就业产生挤出效应的后果。为了应对上述形势，需要从总体教育理念以及具体职业教育政策两个层面入手：一方面，要求教育应当更加着重培养受教育者的认知能力、非认知能力以及学习能力等一系列软技能，使社会劳动力能够更好地适应当前正在发生的工业革命的新特点和大趋势，扩大技能选择范围、提升就业能力以及增强对新兴岗位的适应性，不断提高就业的稳定性和质量；另一方面，需要政府综合运用各种就业优先政策工具，从职业教育和技能培训入手，帮助劳动者持续提升人力资本，使之尽快适应就业岗位技能需求的变化，在新的就业岗位上实现就业的同时，也促使就业结构和职业结构随之发生转变。[①]

[①]　蔡昉：《为什么将就业优先政策置于宏观政策层面》，《光明日报》2019年3月26日，第11版。

第四章

收入和财富分配结构

　　收入分配结构以及在此基础上累积形成的财富分配结构是社会结构的重要内容。进入 21 世纪尤其是 2010 年以来，我国城乡居民的收入水平不断提高，财富分配结构快速变迁，厘清我国收入和财富分配结构变化的新趋势、主要影响因素，对于在新发展阶段实现我国社会结构现代化，实现经济高质量发展、社会和谐稳定和人民共同富裕等意义重大。

第一节　21 世纪以来我国收入和分配结构的变化趋势

一　居民收入由差距过大到总体好转，但未根本扭转

　　进入 21 世纪以来，伴随着我国经济社会领域内各项变革的持续推进，经济结构不断转型升级，城镇化快速推进，全国居民收入差距出现巨大的变化。总体而言，21 世纪尤其是 2010 年以来的变化可以用两句话来表述：一是前一段时期是收入差距拉大甚至达到过大的程度；二是最近一段时期，尤其是党的十八大以来，收入差距不断缩小，但总体尚未从根本上扭转差距过大的局面。

　　具体可以从城乡居民收入比和基尼系数的变化来看这种变化趋势。

　　从城乡居民收入比来看，2000~2019 年，我国城乡居民收入比在增大一段时期后正在不断缩小，但总体上仍然处于过高阶段。从图 4-1 可以看到，2000~2012 年，我国城镇居民人均纯收入大多是农民人均可支配收入的 3 倍以上，如果按照人均纯收入这一统一口径计算，这一比例也在 2.8

以上。2013 年以来，这一比例持续下降，到 2017 年下降为约 2.71，2018 下降为 2.69，2019 年下降为 2.64。但是，可以认为，这一下降趋势并不稳定，受各种政策因素和国内外经济社会环境变化的影响，随时都有可能出现反弹。

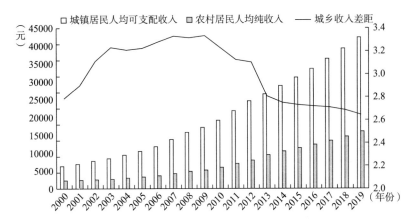

图 4 - 1　2000～2019 年我国城乡居民收入变化

资料来源：国家统计局官网公布的历年统计年鉴数据，2019 年数据为国家统计局公布的年度主要数据。

从基尼系数来看，2000 年以来，我国总体基尼系数一直在高位徘徊，2009 年以来开始呈现下降趋势。从图 4 - 2 可以看到，2000 年以来的全国基尼系数一直在 0.4170 至 0.491 之间，2008 年达到峰值 0.4910，较大幅度超过国际上公认的 0.4 的贫富差距警戒线。从 2008 年到 2015 年，中国的基尼系数从 0.4910 下降到 0.4620。基尼系数的持续下降表明，近年来党中央、国务院和各级政府实施的稳增长、惠民生的政策措施成效明显，绝对弱势群体和各类低收入群体在收入分配改革中得到较多的实惠，居民收入分配差距过大状况有了明显改善。但 2016 年至 2018 年的三年间，我国城乡居民总体基尼系数下降趋势暂停，如 2016 年为 0.4690，比 2015 年略微提高 0.007，2018 年全国居民收入基尼系数又有所提升，达到 0.4870，2019 年这一数据保持相对稳定，这表明我国的居民收入差距较大、收入分配不公问题还存在很大的改进空间。[①]

---

① 周晓桂：《经济新常态下我国收入分配制度改革的再思考》，《宏观经济管理》2019 年第 9 期。

　　分城乡来看，我国居民收入的基尼系数变化的表现形式略有不同。21世纪以来，我国农村基尼系数的差距有一段时期保持在较高水平，最近 10年来情况开始好转。城镇基尼系数在 2007 年及以后上升较快，达到 0.3 以上，尽管目前城镇基尼系数仍然低于农村基尼系数，但由于增长快，其影响已经超过农村基尼系数，这意味着从降低全国总体基尼系数考虑，更为重要的是尽快遏制城镇收入差距增长过快的势头，同时要尽快缩小城乡收入差距，以减轻或消除城乡收入差距对全国总体基尼系数的影响。[①]

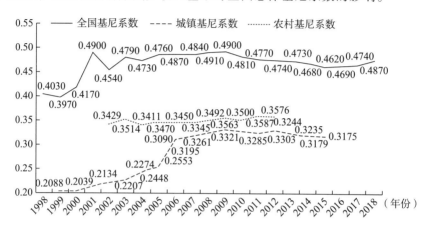

图 4 – 2　1998 ~ 2018 年全国和分城乡的基尼系数变化趋势

资料来源：全国基尼系数来自国家统计局历年统计数据；城乡基尼系数来自崔华泰《城乡二元视角下的我国基尼系数变化分析》，《经济社会体制比较》2017 年第 3 期，第 33 ~ 44 页。

二　中等收入群体持续扩大但低收入群体仍占多数

　　从不同收入群体角度看，改革开放以来的 40 多年间，尤其是 2010 年以来，我国中等收入群体规模持续扩大，但低收入群体仍然占人口的大多数。

　　从总体上看，我国中等收入群体主要有两个来源。一是接受高等教育的人群。自 1977 年恢复高考后，通过上中专、考大学等方式进入机关、学

---

① 程永宏：《改革以来全国总体基尼系数的演变及其城乡分解》，《中国社会科学》2007 年第 4 期。

校、国有企业等工作的人数不断增加。据国家统计局的数据，2000 年第五次全国人口普查时，大专以上学历人口仅 4571 万人，占总人口的比例不足 5%；[①] 2010 年第六次全国人口普查时，这一比例上升至 8.7%，约 1.19 亿人；[②] 根据 2019 年全国人口变动情况抽样调查数据，至 2019 年，我国大专以上学历人口已经达到 2.18 亿人，占总人口的 14.6%。[③] 可以预见，未来这一数量仍会快速增加，比例也会提高。大学毕业生因为有较高的学历，有些人一工作就进入中等收入群体，有些人毕业后虽然暂时收入较低，但成为典型中等收入群体的机会远大于没有上过大学的人。

二是体制外的就业创业人群。改革开放以来，我国先后出现了多次体制外就业创业高峰，产生了一批又一批的中等收入群体。其中进入 21 世纪后，主要出现了两波创业浪潮。一次创业潮是从 21 世纪初叶开始的。当时电子软件行业、互联网行业等新兴产业兴起，出现了许多以掌握新技术为标志的新白领、金领、粉领等中等收入群体；加之 1998 年"房改"后房地产行业持续发展，城市居民财产持续增加，许多城市居民成为中等收入群体甚至高收入群体。另一次创业潮是自 2012 年党的十八大以来开始的，目前仍在蓬勃发展。近年来，随着新一轮科技革命的酝酿和发展，党和政府大力推进"大众创业、万众创新"，科技型小微企业不断涌现，自己为自己打工开始成为一种新时尚，由此形成了不少新的中等收入群体。

总体上看，我国中等收入群体人数不断增加，但占总人口的比例仍然明显偏低。目前，经济学和社会学有关中等收入群体的划分标准还没有最终达成共识。[④] 据 2016 年国家统计局公布的一次内部调查的结果，以家庭年可支配收入 9 万元至 45 万元人民币为标准，测算出我国中等收入家庭占

---

① 《第五次全国人口普查公报（第 1 号）》，国家统计局网站，http：//www.stats.gov.cn/tjsj/tjgb/rkpcgb/qgrkpcgb/200203/t20020331_30314.html，最后访问日期：2021 年 8 月 5 日。

② 《2010 年第六次全国人口普查主要数据公报（第 1 号）》，国家统计局网站，http：//www.stats.gov.cn/tjsj/tjgb/rkpcgb/qgrkpcgb/201104/t20110428_30327.html，最后访问日期：2021 年 8 月 5 日。

③ 《第七次全国人口普查公报 [1]（第六号）——人口受教育情况》，国家统计局网站，http：//www.stats.gov.cn/tjsj/tjgb/rkpcgb/qgrkpcgb/202106/t20210628_1818825.html，最后访问日期：2021 年 8 月 5 日。

④ 李春玲：《中等收入标准需要精准界定》，《人民日报》2016 年 12 月 7 日；李春玲：《中等收入群体概念的兴起及其对中国社会发展的意义》，《中共中央党校学报》2017 年第 2 期。

24.3%，为3亿多人。以家庭年收入10万元至50万元人民币为标准，国家正式测算出2019年我国约有1.3亿个家庭、4亿人口为中等收入群体。[1]正因如此，习近平总书记指出，"中国有世界上规模最大、成长最快的中等收入群体"。[2]但也要看到，虽然数字庞大，但从比例上看，这一比例不仅大幅低于发达国家水平，也明显低于这些国家与我国处在相同发展阶段时的水平。[3]

时至今日，我国大多数人还属于低收入群体。具体包括两类群体。第一类是低保人口。截至2020年底，全国城镇地区每个月约有805万人在吃"低保"，农村地区约有3621万人在吃"低保"，农村地区还有500万左右的"五保户"，合计有近5000万贫困人口还在为生存而奋斗。[4]第二类是生活在贫困线以上的低收入人口。这些人口占总人口的大部分，2020年底我国有2.86亿农民工，有长期在农村地区生活的乡村人口5.64亿人，[5]城镇地区还有不少生活较为困难的蓝领工人。与过去相比，他们的日子一天比一天红火，但总体上看，大部分人的经济地位仍然非常脆弱，孩子结婚和建房、家庭成员的一场大病，或者一次突发的自然灾害都有可能让他们元气大伤，甚至倾家荡产。以上合计8亿多人口中的大多数仍然属于低收入群体。

应当说，经过40多年的改革，尤其是最近10年的大发展，我国所有人的生活状况都在改善，但相对而言改善速度不一致。总体上看，中等收入群体数量迅速增加，但中等收入群体占比仍然较低，低收入群体人口占总人口的大多数。可以认为，我国正在由"顶部小、底部大"的"金字塔型"收入分配结构转变为"葫芦型"的收入分配格局。[6]但是，值得警惕的是，虽然真正意义上的绝对贫困人口不断减少，但这些脱贫人口并没有

① 习近平：《关于全面建成小康社会补短板问题》，《求是》2020年第11期。
② 习近平：《开放合作 命运与共——在第二届中国国际进口博览会开幕式上的主旨演讲》，《人民日报》2019年11月6日，第3版。
③ 李培林：《怎么界定中等收入更准确》，《北京日报》2017年7月17日。
④ 《2020年4季度民政统计数据》，民政部网站，http://www.mca.gov.cn/article/sj/tjjb/qgsj/2020/202004.html，最后访问日期：2021年8月5日。
⑤ 《中华人民共和国2020年国民经济和社会发展统计公报》，国家统计局网站，http://www.stats.gov.cn/tjsj/zxfb/202102/t20210227_1814154.html，最后访问日期：2021年8月6日。
⑥ 陈宗胜、康健：《中国居民收入分配"葫芦型"格局的理论解释——基于城乡二元经济体制和结构的视角》，《经济学动态》2019年第1期。

上升为稳定的中等收入群体，而是成为典型的低收入群体。低收入群体的规模庞大，不仅民生难以继续改善，居民消费也无从拉动，消费不能保持刚性增长，经济发展就失去动力，外贸拉动型经济发展模式便不可能向内需驱动型尤其是消费驱动型经济发展模式转变，由此导致产业结构优化受阻。

三　居民家庭财富不断增长但增幅差距拉大

收入与财富是一体两面。收入是流量和过程，财富是存量和积累。收入流量决定财富存量，财富存量及其自身的增值进一步影响着预期的收入流量。改革开放以来我国城乡居民收入和财富分配结构都发生了深刻变化，特别是进入 21 世纪以来，房地产业、股市和资本市场的发展，以及第四次工业革命的推进，都使我国居民财富分配差距有所扩大。由于相关方面的权威数据较为缺乏，以下以一些学术研究成果和研究报告为根据对变化趋势进行初步的描述。

总体上看，我国城乡居民的财富分配呈现"金字塔型"的传统结构，但高收入群体规模在不断扩大。根据 2019 年 12 月胡润研究院发布的《2019 胡润财富报告》，大中华区拥有 600 万元资产的"富裕家庭"约 494 万户，比上一年度增长 1.2%。其中，中国大陆拥有 600 万元资产的"富裕家庭"为 392 万户，比上年增长 1.3%。但是，受多种内外部因素的影响，大陆地区拥有千万元、亿元和 3000 万美元资产的"富豪家庭"数量分别比上年降低 1.8%、5.1% 和 6%。①

随着财富不断向高收入群体累积，21 世纪以来的这段时期内我国财产的基尼系数不断攀升。根据北京大学中国社会科学调查中心发布的《中国民生发展报告 2014》，中国的财产不平等程度正在迅速升高：1995 年我国财产的基尼系数为 0.45，2002 年为 0.55，2012 年我国家庭净财产的基尼系数达到 0.73。②

---

① 谭浩俊：《中产阶级正成为中国社会财富分配主体》，《证券时报》2019 年 11 月 21 日。
② 北京大学中国社会科学调查中心：《中国民生发展调查报告 2014》，中国社会科学网，2014 年 7 月 28 日，http://www.cssn.cn/zx/zx_gx/news/201407/t20140728_1270511.shtml，最后访问日期：2021 年 8 月 5 日。

从城乡来看，城乡居民财富分配的差距也较为明显。经济日报社中国经济趋势研究院《中国家庭财富调查报告2018》显示，2017年我国家庭人均财富为194332元，其中，城镇人均财富为274724元，农村人均财富为84099元，城市是农村的3.27倍，略高于收入层面的城乡差距。在导致城乡居民财富存量差距大的主要因素方面，房产和金融资产的作用尤其明显。研究表明，房产是家庭财富的最重要部分，全国人均财富中房产净值占65.61%，其中，城镇家庭房产净值占67.62%，农村家庭房产净值占57.60%；金融资产在全国、城镇和农村人均财富中分别占16.49%、15.96%和18.61%。① 另外，房价对城镇家庭财富的影响程度最为显著。

北京大学中国社会科学调查中心的研究也表明，房产是我国城镇家庭财产最重要的组成部分，占城镇家庭财产比例的中位数在80%左右。② 其他相关研究还表明，利用房价指数调整后城镇家庭净财产基尼系数就会明显降低，经测算，将比实际数据下降约4个百分点。若剔除2010～2012年的房价快速上涨因素，近年来我国城镇居民家庭的净财产差距正在缩小。由房价因素带来的财产差距变化为2.25%，而非房价因素则在拉低居民的财产基尼系数，拉低程度为1.25%。由此可见，城镇居民家庭财产分布中存在的问题主要是家庭财产多样化程度较低，过于集中在净房产上，房价成为推动居民财产差距扩大的主要原因。③

第二节　收入和财富分配结构变化的作用机制

一　收入和财富分配结构变化作用机制的分析视角

关于收入和财富分配结构变化的作用机制，学术界已经有众多研究，

---

① 经济日报社中国经济趋势研究院：《〈中国家庭财富调查报告2018〉发布——房产净值增长是家庭财富增长核心因素》，《经济日报》2018年12月28日，第14版。
② 北京大学中国社会科学调查中心：《中国民生发展调查报告2014》，中国社会科学网，2014年7月28日，http://www.cssn.cn/zx/zx_gx/news/201407/t20140728_1270511.shtml，最后访问日期：2021年8月5日。
③ 朱金霞、吕康银：《我国城镇居民财产差距及财产分化问题研究》，《税务与经济》2019年第3期。

主要有以下一些分析视角。

一是生产－分配的角度。该视角从人类社会的生产－分配这一基本过程进行理论分析，着重考虑主要的生产要素如土地、劳动力、资本、管理、知识、技术、数据等变化对收入和财富分配结构的影响，从而揭示不同收入群体形成背后的内在机理。党的十九届四中全会提出，"健全劳动、资本、土地、知识、技术、管理、数据等生产要素由市场评价贡献、按贡献决定报酬的机制"。这主要是从第一次生产和第一次分配的角度进行的阐述，也是最为宏观和根本的分析立场。

二是从自由市场角度来分析。该视角认为在自由竞争的市场经济中，个人先天和后天的差异导致收入财富分配必然会出现一个集中趋势，自由市场经济的发展必然会带来收入差距扩大，但在市场自发调节和政府调节的共同作用下，这种收入差距会逐步缩小。譬如，早在 20 世纪 50 年代美国发展经济学家库兹涅茨就提出过库兹涅茨"倒 U 形"曲线，认为收入分配随着经济达到充分发展阶段后，差距就会缩小，进而趋向平等。虽然后来一些发展中国家的实践并没有证实这一曲线，但至今这一观点仍然在许多自由主义经济学家的思想中占有一席之地。

三是从制度变迁角度来分析。该角度认为收入分配等社会领域的制度变迁明显滞后于经济等其他领域的改革，是最主要的作用机制。譬如，改革开放以来我国经济政策持续出台而社会政策出台则相对滞后，民生欠账过多，导致收入差距扩大。这主要是从第二次分配和第三次分配角度进行的分析。

四是从体制改革角度来分析。该角度认为由于法治、收入分配等体制机制的不健全，非正常的收入如黑色收入、灰色收入等过多，垄断性收入禁而不绝，等等。这主要是从收入分配秩序的角度进行的分析。

从以上研究视角来看，影响我国收入和财富分配结构变化的作用机制是多元的，各种作用机制之间是交互的，因此，需要从不同角度进行较为全面的分析。

二 主要生产要素与收入和财富的配置

生产对分配的影响具有决定性。因此，主要的生产要素的配置状态对居民收入和财富的配置功能非常强大。进入 21 世纪以来，主要生产要素在收入和财富配置过程中发挥了特别重要的作用。

第一，土地的收入和财富配置功能不断增强。对于我国 5.6 亿常住农村的农民而言，土地是最大的可利用资源，但我国农村土地的集体所有性质又让这一重要资源无法转变成资本。进入 21 世纪尤其是党的十八大以来，党中央在赋予农民更多土地财产权利方面进行了系统的政策安排，保障了农民有一份固定的、能够保值增值的土地性收入，土地的收入和财富配置功能日益彰显。

21 世纪尤其是 2010 年以来，对农民收入和财产影响较大的改革举措主要有三项。一是承包地的"三权分置"改革。中央大力推行农村承包地的"三权分置"改革，把农村集体土地的所有权、承包权和经营权分置，让承包地的出租流转和资本化更加顺利。据统计，2012 年，我国农民承包地经营权流转面积 2.8 亿亩，占耕地总面积的 21%；到 2018 年，流转面积已经超过 5.3 亿亩，占耕地总面积的 40% 以上，仅 7 年时间就新增流转面积 2.5 亿亩。承包地的相对集中和规模化经营有利于农业现代化的推进，流转了经营权的农民可以通过土地承包权的流转获得一份固定的土地性收入，从自家承包地上解放出来的农民可以有很多其他选择：可以选择在本地为种地大户务工获得一份工资性收入，也可以选择外出务工经商获得一份新收入。至 2018 年底，农民外出务工经商所得已经占农民总收入的 41%。二是从 2008 年开始至今各地已经结束的林地确权发证、当前全国许多地区正在试行的宅基地流转，以及允许农村集体建设用地入市等改革举措，都具有一定的资产扶助功能。三是征地制度改革。在农地转变为国有土地的过程中，土地被征用后不断增值会产生巨大的财富，这笔财富正在被更多地分配给农民。在逐步实现同城同地同价的过程中，在土地被征收征用后，农民不仅能够得到较以前更多的青苗费、劳动力安置补助费和耕地补偿费，还能获得各种直接的和间接的土地性收入，如给失地农民交纳社会保障费用。但是由于目前东部和中部地区的征地拆迁浪潮已经基本退去，加之"房住不炒"政策的全面贯彻执行，征地补偿给农民所带来的收入增加和财产增值功能正处于下行的通道之中。

第二，资本的收入和财富配置功能保持稳定。在当代中国，物质资本和金融资本的稀缺度最高，在收入分配中所获得的比例也最高。因此，增加各类收入群体的物质资本和金融资本，可以快速地使他们的收入和财产增值。进入21世纪以来，资本的收入和财富配置功能一直在发挥作用，但其中特点最为鲜明的就是，党的十八大以来在精准脱贫和帮助低收入群体增收的过程中，将低收入群体的各种资源进行资本化运作，不断促使资本升值。

近年来，全国大量扶贫资金进入扶贫领域。据财政部数据，2012～2020年，我国中央财政专项扶贫资金投入6896亿元。[①] 在精准脱贫过程中，近年来我们一直在探索进行资金的资本化运作，不再是仅仅满足低收入群体的消费需求，而是要从"造血"的角度实现生产性脱贫，从而实现彻底脱贫不反弹，彻底改变贫困人口"有体力、无能力"、脱贫后返贫以及"等、靠、要"等局面，根本增强农村地区的内生发展动力。在具体操作过程中，资本运作对收入和资本增值的作用主要表现为以下三点：一是让一些扶贫资金转化为贫困人口集体拥有的资本，投入到一定的生产领域内，从而让贫困人口有一份稳定的财产性收入；二是在脱贫攻坚中实施资产收益扶持政策，如实施水电矿产资源开发资产收益扶贫，在贫困地区建水电站和扶贫企业时，将贫困人口应得的权利转化为企业的股份，农民有了股权后，就能够以持续分红等方式拥有持续性的收益；三是要利用好信贷保险证券等领域提供的资金，取得持续的资本性收入。

第三，知识的收入和财富配置功能不断增强、潜力最大。当前，包括技术、管理等在内的人力资本一直是具有稀缺性的生产要素，而且稀缺度可能还会上升。从理论上看，在不久的未来，技术将有可能成为回报率超过资本的稀缺的生产要素。随着知识更新速度的加快、高科技的快速发展，低收入群体要在稀缺要素配置收入格局中赢得一席之地，就必须不断学习、终身学习。习近平总书记曾经指出，"当今时代，知识更新周期大大缩短，各种新知识、新情况、新事物层出不穷。有人研究过，18世纪以前，知识更新速度为90年左右翻一番；20世纪90年代以来，知识更新加速到3至5年翻一番。近50年来，人类社会创造的知识比过去3000年的

---

① 《十年间我国中央财政专项扶贫资金投入6896亿元》，光明网，https://m.gmw.cn/baijia/2021-07/30/1302444995.html，最后访问日期：2021年8月6日。

总和还要多"。① 随着第四次工业革命的来临，我国正处于新一轮技术革命的最前沿，在许多技术领域尤其是技术的运用方面处于新技术发展的第一阵营。因此，近些年来，国家无论是扶贫先扶智，还是推进全民终身职业教育培训，又或者是倡导建设终身学习型社会，都是在努力提高各收入群体各方面的知识素养，主动加快知识更新、优化知识结构、拓宽眼界和视野，不断增强本领。也就是说，要努力将简单劳动转变为复杂劳动，让知识等成为改变低收入群体命运的关键一招。

三　公共政策与收入和财富的再分配

通过回顾最近一段时期以来我国居民收入差距局面总体好转的过程，可以发现，政策因素对收入和财富分配有重要影响。

第一，脱贫攻坚已经发挥了重要的收入托底功能。进入 21 世纪以来，在"八七"扶贫攻坚计划的基础上，国家进一步推进扶贫工作。在 2012 年党的十八大之前，颁布实施《中国农村扶贫开发纲要（2011—2020 年)》，对 21 世纪第二个 10 年的国家扶贫工作做出部署。2011 年召开中央扶贫开发工作会议，对未来的扶贫工作进行长远规划。到 2020 年 11 月 23 日，最后一批贫困县出列，正式宣告全国 832 个贫困县全部脱贫。

第二，民生政策的再分配功能日益强大。以 2002 年党的十六大为标志，民生政策的再分配功能不断增强。20 世纪八九十年代，在收入分配方面，中国政府长期提的是"效率优先、兼顾公平"，这一判断是完全符合当时的"GDP 总量过小、无蛋糕可分"的客观实际的。2002 年党的十六大报告第一次提出，"初次分配注重效率、再分配注重公平"，2007 年党的十七大则进一步明确提出，"初次分配和再分配都要处理好效率和公平的关系，再分配应更加注重公平"。2012 年党的十八大以来，以习近平同志为核心的党中央更加重视收入分配问题，先后提出了"社会政策要托底""扩大中等收入群体"等关键性议题和思想。收入分配是民生之源，是改善民生、实现发展成果由人民共享最重要最直接的方式。② 中央多次研究收入分配改革问题，出台了一系列改革措施和政策文件，收入分配改革取

---

① 习近平：《习近平谈治国理政》（第一卷），外文出版社，2014，第 403 页。
② 《习近平新时代中国特色社会主义思想基本问题》，人民出版社，2020，第 113 页。

得了新的显著成效。

可以说，自 2004 年，党的十六届四中全会正式提出"社会建设"这一概念以来，社会主义社会建设不断推进。经过 2004 年以来的持续努力，我国已经实施并且正在日益健全相关的民生制度。譬如，已经实现了城镇贫困人口的"应保尽保"，正在开展重大疾病救助。多年来坚持为农民工讨薪，近年来持续提高最低工资标准，连续上调企业职工基本退休金标准，等等。这些都是对低收入群体提供一种"兜底"式的帮助，目标是保证低收入群体的基本生存需求得到满足。但是应当指出的是，这种基础性托底举措只能保证生存，但解决不了发展问题。比如，最低工资标准提高到一定程度后进一步上升的空间就很有限，2019 年上海的最低工资标准全国最高，已经达到每个月 2480 元，短期内不可能提高到 5000 元、6000元，因为一旦提高到这个水平，很多工厂、饭店等就会因为成本太高或者倒闭，或者被迫转向使用成本更低的自动化设备如机器人等，最终受害的还是低收入群体，同时，还会降低整个经济社会发展的活力。

第三，税收政策的再分配功能初步显现。近年来，国家的各项减税使增加中等收入群体等有了更加坚实的基础。财政部公布的财政收支情况显示，2019 年，全国一般公共预算收入 19 亿元，同比增长 3.8%。其中，2019 年 1~10 月个人所得税为 8776 亿元，同比下降 28.6%。个人所得税出现较大幅度下降，让城乡居民的收入有了更加稳定的条件和基础。而2019 年全年税费减免超过 2 万亿元。尤其是 2020 年新增减税降费超过 2.5万亿元，让企业享受了很大实惠，在对冲新冠肺炎疫情冲击、稳定员工收入、稳定企业运行、稳定就业岗位等方面发挥了至关重要的作用。但由于在我国，许多财产税相关税种缺位，税收政策的再分配功能还没有充分发挥出来。譬如，在房地产税、遗产税尚未开征的背景下，高收入群体子女可以通过拥有高价的房产获取高额财产性收入，而低收入群体在高房价压力下，大量的消费性需求被挤占，进行其他投资的概率也相对较低，进而可能导致收入和财富的代际传递。

四　非市场配置因素与收入和财富的配置

非市场配置因素如违法取利、社会网络等对收入和财富具有重要的配置作用。但从 21 世纪以来的情况看，非市场配置因素的作用变化较大。

第一，非法收入对收入和财富配置的作用正在减小。从居民收入来源的合法性来看，有合法收入与非法收入之分。在社会只认同合法收入的正当性条件下，如果一部分人的收入来自非法收入，即使居民之间的收入差距不大，也不能为社会所接受，反而会引起社会的不满。[1] 非法收入大量产生的条件是体制转轨时期出现的制度缺陷，这是腐败租金设置的根本原因。[2] 非法收入过多将导致居民收入差距非正常扩大。根据以往的研究，非法收入对基尼系数贡献率很大，如 2005 年的一项研究表明，非法收入贡献率在 0.07 至 0.10 之间。[3] 党的十八大以来，随着全面从严治党和全面依法治国等重大战略布局的落地，国家加快法律制度建设，加大取缔和杜绝非法收入力度；规范国有企业负责人薪酬制度和履职待遇；加大惩治腐败力度，非法收入、灰色收入、垄断性收入得到有效治理，我国收入分配秩序显著好转。

第二，社会网络对收入和财富配置的作用依然强大。社会资本理论认为，社会网络对于求职者工资水平具有直接效应。一些求职者拥有更多的社会网络资本，这些社会网络能够提升求职者在社会阶层中的地位，减少求职者的失业时间从而增加其工作经验，并且能够对求职者的职位带来直接影响，所有这些都能够直接提高求职者的工资水平。[4] 在社会网络方面，包括强联系的社会网络（有血缘关系的家人、亲戚等）与弱联系的社会网络（无血缘关系的朋友、熟人等），在劳动力市场包括农民工就业市场上一直具有重要作用，可以影响就业，进而影响收入。其实，社会网络的收入分配功能在世界上是普遍存在的。譬如，Ports 的研究就发现，即使在西方发达国家，15% ~ 30% 的就业也是通过个人社会网络实现的，[5] 而 Perez 对美国 300 家上市公司 CEO 更替过程的研究发现，超过 1/3 继任 CEO 与

---

①　曾国安：《居民收入差距：影响社会稳定的最直接因素》，《江汉论坛》2013 年第 8 期。

②　陈宗胜：《非法非正常收入对居民收入差别的影响及其经济学解释》，《经济研究》2001 年第 4 期。

③　李振国：《政府加大收入分配调节力度及对策探讨》，《经济学家》2005 年第 3 期。

④　章元：《社会网络是否有助于提高农民工的工资水平》，《管理世界》2009 年第 3 期。

⑤　M. Ports, "*Trends in Job Search Methods: 1970 - 1992.*" *Monthly Lab. Rev.* 10, 1993.

离任 CEO 或公司大股东有血缘或者家族关系。[①]

第三节　加快推进收入和财富分配结构优化

党的十九大明确指出，到 2035 年，我国中等收入群体比例明显提高；2050 年，我国将基本实现共同富裕。收入和财富分配结构现代化进程的不断推进，将对新时代的经济发展和社会发展产生巨大而积极的影响。

一　收入和财富分配结构现代化是新时代经济发展的助推力量

收入和财富分配结构现代化对经济发展具有重要的助推作用。总体来看，居民收入分配差距对经济增长的影响并非简单的、线性的，而是随着时间而发生变化，较小的居民收入分配差距有利于促进经济增长，而过大的居民收入分配差距则阻碍经济增长。因为一定的居民收入分配差距可激发劳动者热情，有利于物质资本积累、人力资本积累和实现资源优化配置。但居民收入分配差距过大会导致消费不足，不利于物质资本积累、产业结构升级、人力资本积累和社会政治稳定。[②] 结合我国新时代实现高质量发展的经济目标，可以看到，更好的收入和财产结构的影响是直接而显著的。

第一，收入和财富分配结构现代化具有培育健康消费能力的功能。社会学研究早就表明，中产阶层是消费的中坚力量，即在一个中产阶层占多数的社会中，庞大而稳定的中等收入群体，将创造出巨大的有效消费。当然中产阶层要形成巨大的消费动力，就需要满足一些基本条件，如中产阶层经济地位稳定、社会流动畅通、政治表达有力等。众多研究都表明，在影响我国城镇居民家庭消费支出的财富结构变量中，城镇家庭的实际收入是最重要的因素。实际收入的提高，无论是对居民的生存型消费需求还是对享受发展型消费需求，都具有很强的促进作用，而且，享受发展型消费

---

① F. Perez-Gonzalez, "*Inherited Control and Firm Performance.*" *American Economic Review* 5, 2006.

② 马进：《中国居民收入分配差距对经济增长影响的实证研究》，博士学位论文，辽宁大学，2018，第 I～IV 页。

需求受实际收入波动的影响更大。因此，增加居民消费需求，进而扩大国内需求，最主要的手段是提高居民的人均实际收入，特别是提高中低收入群体的收入水平，从而从整体上增加居民的消费需求。[①]

第二，收入和财富分配结构现代化具有缩小城乡差距、实现城乡发展一体化的功能。在城乡二元分割体制的约束下，由于农村家庭比城市家庭面临更高的人力资本成本溢价，并在就业过程中面临壁垒，要成为获得更高收入的高技能劳动力，将面临更高约束的人力资本投资门槛和"中产阶层陷阱"阈值，这不仅给其劳动力部门转移和收入增长带来困难，也增强了其经济地位的脆弱性。[②] 收入和财富配置的现代化，将有力地消除这些不利因素，帮助低收入群体通过各种技能培训等，实现由低技能劳动力部门向城市高技能劳动力部门的跨越，从而进一步推动整个社会中中产阶层的规模持续扩大，使良性的现代城乡关系逐步形成。

二　收入和财富分配结构现代化有利于新时代社会建设目标的实现

正如列宁所说："物质利益问题是马克思主义整个世界观的基础。"[③] 这里说的利益主要就是指以收入和财产为代表的实体层面的利益，是一种经济利益。但马克思讲物质利益最终是为利益的关系范畴所服务的。利益更表现为一种社会关系，在资本主义社会中，"利益就是一种由异化劳动创造的交换关系"。[④] 恩格斯指出，"每一个社会的经济关系首先是作为利益表现出来"，[⑤] "'思想'一旦离开'利益'，就一定会使自己出丑"。[⑥] 收入和财富是城乡居民最为关注的利益问题。因此，从社会层面看，收入和财富分配结构的合理性最终将直接影响到社会关系的和谐与社会稳定，[⑦] 收入和财富分配结构现代化有利于形成秩序与活力并存局面。

第一，收入和财富分配结构现代化有利于缓和各类社会矛盾。当前我

① 姚明明：《财富结构、消费结构与扩大内需》，《消费经济》2014年第10期。
② 陈宗胜、康健：《中国居民收入分配"葫芦型"格局的理论解释——基于城乡二元经济体制和结构的视角》，《经济学动态》2019年第1期。
③ 《列宁全集》第37卷，人民出版社，1959，第339页。
④ 谭培文：《对和谐社会的利益概念的马克思主义解读》，《马克思主义研究》2008年第2期。
⑤ 《马克思恩格斯选集》第2卷，人民出版社，1972，第537页。
⑥ 《马克思恩格斯全集》第2卷，人民出版社，1957，第103页。
⑦ 许宪春：《影响国民财富及其分配结构变化的若干因素》，《全球化》2013年第1期。

国的社会矛盾主要是人民内部的利益矛盾，体现为收入和财产的分配不均、调节不力、表达不顺畅等问题，在各个层面、各个地区都有表现。而解决矛盾的钥匙还是收入和财富分配结构现代化。具体而言，现存的各种间接抗争形式，如普通民众与政府、开发商以及其他强势群体之间，以和平的讨价还价、协商的方式进行的博弈，是以收入和财产争议为核心的。一些极端抗争行为如个别农民工跳楼讨薪等，背后所争仍是收入和财产。甚至包括群体性事件，例如一些经济性集体行动和环境性的集体行动，所有这些社会矛盾背后都或多或少与收入分配和财产分配有关联。

第二，收入和财富分配结构现代化有利于形成健康的社会心态。社会财富分配，包括客观配置状态以及由此而形成的社会评价，是社会心态形成和维持的当期直接的决定性因素。财富增长及其配置结果会直接影响不同社会群体的心态。一般以为，财富增长对社会心态的作用可能存在一个"拐点"。在快速发展的初期，财富总量增长会使各社会群体的幸福感快速提升，而一旦发展水平越过拐点如人均 GDP 超过 3000 美元，幸福感与财富总量增长就不存在直接相关，即中等收入水平仅是社会幸福的一个必要条件。[①] 随着发展水平继续提升，各种社会比较如对收入不平等的认可度等，对幸福感的影响力日益增强。[②] 财富配置差距扩大局面持续一段时间后，国民对社会财富配置问题的关注就会从关注"扩大程度"转向关注"差距内涵"的变化。国民开始关注这种差距是绝对量的差距还是相对比例的差距，是三五年的短期差距还是三五十年的长期差距，是控制在收入层面的收入差距还是转移到房产和金融资产层面的财富差距，是社会纵向流动畅通的流量差距还是财富分配格局已经定型的沉淀差距，是控制在一代人以内的代内差距还是已经进行代际传递的代际差距。这些差距中如果维持在前一类差距上，则社会幸福和社会安逸等社会合作型的社会心态就会占据主导地位；而一旦演化为后一类差距，则社会心态就会向社会焦虑、社会冷漠和社会愤怒等方向演化。因此，收入和财富分配结构的持续现代化有利于形成党中央所提出的"自尊自信、理性平和、积极向上"的社会心态。

---

① 刘军强、熊谋林、苏阳：《经济增长时期的国民幸福感》，《中国社会科学》2012 年第 12 期。

② 俞国良：《社会转型：国民幸福感的震荡与变迁》，《黑龙江社会科学》2016 年第 2 期。

三　推进收入和财富分配结构优化的对策建议

在收入和财富的分配方面，党的十八大以来，习近平总书记先后十多次在重要的公开讲话中提出了"社会政策要托底""扩大中等收入阶层"等关键性议题和概念，这些讲话精神在理论上将我们党对收入分配问题的认识大大向前推进了一步，在实践中为我们描绘了一幅清晰的实现共同富裕的路线图。未来，我们不仅要重视"托低"，而且要在"扩中"方面花大力气，中央要进一步出台大量具体的改革指导意见，各地则要依据本地实际情况因地制宜地进行改革试点，更要总结浙江以及苏南等已经基本形成"橄榄型"收入分配结构的地区的经验，并进行理论分析和实践推广，从而进一步有力地推动全国范围内收入和财富分配结构的现代化。

第一，积极培育庞大的中等收入群体。

从发展趋势来看，任由中等收入群体占比过低的现象持续下去，对经济社会发展明显不利。假设不进行政府调节，不扩大中等收入群体规模，任由不同收入群体之间的收入差距不断拉大，在利益分配的自然累加机制、人为转嫁机制和代际传递机制等的持续作用下，不同收入群体之间的关系将有可能异常演化，导致利益之争和阶层之争日益凸显。早在2008年底，温家宝同志在全国教育科技工作会议上就尖锐地指出，"过去我们上大学的时候，班里农村的孩子几乎占到80%，甚至还要高，现在不同了，农村学生的比重下降了……本来经济社会发展了，但是他们上高职、上大学的比重却下降了"。[1] 近年来，中国社科院中国社会状况综合调查（CSS）的结果也表明，20世纪80年代城市人初中升入高中的机会是农村人的1.9倍，90年代上升到2.5倍，21世纪以来上升到3.9倍；90年代，城市人上大学的机会是农村人的3倍，21世纪以来扩大到4.9倍。[2] 现在，广大人民群众最为厌恶"拼爹"现象，我们不能让这种现象延续下去。

党的十八大以后，以习近平同志为核心的党中央高度重视扩大中等收入群体问题。2016年5月，习近平总书记在中央财经领导小组第十三次会议上的讲话中指出，"扩大中等收入群体，关系全面建成小康社会目标的

---

① 温家宝：《百年大计　教育为本》，《人民日报》2009年1月5日，第2版。
② 李春玲：《农村子女上大学难在哪儿》，《光明日报》2013年7月14日，第14版。

实现，是转方式调结构的必然要求，是维护社会和谐稳定、国家长治久安的必然要求"。[1] 党的十九大在展望新时代中国特色社会主义时，提出新时代的主要奋斗目标之一就是"不断创造美好生活、逐步实现全体人民共同富裕"，可以说，实现共同富裕是中国最终实现"强起来"的主要标志之一。党的十九届五中全会正式指出，到 2035 年中等收入群体要显著扩大。可见，扩大中等收入群体实现共同富裕，不仅仅是一个经济命题，还是一个社会命题，更是一个重大的政治命题！当前，我国已经基本走过了先富阶段，脱贫攻坚任务已经在 2020 年底全面完成，但我国的脱贫攻坚主要是使大量的贫困人口脱贫，更多的还是转化为低收入群体，而不是直接转变为中等收入群体。因此，未来二三十年，如何让低收入群体转变为中等收入群体，将是中国发展面临的一个战略挑战。

第二，提高技术类生产要素对收入和财富的贡献能力。

大量的研究结果表明，教育作为一种重要的代际流动机制，有助于促进收入的代际流动，有利于避免收入不平等在代际的传递，有利于促进社会公平。政府要在发掘教育经济价值的同时，重视教育所具有的促进代际收入公平的社会功能。[2] 未来在教育政策的制定和实施过程中，重点是在教育公平、教育质量等方面着力。

一是要促进教育公平。起点公平是低收入群体转变为中等收入群体的前提条件。习近平总书记指出，"下一代要过上好生活，首先要有文化，这样将来他们的发展就完全不同"。[3] 为了让孩子们都受到良好的教育，不让孩子们输在起跑线上，未来必须做好两件事。一方面，努力全面实现城乡义务教育资源的均等化。关键不仅是实现硬件配备程度的提高，因为现在许多农村地区和边远地区小学和初中的校舍、设备等都越来越好，但是软件等的配置不够，尤其是教师等软件不行，结果就会出现中考、高考时，试卷是同一张试卷但学生却完全不是一个水平的现象，这样形式上的公平就会掩盖事实上的不公平。因此，未来的重点是通过资源倾斜配置、

---

① 《习近平主持召开中央财经领导小组第十三次会议强调：坚定不移推进供给侧结构性改革 在发展中不断扩大中等收入群体》，《人民日报》2016 年 5 月 17 日，第 11 版。

② 郭丛斌、闵维方：《中国城镇居民教育与收入代际流动的关系研究》，《教育研究》2007 年第 5 期。

③ 习近平：《在河北省阜平县考察扶贫开发工作时的讲话》，《求是》2013 年第 4 期。

对口援助、建立学校联合体、收入补助等，逐步实现教育资源软件的公平配置。另一方面，还要进一步推行非义务教育制度改革。除免除农村贫困家庭学生普通高中学杂费之外，最为关键的是普及高中阶段教育。党的十九大强调了这一约束性指标，这一点对低收入群体的子女来说尤其重要。因为高中阶段的16～19岁是一个人一生中逻辑思维能力、推理能力和学习能力快速提升的三年，让农村孩子都上完普通高中或职业高中后再进入就业市场，为他们以后进一步接受高级职业技能培训或考取大学等奠定良好的基础。另外，要持续提高农村地区考生上大学尤其是重点大学的比例。2016年，全国重点高校招收贫困地区农村学生人数增长21.3%，全年资助各类学校家庭困难学生8400多万人次。① 2017～2019年每年重点大学通过专项计划录取农村和贫困地区学生都达到10万人。这些倾斜政策都在一定程度上促进了教育公平。

二是提升教育质量。大学在这一过程中发挥着关键作用。未来不可能让2600多所高校培育出来的人才一个样，应当分类培育，特色更加鲜明。要建设世界一流大学和学科，让中央确定的42所大学与世界各国大学争雄，学生可以在理论创新和科技创新等方面引领潮流，成为理论界和科技界的引领者。大力建设现代职业教育体系。关键是在职业教育的特色上着力，要更加注重实用技能的培育，让培养出来的学生招之即来、来之能用。现在有些职高、大专毕业生成为汽车修理工后，只要有真技术真本领，收入也很可观。此后他们只要有毅力，努力通过实践学习和参加各种专业技能培训，就会从初级工变成中级工、高级工，再转变为技师和高级技师，未来就一定能够过上较为宽裕和幸福的中产生活。

第三，充分发挥就业和社会保障对收入和财富的配置功能。

就业是民生之本，更是财富之源。创业创新是低收入群体转变为中等收入群体的主要渠道之一。未来，需要引导低收入群体积极参与大众创业、万众创新，激发创造精神和创业精神，不仅让大企业顶天立地，做大做强，也要使小企业铺天盖地。到2019年底，我国已有市场主体1.23亿

---

① 《2017年政府工作报告》，中央人民政府门户网站，http://www.gov.cn/guowuyuan/2017zfgzbg.htm，最后访问日期：2020年8月5日。

户，包括企业 3858 万户、个体工商户 8261 万户。① 必须更好地倡导和保护发挥企业家精神，倡导劳模精神和工匠精神，帮助小微企业和个体户等解决困难、化解困惑。具体而言，国家在创业方面，要做好"清洁工"，营造良好的创业氛围；要扮好"护航员"，为创业者保驾护航；要当好"引路人"，出台良好的创业政策；还要干好"勤务兵"，提供全面的创业服务。在宏观政策层面，加快建立城乡统一的劳动力市场，消除就业市场上的信息不对称和市场分割，创造平等的就业机会，② 加快消除影响劳动力合理流动和稳定就业的制度门槛和政策障碍，形成有效应对失业的机制。要引导实现就业者体面劳动，要营造尊重劳动的社会氛围，处理好就业中物质与精神的关系，形成和谐的劳动关系。

充分发挥社会保障功能。现代社会保障制度是人类社会在工业化进程中为化解贫困、失业、伤残、疾病和年迈无助等风险而构建出的一个社会安全网。随着工业社会向后工业社会、风险社会和个体化社会的转型，全球范围内出现了一系列新风险，如大规模的集团化劳动日益解体、自由职业兴起、灵活就业和临时性就业增多、婚姻和家庭的稳定性受到威胁等。未来，要通过探索和运用各种社会合作渠道解决好现存的制度顽疾。对于制度的碎片化问题，即城乡之间、不同区域、不同所有制、不同人群适用不同的社会保障制度的现象，需要不同地区、不同层次的政府有强烈的大局意识和社会合作精神，勇于承担责任，勇于让渡利益，加强制度统筹和整合，最终形成一个有机统一的国民社会保障体系。对于社会救助、社会福利和社会保险等方面的资源配置不均衡现象，不仅需要政府部门间的协作，也需要不同区域、不同所有制的社会群体采取社会合作的态度和行动加以协同。对于制度的不可持续问题，即社会保障供应规模对资源供给能力构成挑战的现象，需要通过在相关领域内进行深层次的存量改革加以解决。无论是人口生育政策的调整、渐进式延迟退休政策的出台，还是社会保险的多缴多得等已经实施或正在酝酿中的改革举措，都需要机关事业单位、人民团体、企业、社会组织，尤其是广大人民群众的全力支持、积极

---

① 张立群：《千方百计把市场主体保护好》，《人民日报》2020 年 8 月 4 日，第 9 版。
② 方鸣、应瑞瑶：《中国城乡居民的代际收入流动及分解》，《中国人口·资源与环境》2010 年第 5 期。

参与和主动创新。

第四，以代际公平为着眼点审慎推动财富的公平配置。

在不影响社会稳定的前提下，应在税收方面逐步推进财富的代际公平。目前，社会上热议的房地产税的财富调整功能、遗产税的财富调整功能，都是一种存量改革。存量改革是以"优化存量"为特征的改革，这种改革要对既有利益格局进行深度调整，在改革中至少有一个既得利益群体需要出让现有的利益，甚至不同社会利益群体都要参与到利益让渡过程中。虽然最终会全面增进社会的整体福利，但短期来看必然会出现"几家欢喜几家愁"的现象。在这种欢喜与忧愁并存期间，改革所带来的整体获得感暂时就不会太强，甚至在极端情况下，存量改革本身就会在解决一个社会问题的同时引发一个新的社会问题集群。因此，建议房地产税征收方面，应当在进行充分的利益协商和社会讨论的基础上，以不能伤害中等收入群体为基本的底线，尽量提高征收的起征标准。另外，党的十八届三中全会提出，要研究择机开征遗产税。但近年来这一税种的讨论较少，开征时间和范围等仍然处于早期研究的状态。当前，许多发达国家都在开征遗产税，但起征标准高、免征类型多是一个共同特征。由于中华文化传统中家庭传承、财富父子相继等观念根深蒂固，遗产税这一税种的开征应当更加审慎。未来，更多的希望应当依然是寄托在增量改革上，即主要是在生产领域着力，以做大增量为主，结合再分配的调节，推进形成一个合理的收入和财富分配结构。

2010～2020 年是我国全面建成小康社会的重要阶段，国内社会主要矛盾从人民日益增长的物质文化需要同落后的社会生产之间的矛盾转变为人民日益增长的美好生活需要和不平衡、不充分的发展之间的矛盾。在这一阶段，国家更加重视社会建设，致力于通过社会建设不断改善民生，大力推进城乡居民基本公共服务均等化，加快社会保障制度建设的步伐，实施精准扶贫战略。2021 年 7 月 1 日，习近平总书记庄严宣告："经过全党全国各族人民持续奋斗，我们实现了第一个百年奋斗目标，在中华大地上全面建成了小康社会，历史性地解决了绝对贫困问题。"① 居民消费也发生了翻天覆地的变化。本章回答的是居民消费发生了怎样的变化，存在什么问题，未来如何更好地改善民生，如何发挥居民消费在经济社会发展中的基础性作用。

第一节　中国进入物质消费大众化阶段

改革开放以来，我国居民消费经历了贫困阶段、温饱阶段、小康阶段，2000 年小康社会实现以后，开始进入了全面建设小康社会的阶段。居民消费方式更加现代化，消费结构更加均衡，城乡居民消费水平差距在缩小，城乡

---

① 习近平：《在庆祝中国共产党成立 100 周年大会上的讲话》，中国共产党新闻网，http：//cpc. people. com. cn/n1/2021/0701/c64094 – 32146278. html，最后访问日期：2021 年 8 月 19 日。

居民在教育、医疗等方面的压力有所缓解，居民消费升级的步伐加快。

一　城乡居民消费水平不断提高

最近十年居民消费水平提升非常快。城镇居民人均消费额从 2009 年的 12264.5 元增长到 2019 年的 28063.35 元，增长了 1 倍多，农村居民消费水平从 2009 年的 3993.4 元增长到 2019 年的 13327.67 元，增长了 2.34 倍。特别是农村居民消费增长速度更快，2010 年来平均增长速度达到 9.3%，高于 GDP 的增长速度（见图 5－1）。[①]

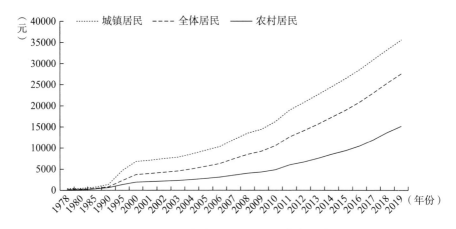

图 5－1　1978～2019 年中国城乡居民消费水平的变化趋势
资料来源：国家统计局编《中国统计年鉴 2020》，中国统计出版社，2020。

城乡居民衣食住行用的水平都有较快提升，其中，城镇居民的食品消费水平从 2009 年的 4478.5 元提高到 2019 年的 7733 元，食品支出水平提高的同时，居民的饮食状况也有很大改善，饮食更注重品质，更加多元化，进口食品受到城镇居民的青睐。此外，居住、交通通信、文化教育娱乐和医疗保健的支出水平也增长较快（见图 5－2）。

农村居民的消费水平近十年快速提高，各项支出增长速度都大大快于城镇居民。农村居民的食品、衣着、居住、交通通信、文化教育娱乐和医疗保健支出水平都增长较快，生活质量有很大提高（见图 5－3）。

---

① 本章中，2019 年数据引自国家统计局年度数据，其余年份数据均为历年《中国统计年鉴》数据，增速根据历年《中国统计年鉴》数据计算。

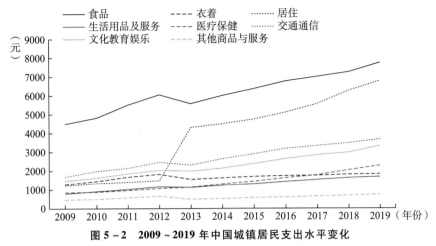

图 5 – 2　2009 ~ 2019 年中国城镇居民支出水平变化

说明：居住支出水平在 2013 年及以后有较大幅度提高是由于统计口径变化

所致。

资料来源：历年《中国统计年鉴》。

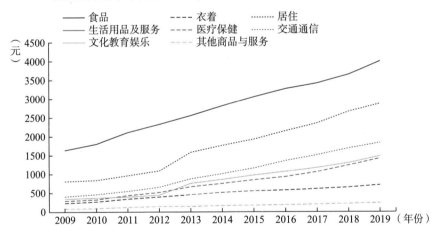

图 5 – 3　2009 ~ 2019 年中国农村居民各项消费支出变化

资料来源：历年《中国统计年鉴》。

　　近十年，随着国家惠农政策的不断推进，城乡收入比和消费比都大幅下降，城乡居民收入差距扩大的趋势减缓。农村社会保障、社会福利和公共服务制度的不断完善，减轻了农村居民的社会负担。农村居民集体消费支出的压力有较大缓解，促进了私人消费的增长。虽然城乡居民之间绝对消费支出还在拉大，但是，消费差距稳中有降，城乡居民消费比逐渐下降。2019 年城乡消费比是 2.11，下降到了近几十年来的最低点（见图 5 - 4）。

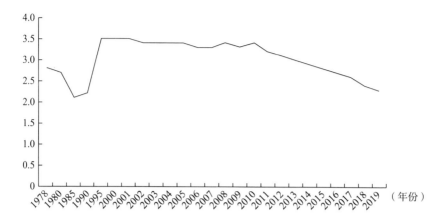

图 5－4　1978～2019 年中国城乡居民消费比的变化趋势

说明：农村居民＝1。

资料来源：国家统计局编《中国统计年鉴2020》，中国统计出版社，2020。

二　城乡居民消费结构更加均衡

恩格尔系数是一个消费结构的指标，也是衡量居民生活质量的重要指标。恩格尔系数下降总体上说明居民生活水平的提高，但恩格尔系数也存在失灵的情况。社会福利和社会保障水平较低，会导致医疗、教育等支出过高从而使恩格尔系数降低。因此，要辩证地看恩格尔系数，当一个社会的社会保障、公共服务水平较高且不变时，恩格尔系数的下降表示居民生活水平的确在提高；反之，当一个社会的社会保障、公共服务水平不高或者下降，医疗、教育支出等过多且挤占居民的其他消费支出，使本来通过集体消费满足的需求只能通过私人消费来满足时，居民社会性支出负担就会过重，挤占其他生活支出，从而导致恩格尔系数下降。这种情况下的恩格尔系数下降不仅不能反映生活水平的提高，反而成为生活压力加大、有损生活质量的表现。因此，鉴于"恩格尔系数失灵"的问题，要全面衡量居民生活水平的变化，一方面要看恩格尔系数变化，另一方面要看饮食等各类支出水平变化及社会性负担的变化。这一阶段，国家对社会建设和民生逐渐重视，在教育、医疗以及其他各项公共服务方面的投入大幅增加，有效缓解了城乡居民的教育、医疗等集体消费的负担，使居民消费结构更加均衡。

（一）城乡居民消费的恩格尔系数不断下降

城乡居民消费结构变化的突出表现是恩格尔系数不断下降。近年来，一方面，恩格尔系数在下降，另一方面，居民饮食支出水平在不断提高，居民生活水平显著变化。在居民消费结构中，居民消费结构升级，城乡居民生活进入小康和富裕阶段，生存性消费下降，发展性和享受性消费增加。城镇居民的恩格尔系数从 2000 年的 38.6% 下降到 2019 年 27.7%，进入了富裕水平；农村居民的恩格尔系数从 2000 年的 48.3% 下降到 2019 年的 30.1%，下降速度快于城市（见图 5 - 5）。农村和城市居民生活分别从温饱、小康到小康和富裕。消费结构不断升级，在满足了温饱的基础上，经历了耐用品消费、住房、汽车以及服务消费的不断升级。现在，城乡居民的恩格尔系数下降到了 30% 左右，物质生活更加富足。特别是，农村居民（包括进城打工的农民工）物质消费也开始更加丰富，正在转向城市（镇）置房和汽车消费。城镇居民的住房普及率已经达到 70% 左右，物质消费进入品质消费阶段，交通通信、文化教育娱乐、旅游等服务支出的占比不断提高，消费质量不断提升。

图 5 - 5 1978～2019 城乡居民恩格尔系数的变化趋势

资料来源：国家统计局编《中国统计年鉴 2020》，中国统计出版社，2020。

农村居民的恩格尔系数下降更快。这一阶段农村居民的食品支出占比从 2010 年的 41.1% 下降到 2019 年的 30.0%，生活用品及服务稳定增长，支出占比基本稳定，一直在 5% 左右徘徊。2010 年到 2019 年，农村居民的交通通信支出占比从 10.5% 增长到 13.8%；文化教育娱乐支出占比从 8.4% 增长到 11.1%。医疗支出占比从 7.4% 上涨到 10.7%。城乡居民在文化教育娱乐、医疗保健和交通通信上的支出占比更加接近，农村居民消费结构升级变化快，城乡居民消费结构的差距在缩小（见表 5-1）。

表 5-1　2010~2019 年城乡居民的各类消费支出占比

单位：%

	类别	2010 年	2011 年	2012 年	2013 年	2014 年	2015 年	2016 年	2017 年	2018 年	2019 年
城镇居民	食品	35.7	36.3	36.2	35.0	35.2	34.8	34.4	28.6	27.7	27.6
	衣着	10.7	11.0	10.9	10.6	9.7	9.5	9.0	7.2	6.9	6.5
	居住	9.9	9.3	8.9	9.7	9.7	9.3	9.4	22.8	24.0	24.2
	生活用品及服务	6.7	6.7	6.7	6.7	7.3	7.3	7.4	6.2	6.2	6.0
	医疗保健	6.5	6.4	6.4	6.2	6.2	6.5	6.7	7.3	7.8	8.1
	交通通信	14.7	14.2	14.7	15.2	15.8	16.2	16.4	13.6	13.3	13.1
	文化教育娱乐	12.1	12.2	12.2	12.7	12.8	13.3	13.7	11.6	11.4	11.9
	其他商品与服务	3.7	3.8	3.9	3.9	3.2	3.2	3.1	2.7	2.6	2.7
	类别	2010 年	2011 年	2012 年	2013 年	2014 年	2015 年	2016 年	2017 年	2018 年	2019 年
农村居民	食品	41.1	40.4	39.3	37.7	34.3	33.0	32.2	31.2	30.1	30.0
	衣着	6.	6.5	6.7	6.6	7.6	6.0	5.7	5.6	5.3	5.4
	居住	19.1	18.4	18.4	18.6	11.3	20.9	21.2	21.5	21.9	21.5
	生活用品及服务	5.3	5.9	5.8	5.8	7.4	5.9	5.9	5.8	5.9	5.7
	医疗保健	7.4	8.4	8.7	9.3	9.2	9.2	9.2	9.7	10.2	10.7
	交通通信	10.5	10.5	11.0	12.0	15.1	12.6	13.4	13.8	13.9	13.8
	文化教育娱乐	8.4	7.6	7.5	7.3	12.8	10.5	10.6	10.7	10.7	11.1
	其他商品与服务	2.1	2.3	2.5	2.6	2.4	1.9	1.8	1.8	1.8	1.8

资料来源：历年《中国统计年鉴》。

（二）各项消费占比更加均衡，城乡居民社会负担有所减轻

改革开放进程中，社会领域的市场化改革加重了居民生活负担，在居民消费快速增长的过程中，居民消费结构出现了不均衡、不协调的问题。这种不均衡发展导致了 20 世纪 90 年代中期以后居民生活的三大负担，即教育、医疗、住房，给城乡居民生活带来沉重压力。进入 21 世纪以来，国

家逐渐从以经济建设为中心的发展转向更加均衡的"五位一体"的协调发展，更加重视以保障和改善民生为重点的社会建设，居民消费结构失衡的问题逐渐得到解决。城乡居民恩格尔系数下降的同时，各项消费支出的结构也变得更加均衡。如随着免费义务教育的真正落实，城镇居民的文化教育娱乐支出占比从 2000 年的 12.1% 下降到 2019 年的 11.9%，农村居民的文化教育娱乐支出占比从 2000 年的 8.4% 下降到 2019 年的 11.1%（见表5-1、图5-6）。这一阶段服务性消费发展很快，旅游、休闲娱乐、健康等服务产业成为拉动经济的新增长点，体现在居民消费结构中，则是交通通信、旅游等服务支出的占比不断提高，消费质量不断提升。

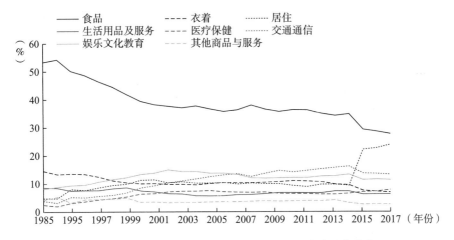

图 5-6 1985~2017 年中国城镇居民各项支出的结构变化
资料来源：历年《中国统计年鉴》。

三 城乡居民消费方式更加现代化

2010~2020 年，整个社会从重视生产转变为重视消费，消费对促进经济社会发展的重要性日益凸显。表现之一是消费在社会经济生活中的地位越来越重要，消费而非生产成为拉动经济增长的一个关键变量。表现之二是消费在个人生活中的地位越来越重要，消费逐渐从满足基本生活需求转变为满足多元需求，消费更多、更好的商品，消费所带来的享受、体验和意义变成消费的目标。消费方式发生了根本性的变化。传统农业社会消费主要发生在集贸市场，随着城市化和消费的繁荣，在城市出现了各类商店、大型购物中心和其他服务性消费场所，这些场所是消费主义诞生的重要标志。消费场所的变化带动消费方式的变革，人们的消费方式从过去的单调、单一向互联网化、多元化、更加现代化方向发展。

首先是城市消费生态发生巨大变化。城市是消费的重要场域。过去，街边的小商店是主要消费场所。现在，实体消费场所更加多元化，从社区便利店到各种大型购物中心，丰富多样的实体消费场所快速涌现，特别是大型城市购物中心，增长很快。伴随着城市房地产业的繁荣，大型购物中心在各大城市快速崛起，是现代消费主义的典型形象。这类商业综合体集吃喝玩乐和购物于一体，把消费变成了日常休闲中必不可少的部分，是都市消费生活的典型形象和重要的消费娱乐休闲场所。这种商业综合体最典型的代表就是万达广场。万达广场创造出城市新中心和新商圈，成为包括大型商业中心、城市步行街、五星级酒店、写字楼、公寓等，集购物、餐饮、文化、娱乐等多种功能于一体的独立的大型商圈。① 据统计，从 2011年武汉第一座万达广场建立起，到 2019 年 12 月 31 日，万达公司拥有运营管理已开业万达广场 323 个。② 这种大型消费综合体近十年在很多大城市迅速成长，成为城市消费新景观。

其次是网络消费持续成长，消费方式发生革命性变化。随着阿里、京东、拼多多等电子商务平台的崛起，网络购物成为日常消费的主要方式之一。1999 年被称为中国的"电子商务元年"，经过十余年的发展，我国电子商务的发展在 2010 年左右进入快车道。2018 年底，《中国互联网发展报告 2019》指出，中国移动互联网用户已经达到了 8.29 亿人，互联网普及率达到了 59.6%。而且，我国网购用户达到 6.1 亿人。网络购物已经成为主要购物方式之一。③ 2020 年，新冠肺炎疫情突袭而至，进一步促进了网络消费的全面发展，人们的日常消费越来越多地转移到了互联网上。网络消费正在彻底改写原有的消费生态。电子商务、移动支付改变了人们的购物体验，拓展了人们的消费空间，把消费扩展到了最偏远的农村，提高了

---

① 《从第一代到第三代 武汉万达发展全纪录》，《湖北日报》2012 年 4 月 23 日，http://jr.cnhubei.com/hthd/201204/t20120423_1841.shtml，最后访问日期：2021 年 5 月 13 日。

② 参见 http://www.wandaplazas.com/intro/plaza/，最后访问日期：2021 年 8 月 19 日。

③ 中国网络空间研究院编《中国互联网发展报告 2019》，电子工业出版社，2019。

消费的可及性；微商等也催生了各种社群消费，消费者合作共享的形式更加多元。一场新的消费方式革命已经到来。

电子商务的崛起对促进农村居民消费的作用更大。电子商务在农村的普及和发展，使农村居民的消费环境大为改善，缩小了城乡居民消费环境的差距，使农村居民商品选择的范围扩大，消费价格更加合理。电子商务和移动支付的发展和普及，使偏远农村和大都市一样能享受到经济发展带来的消费盛宴。像淘宝、拼多多等网络平台，给三四线城市和农村居民带去了更多的物美价廉的消费品，使他们在商业设施不完善的情况下也能够有更多的消费选择。基于中国家庭金融调查（CHFS）数据的一项研究表明，移动支付使中国家庭消费增长 16.1%，其中农村地区消费增长高达 22.1%，城镇地区消费增长 12.7%。[①]

最后是人们的消费观念开始由崇尚节俭转变为热衷消费。在短缺经济时代，生产不足制约着人们的消费。当时社会形成了节约、节俭、节省的消费风气，奢侈性消费是被批评和指责的。表现在消费价值观上，则形成了尚俭黜奢的消费价值观。现在，在鼓励消费的社会氛围下，特别是随着年青一代成为主流消费者，借贷消费、超前消费、奢侈消费成为新宠，社会上出现了"月光族""房奴""车奴"等现象，但同时，也出现了极简生活的现象。有些人崇尚简单生活，在理性追求品质消费的同时更加崇尚绿色、环保等消费方式。他们不再盲目追求炫耀性消费，而是更加重视体现个性和品位等，消费趣味的区分更加明显。

四　消费升级从数量转向品质，进入品牌分化阶段

长期以来，居民消费需求集中于基本物质需求的满足，追求的目标是拥有各种物品。这一阶段这一目标已经实现，城乡居民各种耐用消费品都逐渐普及，人们的基本物质需求得到满足，品质消费开始成为消费追求的目标，居民消费需求从数量扩张转向品质提升。人们的消费不再满足于物质的功用性本身，而是更加注重消费的体验感、品质感和符号价值。

---

① 《促进中国家庭消费增长 16%！移动支付成拉动内需新引擎》，参见 http://www. aliresearch. com/cn/presentation/presentiondetails? articleCode = 21862&type = % E6% 8A% A5% E5%91% 8A&organName = 。

　　首先，城乡居民饮食质量显著提高，更加注重品质和健康。根据《中国统计年鉴2019》的数据，从2013年到2018年，我国居民人均粮食消费量从148.7公斤下降到了127.2公斤，食用油从10.6公斤下降到9.6公斤，肉类从25.6公斤上升到29.5公斤，禽类从7.2公斤上升到9.0公斤。蛋类从8.2公斤上升到9.7公斤，奶类从11.7公斤上升到12.2公斤，干鲜瓜果类从40.7公斤上升到52.1公斤。可见，这一阶段城乡居民的饮食变得更加健康和丰富多样，从高热量、高脂肪向低热量、低脂肪和高蛋白发展，饮食质量大大提高。

　　其次，耐用品消费从数量普及转向品质升级。20世纪90年代以来的"新三大件"（彩电、冰箱、洗衣机/空调）一直在缓慢向农村扩展，现已基本在农村普及。《中国统计年鉴2020》数据显示，从2013年到2019年，我国城镇居民每百户家庭洗衣机拥有量从88.4台上升到99.2台，电冰箱从89.2台上升到102.5台，彩电从118.6台上升到122.8台，空调从102.2台上升到148.3台。农村居民耐用消费品增速更快，2010年农村居民每百户家庭洗衣机拥有量只有57.32台，电冰箱只有20.10台，空调只有6.40台，到2019年就分别达到了91.6台、98.6台和71.3台。2013～2018年，全国每百户家庭家用汽车拥有量也从2013年的16.9辆上升到2019年的35.3辆，其中城镇居民从22.3辆增长到43.2辆，农村居民从2013年的9.9辆增长到2019年的24.7辆。一些新的智能电器，如移动电话全国居民平均每百户拥有量达到253.2部，计算机每百户53.2台，其中农村家庭移动手机超过了城市，达到了261.2部，计算机也达到了27.5台。当前，汽车是农村居民消费升级的新增长点。

　　城市居民各种耐用品早已经普及，消费则处于新的升级换代中。像彩电、冰箱、洗衣机等都在不停地升级换代，新产品、高品质、大品牌是城市居民的消费选择。汽车在城镇居民中的普及率2019年达到了40%以上，中上层的汽车拥有率达到72.4%。由于部分大城市近几年汽车限购、公共交通快速发展等因素，汽车消费普及速度受到影响。比如，北京市自2011年起实行汽车摇号政策，人口继续增长，但汽车消费增速却大幅下降。北京常住人口从2010年的1961.9万人增加到2018年的2154.2万人，增加了192.3万人；私人汽车拥有量从2011年1月到2018年12月底净增

104.6万辆，年增速由2010年的24.7%降至2018年的2.5%。① 数据表明，北京市居民汽车消费需求还是非常强烈的。2020年10月初新一期指标配置中，中签率已经从2011年首轮摇号的1∶12降低到1∶3120。②

再次，城乡居民居住条件迅速改善。这一阶段，房地产快速发展，1997年实行货币化分房改革以来，商品住宅的消费开始进入了快速增长期。2000~2019年，商品住宅消费面积年均增长12.3%，商品住宅销售额年均增长21.9%。在住房商品化推动下，城镇居民的自有住房率达到很高水平。2010年第六次全国人口普查数据显示，城镇居民住房自有率是69.78%。③ 农村居民住房条件也不断改善，农村经济状况好的居民也开始进城购买商品房，商品住房也成为农村居民消费升级的基本目标。根据国家统计局发布的《建筑业持续快速发展　城乡面貌显著改善——新中国成立70周年经济社会发展成就系列报告之十》中的数据，2018年，城镇居民人均住房建筑面积39平方米，比1978年增加32.3平方米；农村居民人均住房建筑面积47.3平方米，比1978年增加39.2平方米。④ 城市居民的饮水安全得到保障。2018年城市居民用水普及率达到了98.4%，燃气普及率达到96.7%。⑤ 城乡居住和物质生活条件得到极大提升，物质消费进入品质提升阶段。

最后，居民消费更加重视品牌。在奢侈品牌受到追捧的同时，民族品牌、小众品牌也开始崛起。不同群体之间消费差别在品牌和品质上的分化更加明显。同样是手机，有的是几百元，有的则是几千元；同样是汽车，有的是几万元，有的则上百万元。消费的差别不再是拥有与否的差别，而是品质、品牌的差别，消费越来越成为新的社会区分手段。

---

① 李红莉：《调控政策下北京市民的购车选择》，《中国经贸导刊》2019第11期。
② 杜巧梅：《北京摇号十年：中签率1比3120 有京牌报价24万》，新浪财经，2021年1月11日，https://baijiahao.baidu.com/s? id=1688599540322488926&wfr=spider&for=pc，最后访问日期：2021年5月13日。
③ 邹湘江：《我国城市人口住房状况特征及变化分析——基于"五普"和"六普"数据的比较》，《广州大学学报》2013年第12卷第1期。
④ 《2018年中国城镇居民人均住房建筑面积39平方米》，中国经济网，2019年7月31日，http://www.ce.cn/xwzx/gnsz/gdxw/201907/31/t20190731_32770750.shtml，最后访问日期：2021年5月13日。
⑤ 国家统计局编《中国统计年鉴2019》，http://www.stats.gov.cn/tjsj/ndsj/2019/indexch.htm，最后访问日期：2021年5月13日。

在国际奢侈品消费持续攀升的同时，国产品牌也越来越受到欢迎。阿里巴巴的"新国货计划2020"、京东的"新国品计划"、腾讯与《人民日报》数字传播推出的"人民·新国货"计划、拼多多的"新品牌计划"、小红书的"买手会"等表明，互联网平台都在助推国产品牌的崛起。阿里研究院发布的《2020中国消费品牌发展报告》显示，2019年线上中国品牌市场占有率达到72%，2019年上半年博物馆IP的跨界商品销售额占整个文创类商品市场份额的72%，创新推动中国品牌持续高质量发展。[①] 被称为"Z世代"（95后和00后）的年轻消费者更喜欢国有品牌，"年轻人更喜欢和漫画、新锐艺术家的联名。我们为的是好看"，"不需要用品牌来获得身份认同"。[②] 除了一线、二线城市年轻女性喜爱国潮文化特色商品，[③] 小镇青年也热爱购买国货，且越是低线级消费者越青睐国货品牌。[④]

第二节　不同阶层的消费状况分析

消费是社会地位的外在体现，物品消费的差异体现着社会结构的差异。鲍德里亚在《物体系》中指出，"社会体制把它的地位赋予物品"，[⑤] 而物品的价值则根据其符号价值被赋予，并通过消费体现出来。当前物质产品和服务消费的大众化与物品符号意义的分化同时存在，社会的地位结构通过消费体系再生产出来。在生产者和流通者以商品价格、商品质量和多样化、个性特征供给市场的同时，消费者的消费也以其购买偏好逐渐形

---

① 《2020中国消费品牌发展报告（完整版）》，北京房产网，2020年5月14日，http://news. leju. com/2020－05－14/6666549088768802234. shtml? wt_ source = nsearch_ ssjg_ 00，最后访问日期：2021年5月13日。

② 《引爆下沉市场狂欢：京东携手新国货抢滩"Z世代"消费》，http://d－drcnet－com－cn. libziyuan. bjut. edu. cn：8118/eDRCNet. Common. Web/DocDetail. aspx? DocID = 5607209 &leafid = 24302&chnid = 6104，最后访问日期：2021年8月11日。

③ 《2020中国消费品牌发展报告（完整版）》，北京房产网，2020年5月14日，http://news. leju. com/2020－05－14/6666549088768802234. shtml? wt_ source = nsearch_ ssjg_ 00，最后访问日期：2021年5月13日。

④ 《引爆下沉市场狂欢：京东携手新国货抢滩"Z世代"消费》，http://d－drcnet－com－cn. libziyuan. bjut. edu. cn：8118/eDRCNet. Common. Web/DocDetail. aspx? DocID = 5607209 &leafid = 24302&chnid = 6104，最后访问日期：2021年8月11日。

⑤ 让·鲍德里亚：《物体系》，林志明译，上海人民出版社，2001，第159页。

成等级性类属。[①] 消费者被消费品的分类所分类，通过消费而表现出其社会结构属性，不同年龄、性别、阶层之间的社会差别都会通过消费差别而体现出来。在短缺经济时代，商品占有多少是区分的明显标志，但是在耐用品消费已经普及的情况下，物品占有多少不再具有区分的意义，消费的品质、品牌背后的意义区分成为社会结构分化的新的指示器。考虑到中国社会结构分化的典型特点，下面主要考察社会阶层之间的消费方式差异。

改革以来，中国社会阶层分化日益明显，关于社会阶层分化的研究也有很多，既有陆学艺先生根据职业所划分的"十大阶层"说，也有李强教授根据"国际社会经济地位指数"所描绘的"倒丁字型"社会结构说。不同的划分标准导致社会结构所呈现的形态有较大区别。进入 21 世纪以来，关于阶层分化的讨论越来越多。阶层分化的一个突出表现就是各个阶层在消费方式和消费水平上的分化和消费区隔的形成。不同社会阶层由于职业、收入、教育和财富等的差异而逐渐形成了不同的消费方式，消费方式成为阶层区分和固化的最显著特征。消费是社会结构分化的结果和体现，它最终还是以收入和财富为基础的、以物质占有和使用方式差别体现的文化分化。这种消费的文化意义是消费社会学所强调的，并认为消费文化具有相对独立的分化逻辑。

消费分层研究有两个路径，一是研究不同社会阶层在消费方面的差异，把消费看作社会分层和社会不平等的后果。如对不同社会阶层或者特定阶层（如中产阶层）的消费状况进行研究，关注造成消费差异的文化差异和制度差异。二是对消费本身进行分层，根据单一或者多元消费指标把社会成员分为不同的消费阶层，研究消费分层状况及与社会分层维度的关系，单一指标如恩格尔系数、[②] 耐用品消费指数，[③] 多元指标包括消费结构、消费能力、消费质量、消费方式等。[④] 根据消费状况直接进行的消费

---

① 张翼：《当前中国各阶层的消费倾向：从生存性消费到发展性消费》，《社会学研究》2015年第 1 期。

② 李培林、张翼：《消费分层：启动经济的一个重要视角》，《中国社会科学》2000 年第 1 期。

③ 李春玲：《当代中国社会的消费分层》，《中山大学学报》（社会科学版）2007 年第 4 期，第 47 页。

④ 林晓珊：《中国家庭消费分层的结构形态——基于 CFPS2016 的潜在类别模型分析》，《山东社会科学》2020 年第 1 期。

分层，虽然与其他维度分层存在较大差异，但是并不能否认消费是社会阶层的指示器。消费分层与其他维度分层的不一致，一方面反映了现有社会分层指标的局限性，另一方面也有消费分层指标本身的问题。地位商品在不同时期、不同文化中都有差异，某一耐用品作为炫耀性消费品的地位会随时间而丧失其价值。有些指标，如恩格尔系数，会因为不同福利体制而内涵不同，可能出现失灵，从而不具有区分生活质量差异的意义。因此，特定消费指标作为地位符号的意义是不稳定的，是随着时间和空间而变化的。

就社会分化来说，李强教授在20世纪90年代指出，改革开放以后，政治不平等程度大大下降，而经济不平等程度却大大上升。社会分层结构的变化并非简单的差距拉大的过程，而是经济上的不平等取代了政治上的不平等。[①] 社会发展到今天，经济分层的影响更大，只是经济分层不仅是收入水平的分化，也是财产和资产的分化。由于财富效应的巨大影响，收入对阶层地位的影响也在变化，收入水平达到中等者，其消费并不一定能达到中等水平；职业对分层的影响也在变化，在一些领域，蓝领收入超过白领，吸引着更多高学历人员流入。例如，在快递、房地产销售等领域，都不乏高学历、高收入人员。[②] 特别是网络社会的崛起，网络主播、网店店主等的出现，使职业的分层作用变得更加复杂。在这种情况下，消费分层的意义更加凸显。

经济分化对消费分化的影响尤为突出。目前，城乡居民耐用品消费类型的差别在缩小，但是在消费品质、消费方式和消费品位方面的差别却在扩大。正如鲍德里亚在《消费社会》中所指出的，消费的平等并不会颠覆现有社会结构体系，富人"通过消费的方式，通过风格，他与众不同，独树一帜。从炫耀到审慎（过分炫耀），从量的炫耀到高雅出众，从金钱到文化，他绝对地维系着特权"。[③] 消费作为社会分层的指示器，其最终决定因素仍然是财富。研究消费分层、财富分层是最主要的标准，阶层消费文

① 李强：《政治分层与经济分层》，《社会学研究》1997年第4期。
② 《调查：中国电商物流快递从业人员近四成有大学学历》，环球网，2017年4月29日，https://china.huanqiu.com/article/9CaKrnK2jTZ，最后访问日期：2021年5月13日。
③ 让·波德里亚：《消费社会》，刘成富、全志钢译，南京大学出版社，2000，第39页。

化以此为基础而形成。

本研究按照财富占有多寡,把全体社会成员大致划分为四个阶层,即财富阶层、中产阶层、小康阶层和相对贫困阶层。从而对不同社会阶层的消费进行分析。

一 财富阶层的消费

随着中国经济的崛起,中国出现了堪与世界比肩的财富阶层。根据福布斯的研究报告,2016 年全球共有 1810 位富豪净资产超过 10 亿美元,其中,中国有 300 多位,富豪总数居世界第二,251 位来自中国大陆。[①] 按照"2018 福布斯中国 400 富豪榜",其财富规模最少的也达到了 58 亿元。[②] 这个群体的主要来源是私营企业主阶层,此外,还有一些其他大型企业的经理人员阶层以及少数拥有大量财富的明星人物。过去,私营企业主阶层主要集中于传统产业,如制造业、房地产业,2010 ~ 2020 年,随着科技发展和信息产业的崛起,那些具有高学历、高技术的新兴产业的企业创始人成为财富阶层的新来源。基于历年"中国私营企业主调查"的一项研究表明,在历年创业的私营企业主中,本科及以上文凭持有者的比例在不断上升,在 20 世纪 80 年代早期创业的企业主中,本科及以上学历的比例还仅为个位数;到了 90 年代末 21 世纪初,这一比例已达到 20% 左右;2006 ~ 2014 年,这一比例在 30% 以上;且在企业主中,大企业主接受高等教育的比例明显高于中小企业主。[③] 财富阶层的学历和素质逐渐提高。这样一个拥有巨大财富的阶层是改革开放以来中国社会结构的最大变化之一。

这个财富阶层不能仅仅用收入多少来衡量,而应该从收入来源、资产多寡、社会地位等多个维度来衡量。这是一个看不见的阶层。这个看不见,并不是像保罗·福塞尔所说是因为他们太低调而看不见,而是指学术界鲜有研究。虽然人们能够从媒体知道这个位于财富顶端的阶层,但是他

---

① 李培林:《改革开放以来我国阶级阶层结构变化分析》,《中共中央党校学报》2017 年第 6 期。

② 《重磅!2018 福布斯中国富豪榜出炉(完全名单)》,新浪财经,2018 年 10 月 25 日,http://finance.sina.com.cn/zt_d/2018fbszg500fhbbd/,最后访问日期:2021 年 5 月 13 日。

③ 范晓光、吕鹏:《中国私营企业主的社会构成:阶层与同期群差异》,《中国社会科学》2017 年第 7 期。

们几乎没有出现在社会学家的研究视野中。基于全国抽样调查的数据可以说很难包含这个阶层，基于访谈的质性研究也很少触及这个阶层。学术界虽然看不见他们，但是这个阶层是真实存在的。他们已经拥有巨大的财富，拥有一般人无法企及的消费能力和与普罗大众不一样的消费品位。他们是消费时尚的真正引领者，收入和财富是他们消费的基础。

由于数据和材料的难以获得，对财富阶层的消费状况只能做定性描述，很难做确切的统计分析。中国财富阶层的消费已经站在了世界的塔尖上，其消费能力和消费方式与全球的时尚风潮同步，他们的生活方式已经国际化。他们是世界奢侈品的主要消费群体，豪宅、豪车、私人飞机、游艇等是他们的消费专属。他们的生活方式、消费方式不但是中国消费时尚的引领者，也在影响着世界奢侈品消费走向。在传媒发达的信息社会，这个财富阶层的生活方式也有更多的机会呈现出来，各种媒体信息向大众传递和勾勒了财富阶层的消费和生活方式。个别研究也再现了其消费文化的一隅，如可投资资本在 1000 万元以上的高净值人群中，倾向于刻意忽视"以消费品论英雄的大众化标准"，"已不满足于通过对奢侈品的购买力来彰显差异，而是倾向于通过追求自己真正的兴趣，享受限量定制服务等私人化服务体验"，他们在私人医疗服务和医疗保险、子女教育方面的消费倾向也十分明显，他们对奢侈品的购买更加随意，"想买什么就买什么"等。[1] 更加顶端的财富阶层在私人消费上已经超越了物品和符号，而走向了文化和艺术领域，如有的致力于字画、古董等艺术品收藏，有的则致力于满足精神文化需求的文化生产，如拍电影等。

二　中产阶层的消费

目前，对于这个群体，学术界有不同的称谓，如"中产阶级"、"中间阶层"、"中间层"和"中等收入群体"等，指在社会结构中处于中间位置的阶层。本研究认为，这几个说法虽然用词不同，但其所指代的人群具有典型特征。最初，在我国中产阶层是指改革开放以后先富起来的一批人，他们在生活方式上最先追赶上了发达国家的中产阶层。他们是白领，

---

① 周长城、吴琪、邹隽若：《高净值人群的消费特征及其生活方式探析》，《社会科学研究》2019 年第 6 期。

有较高的收入，有车、有房，能够消费得起一些价格较高的奢侈品。随着中国经济的整体跃升，这种生活状态的人真正成为处于富人和大众之间的中间阶层。对于这个群体，有的按照职业划分，有的按照收入划分，有的则坚持多元标准来划分。大多数学者根据收入、受教育程度、职业来划分中产阶层。也有单纯从收入来界定的，即中等收入阶层。国家统计局对中等收入的界定标准是年收入 6 万 ~ 50 万元，按这个标准，50 万元以上就是高收入阶层。50 万元以上显然不是衡量财富阶层的标准。在北、上、广、深一线城市以及部分二线城市，对于很多大企业的中高层以及金融领域、IT 领域的人士来说，这个收入标准很难说是高收入。因此，用绝对收入标准来界定中产阶层或者中等收入阶层很难成为共识。笔者主张从生活质量标准来综合界定中产阶层，如有住房，有汽车，有健全的保险和稳定的收入来源等，根据住房、耐用品消费等宏观统计数据，粗略估计中产阶层大约为 4 亿人，占全部人口的 30% 左右，[①] 与其他学者估计的数据比较接近。

　　中产阶层是社会的消费主体，也是支撑消费社会的结构力量。改革开放初期，先富起来的私营企业主、外资企业的白领以及少数政府官员是中国最早的中产阶层，他们是消费时尚的引领者。随着我国市场经济体制不断发展和完善，就业质量不断提升，越来越多的人实现了职业地位上升和收入提高、经济社会地位提升，形成了以国家社会管理者、私营企业主、企业经理人员、办事人员、个体户及部分商业人员组成的中产阶层。他们的收入水平高，消费能力强，成为规模庞大的消费主体。中产阶层的崛起是我国社会结构现代化的最重要标志之一，也是支撑我国内需增长的中流砥柱，中产阶层在国际市场上也体现了强劲的购买力。

　　中产阶层主要生活在城市。从生活形态来看，他们一般从事白领工作，有稳定的收入来源，有较好的经济基础，有房产及其他金融资产；受教育程度比较高，很多都受过大学教育；在消费方面，他们的物质生活已经比较丰富，讲究消费品质和品牌消费。中产阶层的崛起带动了奢侈品消费市场规模的扩大。2018 年中国奢侈品消费市场正在发生巨变，贝恩公司发布的《2018 年中国奢侈品市场研究》显示，2018 年，中国消费者的奢

---

　　① 张林江、赵卫华：《中产阶层壮大、扩大内需与经济转型》，《中国党政干部论坛》2016年第 10 期。

侈品消费占到全球市场份额的 33%，居全球首位。①

中产阶层品质消费的另一个热点是汽车。根据中国汽车流通协会的数据，自 2015 年起，全国乘用车销售量连续 5 年在 2000 万辆以上，2017 年高达 2418 万辆。《中国统计年鉴 2020》数据显示，2019 年我国城镇居民百户家庭小轿车拥有量已经超过了 43.2 辆。从 2017 年起，旅行汽车、20 万元以上的高端汽车消费增长很快。② 2020 年即便有新冠肺炎疫情的影响，我国汽车市场累计销量仍然达 2531 万辆，其中乘用车市场累计销量达 2017 万辆，三大豪华汽车品牌中，宝马（包含子品牌 MINI）2020 年销量为 77.7 万辆，成为中国市场豪华品牌车企销量冠军（2020 年宝马集团全球共交付车辆 232.5 万辆），奔驰位居第二，在华销量为 77.4 万辆。奥迪销量为 72.6 万辆。③ 三者合计销售达到 227.7 万辆，占到全国汽车销量的近 9%。中产阶层的汽车消费升级成为豪华品牌热销的主要推动力。

中产阶层注重精神需求的满足，他们是旅游消费的中坚力量，其壮大带动旅游市场规模的持续扩大。物质生活丰富的中产阶层群体，是旅游、文化等服务消费的中流砥柱。从旅游来看，"十二五"期间是我国旅游消费爆发式增长阶段，2010 年国内游客是 21.03 亿人次，2011 年就增长到 26.41 亿人次，2014 年增长到 36.11 亿人次，2018 年达到 55.39 亿人次。国内居民出境游中因私出境人数 2010 年是 5150.79 万人次，2011 年就增长到 6411.79 万人次，2014 年增长到 11002.91 万人次，四年间增长了 114%，2018 年更是达到了 15501.69 万人次。此外，像电影等文化娱乐消费也呈现了同样强劲的增长势头。④ 从以上居民消费的几个基本指标来看，中产阶层已经拥有了比较丰裕的物质生活，其消费正在向品质消费和服务消费转型，商品房、私人汽车、文化旅游消费已经是中产阶层的标准消费配置。

① 《中国奢侈品市场去年保持 20% 增速 23—38 岁的消费者成绝对主力》，百家号网，https://baijiahao.baidu.com/s?id=1628670177079629050&wfr=spider&for=pc，最后访问日期：2021 年 8 月 19 日。
② 《2018 中国汽车消费趋势报告》，选车网，http://www.chooseauto.com.cn/zt/2018xfqs/index.shtml，最后访问日期：2021 年 5 月 13 日。
③ 刘洋：《2020 车市成绩单：上汽整体销量第一，豪华车销冠奔驰、宝马"各执一词"》，凤凰网财经，2021 年 1 月 13 日，https://finance.ifeng.com/c/830LyzkXVzF，最后访问日期：2021 年 5 月 13 日。
④ 2020 年受新冠肺炎疫情的影响，旅游、娱乐消费大幅度下滑，并非常态。

三 小康阶层的消费

在中国 14 亿人口中，大约有 50% 还属于小康阶层。这些人包括大多数农村人口、城市新市民/农民工和小部分城镇户籍居民。这部分人很多是李克强总理所说的月均收入不足 1000 元的人，[①] 其中最主要的部分是农民和农民工。这部分人的基本吃穿住用已经没有问题，脱离了贫困，但是生活还不宽裕。党的十八大以来习近平总书记多次强调："小康不小康，关键看老乡"，农村的小康是全面小康的重点，大多数农村居民脱贫致富，奔小康，是这一阶段最大的特点。目前，绝大多数农村居民处于小康水平，一部分人正从小康迈向中产阶层。

什么样的生活是小康水平呢？党的十一届三中全会最早提出建设小康社会的目标，1991 年，由国家统计局与国家计委、财政、卫生、教育等 12 个部门组织专家对小康水平进行研究，确定了 16 个基本监测指标和小康临界值。涉及小康水平的生活标准有 8 个，这些标准还是比较低的。这 8 个标准是：（1）城镇人均可支配收入 2400 元；（2）农村人均纯收入 1200 元；（3）城镇住房人均使用面积 12 平方米；（4）农村钢木结构住房人均使用面积 15 平方米；（5）人均蛋白质日摄入量 75 克；（6）恩格尔系数 50%；（7）教育娱乐支出比重 11%；（8）电视机普及率 100%。此后，国家相关部门又颁布了多个小康标准。2006 年国家统计局提出"全面小康社会统计监测指标体系"，由 6 个方面、25 个指标构成。6 个方面包括：经济发展、社会发展、人口素质、生活质量、民主法制和资源环境。小康社会的标准不断提高。在 2006 年的指标体系中，生活质量指标是：到 2020 年建成全面小康社会时，生活质量标准包括居民人均可支配收入 ≥13000 元（2000 年价格）；恩格尔系数 ≤40%；人均住房使用面积 ≥27 平方米；居民人均生活用电量 ≥500 千瓦小时；家用电脑拥有量 ≥60%（台/百户）。国家的

[①] 2020 年 5 月 28 日，在十三届全国人大三次会议召开的记者会上，李克强总理强调中国有"6 亿中低收入及以下人群，他们平均每个月的收入也就 1000 元左右"，引起国内外热议。根据国家统计局住户抽样调查数据，2019 年，我国收入最低的 20% 的家庭的年人均可支配收入为 7380 元，月人均可支配收入为 615 元；收入最低的 40% 的家庭的年人均可支配收入为 11579 元，月人均可支配收入为 965 元。这表明，我国确实有 40% 以上的人群，其平均月可支配收入在 1000 元左右。

小康标准是一个整体标准，具体到居民生活层面，什么样的生活水平才是小康标准并没有权威的说法。如果参照国家精准扶贫的脱贫标准来看，除了人均家庭年收入超过国家贫困线以外（实际上很多地方的标准都高于这个标准），消费标准则是"两不愁、三保障"，即不愁吃、不愁穿，义务教育、基本医疗、住房安全有保障。当一个人或者家庭的生活达到这个标准后，即脱离了贫困，达到了小康的最低标准。

我国大部分农村居民生活都达到了小康标准。《中国统计年鉴2019》数据表明，2018年农村居民的饮食消费的比例已经降低到了30.1%，衣着、耐用品消费比例在经历较长期增长后，2014年后开始逐渐下降，居住消费、医疗保健消费开始了较快增长，居住条件进一步改善，农村居民人均住房面积已经达到了47.3平方米，彩电、冰箱、洗衣机已经普及，空调每百户也达到了65.2台。农村居民消费也在从耐用品消费向商品住房、汽车和服务消费升级，在一些地方进城买房和购买汽车成为青年农民结婚的必要条件。

小康阶层正处于物质消费扩张的阶段。他们人口多、物质消费需求强烈，总体购买力强大。从消费选择来看，他们对价格敏感，喜欢物美价廉的物品，购物讲求实惠，拼多多的快速崛起即是这一阶层购买力的最重要体现。"小镇青年"是小康阶层的消费主力之一，他们是国产品牌的拥趸者。2018年全年小镇青年们在京东平台中国品牌的下单金额、下单量、下单商品数量和下单用户数的同比增幅分别达到63%、54%、66%和65%。[①]

四 相对贫困阶层的消费

改革开放以来，我国反贫困事业取得了举世瞩目的成就，贫困发生率不断下降。特别是，2018年以来是我国全面建设小康社会的加速期，也是反贫困的攻坚克难阶段。这一阶段，脱贫攻坚的成效突出。根据《中国统计年鉴2019》的数据，按照每人每年2300元（2010年不变价）的农村贫困标准计算，1978年农村贫困人口达77039万人，贫困发生率为97.5%，

---

① 《引爆下沉市场狂欢：京东携手新国货抢滩"Z世代"消费》，http://d-drcnet-com-cn. libziyuan. bjut. edu. cn：8118/eDRCNet. Common. Web/DocDetail. aspx？DocID=5607209&leafid=24302&chnid=6104，最后访问日期：2021年8月11日。

到 2000 年贫困发生率下降到 49.8%，2010 年贫困发生率又进一步下降到
17.2%，贫困人口还有 16567 万人。2013 年，贫困发生率进一步下降到
8.5%，我国农村还有 8249 万贫困人口。在 2013 年 11 月，习近平总书记
到湖南湘西考察时首次做出了"实事求是、因地制宜、分类指导、精准扶
贫"的重要指示。2014 年实施精准扶贫战略以来，农村 8000 多万绝对贫
困人口摆脱了贫困。2019 年末农村贫困人口还有 551 万人，贫困发生率下
降到 0.6%。2019 年贫困地区农村居民人均可支配收入达到 11567 元。[①] 党
的十九届五中全会宣布，"十三五"期间，我国脱贫攻坚取得了举世瞩目
的成果，5575 万农村贫困人口实现脱贫，农村贫困群体的生活发生了巨大
变化。

绝对贫困从整体上被消除以后，相对贫困问题依然会长期存在，相对
贫困群体包括大量刚刚脱贫、可持续发展能力较弱的农村贫困边缘户、部
分收入超过了贫困线但支出负担比较重的进城农民工、城镇低保户和低收
入群体等。他们收入来源单一，抗风险能力较弱，生活仅能满足温饱，很
容易因为疾病、失业、劳动力不足等返贫。他们生活节俭，注重积累。很
多针对农民工的多维贫困研究表明，消费性贫困是农民工贫困的主要形
式。农民工非常节俭，收入中只有 30% 多用于消费，消费是暂时性消费、
维持性消费、最小化消费。[②]

这些相对贫困人口除了因病致贫以外，其发展性支出是比较高的，集
体消费不足的影响比较明显，这也塑造了中国相对贫困群体消费结构的独
特性。根据"民政部 2015 年城乡困难家庭抽样调查"数据，城乡困难家
庭消费支出比重比较高的前四项依次是食品、医疗、住房和教育支出（见
表 5 - 2），医疗支出大是致贫的重要原因。城乡困难家庭的恩格尔系数都
比较低，城镇困难家庭是 32%，而农村困难群体却只有 23%。[③] 生活越困
难的群体，恩格尔系数反而越低，说明医疗、教育等刚性支出挤压了饮食消

---

① 国家统计局：《中华人民共和国 2019 年国民经济和社会发展统计公报》，国家统计局官
网，2020 年 2 月 28 日，http://www.stats.gov.cn/tjsj/zxfb/202002/t20200228_1728913.ht-
ml，最后访问日期：2021 年 5 月 13 日。
② 李晓峰、王晓方、高旺盛：《基于 ELES 模型的北京市农民工消费结构研究》，《农业经济
问题》2008 年第 4 期。
③ 根据"民政部 2015 年城乡困难家庭抽样调查"数据计算。

费等物质消费支出，这说明城乡贫困边缘阶层的物质消费水平还比较低。

表 5 - 2　2015 年城乡困难家庭的消费支出状况

单位：元

人均各项支出	城镇流动人口	农民工	城镇困难家庭	1/2 城镇平均
生活消费总支出	15439.48	14302.74	13730.76	9984.05
食品支出	5118.51	4288.73	4401.19	3000
衣着支出	926.04	805.81	346.95	813.6
教育支出	1515.79	1536.01	1048.14	1071.15
医疗支出	2567.86	2629.09	5757.79	652.8
住房支出	2230.81	2507.55	469.52	2244.8
水电燃料取暖支出	794.49	751.34	692.86	
婚丧嫁娶支出	680.22	559.57	395.2	
文娱支出	325.61	147.95	140.65	
交通支出	509.87	432.82	200.73	1318.65
通信支出	432.37	404.43	259.5	
上网费支出	121.03	93.34	62.04	
家庭设备用品支出	426.23	373.02	254.37	616.6
其他生活费支出	51.18	36.79	24.78	266.45
人均转移性支出	2554.43	2406.3	1482	

资料来源：1/2 城镇平均为 2014 年国家统计局数据，其他根据"民政部 2015 年城乡困难家庭抽样调查"数据计算。

当前，医疗费用还比较高，农村新型合作医疗的报销比例仍然比较低，医疗负担还比较重；农村义务教育虽然已经免费，但是农民教育质量距离农民的教育需求还有很大距离，很多农村的孩子进城上私立学校，教育支出负担较重。因此，这一阶段虽然农民消费支出水平提高较快，消费结构也在改善，但是社会负担仍然比较重。城市外来人口，由于公共服务不均等，社会负担还比较重。他们虽然在收入水平上高于贫困线，但是由于疾病、教育等支出压力大，收不抵支的现象仍然比较突出，其贫困主要是消费性贫困（也有学者将其称为"支出性贫困"）。这一群体的物质生活水平还比较低，物质消费的潜在需求比较大，对于这一群体，亟待通过进一步提升就业质量、增加收入、促进公共服务均等化等多方面措施来推动其消费升级。

第三节　居民消费变迁的机制分析

中国从传统的生产社会转向消费社会，消费在经济社会发展和个人生活中越来越重要。这个转变是一个全方位的社会转型。从经济层面来看，一个最主要的基础性原因是我国已经成为全球第二大经济体，人均 GDP 已经突破 1 万美元，这是居民消费不断增长的物质基础，从社会层面来看，收入分配改善、社会结构和消费价值观的变化都是推动居民消费结构变迁的原因。

一　收入水平提高，收入分配有所改善

一般来说，收入是消费的基础，收入水平和收入结构都会影响居民消费。在一个社会中，收入水平提高会带动消费水平的提高，但是如果收入差距太大，高收入群体收入高，但是消费倾向低，而低收入群体虽需求强烈，但收入不足，就会出现有效需求不足。因此，消费水平和消费结构会影响一个社会的消费增长。近十年，我国居民消费增长较快，消费逐渐成为拉动经济增长的主要因素，这与居民收入水平的提高和消费结构的改善密不可分。从一次分配的情况来看，在我国居民收入水平增长的同时，收入分配差距也出现减缓的趋势。

首先，居民收入水平稳步提高。近十年来，中国经济进入高质量增长阶段，经济发展进入"新常态"，GDP 增长逐渐减速，但是居民消费增长仍然较快，成为拉动经济增长的主要引擎。居民收入增长速度相对加快，除 2016 年、2018 年和 2019 年以外，其他年份居民收入增速都超过了 GDP 增速。[①] 我国城镇居民人均可支配收入从 2010 年的 18779.1 元增长到 2019 年的 42359 元，农村居民人均可支配收入从 2010 年的 6272.4 元增长到 2019 年的 16021 元。[②] 居民收入达到了较高水平，购买力大大增强。城镇

---

① 历年《国民经济和社会发展统计公报》。
② 2010 年数据来自《中国统计年鉴 2011》，2019 年数据来自《2019 年国民经济和社会发展统计公报》。

居民收入水平高，虽然增速低于农村居民，但是其收入增长的绝对值远高于农村居民。城镇居民，特别是像北京、上海以及其他东部地区城市的居民，人均收入已经达到富裕国家水平，购买力非常强大。

其次，收入分配更加均衡，差距扩大的趋势有所放缓。从基尼系数来看，这一阶段基尼系数在下降，收入扩大的趋势开始逆转。《中国统计年鉴》数据显示，改革开放以来，我国收入分配差距经过短暂的缩小后不断拉大，基尼系数也大幅度攀升。基尼系数从 1978 年的 0.31 降低到了 1984 年的 0.26，之后长期上升，在 20 世纪 90 年代中期就超过了 0.4 的警戒线。国家统计局公布的数据显示，2008 年，我国基尼系数达到了历史最高点（0.491），之后开始下降，2019 年基尼系数已经下降至 0.465。

我国城乡收入差距巨大，最高的时候城乡收入比达 3.3，近十年来，我国城乡收入比不断缩小，《中国统计年鉴 2019》数据显示，现在已经下降到了 2018 年的 2.69。这是因为近 10 年来农村居民收入增速较高，且 2013 年以来一直快于城镇居民收入增速（见图 5-7）。农村居民收入增长速度的加快为城乡居民消费不断增长奠定了基础。

图 5-7　2010～2019 年中国城乡居民收入增速
资料来源：根据历年《国民经济和社会发展统计公报》数据整理。

从二次分配的情况来看，二次分配普惠性提高，提升了低收入群体的消费能力。城乡居民社会保障制度不断完善，公共服务均等化不断推进。低收入群体的社会保障状况改善，保障水平在提高。自 2007 年起，新型农村合作医疗制度在全国普及。自 2009 年起，国家在农村推行新型农村养老保险。最低生活保障制度作为兜底保障，其保障水平也在不断提高。2019年末，全国参加城镇职工基本养老保险的人数为 43482 万人，参加城乡居民基本养老保险的人数为 53266 万人；参加基本医疗保险的人数为 135436万人，其中，参加职工基本医疗保险的人数为 32926 万人；参加城乡居民基本医疗保险的人数为 102510 万人。2019 年末全国共有 861 万人享受城市最低生活保障，3456 万人享受农村最低生活保障。农村居民医疗费用可以按比例报销，农村 60 岁以上的老年人每人每月可以获得 105 元基本养老金，[①] 这些制度的实施切实增加了农民的收入，对于提升农村居民消费水平意义重大。

二　城市化的快速推进

城市化是指城市人口不断增加、城市规模不断扩大的过程。改革开放40 多年来，我国社会结构的一个重大变化就是城镇化，即从一个农民占多数的国家转变为一个城市居民占多数的国家。乡村人口从 1978 年的 82%下降到 2019 年的 39.4%，2019 年，常住人口城镇化率达到了 60.6%。最近十年是我国城镇化最快的时期，2019 年城镇化率较 2010 年上升了 10.7个百分点，户籍人口城镇化率达到了 44.38%。

城市是人口聚集、消费集中的场所，城市化推动居民消费方式变化。城市是现代消费主义的温床。从社区便利店到各种大型购物中心，从丰富多样的实体商店到无时不在的网上商城，消费场所的多样性、便利化给人们提供了无限丰富、无时不在的消费体验。特别是 2010 年以来，各种大型购物中心快速崛起，这类商业综合体集吃喝玩乐和购物于一体，把消费变成了日常休闲中必不可少的部分，大型商业中心成为都市人消费生活的典型场所。都市生活方式刺激了人们的各种消费需求，带来了更多的消费。城镇居民边际消费倾向远高于农民，农民工市民化会大大增强农民工的边际消费倾向，促进消费，并拉动内需。[②]

---

① 此处社保相关数据均来自《2019 年国民经济和社会发展统计公报》，国家统计局官网，2020 年 2 月 28 日，http://www.stats.gov.cn/tjsj/zxfb/202002/t20200228_1728913.html，最后访问日期：2021 年 5 月 13 日。

② 国务院发展研究中心课题组刘世锦、陈昌等《农民工市民化对扩大内需和经济增长的影响》，《经济研究》2010 年第 6 期。

三　移动互联网推动消费方式革命

最近十年，中国的互联网消费经历了从萌芽到普及的高速成长。1999年被称为中国的"电子商务元年"，2010年左右电子商务发展进入快车道，《中国互联网发展报告2019》显示，2018年底，中国移动互联网用户已经达到了8.29亿人，互联网普及率达到了59.6%。目前，我国网购用户达到6.1亿人。[①] 这个数据表明，在中国，除了老人和小孩，能上网的人基本上都已经上网。随着阿里、京东、拼多多等电子商务平台的崛起，网络购物正成为中国人日常消费的主要方式。互联网发展带来了消费新变化，平台经济、分享经济正在引领一种新的消费模式。随着共享单车的出现，越来越多的消费领域在引入共享的理念，共享汽车、共享充电器，共享雨伞等，各种共享消费应运而生，出现了各类社群消费。消费变革带动生产模式创新，一些企业也在共享、分享理念下不断寻找"共赢"模式。整个社会的消费方式从单一化向多元化发展。消费不仅是满足基本生活需求的手段，也变成了满足各种其他需求的手段。消费不仅与娱乐密不可分，甚至也与工作融为一体，像很多直播大V，消费方式的推销成为他们获得收入的重要方式。消费平台化、圈子化、互动化，在互联网、大数据的支持下，消费方式变化带动生产模式变化，一场新的消费革命出现了。

电子商务、数字金融变化改变了人们的购物体验。网络消费增强了消费可及性，在新技术的支持下，线上线下消费融合，出现新的零售模式。海淘、拼多多拓展了人们的消费空间，把消费扩展到了最偏远的农村，刺激了消费的增长，增强了消费的公平性，推动着消费革命。特别是具有普惠性的数字金融的普及，推动着城乡居民消费更加便利化。研究表明，2011年我国各省级数字普惠金融指数的中位值为33.6，2018年增长到294.3，平均每年增长36.4%。数字普惠金融"低成本""广覆盖""可持续性"，降低了交易成本和金融服务门槛，扩大了金融服务的范围和覆盖面，更有利于广大中低收入者和弱势群体。[②] 随着电子商务的崛起和移动支付的普及，偏远农村也和大都市一样能享受到经济发展带来的消费红

---

① 中国网络空间研究院编《中国互联网发展报告2019》，电子工业出版社，2019。

② 吕雁琴、赵斌：《数字普惠金融与城乡居民消费差距》，《金融与经济》2019年第12期。

利。淘宝、京东、拼多多等网络平台，给三四线小城市居民和农村居民带去了更多物美价廉的消费品，使他们在商业设施不完善的情况下也能够有更多的消费选择。

四　消费主义文化的扩张

消费主义起源于西欧，壮大于美国，并随着经济全球化而扩散到其他国家。消费主义是一种消费价值观，消费主义使许多人通过获取商品来制定人生目标，而这些商品并非他生存所需，也非为传统的炫耀。他们沉迷于获取的过程——购物，并从购物和展示新物品的过程中获得身份和地位。在这种社会里，众多领域既鼓励又服务于消费主义，从千方百计吸引顾客购买非急需物的店主，到受雇为现有型号注入创意的产品设计师，再到试图创造新需求的广告商，都是如此。[①] 在消费主义的支配下，生产、销售和消费行为都把消费本身作为了至高无上的目标。

我国传统消费价值观是提倡节俭，讲究物尽其用。这种消费价值观是与传统短缺社会相适应的，进入消费社会以后，节俭消费为鼓励消费、超前消费的思想所替代。媒体经常讲述中国老太太和美国老太太的不同买房故事，目的是鼓励大家转变消费价值观念，贷款买房。[②] 对于长期节俭的中国人来说，消费主义价值观的塑造是一个长期的过程。这个消费价值观塑造随着电子商务崛起，在 2010～2020 年有了切实的结果，特别是随着 80 后、90 后、00 后走向消费舞台，消费主义价值观已经成为一种主流价值观。从商家到传媒，都在鼓励和刺激消费需求。超前消费、借贷消费开始在年青一代中流行。很多年轻人从"月光族"转变为"月欠族"、"负翁"，"70 后存钱，80 后投资，90 后负债，而 90 后的父母在替孩子们还债"[③]，消费价值观在代与代之间发生了根本改变。由智联招聘发布的《2018 年白领满意度指数调研报告》显示，我国有 21.89% 的受访白领处

①　彼得·N. 斯特恩斯：《世界历史上的消费主义》，邓超译，商务印书馆，2015，第 1～2 页。
②　中国老太太一生省吃俭用，到了晚年才攒够了钱买房，但没有享受到。而美国老太太年轻时贷款买了住房，到老时还清贷款，消费观不同而导致不同的人生和生活质量。查阅知网，从 2001 年到 2013 年，这个故事被不同的媒体反复提及，鼓励大家要像美国老太太那样超前消费。
③　孙凤：《年轻"负翁"的生成机制》，《人民论坛》2019 年第 5 期。

于负债状态。①

消费主义以一种文化的形式渗透在各种广告、传媒中，通过语言、文字、图像等形式传递出来，以润物细无声的方式改变着人们的消费行为。它把消费与身份、地位、成功、快乐、幸福等美好的东西联系起来，营造了一种新的消费文化。消费主义的崛起一方面与全球化过程中消费文化的传播和示范效应有关，另一方面与经济发展和现代消费金融发展密切相关。随着大数据在网络营销中的运用，各种广告无孔不入，可以精准推送到消费者的面前。网红、网络大 V 带领的粉丝消费，使消费脱离了物质需求而变成了一种精神寄托，成为一种表达情感、社会认同的手段。在这种环境中成长起来的 80 后、90 后和 00 后群体，成为消费主义的中坚力量。

第四节　居民消费存在的问题及政策建议

总体来看，最近十年城乡居民消费水平快速提高，消费结构快速升级，居民消费需求更加多元化、个性化、品质化，旅游、教育、休闲娱乐等服务消费快速增长，中国进入物质消费大众化阶段、消费文化多元化阶段，人们对美好生活的需求更加凸显。消费阶层分化更加明显，出现了一个高消费的财富阶层，中产阶层消费品质化，小康阶层的消费升级步伐加快，贫困群体摆脱了绝对贫困状况。与此相应的是，我国商品和服务供给体系的多层次化和品牌消费的崛起。目前，虽然我国已经形成了多层次的商品和服务供给体系，但还存在发展不平衡不充分的问题，难以满足广大人民群众对美好生活的需要。党的十九届五中全会通过了《中共中央关于制定国民经济和社会发展第十四个五年规划和二○三五年远景目标的建议》，指出我国"民生领域有短板"，"十四五"发展主要目标之一是"民生福祉达到新水平"。未来补足民生短板，增进民生福祉，是中国实现现代化的目标之一。

---

① 《2018 年白领满意度指数调研报告》，搜狐网，https://www.sohu.com/a/286761592.9990
1684，最后访问日期：2021 年 8 月 8 日。

一　居民消费中存在的问题

当前，在消费文化和生活方式多元化的同时，也存在过度消费问题，有的群体出现"富裕病"，有的群体存在基本消费需求不能满足、消费压力大等问题。

（一）中产阶层的消费压力大，存在地位紧张感

随着消费分层越来越明显，财富阶层的消费示范会刺激中下阶层的消费欲望。面对越来越多消费诱惑，中产阶层是最容易产生焦虑的群体。中产阶层无论是在收入、消费还是社会地位等方面都居于社会的中间位置。按照齐美尔在《时尚的哲学》中所说，时尚具有统合和区分的功能，时尚流行是从社会上层向中产阶层扩散，中产阶层是消费时尚领域最活跃的群体。中产阶层处于社会的中间位置，他们的生活目标是向上层看齐或者保持现有的社会地位而不致地位下降。中产阶层期望的目标和达成目标的手段之间存在张力，当其经济地位不足以支付各种为保持地位而进行的消费和投资时，会由此产生强烈的焦虑情绪。目前，这种焦虑集中体现在子女教育和住房上。中国人重视教育，中产阶层更是把教育作为维持社会地位传承的最重要的手段，所以，对子女教育的投资是最重要的，也是最令人焦虑的。他们看重教育质量，希望孩子能上好的学校、给孩子上各种昂贵的补习班，学习各种技能和才艺。其次是住房，对于中国人来说，房子有家的含义，在城市拥有自己的住房，是现阶段的必需品，很多中产家庭贷款买房，或者难以买房，经济压力很大。研究表明，城市中等收入阶层在按揭购房后出现了明显的生活质量下降趋势。[①]

（二）年轻人的过度消费透支未来，蕴含更多风险

不同年龄阶段的人因生活经历不同，形成了不同的生活习惯、消费习惯，在消费方式上表现出非常明显的消费差别。今天的年轻人普遍进行贷款消费，高消费负债率带来一定的社会风险和生活风险。

[①]　罗拾平：《失衡消费后债重道远——城市中等收入阶层按揭购房后的生活质量调查》，《人口与经济》2008 年第 4 期。

　　如果我们根据个人成长阶段所处时代的特点，把当前中国人的消费划分为不同的世代，则不同年龄段的人具有不同的消费特点：60后及前一代是物质匮乏的一代，典型特点是节俭消费；70后则是过渡的一代，一部分具有物质匮乏的经历，生活节俭，一部分则具有现代消费意识，拥抱消费主义；80后是独生子女一代，也可以说是第一代现代消费者，他们在消费主义价值观下成长起来，物质生活相对富裕；90后及00后则是在丰裕时代成长起来的网络原住民，他们消费更加理性化和个性化。70后及其之前几代是热衷于依靠储蓄积累财富，80后进入社会以后开始出现"月光族"，90后则普遍成为"月欠族"。随着网购分期贷款的推广，90后和00后贷款消费和分期付款已经是常态。

　　超前消费、借贷消费成为年青一代的消费方式。这种消费方式对于繁荣消费市场、拉动经济增长意义重大，但也带来了一系列问题。一些消费陋习开始出现。奢侈浪费、挥霍无度、畸形追求名牌等"富裕失范"现象在增多。[①] 生活方式变化也引发了一些伴生病症，如肥胖、亚健康、失眠等，需要通过消费文化的引导来防范和消除。超前消费、过度消费透支年轻人的未来，甚至酿成悲剧。如有些大学生因为借贷不能及时归还背负高额债务而自杀，一些人过度消费给家庭带来沉重负担。新冠肺炎疫情的突袭而至，使一些贷款消费者、有房贷者受到较大冲击，也暴露了这种消费方式的潜在危害。国家在鼓励消费、通过消费促进经济增长的同时，一定要注意遏制消费主义带来的危害，倡导理性消费、适度消费，防范过度消费带来的金融风险。

　　（三）相对贫困成为新的贫困形式，消费性贫困是主要表现形式

　　随着全面小康社会的建成，我国基本消除了绝对贫困，相对贫困将是未来的主要贫困形式。建立解决相对贫困的长效机制，成为我国扶贫的新任务。相对贫困的标准是相对的，与其所在社会其他人的生活状态有关，"是比较出来的"，"在人们心目中确实存在着贫富的概念，称一些人是穷

[①] 王宁：《从不平衡到平衡消费——对"富裕失范"以及消费失衡的社会学分析》，《山东社会科学》2020年第3期。

人，一些人是富人"。[1] 相对贫困具有相对性、区域性、地方性。这些贫困者也是鲍曼在《工作、消费、新穷人》一书中所说的"新穷人"，他们的贫困问题，不是生存问题，他们"多大程度上成为和被视为穷人，取决于我们的生活方式，亦即我们和其他人如何赞许或者反对这种生活方式"。[2] 因此，没有达到社会公认的基本生活标准，也即消费性贫困，是界定新穷人的标准。

当前，随着城镇化的迅速推进，大量农民工在户籍、心理上甚至消费方式上实现了市民化，但是其生活质量和消费水平并没有达到城市生活的一般水平，相对贫困问题比较突出。他们在住房、日常生活等物质消费方面的水平还比较低，在教育、医疗等方面的支出压力还比较大，属于典型的消费性贫困。对于这个群体来说，不仅要提升其日常生活消费水平，还要通过推进基本公共服务均等化，提升他们的集体消费水平，全面提升其生活质量。

（四）民生领域存在短板，集体消费是最大的短板

最近十几年来，我国集体消费领域成绩斐然，实现了免费义务教育，城乡居民看病难、看病贵的问题已经获得很大解决，住房保障也日益受到重视，这些都大大减轻了城乡居民的社会负担，促进了居民消费水平的迅速提升。但这些领域无疑还存在诸多短板，民生离要达到的"七有五性"标准还有较大距离。城乡居民在医疗保健、住房、教育方面还存在诸多困难。

二 促进居民消费均衡发展的政策建议

（一）继续缩小收入分配差距

当前，缩小收入差距对于缩小消费差距具有重要意义，对于社会和谐发展也非常重要。与收入相比，消费是衡量发展不平衡更合适、更准确的

---

[1] 费孝通：《关于贫困地区的概念、原因及开发途径》，《农业现代化研究》1986年第6期。
[2] 齐格蒙特·鲍曼：《工作、消费、新穷人》，仇子明、李兰译，吉林出版集团有限责任公司，2010，第29页。

变量。因此，当收入差距不可避免地扩大时，通过各种社会政策来弥合的消费差距目前是消除社会不平等的有效途径。研究表明，随着消费不平等的扩大，社会信任水平可能受到显著影响。消费基尼系数每上升 0.1，社会信任水平下降 2.11 个百分点。[①] 消费是财富的外显指标，消费差距过大比收入差距过大更容易引发社会不满，因此，减少消费差别比缩小收入差距更重要，也更具有可能性。在整个社会收入差距较大的情况下，通过各种社会干预，缩小消费差距，更有助于社会的和谐稳定。

（二）促进集体消费品供给更加均衡

当前，我国居民消费结构仍然不平衡，这种不平衡表现在两个方面：一是不同群体之间的不平衡，二是居民消费结构中各项支出存在不平衡。要优化消费结构，除了缩小收入分配差距之外，更重要的是要增加集体消费品供给，并使集体消费品分配更加均衡、公平，通过二次分配的优化，减轻城乡居民的消费压力，提高公共服务和社会保障水平。首先，要提升教育质量、均衡发展教育。促进城乡之间、区域之间的教育发展更加均衡，减轻城乡居民的教育压力。其次，进一步改革医疗体制。降低医疗费用，减轻城乡居民的医疗负担。最后，加强住房保障。增加廉租房、保障房供给，使进入城镇的新市民能够享有基本的住房保障。通过集体消费品供给侧改革，增加供给，增强公平性，缓解中等收入群体的地位焦虑以及减轻中下等收入群体的生活压力，从而促进消费结构更加均衡。

（三）树立合理的消费价值观和形成良好的消费文化

随着经济进入消费拉动增长的阶段，鼓励消费、刺激消费增长成为当前我国消费政策的主导模式。消费价值观也从过去的节俭消费转向鼓励合理适度消费。消费水平的提高和消费方式的多元化，是一把双刃剑。一方面，这会导致消费主义的兴起，诱发过度消费、环境危机等，另一方面，这也有利于满足多样化需求，刺激相关产业发展。从人类社会的

---

① 周广肃、李沙浪：《消费不平等会引发社会信任危机吗?》，《江苏社会科学》2016 年第 7 期。

未来看,需要从经济社会可持续发展、自然环境可持续出发,提倡与社会发展水平相适应的消费。要通过传统文化和社会主义核心价值观的教育和引导,在全社会树立健康合理、可持续的消费价值观,形成良好的消费文化。

第六章

城乡结构

城乡结构在社会结构中具有重要地位与作用，是体现我国社会结构独特性的重要方面。它不仅体现了我国人口、产业的分布，也蕴含着人们的身份、地位等的差异，而人们的身份、地位差异又反过来影响着人口、产业的迁移。改革开放后，我国城乡二元结构的制度因素逐步消除，但城乡间收入差距仍然较大，公共产品供给体制依然失衡，优势资源向城市汇聚的趋势短期内难以改变。伴随经济社会持续发展，城镇化进程随之加速。2011 年，我国城镇化率达到 51.27%，首次突破 50.0%，意味我国完成了从农村社会到城镇社会的转型。2020 年，全国城镇化率达到 63.89%。

第一节　我国城乡结构的主要特点

城乡之间存在社会生产、生活形态的差异，也蕴含着人们联系方式及社会关系的差异，并由此带来城乡社会结构的差别。改革开放后，国家转向市场经济体制，维系城乡二元结构的一些管理制度，例如户籍制度、劳动就业制度等得以调整，城乡结构趋于弹性化。但是，重工业优先发展的惯性、增长导向的非均衡发展战略等都推动着对工业投资的增长，人、财、物等稀缺资源依然流入城市，加之城乡分割的公共品供给等都拉大了城乡差距。近十年以来，城镇化进程持续推进，城市及人口规模不断扩张，城市群快速发展。同时，我国农村大量青壮年人口外流，农业劳动力出现老龄化现象，农村处于低度发展之中。

一　城镇化速度先快后缓

伴随城镇化进程，我国人口持续从经济欠发达的农村地区向经济发达的城镇地区迁移，城镇化率不断提升，城镇人口数量不断增加。

2010 年，我国城镇常住人口为 66978 万人，城镇化率为 49.95%。2011 年城镇化率首次超过 50%，此后持续提高，但城镇化速度开始放缓。2019 年，我国的城镇人口为 84843 万人，占总人口 140005 万人的 60.60%（见表 6-1）。从表 6-1 的数据可见，在 2009 年以来 10 年时间内，我国的城镇化率提升了 12.26 个百分点，每年平均增加 1.2 个百分点，每年约有 1600 万人口进城。1981 年到 1996 年，我国城镇化率从 20% 提升到30%；2002 年城镇化率达到 40%；2010 年城镇化率达到 50%；2019 年城镇化率达到 60.60%。由此可见，我国城镇化继续在推进的同时，其增速也出现了减缓的趋势。

表 6-1　2010～2019 年我国的城镇人口与城镇化率

年份	人口总量（万人）	城镇人口（万人）	城镇化率（%）	增幅（个百分点）
2010	134091	66978	49.95	1.61
2011	134735	69079	51.27	1.32
2012	135404	71182	52.57	1.30
2013	136072	73111	53.73	1.16
2014	136782	74916	54.77	1.04
2015	137462	77116	56.10	1.33
2016	138271	79298	57.35	1.25
2017	139001	81347	58.52	1.17
2018	139538	83137	59.58	1.06
2019	140005	84843	60.60	1.02

资料来源：国家统计局编《国家统计年鉴 2020》，中国统计出版社，2020。

二　大城市和城市群快速发展

在城镇化过程中，我国大中小城市、小城镇得到快速发展，城市数量迅速增加。2019 年，城市总量达到 672 个。与小城市、城镇相比，2010 年以来人口规模超过 100 万人的大中城市得到了更快的发展。2010～2019

年，人口 400 万人及以上的城市由 14 个增加到 20 个，人口 200 万～400 万人的城市由 30 个增加到 44 个，人口 100 万～200 万人的城市由 81 个增加到 98 个；人口 50 万～100 万人的城市由 109 个减少到 88 个，人口 20 万～50 万人的城市由 49 个减少到 39 个，人口 20 万人以下的城市由 4 个变为 8 个（见表 6－2）。2019 年，城区常住人口 500 万～1000 万人的特大城市已有武汉、天津、成都、东莞、南京、郑州、杭州、长沙、沈阳等 9 个；常住人口 1000 万人及以上的超大城市有上海、北京、重庆、深圳、广州 5 个。城镇化已经到了以大城市发展为主的新阶段，大城市为经济社会发展提供了强大推动力。2020 年，国内城市"万亿 GDP 俱乐部"成员达到 23 个，其经济总量占到全国 35% 强。2020 年 GDP 十强城市依次是上海、北京、深圳、广州、重庆、苏州、成都、杭州、武汉和南京。大城市的经济引领和带动作用日益凸显。

表 6－2　2010～2019 年我国地级及以上城市人口变化

单位：个

年份	400 万人及以上	200 万～400 万人	100 万～200 万人	50 万～100 万人	20 万～50 万人	20 万人以下	合计
2010	14	30	81	109	49	4	287
2011	14	31	82	108	49	4	288
2012	14	31	82	108	50	4	289
2013	14	33	86	103	52	2	290
2014	17	35	91	98	47	4	292
2015	15	38	94	92	49	7	295
2016	17	43	96	90	43	8	297
2017	19	42	100	86	42	9	298
2018	20	42	99	88	40	8	297
2019	20	44	98	88	39	8	297

注：本表所指人口数为城市市辖区年末总人口。
资料来源：历年《中国统计年鉴》。

　　大城市的快速发展带动着城市群的发展壮大，通过培育城市群、都市圈带动区域发展成为近 10 年城镇化、区域经济社会发展的重要取向。2014 年的《国家新型城镇化规划（2014—2020 年）》明确提出，优化提升东部地区城市群，培育发展中西部地区城市群，建立城市群发展协调机制，将城市群作为我国推进城镇化的主体形态。2015 年以来，跨省份的区域城市群规划陆续出台，"19 + 2"城市群格局基本形成。① 19 个城市群涵盖内地 231 个地级以上城市，以 1/4 的土地聚集了 3/4 的人口，创造了我国 88% 的 GDP。城市群带动区域内中小城市、城镇的差异化发展，成为支撑区域城乡经济一体化的重要动力。

三　区域间、省区市间城镇化发展不平衡依然存在

我国东部、中部、西部以及东北地区不同区域之间，城镇化的进程及速度各不相同，城镇化发展的不平衡依然存在。2010 年，我国东部地区、东北地区的城镇化率较高，而中部、西部地区的城镇化率较低。经过 10 年发展，到 2019 年，东部地区城镇化率依然最高，为 71.5%；东北地区次之，为 62.1%；中部地区再次之，为 56.6%；西部地区较低，为 52.7%。但是，从增速或增幅来看，中部、西部地区最高，增幅超过 13 个百分点；东部地区次之，增幅超过 10 个百分点；而东北部地区较低，增幅仅为 8 个百分点。②

不同省、自治区、直辖市间的城镇化率存在不小差异。以省份为单位分地区，2011 年我国城镇化率最高的是上海、北京和天津，其城镇化率分别为 89.3%、86.2% 和 80.5%，已经发展到高度城市化阶段。而贵州的城镇化率为 35.0%，甘肃为 37.2%，云南为 36.8%，西藏由于区情特殊，城镇化率仅为 22.7%。到 2019 年，上海、北京和天津等地区的城镇化率分别达到 88.3%、86.6 和 83.5%。西藏的城镇化为 31.5%，贵州、云南、甘肃的城镇化率都超过 48.5%。其他省区市的城镇化率均超过 50%。从增幅来看，贵州 2010 ~ 2019 年城镇化率增长了 19 个百分点，陕西、甘肃、重庆、河南及福建的增幅在 17 个百分点左右，河北、湖北、江西、云南及江苏的增幅在 15 个百分点左右，而黑龙江城镇化率仅增加了 5 个百分点。

---

① "19 + 2"即京津冀、长三角、珠三角、山东半岛、海峡西岸、哈长、辽中南、中原地区、长江中游、成渝地区、关中平原、北部湾、晋中、呼包鄂榆、黔中、滇中、兰州 - 西宁、宁夏沿黄和天山北坡 19 个城市群，以及以拉萨、喀什为中心的两个城市圈。
② 根据国家统计局编《中国统计年鉴 2019》（中国统计出版社，2019）数据计算。

四　农村整体发展水平仍然有待提高

我国以世界7%的耕地养活了世界22%的人口，粮食问题是我国农业生产的首要问题，种植业在农村经济中举足轻重。2010年，我国农林牧渔业总产值67763.13亿元，到2019年，达到123967.94亿元，年均增速在4%以上。2010年，第一产业就业人口为27931万人，占全国就业人员的36.7%。到2019年，第一产业就业人口下降到19445万人，占比下降到25.1%。2007年，我国粮食产量在21世纪首次超过5亿吨，2013年超过6亿吨，2019年接近6.64亿吨，连续7年超过6亿吨，从而确保了我国的粮食安全。

但是，农业农村发展依然面临诸多困难。农业更多和自然生产过程联系在一起，难以产生规模和聚集效应，经济效率较低。农村的公共设施建设加快，改善了农村的基本面貌，但多年的建设欠账仍未填平补齐。同时，由于人口流出严重，部分公共设施利用率不高，公共服务还有不少短板。耕地占有上人多地少，种植业比较效益差，教育、医疗等落后，乡村难以留住优秀人才和优质劳动力，难以获得持续增长动力。尽管国家提倡工业反哺农业、城市支持农村，但外来输血式的扶持无法充分激发乡村发展内生动力。在城镇土地、人口快速扩张的同时，农村经济出现两极分化现象，除部分乡村因位置、资源等优势得到发展外，不少偏僻的农村出现了空心化，相当一部分偏远农村出现了衰败现象。

五　收入分配的城乡差距依然较大

收入与消费的城乡差异依然存在，但是出现了缩小的趋势。2010年以来，我国城镇居民和农村居民之间的收入差距在累积扩大的基础上出现了逐步缩小的迹象。2009年，城乡人均收入比达到最大的3.33，也就是说，城镇家庭人均可支配收入是农村家庭人均可支配收入的3.33倍。自2010年起，城乡之间的收入差距开始缩小，城乡家庭人均可支配收入比持续下降。2014年降到3倍以内。到2019年，收入差距进一步缩小到2.64倍（见表6－3）。

表 6－3　2010～2019 年城乡居民收入比较

单位：元

年份	城镇家庭人均可支配收入	农村家庭人均可支配收入	城乡人均可支配收入比
2010	19109	5919	3.23
2011	21810	6977	3.13
2012	24565	7917	3.10
2013	26955	8896	3.03
2014	28844	9892	2.92
2015	31195	11422	2.73
2016	33616	12363	2.72
2017	36396	13432	2.71
2018	39251	14617	2.69
2019	42359	16021	2.64

资料来源：历年《中国统计年鉴》。

　　消费的城乡结构是指人们的消费在城乡之间的差异。2010 年，城镇家庭的人均消费支出是 13471 元，农村家庭的人均消费支出是 4382 元，城镇家庭人均消费支出是农村家庭人均消费支出的 3.07 倍。城镇家庭支出的恩格尔系数是 35.7%，农村家庭支出的恩格尔系数是 41.1%，农村家庭用于食品支出的比例要比城镇家庭高 5 个多百分点。到 2019 年，城镇家庭的人均消费支出是 28063 元，农村家庭的人均消费支出是 13328 元，城镇家庭人均消费支出是农村家庭人均消费支出的 2.11 倍。城镇家庭支出的恩格尔系数是 27.6%，农村家庭支出的恩格尔系数是 30.0%，农村家庭用于食品支出的比例要比城镇家庭高 2 个多百分点。城乡居民的家庭富裕程度都有所提高，差距缩小。经过 2010～2019 年的发展，城乡家庭的消费支出总额增加，用于食品的支出比例都在下降，城乡消费支出的差距缩小（见表 6－4）。

表 6－4　2010～2019 年城乡居民消费与恩格尔系数

年份	城镇家庭人均消费支出（元）	城镇家庭支出的恩格尔系数	农村家庭人均消费支出（元）	农村家庭支出的恩格尔系数	城乡家庭支出比
2010	13471	35.7	4382	41.1	3.07
2011	15161	36.3	5221	40.4	2.90
2012	16674	36.2	5908	39.3	2.82

续表

年份	城镇家庭人均消费支出（元）	城镇家庭支出的恩格尔系数	农村家庭人均消费支出（元）	农村家庭支出的恩格尔系数	城乡家庭支出比
2013	18488	30.1	7485	24.1	2.47
2014	19968	30.0	8383	33.5	2.38
2015	21392	29.7	9223	33.0	2.32
2016	23079	29.3	10130	32.2	2.28
2017	24445	28.6	10955	31.2	2.23
2018	26112	27.7	12124	30.1	2.15
2019	28063	27.6	13328	30.0	2.11

资料来源：历年《中国统计年鉴》。

我国区域间、省区市间的城乡居民收入差异比较大。从区域间的差异来看，2010 年，城镇居民人均可支配收入是农村居民人均可支配收入的 3 倍左右，西部地区城乡居民之间的收入差距最大，东北部地区城乡居民之间的收入差距较小。到 2019 年，东北地区人均可支配收入的城乡差距依然为 2.34 倍。东部、中部、西部地区人均可支配收入的城乡差距分别变化为 2.54 倍、2.59 倍、2.83 倍。相对 2010 年，东北、东部、中部和西部各区域城乡居民之间的收入差距都在缩小。

人们的消费在区域间也存在城乡差异。2019 年，城乡人均消费支出差距最小的是中部地区，其次是东北地区，再次是西部地区，最高的是东部地区。在中部地区，城乡居民人均消费支出的差距为 1.9 倍。在东北、西部与东部地区，城乡居民人均消费支出的差距分别为 2.1 倍、2.1 倍与 2.2 倍。经过 2010 年至 2019 年的发展，我国各区域城乡居民人均消费支出的差距都在缩小。

第二节　我国城乡结构变化的动力机制

2010 年以来，城乡结构变化是第二、三产业持续发展、城镇化进程持续推动的结果。城镇化成为我国城乡关系的决定性因素，对城乡关系及其结构变化产生了深远的影响。在城乡结构调整过程中，政府放松户籍限制、产权流转的行政干预，以市场化手段配置资源对我国的城乡结构调整发挥了基础性作用。同时，政府还积极推动新型城镇化和农村发展进程，使城乡结构呈现更大弹性，出现均衡发展迹象。政府通过调整公共政策、规划引导以及市场机制对劳动力、土地等资源进行配置，从而影响人们的城乡迁移，造成城乡结构出现新的特征。

一　以市场化手段引导人口流动及资源配置

2010 年以来，我国逐步改革，通过持续深入的制度调整，逐步消除城乡二元体制的制度性差别。这些制度调整包括：放松城乡人口迁移管控，推动产权制度改革等统筹城乡资源配置；以市场化机制推动生产要素流动，为城乡协同发展奠定基础。

2012 年党的十八大提出，要促进农业转移人口市民化，推动城乡发展一体化。2014 年 3 月印发的《国家新型城镇化规划（2014—2020 年）》提出，以人为核心的城镇化要推进农业转移人口落户城镇，促进流动人口融入城市，推动城镇化持续健康发展。2014 年 7 月，国务院印发《关于进一步推进户籍制度改革的意见》，建立城乡统一的户口登记制度，梯度化放松放开不同规模的户口迁移政策，建立居住证制度，保障转移人口及其他常住人口合法权益。2016 年 9 月，《国务院办公厅关于印发推动 1 亿非户籍人口在城市落户方案的通知》出台，全面放宽放开重点群体落户限制，调整完善大中城市、超大和特大城市落户政策，进一步拓宽落户通道，加快完善财政、土地、社保等配套政策。2017 年后，国家发改委出台推进新型城镇化重点任务的通知，要求逐步放宽大城市落户条件，提出推进常住人口基本公共服务全覆盖、深化"人地钱挂钩"等配套政策，推动非户籍人口在城市落户。2019 年 12 月，中共中央办公厅、国务院办公厅印发《关于促进劳动力和人才社会性流动体制机制改革的意见》，进一步放宽大中城市的落户条件，要求完善超大、特大城市积分落户政策。新时代户籍制度深化改革，转变了大中城市流动人口落户限制的政策取向，建构起基于就业、住所以及社会保险的梯度化进城落户政策。同时，建立城乡统一的户口登记、基于实有人口提供基本公共服务等制度，大幅度减少了附着在户籍上的权益，使人口流动、人口迁移更多地回归市场化调控。有利于推动农村转移人口市民化，为城镇化进程的持续推进创造了条件。

产权是资源配置的基础，在城市产权制度改革逐步到位的背景下，农村相关产权制度改革提上日程。2008 年党的十七届三中全会明确提出，促进公共资源在城乡之间均衡配置、生产要素在城乡之间自由流动，逐步建立城乡统一的建设用地市场。经过部分省份的试点，2019 年 8 月修订的《土地管理法》完善了农村集体经营性建设用地入市、土地征收及宅基地等制度，为建立城乡统一、开放、竞争有序的土地市场提供了条件。在农村集体土地承包使用方面，2008 年党的十七届三中全会发布《中共中央关于推进农村改革发展若干重大问题的决定》，赋予农民对承包地的占有、流转和收益及担保、抵押等权利，允许农民以承包经营权入股发展农业产业化经营并获得收益，健全农村土地管理制度，搞好农村土地确权、登记、颁证工作。到 2011 年上半年，全国土地承包经营权流转总面积达 2.07 亿亩，占承包耕地总面积的 16.2%。[1] 2013 年中央农村工作会议提出，把农民土地承包经营权分为土地承包权和经营权，在稳定承包关系下，推进土地经营流转制度。2014 年发布的《关于全面深化农村改革　加快推进农业现代化的若干意见》提出了农村集体经营性建设用地入市的规范性要求，深化赋予农民更多财产权的制度安排，以及慎重稳妥推进农民住房财产权的抵押、担保和转让等举措，逐步实现农村住房与城市住房具有同等市场功能。根据农业部统计数据，到 2016 年 6 月，全国承包耕地流转面积达到 4.6 亿亩，超过承包耕地总面积的 1/3，在一些东部沿海地区，流转比例已经超过 1/2。全国经营耕地面积在 50 亩以上的规模经营农户超过 350 万户，经营耕地面积超过 3.5 亿多亩。[2] 对农村土地承包权、房屋所有权进行确权登记，推动土地承包经营权、房屋使用权的流转，建立起符合市场经济规律的现代农村产权制度，使市场在城乡资源配置中发挥基础性作用，为畅通城乡人财物等生产要素流动和优化配置创造有利条件。

---

① 《全国土地承包经营权流转总面积已经达到 2.07 亿亩占比 16.2%》，中国人大网，http://www. npc. gov. cn/zgrdw/npc/zfjc/nctdcbfzfjc/2011－12/29/content_ 1684362. htm，最后访问日期：2021 年 8 月 19 日。

② 农业部：《全国承包耕地流转比例已超过三分之一》，新华网，2016 年 11 月 17 日，http://www. xinhuanet. com/politics/2016－11/17/c_ 1119933443. htm，最后访问日期：2021 年 5 月 13 日。

二　以新型城镇化推动农业转移人口在城镇落户

面对城镇化发展过程中土地城镇化快于人的城镇化问题，2013 年党的十八届三中全会提出，完善城镇化健康发展的体制机制，坚持走中国特色新型城镇化发展道路，推进以人为核心的城镇化，推动大中小城市和小城镇协调发展。2014 年 3 月印发的《国家新型城镇化规划（2014—2020年）》明确我国全面进入以提升城镇化质量为主的转型发展新阶段，提出了 2020 年人口城镇化的目标，并强调努力实现 1 亿左右农业转移人口和其他常住人口在城镇落户。《国家新型城镇化规划（2014—2020 年）》立足以人为本，用常住人口城镇化率、户籍人口城镇化率两项指标强调了将更多进城人口转变成为城市户籍人口的政策导向，并就推动农民工市民化、优化城市布局、推动城市可持续发展和城乡发展一体化进行总体部署；提出统筹推进城镇化过程中的人口管理、土地管理、财税金融、城镇住房、行政管理、生态环境等六大类重点领域和关键环节的体制机制创新，以形成有利于城镇化健康发展的制度环境，走以人为本、"四化"同步、优化布局、生态文明、文化传承的中国特色新型城镇化道路。

从国际比较来看，2010 年美国城镇化率超过 80%，日本超过 90%，高收入国家一般都在 70%～80%，中国的城镇化水平明显偏低。[①] 我国的城镇化率仍然有相当大的提高空间。新型城镇化战略提出后，我国进入以人的城镇化为核心、以提升城镇化质量为导向的城镇化新阶段。为推动外来人口进城落户及其市民化，国家先后制定有关户籍制度、居住证、市民化财政支持等政策，聚焦重点区域和重点人群的户籍制度改革取得积极进展，探索城镇化过程中人、地、钱联动的相关体制机制，落实流动人口市民化、流动人口享受城市基本公共服务的政策，为新型城镇化的推进创造条件。自 2014 年《国家新型城镇化规划〈2014—2020 年〉》出台以来，2017 年已有 8200 多万人进城落户，城镇化率年均提升 1 个百分点以上。这使农业转移人口市民化的规模不断扩大，户籍和常住人口城镇化率分别从 2012 年的 35.3% 和 53.7% 提高到 2019 年的 44.4% 和 60.6%，户籍和常

---

① 张立群：《城镇化为中国经济提供强大动力》，《经济日报》2015 年 8 月 7 日，第 9 版。

住人口城镇化率差距缩小2个多百分点。同时，常住人口的基本公共服务全覆盖加快推进，随迁子女在流入地公办学校就读率达到80%左右，医疗保险基本覆盖所有城乡居民，跨省异地就医结算系统上线运行，社会保障领域公共服务能力不断提升。

同时，城市基础设施建设加快推进，城市产业功能和宜居性稳步提升。城市和城市群聚焦补齐城市基础设施、公共服务、生态环境"三块短板"，尤其是县城和重点镇基础设施建设力度继续加大，产业和公共服务资源继续向中小城市倾斜，市政设施水平提高。

三 大力实施乡村振兴战略

我国基本国情决定了农村在相当长时期会继续存在，依然是几亿人的生活家园。为此，应当尊重城乡之间存在的生产生活方式差异，努力实现城乡在经济社会方面的功能分化和互补，只有这样，才能更好地推进我国的现代化进程。

2017年10月，党的十九大报告提出实施乡村振兴战略。2018年1月，中共中央、国务院发布《关于实施乡村振兴战略的意见》，明确实施乡村振兴战略的指导思想、目标任务和基本原则，从提升农业发展质量、推进乡村绿色发展、繁荣兴盛农村文化、构建乡村治理新体系、提高农村民生保障水平、打好精准脱贫攻坚战、强化乡村振兴制度性供给、强化乡村振兴人才支撑、强化乡村振兴投入保障、坚持和完善党对"三农"工作的领导等多方面对乡村振兴工作进行部署。2018年9月，《国家乡村振兴战略规划（2018—2022年)》印发，围绕"产业兴旺、生态宜居、乡风文明、治理有效、生活富裕"的总体要求，明确了乡村振兴的阶段性重点任务，针对乡村振兴过程中的重要问题，提出乡村振兴的具体路径，以及不同地区、不同发展阶段的村庄工作定位与任务。

乡村振兴战略坚持乡村振兴和新型城镇化双轮驱动，从城乡融合发展和优化乡村内部生产、生活、生态、空间两方面，推动农村的持续发展。为此，不仅要推进农业人口的城镇化转移，消除城乡二元结构体系制度，消除城乡资源双向自由流动的制度约束，而且要更多地向农村倾斜，加大对农村的投入和财政补贴，推动农业农村发展。2013～2018年，中央扶贫的财政支出就达 2800 亿元。① 大规模财政投入改变了农村落后的生产生活条件，使乡村公共设施和公共服务得以极大改善。同时，在农民减少、农地集中的条件下，立足乡村的产业、生态、文化等资源，通过引导城市资本下乡、农村金融融资、产业政策扶植等加大对农村产业转型升级的支持力度，推动农村产业规模化、高产值发展，以建构可持续的内生增长机制，推动乡村可持续发展。

四　努力补齐农村基础设施和农村公共服务短板

在城乡发展不平衡中，农村最大的欠缺是基础设施和公共服务的不足。长期以来，我国城乡二元的财政投入机制，制约了农村基础设施建设，制约着农村公共服务的发展。在新农村建设、实施乡村振兴战略中，我国一直强调补齐农业农村发展的短板，尤其是基础设施、公共服务方面的短板，着力通过公共财政投资向农村倾斜，通过补短板来推动实现城乡一体化发展。

在新农村建设中，地方政府出台多种支农惠农措施，推动农村基础设施建设，提升农村的公共服务能力和水平。例如北京市在推动新农村建设过程中，首先，推动村庄规划编制及组织管理，以村庄规划统筹村庄发展。在此基础上，大力推行以村庄街坊路硬化（含绿化）、安全饮水（包括老化供水管网改造和一户一表）、污水处理、垃圾处理（含垃圾分类、收集、运输和处理）、厕所改造（包括户厕改造和公厕建设）为重点的"五项基础设施"建设，推动"让农村亮起来""让农户暖起来""让农业资源循环起来"的"三起来"工程建设，逐步完善农村基础设施建设。其次，为保障基础设施建设的顺利推行，建立"部门联动、政策集成、资金聚焦、资源整合"的工作制度，通过多部门联合改革来创新体制机制、简化项目审批，提高区县财权与事权自主管理能力，推动基础设施工程建设、验收与监管。最后，调动农民参与积极性，推动建设与管理一体化长效管护。在新农村建设中，让农民全过程参与，使其通过参与切身感受村庄变化。同时，按照"建管并重"原则，建立有关水务、环卫、公路的管

---

① 《中央财政五年投入专项扶贫资金 2800 亿》，https://baijiahao.baidu.com/s? id = 1594523405518569988&wfr = spider&for = pc，最后访问日期：2021 年 8 月 19 日。

护机制，完善基础设施管护、监督及投入保障体系，确保基础设施发挥作用。

在实施乡村振兴战略中，农村基础设施及公共服务资源再次获得发展契机。推进农村电网改造升级，满足农村消费升级、产业发展需求和"煤改电"用电需求。加强农田水利建设和高标准粮田建设，推进田水林路电综合配套。推动农村安全饮水巩固提升工程，不断提高农村居民集中供水率，全面解决饮水安全问题。推进农村"厕所革命"，推进农村生活垃圾处理、生活污水处理、农业废弃物资源化利用等设施建设，改善农村人居环境。整合农村公共资源，建设文化健身广场、综合服务中心，因地制宜建设学校、医院、养老院、超市、旅游集散中心、游客服务中心等服务设施。完善村庄公共照明设施，推进宽带网络进村入户，大力发展农村物流网点，推动"互联网＋"农产品出村进城。积极推进农业物联网示范应用，加强智能装备推广应用，大力发展智慧农业和数字乡村。

在推进农村基础设施建设的同时，也加大农村公共服务投入力度，尤其是在公共教育、医疗卫生和社会保障等方面持续重点发力。首先，推动优质公共教育资源向农村倾斜。统筹规划农村基础教育学校布局，改善贫困地区义务教育薄弱学校基本办学条件，实施高中阶段教育普及攻坚计划，实现县域校际资源均衡配置。加强农村儿童早期教育、学前教育，完善县乡村学前教育公共服务网络。建立城乡一体化的教师管理体制，实行城乡教师流动管理，建立教师资源共享机制，对偏远地区农村贫困教师编制指标倾斜配置。大力发展面向农村的职业教育，加快推进农村职业院校布局结构调整，有针对性地设置相关专业和课程，满足乡村产业发展和全面振兴需要，提升农村贫困地区人口素质和创新能力。其次，推动公共医疗卫生资源向农村扩散。加强立法工作，建立城乡融合的医疗卫生保障体系，使农民享受与城市居民同样的医疗标准和同样的医疗报销政策，构建覆盖全面、一体化的城乡医疗保障体系。发展农村社区卫生院，使农村社区卫生院也能够拥有先进的医疗设备和高素质的医护人员，同时，加快标准化村卫生室建设。加强城乡医院之间的人员和信息交流，使城市优质医疗资源向农村贫困地区扩散。最后，推进社会保障对农村人口的全覆盖。通过个人缴费、集体补助、政府补贴相结合的新农保制度，探索建立并完善农村养老保险制度，保障农村居民老年基本生活。全面建立并完善农村最低生活保障制度，提高农村低保水平，构建城乡统筹的社会救助体系。加强对农村留守儿童和妇女以及老年人的关爱，完善相关服务体系，推动多层次农村养老事业发展。

第三节　城乡结构调整的政策建议

城乡二元结构作为中国城乡关系的基本形态，形塑了我国城乡社会生产生活的基础性结构。2010 年以来，城乡经济社会发展取得举世瞩目的成就，但城乡发展不均衡问题一直比较突出，大中城市的发展繁荣与中西部地区农村的状况形成鲜明的对比。基于此，一方面，要大力推进新型城镇化建设，引导农业转移人口进城落户，解决好进城农民工的就业及公共服务问题。另一方面，切实实施乡村振兴战略，持续完善农村基础设施和提升基本公共服务水平，改善农村生产生活条件。同时，要加快建立健全城乡融合发展体制机制和政策体系，理顺城乡关系，促进城乡融合发展。

一　城乡结构发展中存在的问题

21 世纪以来，我国不断探索推动"三农"问题的解决，推动城乡结构优化，建构城市反哺农村的新型城乡关系。但是，我国长期形成的城乡结构难以在短期内完全改观，城乡发展依然存在一些需要探究的问题。

（一）城乡结构发展依然不平衡

改革开放后，中国城乡结构变化最突出的表现就是城镇化。21 世纪以来，中国城乡关系开始在统筹协调中走向一体化，解构了长期以来形成的城乡二元经济社会结构，全面建设小康社会下乡村振兴战略稳步推进，城乡差距也有所缩小。但是，城乡关系依旧存在各种结构性困境和制度性障碍。根据国家统计局公布的《2020 年国民经济和社会发展统计公报》，按照常住人口计算，2020 年中国城镇化率已经提升到 63.89%，已达到城镇化发展中后期阶段。按照户籍人口计算，2019 年中国城镇化率只有

44.4%。这意味着有超过 2.26 亿农业转移人口仍然有待进城落户完成市民化。尽管新型城镇化已经推动多年，但"土地进城超前、人口进城滞后"，或者说人的城镇化滞后于土地城镇化的问题难以解决。推进"土地城镇化"向"人的城镇化"转型，实现两者均衡协调发展并进而优化城乡结构，既是经济社会发展的重要引擎和基础动力，也是中国城镇化进程中亟待突破的重要实践命题。

尽管户籍制度改革取得积极进展，农业转移人口市民化的制度体系不断完善。但是，农村转移人口进城落户是建立在其自身理性计算基础上的，更多是现行政策下的市场机制发挥主导作用。在农业人口在土地、集体经济等方面未能彻底改革、其权益未能切实得到保障前，农业人口进城的积极性不可能得到提升，进城农民工的就业、医疗、教育、住房、社会保障等方面的公共服务也不可能得到平等有效保障。我国土地制度，以土地承包、使用及收益等权利保障为目标的产权制度，以土地统筹规划与用途管制为基础的管理制度构成土地制度的核心要件，农地的三权分置、土地改革的"三条底线"，以及聚焦农村"三块地"的改革本身因为复杂的历史纠葛、复杂的利益主体而难以深入推进。我国社会保障制度，大多基于"头痛医头、脚痛医脚"的时代需求而建立，着眼于应对当时亟待解决的社会问题。这造成了社会保障制度的城乡分割和"碎片化"，导致群体间、城乡间、区域间社会保障待遇差距过大，进而严重影响城镇化过程中的人员流动和身份转换，阻碍着城乡发展的一体化。

由于资本、科技、人才等生产要素聚集，大城市、特大城市、超大城市等在新一轮智能制造中得到更多发展契机，城市群成为高科技背景下产业协作发展的高地。而作为城乡结合点的众多以传统制造业为主的小城市甚至中小城市（如县城）难以得到发展的机会，经济发展前景不佳。据有关学者研究，从 2012 年到 2016 年，21 个 300 万人以上大城市城区人口（含暂住人口）增长 14.9%，建成区面积增长 21%。同期，全国建制镇数量增长 5.3%，其建成区人口仅增长 11%，建成区面积仅增长 6.9%。[①] 在经济中高速发展的背景下，这些中小城市、城镇经济转型发展面临较强的

---

① 魏后凯：《以提高质量为导向》，《人民日报》2019 年 4 月 19 日。

资源环境约束，产业转型升级的限制，新型城镇化发展滞后，对农村发展带动力度不大，对大城市、特大超大城市发展的支撑不利，因而难以形成城乡间发展的有效串接和有力联结。在农村衰退的背景下，一些中小城市、县城、镇发展之后难免会再次拉大城乡差距。

（二）不同区域间城乡结构发展依然不平衡

从区域城乡结构来看，东部地区与中部、西部、东北地区之间的经济社会差距依然存在。和东部地区相比，中部、西部和东北地区之间的城乡发展差距更大，城镇化发展的进程滞后。从 2019 年的城镇化率来看，东部地区为 71.5%，而东北地区为 62.1%，中部地区和西部地区分别为56.6% 和 52.7%。中部地区除了湖北，西部地区除了内蒙古、重庆以外，绝大部分省份的城镇化率都低于 60%；贵州、云南、甘肃的城镇化率依然低于 50%；西藏由于区情特殊，城镇化率仅为 31.5%。中部、西部与东北地区大多是人口外流地区，中部、西部及东北地区人口占全国的比例总体出现下降，从 2000 年到 2019 年，中部地区占全国的人口比例从 27.9% 下降到 26.5%；西部地区所占比例从 28.3% 下降到 27.3%；东北地区从 8.5%下降到 7.8%。而东部地区所占比例在提升，从 35.3% 增长到 38.5%。

不同区域、不同省份的城乡也在分化发展。从城镇化率的增幅来看，2010～2019 年，中部、西部地区最大，增幅超过 13 个百分点；东部地区次之，增幅超过 10 个百分点；而东北地区较小，增幅仅为 8 个百分点。从省区市来看，河北的增幅最大，年均增幅接近 2 个百分点。广西、河南、云南、贵州、甘肃、江西、安徽、湖南、四川等省区的城镇化率增幅较大，年均增幅超过 1 个百分点。城镇化率增幅最小的为黑龙江，2010～2020 年仅增加了 8 个百分点。西藏、辽宁、吉林等省区的增幅也不大，增幅低于 10 个百分点。同时，我国不同城市的城镇化进程发生分化，东部地区的广州、深圳、杭州以及宁波、佛山、珠海等中等城市，中西部地区的成都、重庆、长沙、郑州、西安、合肥等大城市外来人口不断涌入；而东北地区的大中城市如哈尔滨、齐齐哈尔、吉林、鞍山等，中西部地区的中小城市如安康、广元、巴中等则出现了人口外流。从人口规模来看，2019年杭州的人口增量在 55 万多人，广州、深圳的人口增量超过 40 万人；而哈尔滨的人口外流接近10万人。人口流入的中心城市与人口流失的收缩型城市同时并存说明，城镇化发展取决于区域经济发展，发展潜力较大的城市不仅吸收农村人口，也在吸引其他城市人口迁入，不同区域、不同城市发展的分化还会持续下去。

城镇经济发展体现在收入方面，从人均收入来看，2019年东部、中部、西部及东北地区居民的人均可支配收入分别为39438.9元、26025.3元、23986.1元和27370.6元，东部、中部和东北地区居民人均可支配收入分别是西部地区居民的1.64倍、1.09倍和1.14倍。东部、中部、西部及东北地区城镇居民的人均可支配收入分别为50145.4元、36607.5元、36040.6元、36130.3元，农村居民的人均可支配收入分别为19988.6元、15290.5元、12035.3元、15356.7元，城乡居民人均可支配收入差距分别为2.51倍、2.39倍、2.99倍和2.35倍。这说明各区域城乡之间的收入差距更大。在特定历史、政治因素影响下，城乡二元结构的工业化、城镇化发展政策造成各种资源向城市集中，城乡居民收入、消费差距拉大，城乡社会福利水平差异明显。历史形成的城乡二元制度性因素，成为推进城乡一体化融合发展的障碍，彻底消除这种制度障碍以及由此导致的城乡差距还需要假以时日。

就不同区域间的城乡结构差异而言，近年来长三角地区，尤其是苏浙沪等地出现城乡一体化融合发展的趋势。20世纪七八十年代，苏浙的社队企业较早得到发展，改革开放后多种形式的民营经济得到快速发展。21世纪以来，苏浙以农村经济体制变革为突破口，以农村工业化、城镇化为先导，推动工商业发展和小城镇建设，城乡逐步一体化发展。近年来，通过市场化改革和政府政策引导，民营经济和县域经济发展快速，城市化水平不断提高，形成"以工促农、以商兴农、以城带乡"的发展机制，推动着城乡经济社会的融合发展。2019年，江苏省农村居民人均可支配收入为22675元，浙江省农村居民人均可支配收入为29876元，两省城乡居民收入比分别为2.25：1和2.01：1，远低于全国平均水平。在长三角一体化背景下，苏浙等省以城际协作带动城乡间的产业链衔接，进一步推动城乡互动和融合发展。城乡融合发展要铲除城乡二元的制度性因素，推动城乡间生产要素的自由流动，通过体制创新让农村发展和城市发展接轨，推动缩短城乡差距，形成城乡融合、共同发展的新型城乡关系。

（三）农民市民化仍然面临不少难题

农民的市民化就是让一些有条件有能力的农民进入城镇，从事非农职业、在城市居住生活成为市民。我国计划体制下确立的基于城乡二元的户籍制度造就了城乡居民权利的不平等。目前人们的户籍还是和教育、医保、社保、养老等连接在一起。我国的县城镇、地市级城市，甚至一些省会城市的户籍已放开，但"北上广深"等特大城市的入户门槛依然高企。在特大城市，经济社会各方面条件都较好，就业机会多，对农民进城的吸引力很大，但迫于人口压力，不得不提高入户门槛。以北京为例，北京推行积分落户制度，但面对 800 多万人的外来流动人口，近年来每年积分落户指标仅约有 18 万个，这样需要近半个世纪才可能转完。在我国诸多县级、地市级城市，落户门槛几乎已不存在，但农民愿意进城落户的不多。因为这类城市的经济社会呈中低速发展，就业和发展机会不多，收入也不高，教育、医疗、社会保障、文化设施等公共服务与大城市的差距很大，对农民进城落户的吸引力不大。

新型城镇化发展的基本政策取向是引导务工经商农民进城落户，推动以人为核心的城镇化。2014 年《国家新型城镇化规划（2014—2020 年）》印发，落户限制大幅放宽，2015 年城镇化的增幅为 1.33 个百分点，但此后增速连年下降，2019 年回落到 1.02 个百分点。这意味着新型城镇化的政策效果不断缩减。从农民进城落户实践来看，农民市民化的顾虑还在于其农村的权益保障，尽管国家出台政策鼓励农村承包土地流转，推动农村集体资产股份化，推动农村宅基地、住房更具财产属性，并多次重申坚持保障农民土地权益、不得以退出承包地和宅基地作为农民进城落户条件。但是，还是有不少农民因担心其农村权益保障问题而选择在城市工作居住，却不愿意把户口迁入城市。

农村转移人口进城却不落户，使我国城乡结构在变动过程中出现了城乡三元结构。所谓三元结构就是将我国城市中的所有外来人口作为新的一元，并将其嵌入原来的城乡结构予以考量。尽管我国在新型城镇化背景下，不少城市开始采取措施吸引外来人口落户，但是不少大中城市中。这些外来人口无法拥有与本地人口相同的身份和权利。外来人口工作在城市，居住生活在城市，和城市原有人口一样构成城市生产生活的整体。但是，因为种种原因没有获得城市居民身份，被视为城市的外来者，在获取基本公共服务、参与公共事务管理中受到限制。尽管居住证制度的实施，缓解了其享有基本公共服务方面的困境，但是其在社会保障、基层管理、公共参与等方面依然受限。城市中外来人口的存在及不平等境遇，造成外来人员的自卑感，会积累社会不公正感，带来对社会的不满。

二　进一步调整城乡结构的对策建议

在不存在外部因素干扰条件下，城镇化发展及其带来的城乡结构变动是个自然发展过程。21 世纪以来，我国主动加快了城镇化步伐。农村人口向城镇集中，劳动力从第一产业向第二、三产业转移，城市数量增加、用地规模扩大及城市人口数量增加，乡村社会已经逐步变成城市社会。作为现代化发展的后来者，城镇化在我国经济社会发展中发挥了重要的动能，也带来了一些"发展中的烦恼"，应当通过积极的公共政策，更加科学地推进城镇化进程，加快乡村振兴，推动形成城乡融合发展的良好局面。

（一）高质量推进新型城镇化进程

我国城镇化速度虽然逐步放缓，但未来还有一定的增长空间。"'十四五'期间城镇化的速度可能以 0.8 到 1 个百分点增长。到 2025 年，可能达到 65% 的水平。原来测算是 2030 年中国城镇化水平可能达到 70%，现在考虑放缓的因素，可能到 2035 年中国城镇化水平才能超过 70%。"[1] 同时，城镇化进程中不可避免地出现一些问题，为此需要坚持以人为核心、以提高城镇化质量为导向，实现速度型向质量型的转变。

首先，加快制定出台新一轮新型城镇化规划，为新发展阶段的城镇化提供路线图和时间表。要开展《国家新型城镇化规划（2014—2020 年）》执行情况的评估，并在此基础上按照新发展理念的要求搞好新一轮城镇发展规划。要下大力气解决好城镇空间分布和规模结构不合理的问题。按照

---

[1]　肖金成：《对城镇化的一些思考》，爱思想网，http://www.aisixiang.com/data/123825.html。

资源环境承载能力和未来发展可能合理推进不同的城市走扩张、维持、转型或合理收缩道路，解决好特大城市主城区人口压力大、中小城市产业和人口集聚能力不足、小城镇服务功能弱的问题。要促进城市群之间的分工协作。特别是加强产城融合和城市分工，避免城市间的产业类同、无序竞争、重复浪费现象，形成各具发展优势，产业、资源、运行模式协同的城市群格局。

其次，改善城市发展路径，推进城市精明增长。2015 年 12 月召开的中央城市工作会议，提出"要坚持集约发展，树立'精明增长''紧凑城市'理念，科学划定城市开发边界，推动城市发展由外延扩张式向内涵提升式转变"。由于种种原因，我国城镇化在过去出现了贪大求快的问题，"土地城镇化"快于人口城镇化，盲目扩张情况严重，建设用地粗放低效。2010 ~ 2019 年，城市建成区面积由 40058 平方公里增长到 60312 平方公里，十年间增加了 50.6%。城市建设"摊大饼"式扩张，新城新区、开发区和工业园区大量占地，马路、广场、建筑等贪大求洋。下一阶段必须树立精明增长理念，用足用活城市存量空间，实现城市土地等资源的高效利用。清理整顿和重新开发废弃、污染或低效的建设用地，改造提升中心城区功能，规范新城新区和各类开发区、工业园区建设。加快补齐城市地下管廊、公共交通、老旧小区基础设施、污水和生活垃圾治理等方面的短板，持续改善人居环境，提升城市功能和品质品位。

再次，多策并举，加强"城市病"综合治理。毋庸讳言，我国部分城市特别是大型、超大型城市已经出现了交通拥堵、房价高企、环境恶化、生活压力过大、人际关系淡漠等"城市病"，直接影响到城市居民的生活质量，也限制着城市的可持续发展。对此，要从需求和供给两侧共同发力。一方面，要针对不同城市、城市不同区域的具体情况，疏解过于密集的产业和人口，形成城市空间、人口、产业、居民生活形态的合理布局。加快城市圈、城市群、城市带的发展，改变少数"特大中心城市"过大过强局面，推进交通、公共服务一体化进程。选择一批条件较好的中小城市、县城重点发展，有效承接大城市、特大城市转移的人口和产业，形成多中心的城市发展格局，防止"一城独大"和"虹吸效应"。另一方面，要增加城市基础设施和公共服务有效供给，增强城市应对人口的承载能力，提高城市规划、建设、运行、维护能力，提升城市治理智慧化水平，创新城市社会治理，有效预防和治理"城市病"，建设宜居宜业、富有特色、充满活力的现代城市体系。

最后，继续扩大城市容量，持续推进人口城市化进程。城市让生活更美好，要努力让更多的人分享城镇美好生活的红利。《国家新型城镇化规划（2014—2020 年)》和《国务院关于进一步推进户籍制度改革的意见》均提出，要推动 1 亿左右农业转移人口和其他常住人口等非户籍人口在城市落户。2016 年又出台了《国务院办公厅关于印发推动 1 亿非户籍人口在城市落户方案的通知》。2020 年 10 月，公安部数据显示，1 亿人落户任务提前完成，1 亿多农业转移人口实现了市民化，2019 年户籍人口城镇化率提高到 44.38%。目前，我国户籍人口城镇化率与常住人口城镇化率之间仍然有 16 个百分点以上的差距，仍有 2.3 亿左右的常住人口没有获得城市户籍。① 再考虑到我国城镇化仍然还有一定空间，增长 10%，即 1.4 亿人进入城市是可以的。所以，城市不但不能"关闭城门"，反而应当继续大开城门。要继续加大对农业转移人口市民化的财政支持，采取财政性建设资金对吸纳农业转移人口较多、城市基础设施投资补助、城镇建设用地增加规模与吸纳农业转移人口落户数量挂钩等措施，鼓励各地积极推进人口城镇化。考虑到进城务工经商"新市民"的发展劣势，以及他们融入城市生产生活的具体困难，要进一步强化对他们的公共服务，在就业创业支持、住房保障、社会保险、养老、子女平等受教育等方面，解决他们的所思、所盼、所忧。要继续推进户籍制度改革，助力常住人口有序市民化，逐渐实现基本公共服务全覆盖和均等化，为高质量推进新型城镇化提供制度支持。

（二）全面实施乡村振兴战略

我国发展最大的不平衡，是城乡发展的不平衡；最大的不充分，是农村发展的不充分。党的十九大报告提出"实施乡村振兴战略"，并做出全面具体的部署。2020 年底的中央农村工作会议提出，脱贫攻坚取得胜利后，要全面推进乡村振兴，这是"三农"工作重心的历史性转移。乡村振

---

① 靳昊：《1 亿人落户城镇　任务提前完成》，《光明日报》2021 年 3 月 4 日，第 5 版。

兴既有利于改善农业、农村、农民发展的不利地位，补齐乡村发展的不足和短板。同时，这也是充分挖掘国内增长潜能、全面推进城乡一体化发展的重要举措。

其一，要加快发展乡村产业。小康不小康，关键看老乡。没有农业的现代化、没有农民的富裕，就没有真正的现代化，就无法实现共同富裕。以经济建设为中心，大力发展乡村产业，是解决"三农"问题的根本之策。2020年底的中央农村工作会议提出了全面实施乡村振兴战略七大措施，第一条就是"要加快发展乡村产业"。一要确保粮食安全。我国粮食生产已经实现"十七连丰"，2020年产量达到13390亿斤，连续6年保持在1.3万亿斤以上。[①] 但作为发展和民生的"压舱石"，粮食安全一刻也不能松劲。要确保18亿亩耕地红线，坚决遏制耕地"非农化"，防止"非粮化"，采取措施调动种粮积极性。二要结合农村实际发展各项产业。要按照宜粮则粮、宜果则果、宜牧则牧、宜旅则旅的原则，培育比较优势突出的特色产业，生产具有地方特色的"三农"产品，以县、乡（镇）、村为基本单元形成主导产业和拳头产品。要建立完善农产品加工、仓储、销售、运输的产业链和价值链，提高农业生产资料供应、农村金融、农民生活服务等方面的能力。三要全面推进农业机械化和增产增效技术。当前，我国农业生产模式仍然是现代和传统并存、先进和落后同在。要进一步提高农业生产力水平，就得向科技要产量、向科技要效益。同时，还要看到，以前过度依靠化肥、农药、薄膜等生产资料的方式已经不可持续。为此，要结合农村、农地情况，整治建设高标准农田，完善农田基础设施，充分利用机械化、设施农业、立体种养、高效施肥、精准滴灌、保护性耕作、海洋牧场等现代农业技术，在提高生产效率同时，加强农地保护和持续利用。

其二，全面提高农村善治水平。农村要发展，离不开"领头羊"。农村地区不同程度地存在人口流出、居村人口老龄化、村庄空心化、集体经济空壳化、基层组织弱化、人居环境脏乱差、产业发展乏力、农民群众增收难等现实问题。相当多的案例表明，健全农村社会治理体系，选齐配强

---

① 《2020年全国粮食总产量13390亿斤 中国粮食生产"十七连丰"》，百家号网，https://baijiahao.baidu.com/s?id=1685736793374457220&wfr=spider&for=pc，最后访问日期：2021年8月19日。

"村两委"班子，是解决农村各种难题的前提条件。农民群众也曾经总结出"给钱给物，不如给个好支部"的经验。为此，要按照2019年6月中共中央办公厅、国务院办公厅印发的《关于加强和改进乡村治理的指导意见》，不断强化基层党组织对乡村治理的领导和统筹作用，继续用好"第一书记"制度，加强从全日制大专以上学生、优秀退役士兵、农村致富能手和乡贤人士中培养选择农村管理人才。发挥好农村党员的先锋模范作用，提高村民自治能力，创新丰富村民议事形式和内容，推进农村"法治、自治、德治"有机结合，不断提高乡村治理水平。要结合农村实际，破解各项治理难题。继续推进农村清产核资，对农民集体所有的土地、森林、山地、水面、草原、荒地、滩涂等资源性资产，集体经营性房产、建筑、机器、工具、基础设施，集体投资兴办的企业以及其他资产，农村教育、文化、卫生等方面的非经营性资产分别进行清点、登记造册和量化。在此基础上，有序推进农村集体经营性资产股份合作制改革，将农村集体经营性资产以股份或者份额形式量化到本集体成员，确保集体资产的保值增值，增加农民的财产性收入。深化农村宅基地制度改革，让农民的房屋资产由"死宝"变"活宝"。积极推进农村集体经营性建设用地改革，增加农村、农民的土地收益分配份额和数量。

其三，实施乡村建设行动。《中共中央关于制定国民经济和社会发展第十四个五年规划和二〇三五年远景目标的建议》首次提出了实施乡村建设行动的战略部署。要结合这一总体安排，加快农村基础设施建设，提高基本公共服务水平，改善农村人居环境。2018年2月，中共中央办公厅、国务院办公厅印发了《农村人居环境整治三年行动方案》。根据农业农村部的消息，2020年底，农村人居环境整治三年行动基本完成。2018年以来，95%以上的村庄开展了清洁行动。累计新改造农村户厕超过3500万户，农村卫生厕所普及率超过65%。农村生活垃圾收运处置体系已覆盖全国90%以上的行政村，农村生活污水治理水平提高。扭转了农村长期存在的脏乱差局面，村容村貌明显改善。① 未来一个时期，要按照《中共中央

---

① 孟哲：《农村人居环境整治三年行动方案目标任务基本完成》，中国经济网，2020年12月22日，http://www.ce.cn/xwzx/gnsz/gdxw/202012/22/t20201222_36141402.shtml，最后访问日期：2021年5月13日。

关于制定国民经济和社会发展第十四个五年规划和二○三五年远景目标的建议》的要求，科学推进乡村规划建设，持续提升乡村宜居水平，推进县域乡村公共服务一体化，提升农村道路、公共场所、基础设施、房屋建筑的质量和舒适度，解决好农民群众关心的冬季取暖、就近免费（或低价）获得教育等公共服务、物流畅通等难题。合理定位县域城镇功能，强化各项公共服务能力。把乡镇建成服务农民的区域中心，促进城乡基本公共服务均等化。因地因村搞好农村规划和建设，分别按照集聚提升、城郊融合、特色保护和搬迁撤并四种类型做好新农村建设工作。要加强对乡村建设行动的领导和统筹，强化农村建设和人居环境整治的考核力度，完善乡村建设的资金保障和财政支持体系，创新农村金融模式，为乡村建设行动提供人、财、物和制度性保障。

（三）推动形成城乡融合发展的良好局面

由二元结构导致的城乡基础设施、公共服务差距客观存在，完全消除需要一个时间相对较长的过程。而城乡之间存在的资源和发展机会差异，导致长期以来资金、劳动力、土地等要素向城市单向流动，进一步拉大了城乡差距。党的十九届五中全会提出，"全面实施乡村振兴战略，强化以工补农、以城带乡，推动形成工农互促、城乡互补、协调发展、共同繁荣的新型工农城乡关系，加快农业农村现代化"。[1] 2019 年 5 月 5 日，《中共中央 国务院关于建立健全城乡融合发展体制机制和政策体系的意见》发布，按照 2022 年、2035 年、21 世纪中叶三个时间节点提出了城乡融合发展的目标和具体任务，为我国城乡融合发展提供了政策框架。

首先，要建立健全有利于城乡要素合理配置的体制机制。在促进农业转移人口市民化的同时，建立城市人才入乡激励机制，积极吸引返乡回乡入乡人才。破除阻碍城乡要素流动的体制机制壁垒，鼓励和规范各类要素向乡村流动，为乡村建设行动不断注入新动能。发挥政府引导与市场配置资源两个作用，建立健全城乡间劳动要素双向流动、资本要素自由流动、土地要素平等交换、技术要素扩散共享的体制机制，为要素优化持续融合

---

[1] 《中国共产党第十八届中央委员会第五次全体会议公报》，新华网，http://www.xinhuanet.com/politics/2020 - 10/29/c_1126674147.htm，最后访问日期：2021 年 8 月 19 日。

和优化配置提供制度支撑。继续鼓励和支持工商资本下乡发展，用财政补助、政府引导基金、农村金融创新等多元方式，引导和规范各类工商资本在农村地区、农业领域、农民服务等方面发挥作用，获得合理回报。培育一批城乡融合典型项目，做好引领示范，不断增加承载城乡要素跨界配置的有效载体。

其次，促进城乡基础设施和公共服务联动发展。强化市域、县域的统筹力度，加快实现城乡基础设施统一规划、统一建设、统一管护，推进市政供水供气供热、污水垃圾收集处理、道路客运、物流体系等方面的城乡一体化规划布局和均衡发展。加快填平补齐农村公共服务短板，推进城乡基本公共服务制度并轨、标准统一。加快发展城乡教育联合体、县域医疗共同体、康养共同体、远程医疗和远程教育，推动相关优质资源下沉，分省逐步实现基本公共服务的城乡均等化。以小城镇和特色小镇等城镇化载体为重点，合理调整建设农村居民点，建设美丽乡村，提高农村居民住房舒适度，增强农村对城市居民旅游、休闲、养老等方面的吸引力。需要引起注意的是，随着城镇基础设施建设的不断完善，我国公共基础设施建设的重点、公共服务的重心会向农村适度转移。为此，要具体分析、科学评价农村相关投入的必要性和现实性，防止因农村人口过少而出现基础设施建成即闲置、利用效率低、养闲人等现象的发生。要让农村居民参与到基础设施建设、公共服务能力提升的过程中来，防止"事不关己高高挂起""建得起、运行养护不起"等现象的发生。

再次，打通影响城乡融合的"堵点""痛点"。农村耕地、集体经营性建设用地、宅基地"三块地"的产权及利用模式，是"三农"发展和城乡融合发展的长期难点。目前，农地流动、集体经营性建设用地入市、农村土地征收、宅基地使用等方面的试点已经进行多年，应当在充分评估的基础上，改革完善相关制度。要下大决心，全面推进农村集体经营性建设用地直接入市，真正建立城乡统一的建设用地市场，设定期限实现"同地、同权、同价、同责"。要完善农村宅基地制度和农地流转制度，提高宅基地和农地的利用效益，增加农民经营收益和财产性收入。充分运用市场机制盘活农村存量土地和低效用地，推进建设用地整理和高效利用，完善城乡建设用地增减挂钩政策，为乡村振兴、城乡融合发展提供土地保障。

"三农"领域长期缺乏金融支持。要深化农村金融改革,健全"三农"发展和城乡融合的多元资金筹措机制,促进城乡金融资源均衡配置。

最后,形成城乡合理分工、功能互补、相互促进的融合发展长效机制。城乡融合不是片面追求城市和乡村发展的"平均化"和"统一化",而是希望建立基于城市和乡村形态差异、功能有别但相互依存、互为促进的良性系统。一是形成"以工补农、以城带乡"的新型城乡融合发展格局。工商业相较农业、城市相较农村,都具有资源的占有优势和发展的领先优势。如果按照城乡自然发展规范而不进行政策干预,工农差距、城乡差距会不断拉大。为此,应当从公共政策角度出发,强化顶层设计,建立起"以工补农、以城带乡"的转移支付、生态补偿、合理逆向调节机制。二是形成农民增收长效机制。要打造特色优势和地方品牌,增强乡村产业竞争力,做到"扶持一批龙头、培育一批产业、致富一批农民",加快农村环境治理、生态修复,让农民利用优美生态和优质农产品走上富裕生活的道路。这样,农业才能有接班人,农村才会有人气,城乡融合才能走得长远。三是搭建城乡协同发展平台。像我国这样超大规模、均衡性差基础上的城乡融合发展,人类历史上并没有提供可供遵循的现成例子,只能通过我们的创新实践和辛勤探索来实现。要加快推进改革探索,培育城乡融合发展试验区、城乡产业协同发展先行区,推动城乡要素跨界配置和产业有机融合。要创设特色小镇、农业园区、美丽乡村示范点、农旅结合实验区等城乡融合典型项目,盘活乡村资源资产,探索创新美丽乡村特色化、差异化发展模式。要结合5G、大数据、云计算、区块链等高科技手段,实现对人口迁徙、农产品流通、农村产权抵押担保、农地流转、普惠金融等城乡融合发展问题的跟踪监测和科学管理,不断提高城乡融合发展的智能化、生态化水平,确保城乡融合发展扎实有序推进。

第七章

社会的组织结构[*]

社会的组织[①]结构是一个动态过程，是社会成员的组织构成方式，旨在阐释人们以何种形式组织起来。社会的具体组织形式包括党派、政府、企业、群团组织、公益性组织、事业单位和宗教组织等，大体上可以归为政治组织、经济组织、社会组织三种类型。受政治、经济、文化等因素影响，2010～2020年我国社会的组织结构发生了巨大变化，逐渐由改革开放后的"去组织化"向"再组织化"转变，这种新的组织结构既符合加强国家治理体系和治理能力现代化的要求，也对解决我国社会主要矛盾具有重要意义。

第一节　我国社会的组织结构变化趋势

改革开放初期实现的"去组织化"突破了原有整齐划一、停滞僵化的组织结构，促进了个体解放、经济繁荣和社会发展。这为消解过度组织化带来的社会僵化问题及打破固有的社会组织结构体制机制障碍起到了重要的推动作用。然而，"去组织化"产生的社会分化问题会造成社会的失序和混乱，社会管理制度有待进一步完善健全。因此，需要在社会整合的基础上进行"再组织化"，进一步重构和优化组织结构，通过自组织和他组

---

[*] 本章的"社会的组织"和"社会组织"是两个不同的概念。前者是指广义的全体社会成员如何组织起来、整合起来，后者是特指民政系统管理的社会组织，即社会团体、民办非企业单位（社会服务机构）、基金会三类组织。

[①] 龚维斌：《新中国70年社会组织方式的三次变化》，《中共中央党校（国家行政学院）学报》2019年第6期。

织的方式激发社会活力、维护社会秩序。"再组织化"并非简单的对"组织化"的回归，而是通过对政党、政府、企业、社区、社会组织等多元主体力量的整合，重新塑造国家－市场－社会关系，继而实现对以往组织模式的超越。

新时代的"再组织化"是在国家整合的基础上保持市场与社会的自主性及活力，以减少国家治理成本、释放生产潜力、激发社会活力，实现流动与稳定、管理与服务之间的动态平衡。近年来，国家高度重视发挥党建引领在社会治理中的作用，党的十九大明确提出实现国家治理体系和治理能力现代化必须坚持党对一切工作的统一领导。党是我国组织结构中的核心力量，党的引领能够为社会各组织结构发展提供正确方向。加强基层党组织建设的目的，就是更好地发挥党建引领社会治理的作用，并通过把社会组织起来的途径，实现有效的社会治理。与此同时，市场经济的快速发展与社会的高速流动使个体与其工作空间、职业的捆绑式联系有所减弱。一方面，这保证了市场充分的自由选择和社会竞争环境；另一方面，员工和企业之间主要呈现经济利益关系，可以通过法律等手段维护双方的合法权益。随着市场化的推进，市场主体的多元化和人们需求的多样化，也进一步促使政府职能从"全能型""管理型"向"效能型""服务型"转变，将部分职能转让给市场和社会。

政府职能转变和管理权限让渡为社会领域发展提供了有利条件。其一，改革开放为社会变革提供了基本的物质基础，公众具备了参与社会事务的基本能力；其二，市场配置资源带来的利益分层又导致社会主体出现分化，不同群体为了维护自身利益积极参与社会事务，具备了参与意愿，并形成了不同组织程度的社会自组织；其三，由于科学技术和网络的发展，公众参与社会事务治理的渠道更多也更加便捷，提升了公众参与的效果。因此，在社会环境变化使政府面临的社会问题愈发复杂和多元的背景下，政府自身在深化改革的同时，也将社会资源和社会组织共同引入到社会事务的治理工作中。社会各主体开始在社会治理领域发挥政治参与和民主协商功能，为组织结构的进一步优化献力。

一　党的全面领导地位得到巩固

中国共产党是中国特色社会主义现代化事业的领导核心，在长期领导中国革命和国家建设的进程中，发挥着关键的"组织"功能。改革开放以来，中国发展方略发生了重大转折，工作重心由阶级斗争逐渐向经济建设转移，市场化和社会化成为改革的基本方向，整体呈现"去组织化"的特征。一方面，放权改革催生的要素流动、资源配置的市场化与社会化，为体制内外的许多人口实现"自组织化"提供了原生动力和广阔空间；另一方面，组织化权威的架构仍旧存在，为多元、分化和高度流动的社会保持整体稳定提供了政治保证和组织保障。但对党组织而言，体制自身持续的"去组织化"，也导致了党的政治属性和组织特性遭到削弱、组织的权威资源不断流失的问题。如果党组织权威无法重新树立起来，那么党对国家社会的领导力、对市场和社会主体的组织力、动员力和影响力将会下降。特别是进入21世纪后，党组织与其他社会主体关联日渐"松弛""脱节"的问题已逐步显现并有加剧之势。

对于中国这个超大规模的国家而言，强有力的权威是维护社会稳定和社会秩序的前提基础，也是推进现代化转型的内在要求。党的十八大以来，按照中央部署和要求，各地积极谋划推进社会领域党的建设，以发挥党在社会建设中的领导作用。党的领导地位不断加强，为社会结构调整和优化提供了有力的政治保障。党组织不断提升自身在市场和社会结构中的组织力、动员力和影响力，促使党建统领作用显著增强、党组织覆盖面不断扩大，城市"大党建"理念得到深入贯彻落实，区域化党建网络初步形成。新形势下充分发挥党的领导核心作用，能够提升党的正面形象和强大领导力，重拾社会的信任与信心，同时，进一步强化党组织的领导、吸纳和整合功能。总之，党组织的"再组织化"特征具有鲜明的制度化导向，不仅推动自身组织体的治理方式不断向常态制度化转变，也是推进国家治理体系和治理能力现代化的一场深刻变革。

（一）党在社会建设中的领导作用显著增强

为了进一步加强社会动员与社会整合，党的领导核心地位被高度重视并不断强化。党的十八大以来，党建统领作用在社会的组织发展过程中持续增强。我国进一步深入落实了党建工作责任制，强化农村和城市社区党组织建设，加大非公有制经济组织、社会组织党建工作力度，全面推进了社会各领域组织的基层党建工作。2015 年 9 月，中共中央办公厅发布了《关于加强社会组织党的建设工作的意见（试行）》，提出加强社会组织党建工作的重要意义和总体要求，并就健全社会组织党建工作管理体制和工作机制、推进社会组织中党的组织和党的工作有效覆盖、拓展社会组织党组织和党员发挥作用的途径、加强社会组织党务工作者队伍建设和加强对社会组织党建工作的组织领导等内容进行了部署。党的十九大报告又明确提出了加强基层党组织建设，注重从非公有制经济组织、社会组织中发展党员。《中国共产党章程》第 32 条也明确规定，"党的基层组织是党在社会基层组织中的战斗堡垒，是党的全部工作和战斗力的基础"。按照中央的部署和要求，各部委、各地区开始积极谋划推进基层治理和社会组织领域的党建工作。

党组织和党建网络发展是我国社会的组织结构"再组织化"的重要体现。在此阶段，城市"大党建"理念被广泛应用，将原来的"封闭式循环"转变为"开放式结构"，进而形成了"共建共治共享"的新型治理格局。在城市基层党组织的设置方面，从封闭、各自为政的单位模式，转向开放、有机联系的网络化模式。把党的建设贯穿于城市治理的各个方面和全过程，以党建统合性功能为城市发展奠定治理基础。为更好地推进新时代城市基层党建工作，全国各地积极探索基层党建"引领 + 创新"之路，瞄准基层治理的重点、难点问题，坚持以党建为引领，以提升组织力为着眼点，形成"大党建"格局；积极推动基层治理制度创新，通过"三下沉"推动资源、管理、服务落在社区，实现治理重心下移，构建了以社区党委为核心、社区同向发力、社会多元共治的"大党建"治理体系。2017年 7 月，全国城市基层党建工作经验交流座谈会在上海举行，首次提出了"城市基层党建"的概念，"上海模式"在全国推广；2018 年，北京实行"街乡吹哨，部门报到"，探索乡镇基层与行政部门、行政部门与行政部门间的联合执法协作机制，充分发挥党对社会资源的有机整合作用，切实破解原来不是一个系统、没有互相隶属难以统合等一系列难题。"大党建"的核心是执政党对城市发展的领导和引领，关键是处理好党的领导与城市发展之间的内在关系，把党建和城市发展紧密联系在一起，处理好党与政府、市场、社会之间的关系，以及由此推动党自身领导方式、工作方式和活动方式的根本性转变。

党对国家的全面领导通过科层化组织网络嵌入行政机构以实现党的意志。近年来，我国各地流动人口普遍增多，人口混合集聚现象突出，尤其是在工业园区、城中村等区域更为明显。由于各地人口集聚的异质性特征较突出，党建工作往往难以开展。为探索符合社会发展实际的新路径，加强党建整合的辐射作用，多地建立了多层次区域化党建网络。区域化党建能够整合不同的党组织资源，在一定的场域内，通过党组织开展动态化、数字化活动，实现区域党员管理一体化，从而促进组织建设、社会治理及基层民主的生动结合。例如，北京市朝阳区建立了"一轴四网"区域党建机制以推动基层治理;[1] 上海以居民区党组织为基础，基本实现了基层区域性组织体系、区域协商议事会和区域公共服务中心全覆盖，并统筹区域内各方力量参与社会治理，开展社会自治和公共服务事项。区域化党建网络的形成有利于构建一体化的区域基层社会服务网络，能够有效避免城乡分割、各自为营的状况，对整合基层党建资源起到了重要作用，对于加强基层社区组织的自治管理能力具有显著意义。

（二）党组织对市场和社会的"有机嵌入"得到强化

为更好发挥党组织的战斗堡垒作用，强化党组织对市场组织和社会组织的"嵌入"成为党的主要行动策略。以党委组织部门为主要行动者，按"两个覆盖"（组织覆盖、工作覆盖）的要求，不断加大在流动人口、非公经济组织和社会组织中开展党组织建设与党建工作的力度，充分发挥基层党组织、党员在经济社会发展中的先锋模范作用。中央组织部党内统计数据显示，截至 2021 年 6 月 5 日，中国共产党党员总数为 9514.8 万名，基层组织 486.4 万个。[2] 全国有 158.5 万家非公有制企业法人单位建立党组织，相较于 2008 年底，增长了 317.1%。同时，全国已有 26.5 万个社会组织法人单位建立了党组织。此外，重点领域基层党组织建设全面加强，

---

[1] "一轴"是把四级党组织上下联动形成核心轴，即区委—街道（乡）党工委—社区（村）党组织—网格党组织等;"四网"是在区—街道—社区—网格四个层面搭建党建网络，由组织体系、工作体系、服务体系、保障体系构成。

[2] 《中国共产党党内统计公报》，https://baijiahao.baidu.com/s? id = 1704035706185895656 &wfr = spider&for = pc，最后访问日期：2021 年 8 月 19 日。

其中机关单位、事业单位、城市街道和社区、乡镇与行政村的党组织覆盖率均超过95%，公有制企业覆盖率为90.9%。①② 各地也积极探索创新模式。深圳推行"社区综合党委＋兼职委员"的组织设置形式，在区域化党建网络中有效吸纳各类自治组织、群团组织、经济组织以及社会团体成员。北京运用统战战略聚合党的外围力量，在"吹哨报到"机制中团结工青妇和人民团体，架好连接党组织与人民群众的桥梁，并通过党建嵌入社会组织的发展，增强党组织对社会组织的服务引领，通过购买公共服务的形式提升对社会组织的支持。许多地区改变了以往就条抓条、就块抓块的工作思路和模式，把党的组织根系向城市基层延伸，做到城市发展到哪里，党的组织就覆盖到哪里，尤其是扩大党组织力量在社区层面的覆盖和延伸。在社区，构建社区党建、社区服务、社区自治"三位一体"格局；在社会组织，构建"1＋2＋3"工作机制；在非公经济组织服务管理中，在商务楼宇实现了党建工作站、社会工作站和工会、共青团、妇联工作站全覆盖。

全面推进社会各领域党的组织建设，对于实现党的组织和党的工作全覆盖，做到"哪里有群众哪里就有党的工作、哪里有党员哪里就有党组织、哪里有党组织哪里就有健全的组织生活和党组织作用的充分发挥"具有重要意义。通过"组织嵌入"，能够推动党的理念形态、组织形态和治理形态三个形态的全面覆盖，实现党建的功能性、区域性和体系性三个维度有机统一，打破组织内体制区隔、体制内组织区隔和体制整体区隔，提升城市基层治理的整体性和有效性。

二　政府职能从"管制"向"服务"转变

（一）初步形成适应社会主义市场经济运行的行政管理体系

改革开放以来，我国行政体制改革的最大成就就是基本上改变了高度集权的、通过计划方式管理的、由政府直接干预微观经济活动的行政管理

---

① 《2018年中国共产党党内统计公报》，https://baijiahao.baidu.com/s?id=1637800755113432293&wfr=spider&for=pc，最后访问日期：2021年8月19日；

② 《2008年中国共产党党内统计公报》，http://www.chinadaily.com.cn/dfpd/2009-07/02/content_8814319_2.htm，最后访问日期：2021年8月19日。

体制，初步建立了以经济、法律手段为主的宏观经济调控体系。进入 21 世纪后，随着经济和社会发展，出现了一些新情况和新问题。政府在公共物品和公共服务（包括公共卫生、基础教育、失业养老保障、住房保障、公共安全、环境保护等）投入的增长速度落后于总体财政的支出增长速度，公共物品和公共服务发展速度滞后于经济增长速度，其供给数量和质量也明显不能满足公众日益增长的公共需求。这些问题的产生与政府的行政理念落后、职能转变不到位、公共服务职能缺位、政府以管制为核心的管理模式没有根本改变等原因密不可分。因此，进一步深化行政管理体制改革是解决上述问题、消除经济社会发展过程中的体制性障碍、不断提高人民对政府行政管理满意度的客观要求。

转变政府职能、强化公共服务是这个阶段改革的突出亮点。一方面，政府积极推进职能转变，逐步减少对市场资源的直接配置和对社会活动的直接干预，将部分职能转让给市场和社会，政府职能从"无所不包"的"全能型"向"有所不为"的"效能型"逐渐转变。政府职能的科学界定是市场和社会发挥作用的前提保障。改革开放以来，历次行政体制改革都是通过政企分开、政事分开、政社分开等一系列制度，调整政府和市场、社会的关系，进一步释放和激发市场、社会的活力。进入 21 世纪后，市场经济体制基本确立和"全面建设小康社会"任务的提出，要求政府必须由过去的以管理为主向以服务为主转变，政府财政也需由"建设型"向"公共型"转变，政府主要通过中长期发展规划和财税、金融等宏观调控手段引导经济运行。因此，十六大提出了深化行政管理体制改革的任务；十六届二中全会审议通过了《关于深化行政管理体制和机构改革的意见》；2003 年举行的十届全国人大一次会议通过了国务院机构改革方案。政府机构改革的目的是进一步转变政府职能、改进管理方式，推进电子政务，提高行政效率，降低行政成本。改革的目标是逐步形成行为规范、运转协调、公正透明、廉洁高效的行政管理体制。特别是党的十八大以来，党中央、国务院以"放管服"为突破口，深入推进简政放权，政府职能转变步伐日益加快，政府职能转变释放了经济持续快速发展的体制源泉。简政放权是近十年我国转变政府职能、深化行政体制改革的重中之重。十八届三中全会通过的《中共中央关于全面深化改革若干重大问题的决定》明确了市场在资源配置中的决定性作用，并要求更好发挥政府职能，由此简政放权工作开始进入新阶段。在转变政府职能的过程中，不断加大简政放权力度，深化行政审批制度改革，释放市场发展活力，同时坚持放管结合，创新监管方式，强化监管手段，切实维护公平竞争的市场秩序。政府在加强对经济调节和对市场进行规范、监管的过程中，同时强化了对社会管理、公共服务和生态环境保护职能的作用，由此，一种适应社会主义市场经济运行的行政管理体系基本形成。

另一方面，政府不断强化公共服务职能。强调建立和完善公共服务体系，提出了行政改革的总体目标，各地政府也都把是否能够为群众提供良好的公共服务、开展政府创新作为政绩考核的重要内容。这标志着以突出公共服务为重点的行政管理模式已基本确立，并成为引领行政改革的目标方向。为了明确政府管理模式转变的目标，在十届全国人民代表大会三次会议的政府工作报告中，明确提出了"努力建设服务型政府"这一政府建设目标，这意味着"建设服务型政府"作为政府管理模式转变的目标已上升为国家意志。党的十七大报告把加快行政管理体制改革、建设服务型政府作为坚定不移发展社会主义民主政治的基本任务提出来，并重点强调"健全政府职责体系，完善公共服务体系"。2013 年以后，随着市场在资源配置中起决定性作用的认知不断强化，政府开始把深化行政审批制度改革作为转变政府职能、加强公共服务的具体抓手。行政审批是行政管理的一种重要形式和内容，也是政府履行职能的主要方式。深化行政审批制度改革已成为促进政府职能转变、推进行政体制改革深化的关键环节。党的十八大后，新一届中央政府明确把深化行政审批制度改革当作推进政府职能转变的突破口，十二届国务院第一次常务会议强调，要"大幅减少和下放行政审批事项，真正向市场放权，发挥社会力量作用，减少对微观事务的干预，激发经济社会发展活力"，① 持续推进政府改革与治理发展，政府管理方式从注重管制向注重服务转变，从而进一步调整政府、市场和社会之间的关系。

---

① 《学习时报：把减少行政审批作为职能转变的突破口》，http：//cpc. people. com. cn/pinglun/n/2013/0415/c78779 – 21133576. html？ ivk_ sa = 1024320u，最后访问日期：2021年 8 月 19 日。

（二）不断优化政府组织结构

政府组织结构是行政管理体制改革的关键。政府组织通过机构调整不断优化结构，主要表现在两个方面：一是深化国家机构改革，理顺中央政府组织和地方政府组织间的条块关系；二是不断完善基层政府治理体制，提升政府组织的现代化治理能力。

在理顺条块关系方面，首先，合理地整合了国家机构和政府部门职能。改革开放以来，我国不断深化党和国家机构改革，推动政府组织转变职能，明确各部门权责关系，先后进行了几轮政府机构改革。2013 年机构改革后，国务院组成部门由改革开放初期的 52 个减少到 25 个，[①] 精简了50% 多。党的十九大对深化行政体制改革又提出了明确要求，十九届三中全会根据新时代新任务新要求，第一次把优化政府机构设置和职能配置放在深化党和国家机构改革全局中统筹部署安排。在继续保持精简机构的基础上，针对部门之间职能交叉的突出矛盾，对一些职能相近的部门进行整合，实行职能有机统一的大部门体制，优化了国务院机构设置和职能配置，进一步理顺了部门职责关系，国务院减少了 8 个正部级机构、7 个副部级机构。[②] 政府机构的精简瘦身和职责明确为明晰职权边界、让渡社会权力创造了空间。

其次，新型中央与地方关系初步建立。中央与地方关系经过多次调整，通过相对合理地划分中央与地方职责权限，形成了集权与分权相互协调的央地关系体制。在保证中央政府权威和主导地位的同时，地方政府的权责更为明确，能够相对独立地行使权力，使其有效治理地方事务。在这一时期，中央将更多的行政管理权下放到地方，并逐步调整财权与事权匹配度，改变了原有的行政权力结构和运行模式，提高了地方政府管理经济、社会的积极性。地方政府组织在新的分权结构里获得了更多自主管理权，管理经济、社会的作用和影响力增强，新型央地关系得以初见成效。

在完善政府组织治理体制和提升治理能力方面，我国初步建立了适应

---

① 《改革开放以来七次国务院机构改革回顾》，https://china. caixin. com/2018－03－13/1012 20419. html，最后访问日期：2021 年 8 月 19 日。

② 《重磅！国务院机构改革方案来了、正部级机构减少 8 个》，《人民日报》2018 年 3 月 13 日。

社会主义市场经济运行规律的行政管理体制，使城乡基层治理结构得到进一步优化。一方面，城市社区作为国家行政权力的末梢和基层自治的起点，在整合政府、社会资源，沟通国家治理与居民自治方面发挥着重要作用。在基层行政体制改革中，政府逐步明确了和社会的边界，重视理顺各项事务的办事流程，解决职责同构问题，不断将治理资源下沉到基层，保障基层政府和自治组织能够有更大的空间发挥好社会治理的作用。同时，政府也在加快职能转变，努力建成服务型政府，更好地助力基层政府改革。另一方面，农村基层政府重视乡村组织建设，在机构、人员和设备等方面给予资源和制度保障。乡镇一级政府高度重视职能部门建设与乡村实际工作的有机联系，使各职能部门能够更好地配合乡村建设，让乡村自治组织与基层政府职能部门相互配合、协同合作，促进乡村治理方式与乡村社会的现代化转型。与此同时，基层政府重视规范村级组织，将加强村级组织的管理和整顿软弱涣散的基层党组织作为常态化任务。在新的历史时期，为适应社会转型发展需求，提升基层社会治理能力，党中央提出了推进农村新社区建设的理念，根据行政村的具体人数情况可建成"一村一社"、"一村多社"和"多村一社"等新型社区，有效节约管理成本，提升基层治理效能。

（三）法治政府建设取得重要进展

行政法治化伴随着中国行政体制改革的整个进程。2010～2020 年，我国继续加强法治建设，推进配套法律、法规不断完善，法治政府建设取得了重要进展，为社会的组织结构健康有序发展奠定了坚实基础。在法治政府建设过程中，我国坚持"实体"建设与"程序"建设并重，注重维护行政相对人的合法利益。首先，在促进依法行政方面，行政法律法规体系更加健全。通过修订《国家公务员法》、制定《国务院工作规则》，保证各级政府组织、人员的活动更为有序。其次，相继制定或修订了一系列法律规范公权力运行，如《行政处罚法》、《行政复议法》、《税收征收管理法》和《行政许可法》等，加强了程序法制建设，有效提高了政府法制化水平。最后，在规制行政行为、保障公民合法权益方面，制定了《国家监察法》，修订了《行政诉讼法》和《国家赔偿法》。这些法律的颁布、实施和修正对行政权力做出了更好的规范和约束，在保障公民依法享有各项权利和自由的同时，也保障权力受监督，防止行政权力的缺失和滥用。随着法治化的推进，政府治理层面的变革逐渐以法律的形式被规范和确定下来。

通过完善相关法律，企业组织的审批流程更加规范、政府监管职责更加明确，从而保障经济组织的有序发展。至2016年底，已提请全国人大常委会修订与简政放权相关的法律共39部。分五次修订行政法规129部，包括修改《企业所得税法实施条例》《企业法人登记条例》部分内容，废止行政法规3部。① 在深化简政放权改革中修订的法律法规取消了不必要的审批项目及其设定依据，使审批工作严格按照法定权限和程序执行，简化了企业组织的审批流程，激发了企业活力。同时，在国有企业改革进程中，国家通过法律法规明确了党组织在国有企业中的合法地位，并从制度上保障了对国有资产的科学监管。其一，明确了党组织对国有企业的统一领导。2015年9月，中共中央、国务院印发的《关于深化国有企业改革的指导意见》要求将党建工作总体要求纳入国有企业章程，明确国有企业党组织在公司法人治理结构中的法定地位。根据《中国共产党巡视工作条例》（2015）、《中央巡视工作规划（2018～2022年）》（2018）、《监察法》（2018）等有关规定，对中央单位和中管企业党组织进行常规巡视，完成了对中管企业的巡视全覆盖；此外，集团企业对下属企业开展巡察工作，保证对公权力使用者监督无遗漏。其二，规范对国有资产监管的职责权限。2009年《企业国有资产法》首次以法律形式对出资人制度进行了明确规定，标志着对国有资产的监管从"实物资产"向"资本监管"的转变。2019年修订的《企业国有资产监督管理暂行条例》规定国有资产监督管理机构作为出资人，有权对国有资产进行监督管理。各级国资委对应监管各级政府及国资委履行出资人职责的企业及下属企业。法治监督要求，对被巡视、巡察单位和领导干部履行职能责任情况要进行全面监督检查。随着我国法治不断进步，《民法典》等一系列法律法规相继实施，对维护正常市场秩序，促进市场主体公平竞争发挥了积极作用，为民营企业发展提供了保护。

在这段时期的改革进程中，社会领域法治建设也不断完善，国家进一

---

① 《简政放权任重道远，放管结合、优化服务须协同发力》，《中国经济时报》2017年8月4日。

步通过法律法规或政策文件等形式明确了社会组织的地位和功能。2013年，国务院办公厅出台的《关于政府向社会力量购买服务的指导意见》鼓励政府向社会组织购买公共服务，使社会组织成为政府转移职能的承接者。2015年，《关于加强社会组织党的建设工作的意见（试行）》指出，社会团体、基金会、民办非企业单位及城乡社区社会组织等属于社会组织范畴，它们以为社会谋求公共利益为宗旨，主要工作内容是开展公益活动、提供社会公共服务，是参与我国社会治理的重要社会力量。此外，相关法律的出台还对厘清社会组织概念、促进社会组织健康发展具有重要意义。2016年，《慈善法》施行。该法律中规定慈善组织可以以基金会、社会团体、社会组织等形式开展慈善活动，这就意味着"民非企业单位"正式变更为"社会服务机构"。《慈善法》厘清了"民办非企业单位"的概念和外延边界，有助于促进我国社会组织的规范发展，法律意义显著。在农村社会组织的发展中，2003年，民政部印发了《关于加强农村专业经济协会培育发展和登记管理工作的指导意见》，规范农村社会组织的注册和管理工作。2015年出台的《中共中央　国务院关于深化供销合作社综合改革的决定》提出，要鼓励行业协会发展，实现协会与联合社互融互补、共同发展，探索现代农村社会组织的组建模式。相关法律法规的制定有效地促进了农村社会组织的发展，完善了农村社会组织的运行机制，使社会组织能够更好地为农村村民提供公共服务。

十八大以来，"全面依法治国"进一步深化，党的十八届四中全会发布了《中共中央关于全面推进依法治国若干重大问题的决定》，强调要建设中国特色社会主义法治体系，建设社会主义法治国家。随着法治国家、法治社会、法治政府的持续推进，治理法治化的特征愈加显著，为社会的组织结构规范有序发展提供了保障。

三　市场主体地位和现代企业制度逐步建立

（一）确立和夯实了企业的市场主体地位

党的十一届三中全会开启了改革开放新征程，彻底改变了传统计划经济体制下政府替代市场的局面。在经历了"市场利用论"、"市场基础论"和"市场决定论"三个阶段的演进后，当前政府与市场的关系进入"相互促进，互为补充"的新阶段。1978～1991 年，随着"由农村到城市""由体制外到体制内""由增量到存量"等改革的逐步展开，市场力量迅速发展壮大起来。但这个阶段的主流思想仍然认为社会主义经济的本质就是计划经济，市场只是一个外在因素，因而传统政府职能作用的范围虽然在缩小，但强势政府的状况并没有发生根本性改变。1992～2012 年，是社会主义市场经济体制提出、建立和完善发展时期。市场力量迅速崛起，政府作用的范围、程度和重点不断发生变化，政府全面替代市场的格局被打破，国家提出了"使市场在国家宏观调控下对资源配置起基础性作用"的目标，市场经济地位得到巩固。2013 年后，随着中国市场经济体制的不断完善和中国社会的不断发展，全面深化改革被提上日程。党的十八届三中全会提出，全面深化改革进程中要重点解决经济体制改革问题，关键在于处理好政府和市场的关系，而处理好政府和市场关系的关键又在于找准政府的角色定位，使市场在资源配置中起决定性作用。这一时期，从中央到地方各级党委和政府通过加强理论学习基本达成统一认识，正确理解了"市场在资源配置中起决定性作用"的深刻含义。在把握政府与市场关系的问题上，秉持辩证法、两点论的哲学思维，同时运用"看得见的手"和"看不见的手"，使市场和政府各自发挥好作用。理论认识来源于实践，从"市场在资源配置中起基础性作用"到"市场在资源配置中起决定性作用"，政府与市场关系能够及时调整以更好适应时代发展的需要，保证市场在资源配置中发挥决定性作用。

改革开放 40 多年来，随着政府与市场关系的不断调整，政府与企业的关系也发生变化，企业日益成为市场的主体。一方面，企业随着市场空间的扩大而不断成长，其"发展经济、创造财富"的活力不断增强。企业尤其是民营企业数量激增。截至 2017 年底，我国民营企业数量超过 2700 万家，个体工商户超过 6500 万户，注册资本超过 165 万亿元。在世界 500 强企业中，我国民营企业由 2010 年的 1 家增加到 2018 年的 28 家。[①] 另一方面，随着企业数量的增多，企业家队伍也在不断壮大，并在社会主义现代化建设中扮演着越发重要的角色。作为企业发展的灵魂和制度变迁的主

---

① 习近平：《在民营企业座谈会上的讲话》，《人民日报》2018 年 11 月 2 日。

角，企业家队伍的成长对于积累社会财富、创造就业岗位、促进经济社会发展、增强综合国力具有重要意义。①

（二）进一步巩固与完善社会主义基本经济制度

公有制为主体、多种所有制经济共同发展，按劳分配为主体、多种分配方式并存的社会主义市场经济体制是我国的基本经济制度。习近平总书记指出，社会主义基本经济制度和市场经济有机结合、公有制经济和非公有制经济共同发展，是我们党推动解放和发展社会生产力的伟大创举。多年来，政府与市场关系调整得越是深入，社会主义基本经济制度越能得到巩固与发展。2015 年 11 月召开的中央财经领导小组第十一次会议首次提出了"供给侧结构性改革"，旨在适当扩大总需求的同时，着力深化供给侧结构性改革，重点提高供给的质量和效率，为经济增长提供动力，实现我国社会生产力水平整体提升。在改革进程中，经济的稳步增长表明供给侧结构性改革取得了一定成效，主要体现在以下三个方面。其一，供需结构得到改善，"三去一降一补"成效明显，需求侧动力得到重启。其二，贷款结构优化，金融风险得到控制，人民币国际化步入新阶段，贷款结构向实体经济倾斜。其三，物价涨势温和、稳定，企业效益提高。2018 年 6 月，全国居民消费价格指数（CPI）环比下降 0.1%，同比增长 1.9%。② "三去一降一补"的顺利进行让部分领域的供需错位得到了调整，使得部分产品的价格上涨，企业效益显著回升。供给侧结构性改革主要从以下几方面影响我国社会的组织结构变迁。

社会主义基本经济制度的巩固和发展，夯实了公有制经济的主体地位，有力地促进了公有制与市场经济的融合。新时代国有企业改革不断加强顶层设计，提出了将国有企业分为商业类和公益类的重要观点，使国企改革的框架和路线更为清晰。首先，根据中央层面出台的"1 + N"系列文件，各省区市纷纷出台相关的配套政策，"施工图"明确。这些政策措施、实施意见、操作细则等规章制度涉及范围较广，包括综合监管、国资布

---

① 《中共中央、国务院关于营造企业家健康成长环境，弘扬优秀企业家精神，更好发挥企业家作用的意见》，《人民日报》2017 年 9 月 26 日。
② 国家统计局：《中国居民消费价格指数（CPI）》，2018 年 6 月份发布。

局、国企改革、科技创新、产权管理、法人治理等方面。同时，优化国有资本的结构布局，发挥国有资本的领导力、控制力和影响力，使国有资本更加集中在关系国家安全、国民经济命脉的产业，以及战略性新兴产业和民生领域。其次，逐步开展国有资本投资、运营公司试点改革，实现从管资产向管资本的转变。重视国有资本和其他各类所有制资本的相互促进与发展，从混合所有制资本改革出发，鼓励其与国有资本互促互进。最后，在改革方式上，采用分类改革理念，对商业类和公益类国有企业进行分类监管、分类考核。在具体的改革措施中，一是加快公司制改革，建立以资产为纽带的现代国有产权管理体系。从中央到各省级政府按照《公司法》要求对各国有资产企业进行改革，提出了有效解决国企"一股独大"所产生的问题的方案。二是进一步完善法人治理结构。根据国企实际情况，完善董事会、理事会等相关机构，并保证机构的完整性和专业性。随着治理结构的不断完善，逐步落实董事会职权、经理层选聘、薪酬分配等工作。三是在剥离国有企业接管社会职能工作方面，取得了积极进展和显著成效。将全国国企"三供一业"①市政社区管理等职能分离移交，剥离国有企业承担的社会职能，推进教育、医疗机构深化改革。这一项改革降低了国有企业负担，在有效处理部分"僵尸企业"提高国企竞争力的同时，也有利于降低国有企业的杠杆率、减少企业负债，实现了国有企业的可持续健康发展。总之，随着改革不断深化，全国90%以上的国有企业完成了公司制股份制改革，国有企业经营机制已基本得到转换，市场竞争能力不断提高，总体上与市场经济实现了融合。

　　坚持和完善社会主义基本经济制度，还使非公有制经济的地位不断得到提高，作用不断得到增强。非公有制经济是我国经济制度的内在要素，也是发展社会主义市场经济的必然要求。改革开放以来，民营经济以其在增加税收、吸收就业、技术创新、国际开拓等方面的辉煌成为我国社会发展不可或缺的重要力量。20世纪80年代，非公有制经济是我国社会主义经济"必要的有益的补充"，到了20世纪90年代，非公有制经济是社会主义市场经济的"重要组成部分"。2017年，党的十九大把"毫不动摇鼓

---

　　① "三供一业"是指国有企业职工家属区的供水、供电、供热（供气）及物业管理工作，分离移交是剥离国有企业承担社会职能的重要内容。

励、支持、引导非公有制经济发展"与"毫不动摇地巩固和发展公有制经济"一起确立为新时代坚持和发展中国特色社会主义的"基本方略"。在2018年民营企业座谈会上，习近平总书记指出，民营经济是我国经济制度的内在要素。非公有制经济的发展极大地激发了各类市场主体的活力，让创造财富的源泉充分涌流。与此同时，民营经济向高质量发展转型。自2012年开始，我国经济发展处于增长速度换挡期、结构调整阵痛期和前期刺激政策消化期，正由高速增长转向中高速增长，增长速度明显放缓。我国经济已进入非常重要的转型发展时期，迫切需要民营企业转变经济发展方式。党的十八大以来，我国在政策上继续坚持"两个毫不动摇"、促进公平竞争和保护私有产权，助力民营企业高效转型。其一，鼓励、支持、引导非公有制经济发展，使其依法平等地享有使用生产要素的权利，努力营造公平的市场竞争环境，出台配套法律保障民营企业顺利转型。其二，非公有制财产同公有制经济财产一样受法律保护，不容侵犯。国家在引导民营企业转型过程中倡导权利平等、机会平等和规则平等，保护各种所有制经济产权的合法利益，以各种形式废除针对非公有制经济的不合理规定，消除各种阻碍非公有制经济发展的隐形障碍，激发非公有制经济的活力和创造力。其三，进一步完善产权保护制度，要坚持公平公正原则。同时，加强对各类所有制经济组织和自然人的财产权保护，及时清理违反公平竞争的法律法规。其四，党的十八届五中全会强调，依法鼓励、支持、引导民营企业进入更多领域，拓宽企业经营边界，将非国有资本引入国有企业改革，使两种资本互促互进。2017年召开的党的十九大准确判断了国内主要矛盾的变化，新时代由追求高速发展到追求经济高质量发展的转变成为必然，因此进一步将民营企业发展方向明确为向高质量发展转型。

（三）不断调整和优化我国所有制结构

新中国成立70年来，我国在建立社会主义制度的基础上，突破了公有制经济等同于国有经济加集体经济的传统束缚，所有制结构发生了很大变化，个体、私营、外资和混合等经济成分实现了从无到有的发展变化。公有制经济在国民经济中的数量占比呈下降趋势，且降幅较大，但国有经济在国民经济中的功能地位得到加强，公有制经济仍然保持主体地位。

　　首先，各类所有制企业的就业结构发生变化。为解决知识青年回城就业问题，党的十一届三中全会后，中央鼓励城镇个体经济发展，将其视为社会主义公有制经济的必要补充。1985 年，城镇就业中的个体劳动者人数为 450 万人，比重已达到 3.5%。到了 2017 年，我国个体劳动者就业人数为 14226 万人，其中，城镇个体就业人数达到 9348 万人，个体就业人员在城镇就业人员的比重达到了 22%，仅次于私营企业。与此同时，私营经济得到迅速发展。党的十三大对私营经济发挥的积极作用给予了肯定，明确了私营经济是公有制经济必要的和有益的补充。随着大量农村剩余劳动力从农业生产中转移出来，私营经济占比显著提高。1990 年，城镇就业人员中，在私营企业工作的占比为 0.3%，2010 年上升到 17.5%，2017 年达到 31.4%，成为城镇就业第一大来源。同时，股份有限公司和有限责任公司开始涌现。2000 年至 2017 年，股份有限公司中的城镇人员就业比重从 2.0% 提高至 4.3%；有限责任公司中城镇人员就业比重从 3.0% 上升至 15.0%，并在城镇就业来源中排第三。非公有制经济就业人员比例上升，导致了公有制经济就业人员比例的相应下降。从 1978 年到 2017 年，城镇就业中的国有单位人员比重从 78.3% 下降到 14.3%，集体单位人员比重从 21.5% 下降到 1.0%，公有制经济就业人员比重在改革开放后 40 年内下降了 84.5 个百分点。[1] 尤其是 1990 年到 2000 年间进行的国有企业改革，导致公有制经济就业比重在短时期内大幅度下降。

　　其次，各类所有制企业的总产值结构发生变化。新中国成立初期，公有制工业企业长时期占比 100%，其中，国有工业企业占据绝对优势，我国的经济产出结构呈现单一制特征。改革开放后，个体经济、外资经济和私营经济相继放开，产出结构逐渐表现出多层次特点。一方面，非公有制经济产出显著增长。产出结构中变化最大的是私营企业，尤其是近二十余年来发展迅速，从 2000 年占工业总产值的比重仅有 6.1% 上升至 2017 年的 33.6%，占比超过规模以上工业总产值的 1/3，成为第一大产出类型。此外，有限责任公司发端虽晚，却保持了良好发展势头，2000 年占工业总产值的比重为 5.3%，到 2017 年增长至 25.9%，成为第二大产出类型。另

---

[1]　刘戒骄、王德华：《新中国成立 70 年来所有制结构的变革与展望》，《区域经济评论》 2019 年第 5 期。

一方面，公有制经济产出相对下降。公有制企业工业产值占比呈现"倒 U 型"发展趋势，从 1952 年的 44.9% 增长至 100%，又从 1978 年持续下降到 2017 年的 23.9%，[①] 在经济结构总产出中位列第四，落在私营企业、有限责任公司和"三资"企业之后。

最后，各类所有制企业的数量结构发生变化。不同类型的企业数量变化是我国所有制结构变化的又一特征。其中，私营企业数量增长最快且变化最大，从 1996 年占比 16.9%，到 2017 年已提高至 79.4%，私营企业有 1437 万家，数量排在第 1 位，远超其他登记注册类企业。有限责任公司的数量也在持续稳步增长，2004 年占比已达 10.9%，排名第 2，到 2017 年又增至 13.1%。与此同时，公有制企业数量占比从 1996 年的 73.9% 降至 2017 年的 1.7%，下降幅度显著。其中，集体企业数量占比下降幅度最大，从 1996 年至 2017 年，共下降了 56.2 个百分点。[②]

改革开放以来，我国各类所有制企业的就业结构、产出结构和数量结构都发生了较大变化，为进一步解放和发展生产力提供了有利条件。到 2010 年，中国已成为世界第二大经济体，经济总量在世界经济中的比重不断提高。2017 年，全球 500 多种最重要的工业产品中，中国有 220 种，排名稳居世界第一。在 2013 年中央经济工作会议上，习近平总书记提出"我国经济发展进入新常态"的重大战略判断。调整经济结构、转变发展方式已成为近十年改革发展的重要关切，也是解决当前我国经济运行深层次矛盾、推动中国经济从中低端迈向中高端的根本路径。

四 社会领域组织体系持续完善

（一）社区在社会的组织结构中的基础作用全面确立

在当代中国城市治理现代化语境中，社区已成为城市治理结构现代化的构建基础。在社会转型大背景下，如何通过社区建设完成社会的"再组织化"，医治社会缺位的隐忧，是新型城市基层管理体制建设的着力点。

---

① 刘戒骄、王德华：《新中国成立 70 年来所有制结构的变革与展望》，《区域经济评论》2019 年第 5 期。

② 刘戒骄、王德华：《新中国成立 70 年来所有制结构的变革与展望》，《区域经济评论》2019 年第 5 期。

2001 年以来，各级政府为实现更贴近居民的管理和服务目标，聘用了大量社区工作者进驻社区。在政府职能社区化背景下，社区体制改革跟进，理论界把改革成果称为"社区工作站模式"。至 2009 年，北京、宁波、深圳、广州、杭州等一批城市探索出分设模式、下属模式、条属模式、专干模式及复合模式等多种社区工作站的设置方法，反映了政府在社区内设置承接行政事务和公共服务的组织安排。党的十八大召开后，社区建设内涵明晰，从社会管理到社会治理，标志着基层社会领域实现了从基层管理到基层治理的新飞跃。党的十八届三中全会通过《中共中央关于全面深化改革若干重大问题的决定》，在党的正式文件中第一次提出"社会治理"概念，城市基层管理的"社区制"治理范式正式得以确立。2017年，党的十九大报告提出要"提高社会治理社会化、法治化、智能化、专业化水平"，要"加强社区治理体系建设，推动社会治理重心向基层下移，发挥社会组织作用，实现政府治理和社会调节、居民自治良性互动"，"社区制"治理范式进入全面展开和深入实践的阶段。通过社区完成社会再组织化的过程，不是简单地"去行政化"，而是在建立有限政府与服务型政府的前提下，秉承参与式社会治理的理念，建设具有认同感与归属感的社区组织网络，培育社会自治能力，激活社区"自组织"功能，使城市社会微观单元具备活力，推动城市治理实现从"权力本位"到"权利本位"、从"政府本位"到"社会本位"的根本转变。城市社区是集管理、服务、自治于一体的社会单元，共治、共建、共享的治理格局强调社区治理体系网格化建设，基层政府、社会组织、社区业主等主体围绕公共事务进行合作与协商，推动社会治理重心向基层下移，标志着基层社会治理在国家治理体系中具有重要地位。

与此同时，新型农村社区社会网络逐步形成。为了适应社会转型发展的需求，提升基层社会治理能力，党中央提出了推进农村新社区建设，将农村新社区建设成为"管理有序、服务完善、文明祥和的社会生活共同体"的要求。考虑到管理成本等因素，部分地区将多个行政村划为一个新型社区单元，人口规模在几千人以上。在市场化、工业化、信息化发展背景下，新型农村社区呈现诸多新特征。

从组织结构看，农村新社区包含各类经济组织、企事业单位、社会组织等共同体；从成员来看，包含本乡者、返乡者、外来人等多类成员；究其类型主要有"一村一社"、"一村多社"和"多村一社区"等。作为最基本的自治和生存单元，农村社区承担了多样化功能，如公共服务功能、社会保障功能、协调稳定功能、民主自治功能、交往合作功能。新型农村社区是国家、社会、市场、居民多种力量交织形成的复合共同体。具体而言，首先，新型农村社区体现为国家建构的政治共同体，是新时期国家政治建设、政治发展、政治社会化的基础载体，承担着现代国家建设的政治任务。其次，新型社区是新时期的社会生活共同体，是生活在社区内的居民共同组成的社会生活单元，是社会交往、社会实践及日常生活居住的基础性场所。再次，新型社区是文化共同体，社区是文化传承、文化活动开展、公共精神培养、道德情操培育、健康人格形成、行为规范教导、礼仪文明教化的载体。另外，新型社区是国家行政管理服务单元。承载着民生建设的重任，是国家向社区居民进行社会管理、维护社会秩序、保障公平正义的载体，也是国家落实农村公共服务政策的重要抓手。在开放与流动中，新形成的社区是一个超大型的基层治理单元，社会活动空间超越了村庄的范畴，社会关系也不再局限于村庄熟人社会，运用的管理和公共服务的方式也适应新技术的发展，国家的管理理念和基层的治理实践发生了演进，一种全新的社会网络逐步形成，社会资本在交往中获得了培育。

（二）社会组织发展取得长足进步

改革开放以来，随着市场经济的发展，中国社会出现了越来越多的社会组织。2006 年以来，伴随经济社会的发展和转型，中国社会组织在发展中形成了许多值得关注的特点，显示了一个新的历史阶段——改革发展新阶段——的到来。

1. 社会组织规模结构发展向好，空间布局有待优化

近年来，我国社会组织数量不断增加。1978 年，我国登记注册的社会团体不足 5000 家。但截至 2021 年 1 月，全国入库社会组织达到 89.40 万家。与 2011 年的 46.20 万家相比，全国社会组织数量增长了近一倍（见图 7 - 1）。从社会组织的三大类型来看，2020 年社会团体总量为 37.48 万家，

比上一年增长 0.86%。由于社会团体增长率连续多年低于社会组织整体增长率，社会团体总量占社会组织总量也呈逐步下降态势，2020 年占社会组织总量的比例为 41.92%（见图 7－1、图 7－2）。2020 年民办非企业单位总量为 51.1 万家，较上年增长 4.91%。民办非企业单位的增长率连续多

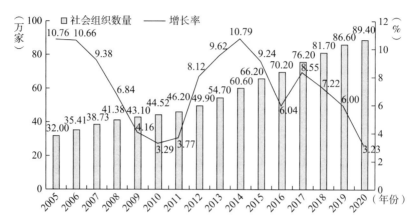

图 7－1　2005～2020 年中国社会组织发展情况

资料来源：2004～2009 年《民政事业发展统计公报》、2010～2017 年《社会服务发展统计公报》、2018～2019《民政事业发展统计公报》、《民政统计季报（2020 年 1～4 季度)》。

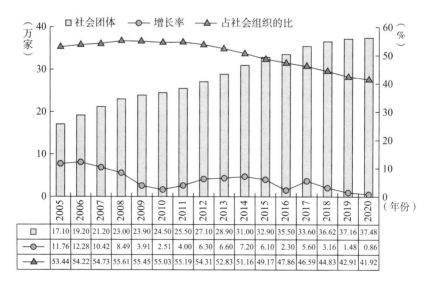

图 7－2　2005～2020 年社会团体发展情况

资料来源：2004～2009 年《民政事业发展统计公报》、2010～2017 年《社会服务发展统计公报》、2018～2019《民政事业发展统计公报》、《民政统计季报（2020 年 1～4 季度)》。

年高于社会组织的整体增长率，数量已超过社会组织总量的一半多，2020
年已占社会组织总量的 57.2% （见图 7 - 1、图 7 - 3），其独特的功能也在社
会治理中逐渐体现。2020 年基金会总量已达 8432 家，较上年增长 11.17%，
占社会组织总量的 0.94% （见图 7 - 1、图 7 - 4）。基金会增速虽然连续多
年走低，但在社会组织总量占比中一直稳步小幅提升，而且从规范性、影
响力等方面来看，基金会在社会组织所有类型中发挥着越来越大的促进作
用。总体而言，中国社会组织的规模不断扩大，整体结构持续优化。

　　近年来，随着社会组织数量的增加，其地域空间分布的非均衡性也愈
加凸显。以 2020 年社会组织地域空间分布为例 （见表 7 - 1），其地域空间
分布与经济发展水平及人口分布密度呈现典型的正相关关系，如大部分东
部省 （市） 的社会组织数量大于中西部省 （区、市）。但即使同一地区的
社会组织数量差距也很大，如江苏省社会组织就达 97930 家，而浙江、上
海、安徽、山东的社会组织数量都远少于江苏。因此，面对我国社会组织
空间分布非均衡性的现实情况，亟须分析社会组织地域空间分布的内在机
理，从而更好地推动社会组织发展，助力各地区经济稳步发展。

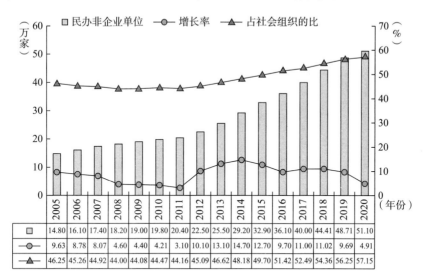

图 7 - 3　2005 ~ 2020 年民办非企业单位发展情况

　　资料来源：2004 ~ 2009 年《民政事业发展统计公报》、2010 ~ 2017 年《社会服
务发展统计公报》、2018 - 2019《民政事业发展统计公报》、《民政统计季报 （2020
年 1 - 4 季度）》。

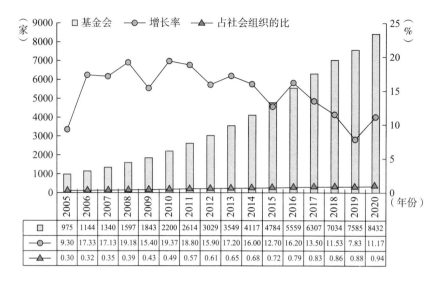

图 7 - 4　2005～2020 年基金会发展情况

资料来源：2004～2009 年《民政事业发展统计公报》、2010～2017 年《社会服务发展统计公报》、2018～2019《民政事业发展统计公报》、《民政统计季报（2020年 1－4 季度)》。

表 7 - 1　2020 年我国社会组织地域空间分布情况

单位：家

	社会组织	社会团体	民办非企业单位	基金会
中央级	2292	1979	98	215
北京	13016	4572	7648	796
天津	6026	2377	3544	105
河北	34625	11476	22631	518
山西	17580	7648	9800	132
内蒙古	16751	7864	8735	152
辽宁	26185	6714	19367	104
吉林	13371	5756	7496	119
黑龙江	20246	6900	13227	119
上海	17048	4242	12273	533
江苏	97930	37973	59195	762
浙江	71299	25853	44619	827
安徽	34130	15004	18948	178

	社会组织	社会团体	民办非企业单位	基金会
福建	34200	19066	14711	423
江西	27703	12678	14939	86
山东	60247	18473	41532	242
河南	47368	12970	34241	157
湖北	31730	12449	19095	186
湖南	37118	16145	20595	378
广东	71845	31966	38585	1294
广西	28921	13450	15362	109
海南	8419	3326	4975	118
重庆	18110	8153	9869	88
四川	45657	20952	24517	188
贵州	14063	7203	6793	67
云南	23251	13562	9622	67
西藏	559	491	46	22
陕西	31074	17300	13598	176
甘肃	22820	15882	6855	83
青海	6173	4290	1851	32
宁夏	5583	3202	2305	76
新疆	8770	4846	3887	37

资料来源：国家统计局编《中国统计年鉴 2021》，中国统计出版社，2021。

2. 社会组织发展越发规范，政社关系更加制度化

随着现代社会组织体制的形成与发展，我国社会组织的规范发展格局逐步形成。2011 年 3 月通过的《国民经济和社会发展第十二个五年规划纲要》明确提出，改进社会组织管理，建立健全统一登记、各司其职、协调配合、分级负责、依法监管的社会组织管理体制。此后，党的十八大报告指出，加快形成政社分开、权责明确、依法自治的现代社会组织体制。此后，国家各部委、各地区不断出台相关细则，使社会组织发展体制日渐完善。特别是，2015 年 9 月，中共中央办公厅发布《关于加强社会组织党的建设工作的意见（试行）》，提出加强社会组织党建工作的重要意义和总体要求，明确社会组织党组织功能定位，并就健全社会组织相关内容进行了

部署。2016 年，中共中央办公厅、国务院办公厅印发《关于改革社会组织管理制度 促进社会组织健康有序发展的意见》强调，成立行业协会商会类、科技类、公益慈善类、城乡社区服务类社会组织实行直接登记，这极大地便利了社会组织的发展。2016 年 9 月，作为社会组织登记管理机关的民政部发布《关于社会组织成立登记时同步开展党建工作有关问题的通知》，督促民政登记管理机关推动社会组织建立党的组织，开展党的工作，落实党建责任。综上所述，随着国家对社会组织运行体制机制的不断深化管理，我国社会组织发展越发规范。

近年来，政府和社会组织的关系格局发生了显著变化。特别是党的十九大提出，打造共建共治共享的社会治理格局，加强社会治理制度建设，完善党委领导、政府负责、社会协同、公众参与、法治保障的社会治理体制，提高社会治理社会化、法治化、智能化、专业化水平。一方面，更加注重党对社会组织的领导，发挥党组织、党员对社会组织发展方向的把握与引领作用；另一方面，鼓励和支持各类社会组织依法规范开展活动，积极推动行业协会、商会等社会组织的行政脱钩工作，加快建立政社分开、权责明确、依法自治的现代社会组织体制。可以说，具有中国特色的政府与社会组织新型关系正在逐步形成。首先，政府从战略层面完善社会组织管理的制度建设。例如，2016 年中共中央办公厅和国务院办公厅出台的《关于改革社会组织管理制度 促进社会组织健康有序发展的意见》再次明确提出"社会组织法"等相关法律法规的制定和修订要求；2016 年《民法总则》中，明确了各类社会组织的法人地位。《中华人民共和国慈善法》和《中华人民共和国境外非政府组织境内活动管理法》两部法律出台，填补了社会组织管理领域的高层级法律的空白，使社会组织的慈善活动与监管有法可依。其次，政府与社会组织的合作关系进一步深化。2013 年，《国务院办公厅关于政府向社会力量购买服务的指导意见》发布，要求在教育、就业、社保、医疗卫生、住房保障、文化体育和残疾人服务等领域，逐步加大政府向社会组织和企业、机构等社会力量购买服务的力度，更多更好地发挥社会力量的作用。特别强调依法在民政部门登记成立或经国务院批准免于登记的社会组织成为购买服务的重要承接主体，这为政府与社会组织更深层次的合作奠定了基础。

3. 社会组织公益资助规模扩大，资源主体更加多元

社会组织作为公益捐赠的重要接收对象，公益资助无疑应该成为社会组织资金的重要来源。然而，社会组织在过去几十年的发展历程中，获得的公益资助却微乎其微，部分社会组织依靠政府购买服务、项目财政拨款和社区补贴等生存。近几年来，随着国家大力支持及出台诸多相应的政策以鼓励社会组织发展，加上社会组织自身专业能力、服务质量以及服务态度等方面的提升，社会组织的公信力逐渐上升，社会组织获得社会的认可，许多社会捐助开始转向社会组织，尤其是公益捐助。如许多社区社会组织，原本仅靠政府购买和社区补贴，现在可以获得基金会、企业以及其他社会团体等公益捐赠。此外，随着垃圾治理问题日益成为国家和社会关注的焦点，许多环保社会组织将垃圾治理作为主要任务，而许多热心于垃圾治理的基金会、企业和其他社会团体以及高校和个人等通过环保社会组织向垃圾治理项目提供捐助。此外，根据《中国慈善发展报告（2018）》中的数据统计，除了基金会、慈善会之外的其他社会组织全面接收捐赠89.82亿元，占比为6.24%。[1] 这一数据一方面反映了我国社会组织中占绝大多数的社会团体（除了慈善会系统外）和民办非企业单位涉及广泛的慈善领域，另一方面则反映了我国社会组织公益资助规模之大。

社会组织不同于政府组织，也不同于企业组织，其资源的获取方式也因此有别于政府和企业。政府作为公共部门，建立在社会公权力基础上，其背后有国家的强制力作为支撑，可以通过强制的税收来实现财政收入；企业本身作为营利性机构，是追求自身经济利益最大化的经济人的集合体，它通常可以通过生产、销售和服务等方式来获取利润，进而满足自身的发展与壮大。基于此，无论是政府组织还是企业组织，均有自己较为稳定且可持续的资源供给方式。而作为独立于政府和企业之外的"第三方"的社会组织，本身是由公民自发组建的。其志愿性组织的性质，使其不可能像政府组织一样获得持续财政支持，也不能像企业一样依靠市场的资源配置机制来获取利润。因此，社会组织的资源不是"自足"的，需要各种内、外部资源的供给，这些内外部资源主要来自政府资助、慈善捐赠，以

---

① 杨团主编《中国慈善发展报告（2018）》，社会科学文献出版社，2018，第29页。

及收费收入等。在过去几十年的发展中，我国社会组织的资源来源与许多国外①的社会组织有着惊人的相似之处：资源渠道上主要是单一的政府来源，即社会组织所需的资源单一地来源于政府部门的支持，如政府购买、政府财政补贴等方式。1998年的社会组织调查显示，我国的社会组织收入来源中，有49.97%来源于政府拨款；② 接受非营利性组织和个人捐赠的平均不超过其总收入的30%，仅有部分中国香港的社会组织接受的捐赠占总收入的83.23%。③ 这种单一的资源获取渠道决定了其资源供给主体的单一性，也因此阻碍了社会组织的发展，使我国社会组织在过去的几十年里，由于资源的供给不足，举步维艰，一直未能发挥真正的社会价值。

近十年来，随着社会组织的快速发展，资源获取渠道和资源供给主体逐步趋向多元化，许多企业、基金会、社会团体以及个人等主体逐渐向社会组织提供资源支持，社会组织的资源来源逐步由原来单一的政府支持变为"政府、企业、社会、个人"提供支持的多元主体结构，其资源供给不足的困境得到一定程度的缓解。以中国慈善组织为例，根据《2016年度中国慈善捐助报告》，2016年度，我国财政补贴共260.64亿元，占全年捐赠总额的18.71%。根据《2018年度中国慈善组织捐助报告》，2018年度，我国企业共捐赠890.84亿元，占社会捐赠总额的61.89%；个人捐赠达360.47亿元，大约占社会捐助总额的25%；政府机关捐助仅为25.86亿元；民政部门指定的20家互联网募捐信息平台中，全年共为1400余家公募慈善组织发布募捐信息2.1万条，网民点击、关注和参与超过84.6亿人次，募集善款总额超过31.7亿元。腾讯公益平台共筹款17.25亿元，捐款人数超过6909万人次，支持公益项目15743个；蚂蚁金服公益平台为近

---

① 根据约翰·霍普金斯政策研究所的分析，没有一个国家的非营利部门的主导性收入来源是私人捐赠，"私人捐赠不仅不是非营利收入的主要来源，甚至都不是第二个重要来源"。在其研究的8个国家（美、英、法、德、日、意、瑞典、匈牙利）中，私人慈善捐赠占全部非营利收入的平均比例仅有10%，而且，这些收入包括了个人捐赠、基金捐赠和团体捐赠在内。相比较而言，在这8个国家，几乎一半的非营利性收入（49%）来自服务收费和销售收入，而41%来自政府。莱斯特·萨拉蒙：《非营利部门的兴起》，转引自何增科《公民社会与第三部门》，社会科学文献出版社，2000，第263页。

② 兰华：《问题与对策：我国非营利组织管理体系探析》，《国家行政学院学报》2006年第3期。

③ 沈晔：《非营利组织筹资困难的成因剖析》，《金融经济》2006年第12期。

140 家具有公募资格的慈善组织的近 1300 个优秀项目提供互联网募捐服务，共募集资金 6.7 亿元，全年参与捐赠 5.5 亿人次；全年共筹集彩票公益基金 1338.75 亿元（含 2018 年逾期未兑奖奖金 25.13 亿元）。①

4. 社会组织公开透明程度更高，社会创新增多

近年来，我国社会组织发展迅速。这些社会组织成为新时代中国特色社会主义建设的重要力量，其中仅在 2017 年，中国社会组织接受的社会捐助就在 500 亿元以上，成为政府救助的补充力量和脱贫攻坚的重要兜底力量。但社会组织信用危机频发，极大地影响了社会组织的发展。为此，2018 年 1 月正式实施《社会组织信用信息管理办法》；同年 2 月，国家发改委、中国人民银行、民政部等 40 个部门联合签署并发布《关于对慈善捐赠领域相关主体实施守信联合激励和失信联合惩戒的合作备忘录》。上述举措是全面推进社会组织信息公开里程碑式的指导方案。当前，社会组织诚信体系是我国社会信用体系建设的重要一环，他们在完善社会主义市场经济体系、改善公共服务的供给方式、创新社会治理、激发社会活力等方面发挥了积极作用。如今，社会组织公信力和透明度日益成为社会组织发展的生命线，也必将以新形象、新姿态融入社会信用体系建设，为社会信用体系建设注入新力量。

随着社会经济的发展，社会矛盾日益呈现复杂化、多元化和多变化以及政府社会治理模式转变，最早由民间组织发起的社会创新，逐渐成为政府、企业和社会组织协同解决社会问题、满足社会需求的有效形式。社会组织作为打造"共建共治共享"社会治理格局的一个重要组成部分，逐渐在解决社会问题、满足社会需求过程中，探索了新路径，社会创新的作用日益凸显。党的十八大报告明确指出，要"加快形成党委领导、政府负责、社会协同、公众参与、法治保障的社会管理体制"、"改进政府提供公共服务方式"及"引导社会组织健康有序发展，充分发挥群众参与社会管理的基础作用"，国家在宏观层面上鼓励社会组织积极参与社会治理，拓宽社会组织参与社会创新的行动空间。

党的十八届三中全会则在社会体制改革上做了顶层设计，社会事业发

---

① 《2016 年度中国慈善捐助报告（精要版）》，中国慈善联合会研究部，2017 年 9 月。《2018 年度中国慈善捐助报告》，中国慈善联合会，2019 年 9 月。

展、社会创业和社会治理等方面不断涌现出新方法、新理念和新思路。企业、社会组织等均做出了新的尝试。社会组织也在积极推动社会创新发展，如宁波市社会组织积极参与废旧衣物回收社会创新实践，并取得了积极成效。如"衣再生"、"衣可生"和"兆联科技"等较早从事旧衣物回收的公益社会组织已经扎根于社区进行旧衣物回收，并创新性地进行再加工利用。统计数据显示，2010 年，中国举办的首届"中国社会创新奖"项目中，全国共有 22 个地区的 161 个申请项目，项目广泛覆盖了弱势群体保护、社会事业、公益支持、社区服务、扶贫济困、环境保护、行业自律与服务等领域，其中，有 122 个来自各级登记注册的社会组织。

第二节　我国社会的组织结构的主要特征

一　国家对社会的调控能力持续增强

当前，我国社会结构仍处于快速调整变化过程中，社会流动和社会结构尚未定型，仍有较大的调整变化空间。国家对社会的调控不断强化，主要体现在以下几个方面。首先，党的领导地位全面增强。为了实现基层社会的"组织再造"，先要把基层党组织建成坚强的战斗堡垒，然后通过基层党组织的领导，把基层群众组织起来。可以看到，党的十八大以来，以习近平同志为核心的党中央，强调基层是党的执政之基、力量之源。只有基层党组织坚强有力，党员发挥应有作用，党的根基才能牢固，党才能有战斗力。党的十九大报告特别强调要加强基层组织建设，"党的基层组织是确保党的路线方针政策和决策部署贯彻落实的基础。要以提升组织力为重点，突出政治功能，把企业、农村、机关、学校、科研院所、街道、社区、社会组织等基层党组织建设成为宣传党的主张、贯彻党的决定、领导基层治理、团结动员群众、推动改革发展的坚强战斗堡垒"。《中国共产党章程》第 32 条也明确规定，"党的基层组织是党在社会基层组织中的战斗堡垒，是党的全部工作和战斗力的基础"。这些都可以看作新时代基层党组织建设的新要求。其次，全面深化群团组织改革。党的群团工作是党通过群团组织开展的群众工作。党的十八大以来，以习近平同志为核心的党中央十分重视群团工作和群团改革。2014 年 12 月,中央政治局会议审议通过的《关于加强和改进党的群团工作的意见》要求加强和改进群团工作;2015 年 7 月,中央召开党的群团工作会议,习近平总书记在会上发表重要讲话。此后,中央全面深化改革领导小组陆续审议通过全国总工会、共青团中央、全国妇联三个改革方案。群团改革从中央到地方全面推开,并取得积极成效。最后,特大城市人口控制能力在增强。例如,北京市最近几年来通过疏解非首都功能,流动人口总量开始下降。2015 年以来,北京市常住外来人口数量不断下降,2015 年为 822.6 万人,2016 年为 807.5 万人,2017 年为 794.3 万人,2018 年为 764.6 万人,2016 至 2018 年连续三年呈现"负增长"。[①]

二 政社关系从纵向管制向横向建构转变

政社关系从纵向管制向横向建构转变是一个较为缓慢的历史过程,只不过在近十年来体现得尤为明显。新中国成立以来,我国快速形成了"国家 – 单位 – 个人"的体制结构,单位组织渗透到个人生活的方方面面,国家通过对单位的管理,从衣食住行各个方面将个人组织起来。改革开放后,随着市场与政府关系的逐步调整,逐渐形成了"国家 – 社会 – 个人"的运作体系。党的十八大以来的近十年,通过不断深化改革,政社关系进一步分离,职责分离、机构清理以及身份剥离更为深入,逐渐由过去的横向管制向纵向建构转变。例如,在职责分离方面,通过不断聚焦政府公共服务部分,并将部分政府管不了、管不好、管不到、不该管的事情赋予社会组织和市场承担;在机构清理方面,对行业协会和商会类组织,进行"政会脱钩"改革,彻底消除公共权力对其的绝对影响。特别是随着 2016 年以来开展的"放管服"改革的深入推进,政社关系已经明显从原来的横向管制向纵向建构转变。

改革开放四十多年,特别是党的十八大以来,我国不断改进政府公共服务供给方式,加强基层社会管理和服务体系建设,增强城乡社区服务功能,引导社会组织健康有序发展,充分发挥群众参与社会管理的基础作

---

① 马小红、尹德挺、洪小良主编《北京人口发展研究报告(2019)》,社会科学文献出版社,2019。

用，使多元共治格局逐步形成，创新治理模式层出不穷。

一是协作主体从二元主体向多元主体转变。改革开放以来，为加快社会主义市场经济的发展，我国在政府与市场二元结构中不断深入探索，逐渐形成了以政府和企业为主体的二元协作主体。但随着我国改革开放逐步进入深水区，由于政府及市场功能的局限性，它们在解决部分社会问题时处于失灵状态，独立于政府和市场的第三方社会组织便应运而生。我国社会组织已从2009年的43.1万家增至2020年的90多万家，呈现井喷式发展，已经成为社会治理的三大主体之一，这就促使我国社会协作主体从二元主体向多元主体转变。特别是2019年10月，党的十九届四中全会通过的《中共中央关于坚持和完善中国特色社会主义制度推动国家治理体系和治理能力现代化若干重大问题的决定》指出，健全党组织领导的自治、法治、德治相结合的城乡基层治理体系，健全社区管理和服务机制，推行网格化管理和服务，发挥群团组织、社会组织作用，发挥行业协会商会自律功能，实现政府治理和社会调节、居民自治良性互动。这也是党首次从顶层设计层面勾勒出多元社会协作主体的发展蓝图。

二是绩效导向从平稳发展向创新发展转变。改革开放四十多年来，我国社会协作主体从二元向多元转变的同时，其绩效导向也逐渐从平稳发展转向创新发展。党的十八大明确提出实施创新驱动发展战略。2016年中共中央、国务院印发《国家创新驱动发展战略纲要》，指出以科技创新为核心带动全面创新，以体制机制改革激发创新活力，以高效率的创新体系支撑高水平的创新型国家建设，并且特别强调，顺应创新主体多元、活动多样、路径多变的新趋势，推动政府管理创新，形成多元参与、协同高效的创新治理格局，要建立创新治理的社会参与机制，发挥各类行业协会、基金会、科技社团等在推动创新驱动发展中的作用。特别是党的十九大以来，我国政治组织、经济组织、民间组织、事业单位等各类组织不断创新体制机制，深入贯彻落实"放管服"改革，全面优化营商环境，其绩效导向基本呈现由平稳发展向创新发展转变。

三　社会的组织结构专业化趋势更为显著

企业和社会组织等多元主体参与社会治理，借助信息技术和网络更有效率地整合社会资源。网格化、"微治理"等智能化手段提高了社会治理的精细化水平，使社会治理更加有效。随着信息技术和网络的飞速发展，我国经济转轨和社会转型的速度加快，社会治理面临资源整合困难、各治理主体难以形成治理合力等问题，加之我国经济发展也面临复杂且严峻的形势，由此，社会治理的难度增大，风险增加。在"大数据＋智能化"时代背景下，数字化、智能化的发展促使企业商业模式发生变化，不断改进和优化企业结构和工作流程。企业引入数字化、智能化技术是"互联网＋"技术运用的进一步延伸，促使企业与消费者的互动关系与商业模式发生变化，由传统的"企业对企业"转变为"人对人"的商业模式。在上述社会治理和企业商业模式改变的背景下，更多的企业开始承担社会责任，政府鼓励企业融入社会治理，借助智能化技术更好地整合并提升多方面的社会数据资源，协助政府参与社会治理的同时促使企业自身发展，提升社会治理效率。

以信息技术、生物技术、新材料技术等为代表的高新技术逐渐成为促进科技革命、产业变革和新型业态发展的推动力量。运用互联网技术，在"互联网＋"背景下各类新型业态的发展动态尤为突出，主要表现在以下两个方面。其一，占比较高的新兴业态的发展、状态以互联网技术为支撑，或是借助互联网技术整合数据资源，从而获得更多市场份额。其二，促使各个行业技术上的融合，借助互联网技术可以推进其他高新技术的研发、推广和应用。新兴业态的发展使传统行业与互联网相结合，例如，网购、外卖、网约车等新兴业态的发展，在促进市场资源整合的同时，也产生乘数效应，给大众带来快捷和便利。新兴业态的发展同时影响着相关产业的发展情况，随着信息与资源网络化程度的加深，市场的供求关系与格局变得多元且复杂，市场被分割得更为碎片化，导致市场关系变得更为错综复杂。由此，在资源流动不断加快，资本作用不断增强的时代，新兴产业发生的变化会对整个产业的发展带来重要影响。这种影响会进行传递并产生杠杆效应，具有传递时间短、周期短、规模大、影响大的特征。新兴业态的发展为政府监管带来新的挑战，市场权力、市场关系和社会关系的重构带来了市场网络中心、供方、需方的监管新需求。

与此同时，社会组织开始致力于组织技术创新、制度创新，不断提升社会组织服务社会的专业化水平。在此基础上，社会组织参与到社会治理中，对于提高公共服务水平、创新社会治理、繁荣社会事业等方面具有重要意义。各类社会组织根据自身特点和优势，以更专业化的服务在"强政府"与"大社会"的桥梁中发挥良好的纽带作用。其一，行业协会商会类的社会组织通过整合行业内的信息资源，引领组织制度创新、技术创新和相关政策法规创新，促进国家创新体系建设。其二，基金会等慈善组织根据自身公益性特点，积极发挥志愿服务优势。基金会通过募集资金、整合公益力量，在医疗、教育等领域开展扶贫帮困工作，弥补现有公共服务和政府资源提供之不足，使社会资源配置更为优化。其三，社会团体等其他社会力量在扶贫开发、养老济困、文化宣传、教育培训、法律咨询、户外健康、社区建设等领域发挥自己的专业化服务优势，助力提升社会治理能力。此外，基层社区干部队伍呈年轻化、专业化，队伍规模日益扩大，质量逐步提升。社区"两委"班子人员结构进一步优化，活力进一步提升，成员年龄、知识结构更趋合理，这标志着越来越多高学历、年轻有活力的青年加入到新一届居委会班子中来。精选一批优秀的高校毕业生到基层社区就职，改善社区居委会班子成员构成，为社区居委会建设注入新的生机和活力，大大提高基层社区干部的素质。尤其是，随着大学生的加入，可以发挥大学毕业生自身专业知识的优势，为城市基层社区发展提供新的增长点。对一些重点贫困社区，要充分发挥省派第一书记的核心引导作用，建设过硬支部，开展精准扶贫，提升治理水平。

第三节　进一步优化社会的组织结构的政策建议

一　明晰组织职能边界，优化社会结构

（一）以区域化党建促进组织结构优化

党的统一领导，为促进组织结构优化提供政治保障。区域化党建工作的优势在于，建立日常性党建工作共建互补机制，整合区域内的党建组织、各种资源、各项事务、各类人员，打破相互封闭的运行状态，破除各

自为政弊端，将党建工作融入各项工作之中，实现区域日常性党建工作的统筹布局与协调发展。

在区域化党建引领下，整合各类组织的资源，并明晰职能边界，从而助力组织结构优化。一是要充分发挥党组织对政府、企业以及区域内各类组织实行政治、组织、文化等全面的领导和整合作用，使党建工作由条块分割向条块结合、以块为主转变，实现资源区域整合。二是在区域化党建战略引领工作制度体系基础上，可以定期联系区域内各主要组织对区域内的战略发展问题进行商讨，推动党建引领的区域战略联盟的建立与完善。在这一过程中要明确共同的发展方向，并在战略问题中借助相关咨询委员会的力量，发挥"外脑"作用。

在以区域化党建促组织结构优化的具体工作中，可以从创新理念、制度优化和引入先进技术这几个方面为出发点，为区域化党建优化路径提供指导。创新党建工作理念，用先进的思想理念支配行动、引领实践。坚持将网络化、精细化、区域统筹、共享共赢等先进理念融入区域化党建工作，增强组织活力。优化区域党建制度，打破传统纵向控制的"单位党建"模式，建立创新联动的党建模式，完善党务管理制度。根据区域内的实际情况建立组织架构，在"两新"组织和流动党员较多的区域内，构建更加开放、覆盖面更广、扁平化的组织结构。可以借鉴"大工委制"、"大党建制"、"联席会议制"和"大党委制"的领导体制，使区域党建活动以共同参与、协调合作、协商议事、统筹联动为核心，形成多维度、全覆盖的区域化党建联合体。在党务工作管理方面，完善配套制度建设，保障党务工作者专职化、阵地建设标准化、经费保障制度化。同时，建立科学规范的考核评价和激励约束制度，优化党组织设置和党务管理工作。创新工作方法，引入先进技术，提高区域化党建工作效率。利用互联网信息技术建立区域党建平台，运用云计算技术，收集、整合区域内的信息和资源，优化党建工作流程，实现党建引领的区域内信息可视化、管理即时化、共建网络化和服务一体化，推动区域内组织结构向科学化、规范化发展。

（二）进一步深化行政体制改革

政府架构直接影响着社会组织中其他各类组织的结构发展。因此，继续深化政府行政管理体制改革，对于优化社会结构具有重要意义。其一，推进政府治理体系现代化。从组织体系、制度体系、运行体系、评价体系和保障体系角度深入改革，不断创新治理理念、治理机制和治理工具。其二，持续推进政府自身变革以适应新时代的要求。行政体制改革要真正发挥巨大效能，最关键的因素是人，也就是公务员队伍建设问题。优化公务员队伍建设，在原有公务员考试选拔的基础上完善公务员队伍内部遴选制度，在选拔具有公务员潜质的优秀人才的同时建立相对流动的公务员人才队伍，将岗位和人才进行合理配置。其三，优化行政生态环境，建设现代行政文化。要在全面从严治党、依法行政，建设法治政府的基础上，进一步优化行政生态环境，建设现代行政文化，使人民政府意识、人民公仆意识深入公职人员内心并在工作中践行"全心全意为人民服务"的宗旨。加大廉政文化宣传和工作方法培训力度，使政府行使的行政权力真正具有公权力使用的本质意义。

在基层治理的实践过程中，应不断深化行政体制改革，加强政社整合，推进治理资源向基层下移。城市社区既是国家行政权力的末梢，又是基层自治的起点。对此，各地城市基层政府需注意整合政府、社会多方资源，使国家治理与居民自治形成良好互动关系。明确政府与社会的边界，给基层城市自治组织以应有的发展空间，避免政府过度介入，侵犯社会空间。转变政府职能，以服务居民为导向，推动服务型政府建设，以此为基本原则破解基层政府改革困局，对办事流程、职责同构等问题加以重新审视。将治理资源下沉到基层，以适应基层社会的实际需要，为城市社区居民提供专业、多元的社区服务。

（三）建立由重视发展向规范监管转变的新型政企关系

新型政企关系建立在"市场发挥资源配置决定性作用"的基础上，出发点是政府职能的转变，政府应明确自身定位，建立服务型、监管型政府。建立新型政企关系，发挥好政府的监管职能，在规范监管中政府要继续推进综合监管，加强依法监管，重视审慎监管。新时期，我国改革进入深水区的同时经济结构发生变化，多业态发展和市场主体经济活动增加，更多的企业开始跨区域、跨行业、跨所有制经营，这就使在简政放权改革中，具体的监管制度和方式面临复杂多样的情况和条件，而且这些情况和条件存在差异，因此要形成综合性监管思路。进一步推进综合监管，可以利用信息技术手段，建立跨部门、跨行业、跨所有制的监管机制，同时，还可以鼓励、引导媒体和社会公众参与监管，形成既规范又全方位的综合监管格局。

只有更加注重依法监管，促进行政性监管向法治性监管转变，才能真正建立起规范的监管体制，使转变职能后的政府与企业的关系更加适应新时代市场经济体制的发展。要加快完善政府监管的法律制度建设，优化监管执法机构和人员队伍，使政府监管行为向法制化、规范化方向发展。在加强制度、机构和人员建设的同时，加强政府行为约束机制建设，依法制定政府监管的责任和权限清单，严格规范监管执法程序，拓宽监督范围，使政府监管行为受法律以及公众和媒体的监督。

随着改革的不断深入，监管体制也需要根据大的改革背景进行改进，因此具有不稳定、不确定性。由于市场的复杂多变，监管过程也在发生权变，面对新技术、新业态增多的情况，创新监管方式可能带来超出认知范围的偏差，这就要求树立审慎监管思维，在探索中完善、规范市场监管行为。

在政府对市场更好进行规范监督的基础上，企业与政府进行适度交流，有利于建立、完善新型的政企关系。一方面，要鼓励、增加企业与政府的沟通与交流。企业可以通过融入社会治理或是其他方式与政府进行沟通、合作，这样既有利于政府了解企业、了解市场，从而更好地进行规范监督，也有利于企业提升社会影响力和业绩。另一方面，政府和企业之间的交流要把握好"度"，这个"度"是指企业不能把与政府的联系作为谋求发展的一种工具和方式，超过这个"度"就容易导致贪污腐败现象发生。《监察法》的出台为保证政企关系正常发展、杜绝钱权交易行为提供了有力保障。除此之外，还应鼓励非正式制度对企业和政府实行"自下而上"的监督，从而保证新型政企关系健康、持续发展。

二 推动社会组织健康发展，促进协作共治

新时代背景下我国的社会组织发展要立足当下实际情况，在参考借鉴国际社会相关发展经验的基础上，从顶层设计、制度环境、组织能力、内

部管理、公众参与等方面着重施力，以期更好地扮演社会治理第三方重要力量的角色，从而有力推动我国社会经济的高质量发展。

（一）价值理念转型升级，更好适应我国社会发展

系统完善顶层设计，实现价值理念转型升级。顶层设计是组织发展的方向指引，价值理念是组织发展的核心要义。实现中国社会组织的高质量发展，必须系统完善社会组织发展的顶层设计，全面实现中国社会组织价值理念的转型升级。

一是要深入贯彻落实习近平新时代中国特色社会主义思想。习近平新时代中国特色社会主义思想是在中国面临百年未有之大变局的时代背景下提出和形成的重要思想武器，是马克思主义中国化的最新成果，是党和人民实践经验和集体智慧的结晶，也是中国社会组织发展的根本理论指引。在新时代背景下，中国社会组织的高质量发展需要牢牢把握中国社会主要矛盾是人民日益增长的美好生活需要和不平衡不充分的发展之间的矛盾这一基点，牢牢坚持以人民为中心的发展思想，时刻贯彻实现国家治理体系和治理能力现代化的重要战略方针。

二是要着力讲好中国故事。社会组织相关理论最早源于西方，关注的是传统社会组织存在的理论基础、传统社会组织与政府关系，并基于市场和政府双重失灵理论而演化出社会组织作为第三方参与社会管理的系统理论，并且特别强调社会组织的组织性、非政府性、非营利性及自治性。那么需要强调的是，从中国社会转型发展的现实逻辑来看，源于西方的社会组织理论与中国本土社会的内在发展理念仍有不同，这就需要社会组织在基于自身特性的前提下融入中国国情，讲好中国故事，输出中国发展理念。特别是中国社会组织走向国际舞台，与国际社会组织广泛深入交流时要传播中国方案、传递中国经验。这就需要在中国社会组织发展的顶层设计层面重点关注中国社会发展的实际问题，不断形成和发展具有中国价值理念的重要指导理论体系。

三是要全面拓展社会组织发展空间。从理论逻辑来看，社会组织是为了弥补"政府－市场"机械二分法的局限性，成为独立于市场与政府之外的第三大社会治理主体。那么，从理论上看，凡是政府与市场不能做的、做

不好的都应该交由社会组织参与管理。但现实情况并非如此。虽然 2010 ~ 2020 年，中国社会组织实现了爆发式的增长，但其发展空间仍然很大。政府的众多社会管理职能仍然可以下放给社会组织。因此，在新时代背景下要全面拓展社会组织的发展空间，就要实现传统价值理念的转型升级，通过必要的服务技术质量评价体系的顶层设计，实现中国社会组织向专业性、技术性、职能性、权威性、系统性方向发展。

（二）积极发展社会组织，进一步激发社会活力

首先，全面优化体制机制，增强社会组织发展动力。制度是配置社会资源的核心要素，也是社会组织发展的重要保障。只有全面优化社会组织发展的体制机制，彻底厘清社会组织发展的内在机理与影响因素，才能增强社会组织发展动力，实现社会组织的可持续发展。

一是要完善与社会组织相关的法律法规。当前，我国还没有从法律层面给予社会组织合理的概念界定与活动依据，这就使社会组织缺乏合法性的地位，由此产生了一系列的问题。所以，从一定程度上讲，我国现行的法律法规和政策对社会组织的发展仍然有一定的制约性，特别是基层社会组织。当前，部分基层政府并没有厘清社会组织与政府的关系，对社会组织的发展采取不信任、不支持的态度，从而一定程度上制约了社会组织的发展。另外，当前的规定对社会组织的成立设定了较高的门槛，很大程度上导致社会组织登记程序复杂、各主管部门相互推诿，从而一定程度上限制了社会组织的发展。故在完善社会组织法律法规的同时还要简化社会组织的登记制度，设计较为合理、灵活的登记流程，并通过必要的法规加以保障，从而满足社会组织的发展需求。

二是要形成系统的社会组织发展政策支持体系。社会组织很大程度上分担了政府的部分职能，特别是政府管不到、管不好、管不了的社会事务。这就需要政府提供必要的社会组织发展政策支持。但纵观我国社会组织发展的实际情况，各地方政府基本没有提供必要的发展支持政策，或者只是提供个别的发展支持政策。但从社会组织的成长机制来看，迫切需要地方政府提供一套系统的社会组织发展政策支持体系。这一支持体系宏观上包括三大方面：一是财税金融及硬件支持，要对社会组织进行必要的考

核，并给予科学合理的财政支持，并为其提供必要的发展条件支持；二是服务购买及项目支持，政府应基于社会组织的独特优势，向社会组织购买政府所需的服务；三是要减免行政性收费，加大宣传力度，引导社会将更多的财力、物力、人力输入社会组织，以期实现社会组织的高质量发展。

三是要全面深化改革以继续推进政社分离。政社分开是社会组织独立健康发展的前提和基础，也是全面优化体制机制改革的重点难点。这就要求政府和社会组织职责分开、身份剥离、财务独立。政府要继续深化"放管服"改革，做到不惜权、不截留，社会组织要能够独立承担相应的职能和责任。要通过通盘考虑，分类、逐步将官办社会组织进行去行政化改革，全面消除官办社会组织的固有不利影响，彻底实现政社分开，系统增强社会组织发展活力。

其次，强化组织能力建设，激发社会组织发展活力。组织能力建设是社会组织发展的根本动能，是社会组织发展的活力源泉。只有全面强化组织能力建设，有力激发社会组织发展活力，才能实现社会组织高效发展，从而更好地参与社会治理。

一是要加强社会组织人才队伍建设。优质的社会组织人才队伍建设是社会组织发展的重要有生力量，建设一支专业化和职业化的人才队伍是当前破除社会组织发展瓶颈的重要一步。优质的人才队伍建设需要多方统筹协调。就政府而言，要大力出台人才引进与发展激励政策，不断完善全方位的人才社会保障制度，通过提供良好的薪酬待遇、社会福利、发展机会吸引社会人才加盟；也要号召和鼓励社会有志之士加入社会组织。就社会组织而言，要制定科学合理的组织人才发展规划，提供具有竞争力的报酬和职业发展前景，大力吸引具有专业性及相关工作经验的人才加入社会组织，不断改善和优化社会组织人才结构；另外，要大力培养社会组织现有人员工作能力，全面提高现有人员的职业素养，特别是要加强核心业务能力培训，加大同社会各界的相关组织交流沟通力度。社会组织要建立科学的人员考评机制，切实提高社会组织从业者的工作积极性和专业性。

二是要加大社会组织资源整合力度。社会组织作为社会治理的第三方力量，整合社会资源是其参与社会治理的重要手段和首选路径。但是由于社会组织作为非营利机构，在实际工作中能够有效配置社会资源的能力十分有限，所以，加强社会组织的组织能力建设的另一大核心课题就是加强社会组织整合、组织、调配社会资源的能力建设。这就需要切实培养社会组织从业者的资源配置能力，使他们通过学习专业的资源管理及配置技能以提高社会组织的资源整合水平。另外，要加强社会组织同政府组织、事业单位、企业组织的交流，通过项目制的合作方式，主动引进企业、政府的相关社会资源。要不断创新工作方法与路径，不断探索实施具有创新性的合作方式，从而最大限度地提高社会组织的资源整合效能。

三是要转变发展观念，强化社会组织运作能力。加强社会组织的组织能力建设的重点就是要转变社会组织的发展观念，不断强化社会组织的独立自主能力，充分发挥社会组织的特有职能。显然，转变发展观念是强化社会组织组织能力建设的重要底色，只有赋予社会组织与时代发展相适应的发展观念，才能切实从内在指导思想上提高组织能力，强化社会组织独立自主能力。一方面，社会组织要准确定位自身角色，厘清社会分工职能。在其社会治理的细分领域优化组织能力，提高配置资源效率，充分发挥专业性的社会治理功效。另一方面，社会组织可以适当放弃一些不必要的政府支持，和地方政府建立平等互助的合作机制，彻底改变原有的直接或间接控制关系，为提高社会组织的组织能力建设创造条件。

最后，加强组织专业治理，确保社会组织规范运作。实现社会组织的长远发展就必须加大对社会组织的专业治理力度，确保社会组织在规范运作的基础上持续发展。社会组织的专业治理是社会组织发展的重要软实力，强化社会组织的专业治理能力有利于社会组织的高质量发展。

一是要建立健全科学的治理架构。治理架构对于社会组织尤为重要。社会组织不同于公司，公司治理结构并不是特别适合社会组织发展的需要。为此，就需要形成和发展一套适用于社会组织的、独特的社会组织治理架构。要建立扁平化的组织管理结构。一般而言，扁平化的组织管理结构对应的是一种"自我实现人"的人性假设，符合社会组织的内在特征。扁平化的组织管理还能够避免人员冗余，提高组织内部沟通和学习效率，能够充分发挥组织内部个人的积极性。要根据社会组织的具体工作内容，建立以技术型支撑为主、行政型支撑为辅的职能部门，加大技术型部门的支撑力度，充分发挥社会组织在参与社会治理时的独特价值。

二是要加大社会组织信息公开力度。毫无疑问，公开度和透明度是社会组织发展的生命线，只有充分保障社会组织信息的公开和透明，不断完善和优化社会组织的监督机制，才能确保社会组织的公信力。要建立合理的社会组织信息公开指标体制，对不同行业、不同领域的社会组织信息公开做出细致规定。要不断加强和完善社会组织的监督机制：一是要完善社会组织的外部监督，即通过法律法规对违反规定的社会组织进行必要的惩戒；二是要完善社会组织的专业监督，即通过第三方评价组织、专业的评估机构对社会组织的相关事务进行评估；三是要完善社会组织的大众监督，加强互联网、传统媒体等方面的监督。

三是要建立社会组织发展评价排位机制。任何一个组织都有其生命周期，引入社会组织发展评价排位机制有利于推动社会组织稳健发展。排位机制要与社会组织承接政府、企业的相关购买服务指标挂钩。激励评价排位靠前的社会组织承接更多的政府和企业购买服务，限制评价排位较差的社会组织承接购买服务。不同领域的社会组织应当设计不同的发展评价排位机制，确保排位机制的适用性。社会组织发展评价排位机制应是动态、适时进行调整的，要根据社会发展的实际情况进行必要的改进。

（三）大力推动公众参与，有效实现基层社会自治

社会组织的规范发展有利于提高社会治理水平。实现社会组织的高质量发展关键要推动公众参与。没有公众参与的社会组织就如无源之水、无本之木，难以得到持续发展。

一是要大力宣传社会组织的重要作用和社会价值。社会组织是舶来品，对于中国基层社会大众来说并不熟悉，这就需要大力宣传社会组织的相关内容，使中国基层社会大众了解、接纳、参与社会组织。首先，要进行宣传内容的合理编辑，将抽象的、理论化的内容进行通俗化、简单化的转译，从而让基层群众理解社会组织的功能与作用。其次，要充分运用多种宣传媒介进行广泛宣传，比如通过微信、微信公众号、抖音、今日头条、快手短视频等一系列媒介进行立体化、全方位宣传。最后，要针对特定的群体进行集体化、面对面的线下宣传。比如在老年大学、老年活动室、社区活动室等公共场所进行相关内容的宣传。

二是要着力搭建社会公众参与平台。社会组织作为社会治理的第三方力量，其本身就是一大重要社会公众参与平台。很多社会人士想要参与社会事务，但没有合适的平台。社会组织应该利用独特的优势，创新社会公众参与平台，引导社会公众有效参与。首先，高校学生群体是参与社会组织、服务社会的重要力量。社会组织可以通过设置公益岗位、实习岗位，举办沙龙活动等形式吸引大学生参与社会组织活动，从而既能够帮助社会组织开展活动，也能够使高校学生开阔眼界，丰富学生课余活动。其次，对于专业的社会工作人员，可以选择周末等休息时间，通过聘请、兼职等方式吸引高素质人员加入，加强对社会组织的智力支持，促进社会组织高质量发展。

三是要大力发展社区社会组织。社区社会组织是直接连接广大社区居民的社会组织，能够最为直接地为城乡居民办实事、谋福利，是社会组织的重要力量。由于种种原因，社区社会组织面临一系列的发展难题，特别是缺乏长期活动资金、没有专业工作人员，得不到当地社区居民的理解和支持。在大力推动公众参与的基础上，建议重点围绕居民生活面临的难题加强组织建设。例如，当前各地正开展垃圾分类活动，社区社会组织就可以从垃圾分类知识的宣传、垃圾分类技术的指导等多方面开展活动，包括成立垃圾分类学习小组，通过多样的形式加强同社区群众的密切交流，从而显著提高基层社区的自治水平。

第八章

社会阶层结构

改革开放以来，中国社会阶层结构发生了显著变化，学术界对此形成了不同的认识。本章基于近 20 年间对社会转型及其影响下的社会阶层结构变动及社会分层机制变化的考察对此给予回应。研究发现，在改革开放前 20 年现代社会阶层结构初步形成的基础上，2000 年以后的社会分层机制中出现的市场社会、国家主义、全球化与科技革命等新的影响因素导致社会阶层结构出现新的变化。其中，中产阶层快速崛起，中产阶层规模超过农业劳动者阶层规模，中国正式进入中产阶层社会。与此同时，以国家与社会管理者阶层为代表的政治精英阶层的主导地位强化，呈现与市场转型理论预设完全相左的趋势，这也成为中国发展模式有别于西方现代化的重要特征。另外，市场精英阶层在进一步壮大过程中出现"洗牌"迹象，意味着市场机会结构在不断变化。社会阶层结构的深刻变化，对经济社会秩序及国家治理具有重要的影响，而在回应不同社会阶层间的分化扩大及引发诸多社会矛盾与问题的背景下，社会建设成为中国特色社会主义事业新的实践面向并开始发挥成效。

第一节　对中国社会阶层结构变动的探讨

社会转型是整体性发展，也是特殊的结构性变动。作为一种无形的巨大力量，社会转型以其特有的方式规定着社会发展趋势和资源配置方向，这是国家干预和市场调节所无法替代的。[1] 在当代中国社会结构转型中，社会阶层结构变迁及其机制变动尤其引人关注，成为 20 世纪 80 年代以来中国社会学界和国际社会学界持续关注的研究领域。概括来看，这一研究主要集中在两个方面，一是社会阶层结构变化，二是社会分层机制变迁。[2]

一　社会阶层结构变化

1978 年以后，伴随经济社会分化，一些新的社会阶层的出现使社会阶层结构发生了明显的变化。意识形态中既有的"两个阶级，一个阶层"的观点，对此难以给予合理和充分的解释。

在此背景下，自 20 世纪 80 年代中后期开始，一些研究者开始回应这一重要现实问题。其中，"当代中国社会结构变迁研究"课题组（以下简称课题组）基于 2000 年前后的全国性调查，提出经济改革以后的中国社会阶层结构已经发生变化，原有的"两个阶级，一个阶层"已被一个包含"十个阶层"的新的社会阶层结构所替代，以中产阶层为主导的"中产化"的现代社会阶层结构的初步形成，虽然还不是理想的"橄榄型"结构，但已较为接近"洋葱头型"结构。[3] 与此同时，学术界对于改革开放以后中国社会阶层结构的变化还出现了其他的一些观点。例如，有观点指出伴随经济社会分化，社会上层与下层差距扩大，社会出现断裂；[4] 有观点认为改革开放以后的社会分层体系呈现"结构化"的特征，变化了的社会阶层结构是原有社会分层秩序在市场转型中的再生产；[5] 还有观点提出社会阶层结构呈现"倒丁字型"的结构，在社会结构中存在规模庞大的社会底层；[6] 等等。

---

[1] 李培林：《另一只看不见的手：社会结构转型》，《中国社会科学》1992 年第 5 期。
[2] 李春玲：《中国社会分层与流动研究 70 年》，《社会学研究》2019 年第 6 期。
[3] 陆学艺主编《当代中国社会阶层研究报告》，社会科学文献出版社，2002；陆学艺主编《当代中国社会结构》，社会科学文献出版社，2010；陆学艺主编《当代中国社会建设》，社会科学文献出版社，2013。
[4] 孙立平：《断裂：20 世纪 90 年代以来的中国社会》，社会科学文献出版社，2003；孙立平：《失衡：断裂社会的动作逻辑》，社会科学文献出版社，2004。
[5] 李路路：《制度转型与分层结构的变迁——阶层相对关系模式的"双重再生产"》，《中国社会科学》2002 年第 6 期。
[6] 李强：《"丁字型"社会结构与"结构紧张"》，《社会学研究》2005 年第 2 期。

可以看出，学术界对于 1978 年以后中国社会阶层结构变化的认识存在较大差异，甚至截然相反。事实上，这些观点主要是在改革开放前 20 多年社会阶层结构变化的基础上形成的，既是对变化了的客观社会现象的揭示，也是对处于变化中的社会阶层结构的一种预判。对此，进一步探讨这些观点提出之后的社会阶层结构的变化，既是学术探讨的需要，也是认识中国社会转型及其趋势的应有之意。

二　社会分层机制变迁

社会阶层结构变化的背后是社会分层机制的变迁，对此的探讨主要围绕市场转型理论展开。[1] 该理论的基本假设是在从再分配体制向市场体制转型的过程中，原有的社会分层机制逐步被市场经济体制下的社会分层机制所替代，新兴市场不断削弱国家的资源分配权力，在国家主导的政治经济体制之外向劳动者提供了新的刺激、机会和社会流动渠道，即降低了政治权力的经济回报，提高了人力资本的经济回报，从而有利于直接生产者而不利于再分配者。在完成市场经济转型后，社会分层机制与社会阶层结构不再具有特殊性而与其他市场经济国家趋同。

在前期研究中，课题组的观点在一定程度上支持市场转型理论，认为在改革开放以后，组织资源、经济资源和文化资源的占有状况是划分人们在社会阶层结构中位置的重要标准，与之相关的市场精英与专业技术精英等新社会阶层成为发展的主要获益者。但是，与市场转型理论不同的是，课题组认为中国市场化改革启动之后，再分配体制并没有戛然而止而是继续维持，这使组织资源对人们社会经济地位的获得依然发挥重要的作用，国家与社会管理者阶层依旧维持社会主导阶层的地位，甚至包括市场化以后出现的经理人员阶层，因主要集中在国有企业，他们的社会经济地位也高于作为市场精英的私营企业主阶层。

上述分层逻辑与市场转型理论强调的"权力衰退"有着本质的不同，甚至与其他研究者提出的"权力维持"和"权力转化"的观点也不尽相同。虽然市场化改革深刻改变了中国原有的社会阶级阶层结构，但是市场

---

① V. Nee, "A Theory of Market Transition: From Redistribution to Markets in State Socialism." *A-merican Sociological Review* 54 (5), 1989, pp. 663 – 681.

精英的出现与兴起并没有取代国家与社会管理者阶层的主导地位，原有的政治精英不仅维持着社会主导阶层的地位，而且呈现日益巩固和强化的趋势。另外，市场转型理论强调人力资本的重要性与社会流动在市场化进程中不断开放，但是 2000 年以后出现的"新读书无用论"、"二代现象"和"阶层固化"等都在一定程度上超出了市场转型理论的预设。种种迹象表明，近 20 年间中国并没有按照市场转型理论所假设的那样，沿着西方工业化的逻辑向前推进，相反形成了与西方有别的"中国模式"发展道路并取得了显著经济增长和社会发展。独特的发展模式所塑造的社会阶层结构需要进一步予以揭示与概括，这是本章所要回应的问题。

第二节　中国社会阶层结构的新变动

在社会阶级阶层研究中，有关系和等级两种不同的理论取向，前者聚焦阶级阶层之间的利益关系分析及由此形成的阶级阶层行动及冲突；后者聚焦社会成员拥有社会经济资源的状况以及据此形成的社会不平等。对于当代中国社会阶层结构变动的分析，课题组结合上述两种理论取向，肯定生产资料占有在当代中国社会分层中的作用，也强调职业在社会分层中的重要性，建构起以职业分化和组织资源、经济资源、文化资源三种资源占有状况为划分标准的社会分层框架，提出经过改革开放 20 多年间经济社会的发展，在世纪之交初步形成了一个包含"十大阶层"的现代社会阶层结构，"中产化"社会初现，但是"该大起来的阶层还没有大起来，该小下去的阶层还没有小下去"的特征，离理想的社会阶层结构还存在差距。

基于以往调查研究，课题组不断完善上述研究结论。2001 ~ 2019 年，社会阶层结构变化呈现如下两个方面的变化。一方面，中产阶层持续快速崛起，中产阶层规模超过农业劳动者阶层（见表 8 - 1）；另一方面，在社会分化有所加剧的背景下来自国家的调控力量在努力防止社会分化的进一步扩大，这在相当程度上影响着社会阶层结构及社会阶层关系。上述两种发展方向交错在一起塑造着社会阶层结构形态。

表 8－1　2001～2019 年主要年份社会阶层结构变化

单位：%

社会阶层	2001 年	2006 年	2010 年	2019 年
国家与社会管理者阶层	2.1	2.3	2.3	1.9
私营企业主阶层	1.6	1.3	2.2	2.8
经理人员阶层	1.0	2.6	2.7	4.4
专业技术人员阶层	4.6	6.3	6.4	8.9
办事人员阶层	7.2	7.0	7.3	6.8
个体工商户阶层	7.1	9.5	10.1	9.0
商业服务业从业人员阶层	11.2	10.1	11.3	14.2
产业工人阶层	17.5	14.7	22.7	22.2
农业劳动者阶层	42.9	40.3	30.4	24.9
城乡无业失业半失业者阶层	4.8	5.9	4.6	4.9

资料来源：根据《中国统计年鉴》、全国经济普查、全国人口普查、中国社会状况综合调查（CSS）数据推算。

一　中产阶层持续快速增长

在 20 世纪 80 年代和 90 年代市场转型过程中，中产阶层的出现成为社会阶层结构变化的重要特征。概括来看，20 世纪 80 年代是中产阶层出现的时期，进入 90 年代是其快速发展的时期，而世纪之交以来的近 20 年则是其崛起的重要阶段。根据相关数据推算，2001 年中产阶层在社会阶层结构中占到15% 左右。[①] 2019 年，这一比例达到 30% 左右，超过了农业劳动者阶层在社会阶层结构中所占的比例（24.9%）。如果站在中国改革开放的历史进程来看，这一变化意义更加突出——改革开放导致的经济社会转型的初始一端是农业社会，而中产社会的来临意味着经济社会转型初步成功，这对于整个经济社会秩序以及国家治理所造成来的影响是重大的，也是必须要回应的。

中产阶层崛起的原因主要有如下几方面。自 2001 年中国加入世界贸易组织后，中国经济步入新一轮持续快速发展的时期。经济持续快速增长创造出大量的社会财富，使民众的收入有了显著的提高，这是导致中产阶层队伍扩大的直接原因；资本市场在 2000 年以后步入快速发展阶段，相当一

---

① 陆学艺主编《当代中国社会阶层研究报告》，社会科学文献出版社，2002。

部分群体从房地产、金融市场的投资中获益，实现财富迅速增加；自1999年起的高校扩招创造了更多的高等教育机会，招生规模从几十万名扩大到超过800万名，为以高学历为主要特征的中产阶层输送了大量后备军；全球化与产业结构升级使职业结构趋于高级化，提供了更多的中产阶层可选择的职业岗位。这些因素共同推动着中产阶层的崛起，不仅仅体现在数量上，更表现为中产阶层在经济、社会、政治生活中发挥越来越重要的作用。

(一) 市场领域的中坚力量

中产阶层是市场经济的主要从业者。随着市场转型和经济增长，经济结构日趋复杂和分化，从而扩大了对专业技术人员的需求，中产阶层作为市场精英，活跃在各类经济部门的生产经营活动中，为市场运行贡献着重要力量。同时，随着中产阶层规模的扩大，他们成为消费领域的中坚力量。从消费特征来看，中产阶层基本超越了生存性消费而开始追求发展性消费。中产阶层是经济增长的主要受益群体，收入水平较高导致消费能力较强；他们深明人力资本的含义，舍得在教育上投资，更愿意花钱供子女出国留学；他们极其重视身心健康，已成为美容和保健消费的主力；他们了解商品的特殊符号含义，追求品牌的市场价值；他们在电器革命过程中，已经更换过好几代家用电器；他们也是轿车消费的主力军，逐渐使中国成为"轮子上"的国家，并拉动了自驾游，活跃了旅游经济。[1] 在刺激消费市场方面，日益壮大的中产阶层正在发挥越来越重要的作用。

(二) 社会价值的倡导者

在现代社会，中产阶层在社会领域扮演着重要的倡导者的角色，由中产阶层倡导的各类社会团体和行业协会促进了社会的横向交流，社会的自主性不断强化并不断获得政治权力的尊重，成为许多现代化国家的共有现象。在近二十年间中国中产阶层的崛起与其社会自主性的强化存在着密切的关联。尤其是在一些突发公共危机事件，如2003年SARS病毒（非典）事件、2008年的南方雨雪冰冻灾害和汶川地震、2020年的新冠肺炎疫情防

---

[1] 张翼：《当前中国社会各阶层的消费倾向——从生存性消费到发展性消费》，《社会学研究》2016年第4期。

控中，中产阶层积极参与到这些突发公共危机事件的应对与防控中，发挥着越来越重要的作用。在中国历史上，抗灾一向是"强国家，弱社会"的格局，自然灾害和突发事件的应对主要是国家主导模式，公众往往等待国家的救援。然而，中产阶层的崛起正在改变着这种格局。中国中产阶层大多脱胎于社会中下阶层，能够体会到下层群体的艰难与困境，当他们面临灾难与困难时，能够唤起中产阶层的同情心和怜悯心，从而产生强烈的公民意识。同时，中产阶层在成长过程中，不仅积累了资源，而且学习到了参与社会事务的能力，他们有意愿也有能力参与公共事务，为社会稳定发展贡献自身的力量。[1]

（三）政治稳定的重要支撑

虽然学术界有观点认为转型社会中的中产阶层通常持有激进变革的政治态度——他们往往会创造和利用自己的价值观，影响和动员社会大众，设法谋求其他社会群体的支持以影响经济社会和政治秩序。[2] 但是，我们的研究发现，中国新兴中产阶层拥有较高的政治权力意识，认为"权力民有"的比例高于其他阶层的平均水平；认为政治体制改革会带来好处的比例也要高于其他阶层的平均水平。[3] 但是，这并不意味着中产阶层对政府持有不满，相反，中产阶层对政府工作的评价高于其他阶层的平均水平。这一发现勾勒出独特的场景：新兴中产阶层在对政府工作持有高于其他阶层的评价的同时，又更倾向于认为政治体制改革会带来好处。这表明中产阶层对党和政府有很高的期待，这种期待也表明中产阶层政治态度是积极而非激进，是改革而非革命的，由此构成经济社会快速转型时期中国中产阶层独特的政治态度，这与其他转型社会有很大的不同。

具体来看，中国中产阶层受益于经济社会快速发展，生活水平得到提高。同时，经济发展态势良好，使中产阶层对未来持有积极的预期，这极大增强了中产阶层对现有政治秩序的认同。与此同时，近些年来，城市房

---

[1] 姚忆江、秦旺、贵阳：《雪中的"绿丝带"折射了什么?》，《南方周末》2008年2月27日。
[2] 塞缪尔·P.亨廷顿：《变化社会中的政治秩序》，王冠华、刘为等译，上海世纪出版集团，2015，第239页。
[3] 胡建国等：《中国中产阶层社会政治态度研究》，社会科学文献出版社，2016。

价快速上涨、子女上学难、看病贵等民生问题同样波及中产阶层，与其他阶层一样，中产阶层承受着不小的压力，诸如"一套房消灭一个中产阶层"的说法在社会上颇为流行，这表明在许多人看来，中产阶层也是利益受损者。[①] 另外，中产阶层对社会不公平现象深有感触，也产生了不安全与不稳定的情绪。这些因素交织在一起，导致中产阶层的政治态度呈现多维性。但是，整体来看，中产阶层对现行社会制度和政治秩序高度认同，这在一定程度上解释了为什么在过去 20 年间虽然中国社会面临诸多问题的挑战，但是社会并没有出现大的动荡。我们有理由相信，作为社会中坚力量的中产阶层是其中重要的社会稳定因素。

二　国家与社会管理者阶层主导地位得到强化

在 1978 年中国改革开放向市场转型启动之前的再分配经济体制下，社会资源的支配权力高度集中在国家手中，这使作为政治精英的国家与社会管理者阶层处于主导阶层的位置。

在市场转型的过程中，随着原来的总体性社会的解体，市场与社会的成长改变着国家绝对垄断资源与机会的状况，但是国家与社会管理者阶层的主导地位并没有发生根本性改变。虽然早期有观点认为在中国市场转型的过程中，新兴市场的扩张在不断削弱国家资源分配权力的同时，还在国家主导的政治经济体制之外向公众提供了新的机会和社会流动渠道，[②] 由此崛起的市场精英成为推动制度兴替的主要力量。然而在另外一些观点看来，在改革过程中国家依然保持甚至扩大了自己相对于新兴市场的权力，[③]

---

① 张宛丽：《中产阶层为何也沦为"夹心层"》，《人民论坛》2010 年第 7 期。

② V. Nee，"A Theory of Market Transition：From Redistribution to Markets in State Socialism." *American Sociological Review* 54 (5)，1989，pp. 663 – 681. V. Nee，"The Emergence of a Market Society：Changing Mechanisms of Stratification in China." *American Journal of Sociology* 101 (4)，1996，pp. 908 – 949. V. Nee，and Sijin Su，"Institutional Change and Economic Growth in China：The View from the Villages." *The Journal of Asian Studies* 49 (1)，1990，pp. 3 – 25.

③ John R. Logan，and Yanjie Bian，"Inequalities in Access to Community Resources in a Chinese City." *Social Forces* 72 (4)，1993，pp. 555 – 576. Andrew G. Walder，"Local Governments as Industrial Firms：An Organizational Analysis of China's Transitional Economy." *American Journal of Sociology* 101 (2)，1995，pp. 263 – 301. Andrew G. Walder，"Markets and Inequality in Transitional Economies：Toward Testable Theories." *American Journal of Sociology* 101 (4)，1996，pp. 1060 – 1073.

依然主导着整个制度变迁。虽然在 20 世纪 90 年代中后期，为了将更多的权力让渡给市场以激发市场活力，国有企业拉开了大规模改制的序幕，政府机构也启动改革，转变职能，精兵简政，以适应社会主义市场经济体制的发展需要。[①] 不过从效果来看，2000 年以后，虽然大部分中小国有企业改制，但是剩下的国有企业做大做强，掌握国民经济的命脉。随着城镇化加速推进，建设土地价值凸显，土地出让收入及相关税费收入成为政府财力的重要来源。而从治理机制来看，项目制成为主流，使国家与社会管理者阶层掌握的资源越来越多，掌握的分配权力越来越大。党的十八大以后，党的领导全面加强，政府改革进一步深化。在市场领域，国有企业做大做强。在社会领域，全面确立党委领导、政府负责的格局。在基层治理中，强化社区、社会组织、社会工作者"三社一体化"。这与市场转型理论相向而行，并日益显现出其强大的影响力。

上述变化导致国家与社会管理者阶层的地位得到强化，掌握和调动资源的能力不断增强，对经济社会发展的主导作用更加明显。例如，在项目制这一国家治理机制下，私营企业想维持和做大企业，除市场因素之外，能够从政府获得多大的支持亦是重要的影响变量。在此背景下，拥有资源配置权力的国家与社会管理者阶层成为私营企业主"公关"的对象。为防范由此引发的问题，党的十九大提出要构建新型的"亲清"政商关系。国家与社会管理者阶层的地位得到强化的另一个重要表现，则是社会流动方向的改变。20 世纪 90 年代，随着市场化改革方向的正式确立，"工农兵学商"下的"下海潮"导致不少体制内精英出走。但是在 2000 年以后，随着国家与社会管理者阶层的地位得到强化，从体制外流入体制内成为公众择业的首选，"考公务员热"维持至今。党的十八大以后，国家与社会管理者阶层面临的环境发生了重要变化，在全面从严治党的形势下，国家与社会管理者阶层的权力受到更多规范，但是国家与社会管理者阶层的主导性地位并没有发生动摇。在此意义上，中国社会阶层结构变化与传统的市场转型理论有很大的不同，呈现因政治制度和发展模式的差异而具有的社会阶层结构独特性。

---

① 《1998 年国务院机构改革》，中央人民政府门户网站，2009 年 1 月 16 日，http://www.gov. cn/test/2009 – 01/16/content_ 1207000. htm，最后访问日期：2021 年 7 月 6 日。

三　私营企业主阶层迅速壮大

自 1978 年中国改革开放以后，以私营企业主阶层和经理人员阶层为代表的市场精英悄然兴起，私营企业主阶层因涉及如何对待意识形态的问题而更加引人关注。2000 年以来的 20 余年间，中国 2001 年加入世界贸易组织（WTO）使私营经济发展更加融入世界；产业结构升级使私营经济不断做大做强，城市化快速推进使国内消费市场不断扩大，为私营经济发展提供了空间；以互联网为代表的信息技术革新为私营企业发展提供了契机。这些全球化、工业化、城市化、信息化因素交织在一起，加之党的理论创新使私营企业主阶层获得合法性地位，私营企业主阶层进一步壮大。如果说 20 世纪 80 年代和 90 年代中国私营企业主阶层的成长是从无到有而更具有"量变"特征的话，近 20 余年间私营企业主阶层的壮大则更具有"从量变到质变"的特征，突出表现为阶层规模化、精英化和资源聚集化。

（一）阶层规模化

2010~2020 年，私营企业主阶层规模扩大，远远快于 20 世纪 80 年代和 90 年代。1978 年以后，随着私营企业的出现，中国出现了最早的一批私营企业主。虽然在改革开放初期受意识形态的束缚，但是私营企业依然如雨后春笋般兴起。据相关统计，2000 年全国私营企业投资者达 395.3 万人，从业人员 2406.5 万人，经营各类企业 176.2 万家；到了 2019 年全国私营企业达到 3516 万家，雇用员工超过 2.28 亿人（见表 8-2）。

表 8-2　中国私营企业发展状况

单位：万家，万人

年份	数量	投资者	从业人员
1995	65.5	134.0	956.0
2000	176.2	395.3	2406.5
2005	430.1	1109.9	5824.1
2010	845.5	1794.0	9417.6
2015	1908.2	—	16394.9
2018	3143.3	—	21375.4

年份	数量	投资者	从业人员
2019	3516	—	22833

资料来源：参见国家统计局网站，http://data. stats. gov. cn/easyquery. htm？cn = C01，最后访问日期：2021 年 5 月 13 日。

在 20 世纪 80 年代前中期，私营企业受意识形态的影响往往以集体企业的名义存在。1988 年修订的《中华人民共和国宪法》确立了私营经济的合法地位，私营企业的合法性才得以确立。同年《中华人民共和国私营企业暂行条例》颁布实施，次年出台《私营企业暂行条例》，开始对私营企业登记注册，当年共登记私营企业 9.581 万家。进入 20 世纪 90 年代，随着 1992 年邓小平"南方谈话"和同年党的十四大确立社会主义市场经济改革的目标，中国私营企业步入快速发展的轨道。2001 年在中国共产党建党 80 周年大会上，时任中共中央总书记江泽民发表重要讲话，明确肯定包括私营企业主在内的新社会阶层，"通过诚实劳动和工作，通过合法经营，为发展社会主义社会的生产力和其他事业做出了贡献。他们与工人、农民、知识分子、干部和解放军指战员团结在一起，他们也是有中国特色社会主义事业的建设者"。[1] 私营企业主阶层在获得经济地位与社会地位后，又获得了政治认可。此后，从 1997 年党的十五大报告首次提出"非公有制经济是社会主义市场经济的重要组成部分"，到 2002 年党的十六大提出两个"毫不动摇"的方针，再到 2005 年国务院颁布《关于鼓励支持和引导个体私营等非公有制经济发展的若干意见》（"非公经济 36 条"），2010 年初国务院发布《关于鼓励和引导民间投资健康发展的若干意见》（"非公经济新 36 条"），及党的十八大以后大力倡导"大众创业"，意识形态的接纳与政策环境的改善，使私营企业获得了日益广阔的发展空间，私营企业主阶层得以快速壮大。

（二）阶层精英化

2010 年以来，在中国私营企业主阶层规模不断扩大的同时，阶层精英

---

① 江泽民：《在庆祝中国共产党成立八十周年大会上的讲话》，2001 年 7 月 2 日，http://www.cctv.com/news/china/20010701/174. html，最后访问日期：2021 年 7 月 6 日。

化的趋势也愈加明显。

自 20 世纪 90 年代以来，私营企业主阶层的来源发生蜕变。20 世纪 80 年代，私营企业主阶层大多来源于社会经济地位较低的无业失业人员，带有强烈的"草根"色彩；但是进入 20 世纪 90 年代以后，随着市场化改革的目标被正式确立，"工农兵学商"成为社会潮流，一批体制内的政治精英下海经商，开始改变着私营企业主阶层的来源。根据中国私营企业主调查，1993 年有三成左右被调查的私营企业主从事过党政干部、企业负责人、专业技术人员等职业，到了 2000 年，这一比例上升到近四成，2008 年则超过五成，2014 年略有下降，也占到 46.6%。而同期被调查的私营企业主中，从事过工人、农民等普通职业的比例不断下降，从 1993 年的 36.2% 降至 2014 年的 10.3%（见图 8 - 1）。

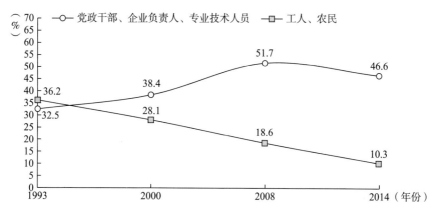

图 8 - 1　1993 ~ 2014 年部分年份私营企业主阶层来源
资料来源：中国私营企业主调查。

可以看出，相当部分文化技术精英与权力精英在成为私营企业主时，将原有资源优势同时带入，私营企业主阶层已完成从草根向精英阶层的蜕变。另外，私营企业主阶层来源于体制内单位的比例从 2000 年的 49.9% 下降到 2014 年的 33.3%，下降的原因主要有两个方面。一是在 2000 年以后为避免国家与社会管理者阶层辞职后利用在职时的职务影响进行不公平市场竞争，国家出台相关规定禁止党政领导干部辞职后三年内到原任职务管辖的地区和业务范围内的企业、经营性事业单位和社会中介组织任职，不得从事或者代理与原工作业务直接相关的经商、办企业活动。这在一定程度上限制了体制内精英群体转变为私营企业主。

（三）资源聚集化

私营企业主阶层资源聚集化。2000 年以后私营企业主阶层精英化的另一个重要表现是拥有资源的优势更加明显。在经济资源方面，2000 年以后私营企业主阶层在经济资源拥有上的优势日益明显。以胡润中国财富排行榜的数据为例，上榜富人绝大部分是私营企业主，2000 年上榜前 50 名富人财富合计 848.5 亿元；2010 年提高到 1.3 万亿元，是 2000 年的 15.3 倍；2015 年则高达 2.78 万亿元，是 2000 年的 32.8 倍。不过在私营企业主财富快速积累的同时，其内部分化也日益明显：2000 年排名首位的财富为 158亿元，2010 年上升到 800 亿元，2015 年则高达到 2200 亿元，是 2000 年首富的近 14 倍（见图 8－2）。再以国家统计局的统计数据来看，2000 年中国私营企业资产不到 4000 亿元，2010 年则上升到 11.7 万亿元，2014 年则高达 21.3 万亿元。私营企业资产总额快速增长，自然会转化为私营企业主财富积累优势。

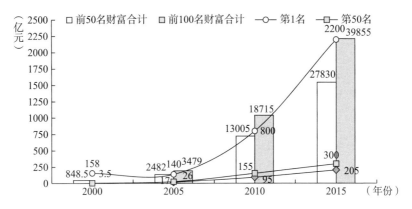

图 8－2　2000～2015 年主要年份胡润中国财富排行榜
资料来源：胡润百富网，http://www.hurun.net/CN/Home/Index，最后访问日期：2021 年 5 月 13 日。

在组织资源方面，2000 年以后私营企业主阶层在政治地位方面得到了国家的接纳：通过内部制度接纳（允许加入党的组织，被选为人大代表、政协委员和党代表）和外部制度接纳（组织工商联），使其与国家建立密切联系。2001 年中国共产党建党 80 周年之际，私营企业主阶层作为新社会阶层被视为社会主义建设者，获得了入党的资格，成为新时期党执政的重要基础力量。自此，私营企业主阶层中的中共党员比例快速提升。从中国私营企业主调查的数据来看，1993 年该阶层中党员比例为 13.4%，2000年为 19.9%，2012 年和 2014 年的这一比例分别为 34.0% 和 32.5%（见表8 - 3）。如果说，20 世纪 90 年代私营企业主阶层中的中共党员，主要是体制内政治精英"下海"创办私营企业，那么 2000 年以后则主要是因为党增加了在私营企业主阶层中发展党员的数量。

表 8 - 3　1993 ～ 2014 年主要年份私营企业主政治与社会参与情况

单位：%

身份	1993 年	2000 年	2012 年	2014 年
中共党员	13.4	19.9	34.0	32.5
民主党派	6.6	6.7	5.6	6.3
工商联会员	10.0	14.5	59.5	69.8

资料来源：中国私营企业主调查。

在文化资源方面，根据中国私营企业主调查，从 1993 年到 2014 年，私营企业主阶层拥有大学学历的比例从 17.1% 提高到 68.3%，文化资源优势已经呈现出来。同期，初中及小学以下学历的比例，从 46.9% 下降到7.4%（见图 8 - 3）。在私营企业主的学历变化过程中，2000 年是个转折点，这可能是因为当年大学开始扩招。

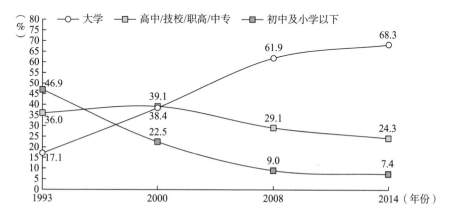

图 8 - 3　1993 ～ 2014 年主要年份私营企业主学历变化
资料来源：中国私营企业主调查。

整体而言，2000 年以后的私营企业主阶层"脱胎换骨"，完成了由草根到精英的蜕变，实现了从"体制外生存"到"体制内承认"的转换。同时，在意识形态层面，私营企业主阶层得到国家认可与制度接纳，作为新社会阶层成为党执政的重要基础，无论是在经济地位、社会地位，还是在政治地位方面，私营企业主阶层全面获得了优势而成为精英阶层。在经济、社会和政治生活中，私营企业主阶层表现出越来越显著的影响，其对政策制定的影响也越来越突出。但是，与此同时，私营企业主阶层在劳资关系、政商关系、社会认同等方面也面临诸多挑战与困惑。成熟和充满活力的市场经济需要一个健康发展的私营企业主阶层，相比之下，中国私营企业主阶层的成熟还有相当长的路要走。展望当下和未来，处理好劳资关系与政商关系，积极承担起社会责任，是事关该阶层发展的重要任务。

四　社会分化及其校正

改革开放以后的中国，在效率优先、兼顾公平的导向下社会快速出现分化，2000 年以后分化甚至进一步加剧。在社会阶层结构中，社会分化表现为不同社会阶层拥有的资源差异扩大，导致社会阶层间在客观与主观方面的差异日益明显。

首先，在经济资源方面，贫富差距扩大。一方面，20 世纪 90 年代以后，居民收入差距快速扩大，基尼系数处于持续上升的态势。自 1992 年开始，基尼系数一直不低于 0.4。[①] 根据国家统计局的数据，2000 年以后的基尼系数持续走高，2008 年基尼系数达到峰值 0.491，此后开始出现下行的趋势（见图 8－4）。但是，有一些研究者用自己的调查数据质疑基尼系数下降的趋势。[②] 虽然对于基尼系数是否下降存在分歧，但是社会各界的普遍共识是居民收入分化过大是中国社会面临的突出社会问题之一。另一方面，资产对贫富差距的扩大效应进一步凸显，在市场精英阶层的资产快速增值的过程中，中产阶层亦从房地产和股票等资本市场中获益，而普通

---

① 程永宏：《改革以来全国总体基尼系数的演变及其城乡分解》，《中国社会科学》2007 年第 4 期。
② 杨耀武、杨澄宇：《中国基尼系数是否真的下降了？——基于微观数据的基尼系数区间估计》，《经济研究》2015 年第 3 期。

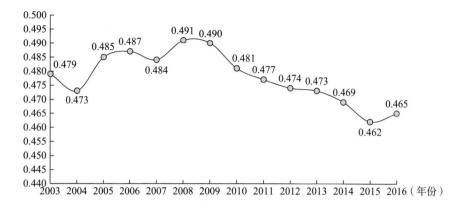

图 8 – 4　2003 ～ 2016 年中国居民人均可支配收入基尼系数

资料来源：国家统计局网站，http://www. stats. gov. cn/ztjc/zdtjgz/yblh/zysj/2017 10/ t20171010_1540710. html，最后访问日期：2021 年 5 月 13 日。

民众获益相对较少甚至相对受损。

　　其次，在文化资源方面，不同社会阶层间的教育不平等在扩大。2000 年以后这种不平等更为突出。自 1999 年起高校扩大招生，为社会成员提供了更多的接受高等教育的机会。然而，研究发现，教育不平等在高校扩招后不但没有缩小反而扩大了，尤其是农村考生处于更加不利的位置。[①] 这一变化引起了政府部门的关注。为了改变这种状况，教育部出台高考招生专项计划，要求教育部部属高校和一些地方高校提供一定的招生名额，定向向农村尤其是贫困农村地区招生，取得了一定成效。但是，从根本上解决教育不平等引起的不同社会阶层间的文化资源分化仍然任重道远。

　　再次，在组织资源方面，不同社会阶层拥有的组织资源差异有所扩大。一个重要指标是各级党代表、人大代表、政协委员的构成。比如，在参加中国共产党第十九次全国代表大会的 2287 名代表中，工人党员代表 198 名，占 8.7%；农民党员代表 86 名，占 3.8%；专业技术人员党员代表 283 名，占 12.4%。三者合计只有 24.9%。[②]

---

① 李春玲：《高等教育扩张与教育机会不平等——高校扩招的平等化效应考查》，《社会学研究》2010 年第 3 期。

② 《图解：十九大代表都有哪些人？如何选举产生？》，中国共产党新闻网，2017 年 9 月 30 日，http://dangjian. people. com. cn/n1 /2017/0930/c117092 – 29570771. html，最后访问日期：2021 年 8 月 2 日。

在精英阶层进一步壮大的同时，社会下层处境引发公众关注。对社会下层的研究要关注两个指标，一是下层的规模，二是下层的生存状况。从规模上看，2000 年以后社会下层规模整体稳定。但是，在 21 世纪之初国有企业改制造成大批工人下岗分流，城市化进程中征地拆迁使部分农民失地失业失利，导致社会下层规模有所扩大。此外，社会阶层的分化还表现在代际传承方面。2000 年以后，随着改革开放第一代受益者的子女步入成年，在社会上开始出现"富二代""官二代"等现象，进而引发了随后的"阶层固化"问题的探讨。有研究表明这种所谓的"阶层固化"并不成立，① 但这也反映了人们对向上社会流动难度增大的担忧。不同社会阶层间资源配置的差距扩大，进而引发公众不公平感的上升和对这种社会分化合理性与合法性的质疑。

第三节　新时期社会阶层结构变化机制

2010～2020 年，中国社会阶层结构变化的背后是社会分层机制的变动。1978 年改革开放之后，原来依据政治身份、户籍身份、行政身份划分人们社会经济地位的社会分层机制逐步松动和弱化，被以职业为基础同时依据组织资源、经济资源和文化资源占有状况划分人们社会经济地位的新的社会分层机制所替代。②

从根本上看，社会分层机制变动是经济社会发展的结果。就经济社会发展变化而言，集中表现在 2010 年来市场社会的兴起及校正的时段。同时，国家主义得到强化，全球化深入推进，以互联网为代表的信息科技革命蓬勃发展，诸多因素交织在一起对社会秩序产生重要影响。其中，当然包括对社会分层机制的影响，组织资源在社会分层中的作用进一步强化，经济资源的影响更加明显，文化资源的作用则变得较为复杂。

---

① 朱光磊、李晨行：《现实还是风险："阶层固化"辨析》，《探索与争鸣》2017 年第 5 期；李路路、石磊、朱斌：《固化还是流动？——当代中国阶层结构变迁四十年》，《社会学研究》2018 年第 6 期；胡建国、李伟、蒋丽平：《中国社会阶层结构变化及趋势研究——基于社会流动变化的考察》，《行政管理改革》2019 年第 8 期。

② 陆学艺主编《当代中国社会阶层研究报告》，社会科学文献出版社，2002，第 4 页。

一　市场社会的兴起及其校正

在波兰尼看来，人类社会进入 19 世纪后，随着自发调节、自由放任市场经济体系的建立，长期稳定的社会结构逐渐被打破，从社会中"脱嵌"出来的市场如脱缰的野马，开始脱离乃至凌驾于社会之上，导致"市场社会"的出现并引发可怕的后果。[①]

自中国市场化改革启动，尤其是在 20 世纪 90 年代市场经济改革目标正式确立以来，"市场社会"导致的诸多社会问题在不同程度上出现。在"以经济建设为中心"和"发展是硬道理"的导向下，追求经济增长速度和效益最大化成为社会共识。"其他一切都要让步，包括公平、就业、职工权益、公共卫生、医疗保障、生态环境、国防建设等……只要经济持续增长、饼越做越大，其他一切问题都迟早会迎刃而解。"[②] 这一导向随着市场经济的快速发展而蔓延到社会生活的各个领域。尤其在 20 世纪 90 年代中后期以住房商品化、医疗市场化、教育产业化为标志的社会福利制度市场化改革，进一步加速了中国社会结构的分化，贫富差距进一步扩大。[③] 社会分化成为新时期突出的社会问题。房地产、互联网、金融等行业成为盛产财富精英的行业，而与之相关的征地拆迁、住房与房价、奢侈品消费和高调生活方式成为群体性事件和社会情绪多变的重要诱因。

面对"市场社会"带来的诸多问题，党中央做出了全面加强社会建设的部署。社会建设的实质，是校正"市场社会"在资源与机会配置过程中片面追求效率而使分配出现偏差。在社会领域"去市场化"，就是国家遵循社会公平正义的导向，通过再分配的方式让全体人民分享经济发展的成果，成为近十余年来中国经济社会发展中日益清晰的逻辑。一系列促进"共享"的政策相继出台实施，包括实施新农村建设，减免农业税；实行最低工资保障制度，出台新的劳动法规，改善劳动关系；完善社会福利制度，强化住房保障，实行教育去产业化，推行医疗新改；扩大中等收入群

---

① 卡尔·波兰尼：《大转型：我们时代的政治与经济起源》，冯钢、刘阳译，浙江人民出版社，2007。

② 王绍光：《大转型：1980 年代以来中国的双向运动》，《中国社会科学》2008 年第 1 期。

③ 黄晓春：《"金融海啸"与中国社会政策的转变》，《社会》2009 年第 1 期。

体规模，增加居民的财产性收入，提高个人所得税起征点；等等。这些政策保护和增加了普通社会阶层的利益，促进了中产阶层规模的扩大，遏制了资本过度扩张，对社会阶层结构朝着合理方向调整客观上起到了积极的作用。

二　国家力量的强化

在国家主义看来，在主权国家内个人与国家的关系要以国家为中轴，在国际社会中则是强调主权国家的重要性。国家主义推崇国家理性，国家的权威是毋庸置疑的，拥有全面的和最高的权力，为了国家利益可以采取任何手段和形式。[①] 1949 年新中国成立后，为应对自近代以来民族国家面对的总体性危机，整体社会呈现国家主义主导下的"总体性"的状态，国家掌握几乎全部的资源，对社会生活实行严格全面的控制。[②] 1978 年改革开放以后，国家控制趋于宽松，相对独立的市场与社会相继出现，为新的社会阶层结构形成提供了条件。

2000 年以来，国家力量强化是中国社会变化的重要特色。随着经济发展日益向好，国家掌握和调配的资源越来越多，再分配权力越来越大，尤其是 2000 年以后在应对一系列重大经济社会事件中，"集中力量办大事"的应对策略取得巨大成效，使得国家再次主导整体经济社会活动。在此背景下，国家与社会管理者阶层的主导地位进一步强化。从掌握资源来看，在 2000 ~ 2020 年，国家财政收入从 1.3 万亿元增长到 18.3 万亿元（比 2019 年略有下降）。[③] 从资源的支配权力来看，2010 ~ 2020 年"项目制"下的"新双轨制"成为一种新的国家治理机制，[④] 在该治理机制下，国家与社会管理者阶层对资源的支配权力增大。

---

① 蔡拓：《全球主义与国家主义》，《中国社会科学》2000 年第 3 期。

② 孙立平、王汉生、王思斌、林彬、杨善华：《改革以来中国社会结构的变迁》，《中国社会学》1994 年第 2 期。

③ 国家统计局网站，http://data. stats. gov. cn/easyquery. htm？cn = C01，最后访问日期：2021 年 5 月 13 日。

④ 渠敬东：《项目制：一种新的国家治理体制》，《中国社会科学》2012 年第 5 期；周飞舟：《政府行为与中国社会发展——社会学的研究发现及范式演变》，《中国社会科学》2019 年第 3 期。

三　科技革命的影响

科技革命通过改变社会生产方式，进而改变社会资源与机会的配置，塑造着新的社会阶层结构。[1] 自 20 世纪 90 年代中后期以来，互联网和信息传播技术快速发展，深刻地影响着人类社会的生产生活和社会交往方式，冲击着原有的社会阶层结构。

在资源配置方面，新兴的互联网及信息产业越来越重要，其生产效率及创造财富的速度是传统行业无法比拟的。该行业的从业人员尤其是行业精英成为最大的受益者，与互网联及信息产业相关的财富精英快速崛起，取代了传统财富精英位置。根据 2020 胡润全球富豪榜统计，科技行业成为最容易生产富豪的行业，有 12.7% 的上榜财富精英来自科技行业，而落榜的财富精英则集中在房地产行业。[2] 在胡润中国百富榜排名中，2010 年前 3 名财富精英分别来自食品行业、医药行业和零售行业。2020 年前 3 名财富精英中有 2 名来自互联网行业，1 名来自房地产业。另外，科技革命也深刻影响着职业结构，进而影响着以职业为基础的社会阶层结构。信息科技革命释放出来的巨大生产力突破传统社会分工体系，使越来越多的体力劳动型岗位出现"劳动替代"，导致以体力劳动者为主的阶层规模缩小。另外，软件工程师、程序员、网络直播、电商等新兴职业群体出现并且规模越来越大，成为中产阶层的重要组成部分。

四　全球化的影响

2001 年中国加入世界贸易组织，融入全球化的程度快速提升，为人们获取资源提供了新的渠道和方式。在经济资源获取方面，经济全球化使中国经济发展获得了广阔的国际市场，有利于资源的跨国流动和有效配置，提高了资源利用效益。一些私营企业从经济全球化中的获益呈现几何效应，从而帮助部分外向型企业的私营企业主快速成为财富精英。全球化不仅打开了全球经济市场的大门，也打开了境外国家和地区教育的大门。和

---

[1] 李东松、胡建国、赵卫华、李晓婷：《科技进步与北京社会阶层结构变动》，《北京工业大学学报》（社会科学版）2012 年第 3 期。

[2] 胡润百富网，http://www.hurun.net/CN/Home/Index，最后访问日期：2021 年 8 月 2 日。

过去大学生毕生后出国留学有明显不同的是，低龄化是 2000 年来留学的重要特征。随着优质高等教育机会竞争的加剧，越来越多的家庭将子女在中学阶段就送到国外求学，提前为上大学做准备。而获得国外大学文凭回国就业，意味着更多的、更好的工作机会，更有利于实现向上社会流动。另外，在全球产业分工体系中，中国在一些分工中的地位越来越重要，导致相应的中产阶层职业群体规模不断扩大，这也是 2000 年来社会阶层结构趋"中产化"的因素之一。

第四节　社会阶层结构调整的政策建议

伴随社会转型，中国社会阶层结构发生了显著变化。在改革开放之初的 20 年社会阶层结构变动的基础上，社会阶层结构近 20 年来日益趋向"中产化"。但是，与此同时，精英阶层与社会中、下阶层的差距在扩大，资源与机会在社会各阶层间的分布出现不平衡。在此背景下，社会建设受到重视，"幼有所育、学有所教、劳有所得、病有所医、老有所养、住有所居、弱有所扶"实际是对社会中、下阶层的保护。近 20 年来社会阶层结构变化的背后是社会分层机制的变动，除了市场转型理论所强调的市场化、工业化因素之外，我们看到市场化偏差下市场社会的出现、社会建设的实施，以及全球化与以互联网为代表的信息技术革命等，各种因素交织在一起共同作用于社会阶层结构的变化。这是改革开放之初的 20 年里社会分层机制中所不具备的。这些新的变化表明中国社会转型的特殊性与复杂化，超出了市场转型理论的预设。

需要指出的是，经过改革开放四十多年的持续快速发展，中国社会转型已进入新的阶段。在全面建成小康社会的基础上，2035 年中国将基本实现现代化，21 世纪中叶全面实现现代化。在未来 30 年的发展进程中，形成合理的现代社会结构，尤其是社会阶层结构无疑对上述发展目标的实现具有重要的支持作用。尤其是，当经济社会发展到一定水平，突破发展瓶颈的动力极有可能来自社会结构调整所释放的动力。例如，在朝着"橄榄型"中产社会的发展进程中，中产阶层的进一步扩大，有利于促进经济发展，推动社会参与和政治民主，也意味着更多社会流动机会的出现，能够让更多的社会群体实现向上流动。在此意义上，发展目标能否成功实现取决于社会结构能否及时调整跟进。具体来看，当前社会阶层结构中一些问题需要关注和给予回应。

一　畅通社会流动渠道

现代社会阶层结构的形成是建立在开放的社会流动基础上的。在市场转型理论看来，伴随着市场化的推进，社会分层将呈现平等化的效应，原因主要是市场转型塑造着新的机会结构与社会流动渠道。但是这一观点受到一些理论家批评，认为市场改革的平等化效应主要适用于改革初期，而后的市场改革则会加剧社会的不平等。[1] 也就是，市场转型带来的平等化效应具有阶段性。如果将改革开放 40 多年分为前后两个阶段，前 20 年随着社会日益开放，一个基本共识是中国社会流动率日益上升，社会流动机制越来越呈现从先赋向后致转变。对于后 20 多年社会流动状况则存在较大的认识分歧。从社会现象来看，2000 年以后出现的"新读书无用论""二代现象""阶层固化"等观点，反映出社会流动率下降和社会流动难度增大。但是也有学者持截然相反的观点，认为社会流动情况并无根本改变。[2]

我们基于中国社会状况综合调查（CSS）数据的分析表明，无论是改革开放初期的 20 年还是后来的 20 多年，社会流动率均维持很高的水平。从优势社会阶层来源看，本阶层所占比例在下降，其他社会阶层比例在上升；就普通社会阶层而言，流出比例不断上升，并且其中相当部分是向上流动。从社会流动方向来看，无论是代际流动还是代内流动均主要是向上社会流动。工业化、城市化、全球化、信息化效应的相互叠加深刻改变着职业结构与机会结构，导致职业结构趋高级化，使向上流动得以维持。就社会流动机制而言，先赋性因素对于人们的职业地位、经济地位和收入地位的影响呈现下降的趋势，后致性因素则得到强化。先赋性与后致性因素此消彼长的变化，加之制度性因素的影响趋于弱化，表明社会开放依然维持着。但是，在社会流动依然维持高水平的情况下，"阶层分化"成为社会舆

---

① Akos Rona - Tas，"The First Shall be Last? Entrepreneurship and Communist Cadres in the Transition from Socialism." *American Journal of Sociology* 100（1），1994，pp. 40 - 69.

② 朱光磊、李晨：《现实还是风险："阶层固化"辨析》，《探索与争鸣》2017 年第 5 期。

论中的热点引发公众的焦虑，表明社会流动依然存在进一步通畅的问题。

进一步畅通远距离社会流动。虽然近20年中国社会流动维持着较高水平，但是长距离社会流动率在下降。人们很难再像20世纪八九十年代那样实现从草根阶层到精英阶层的大幅度"阶层跨越"。以互联网为代表的信息技术革命在经济社会生活中的应用导致新的社会流动渠道的出现，创造出部分"阶层跨越"的奇迹，但是除此之外的其他行业还主要是以短距离社会流动为主。为此，需要畅通社会流动，在关注"流动数量"的同时，也应重视和提高"流动质量"。

进一步强化后致性社会流动机制。弱化和消除先赋性因素和制度性因素在社会流动中的梗阻，是现代社会发展的应有之义。近年来，改革开放中获益较多的精英阶层的子女步入社会，呈现明显的代际传承特征，引起人们对"二代"现象和"阶层固化"的议论。有观点认为，随着社会由快速转型阶段进入常态化阶段，社会不可能维持高频率流动，尤其是精英阶层位置会呈现相对稳定的状态。我们认为，精英阶层位置的获得如果被代际传承左右，会导致"认命"成为普遍的社会心态，必定削弱社会发展活力。虽然社会流动不可能彻底消除先赋因素的影响，但是最大化地促进后致因素在社会流动中的作用，是社会进步的努力方向。

二 提升社会各阶层主观生活质量

生活质量包括客观和主观两个维度。随着经济社会的发展，对生活质量的重视往往会从客观转向主观。主观生活质量包括幸福感、安全感和获得感等。其中，获得感是指公众从经济社会发展中获益程度的主观感受，自2015年提出以来受到社会各界的认同。当一个国家从中低收入阶段向中高收入阶段迈进时，普遍提升公众从经济社会发展中的获益程度，成为发展的重要方向。从国际经验看，不少发展中国家在进入发展中期以后，由于片面追求经济增长，忽视经济与社会、城乡、地区、不同利益群体之间的关系，导致社会贫富分化，城乡和地区间的差距拉大，经济与社会发展陷入失衡甚至停滞的状态。[①] 其中，矛盾的根源在于没有处理好发展红利

---

① 马岩：《我国面对中等收入陷阱的挑战及对策》，《经济学动态》2009年第7期。

在社会公众中的分配，导致收入差距过大，社会中间阶层"夹心化"。① 因此，进一步增强社会各阶层从发展中获益的程度，切切实实提高获得感，对于中国顺利实现发展阶段的转变具有重要意义。

然而，近年来诸多研究均表明，社会各阶层主观地位认同普遍偏低，存在主客观地位不一致的现象。中产阶层中，这种情况更为明显。中产阶层是经济社会发展的主要获益群体，但许多中产阶层并不认同自身的社会经济地位，往往认为自己"被中产"了，表明他们的主观获得感并不强。高房价、高教育支出、看病贵、养老难等民生负担，增加了中产阶层的生活压力，也助长了他们的不满和抱怨。在体面生活这一底线被触及的情况下，中产阶层获得感难免受到波及并进而降低对自身社会经济地位的主观认同。

近年来，党和政府不断强调提高全体国民的获得感、幸福感和安全感，大力推进收入分配调整、精准脱贫、社会保障、社会治理等各项事业，改善了社会成员尤其是社会弱势群体的生存状态，对于提高社会各阶层获得感具有重要意义。下一步，要继续做好如下工作。

一是缩小收入分配差距。这是提升公众获得感的重要前提。由于市场的自发倾向和人们禀赋的差异，必然会出现收入分配差距，影响着不同收入群体的获得感。研究表明，对于高收入群体而言，其获得感一直维持着高水平，不随时间变化而变动；中低收入群体的获得感，则随着时间的变化而上升，表明中低收入群体的获得感还有较大的提升空间。总体来看，必须下大力气协调好城乡之间、地区之间、行业之间、部门之间与社会群体之间的利益关系，逐步消除因地区、行业、部门、户籍等因素导致的收入分配不合理和不公平现象。

二是增加社会流动。这是提升公众获得感的重要机制。社会流动对于提高公众获得感，尤其是对于提高低收入群体的获得感有重要意义。在社会流动通畅的情况下，人们通过自身努力实现奋斗目标，有机会向上流动，既是调整利益的过程，也是个体心理强大的过程。为此，要努力破除社会流动中的制度性梗阻和利益固化的藩篱，让更多的人有向上流动的机会。

---

① 高杰、何平、张锐：《"中等收入陷阱"理论述评》，《经济学动态》2012 年第 3 期。

三 扩大中等收入群体

在现代社会，中产阶层承载着缓冲贫富分化与社会利益冲突的功能，同时，还有现代社会价值观的示范功能，对于实现社会良性运行与和谐发展具有重要意义。据调查，中产阶层对于国家发展前景以及政府能力，均表现出乐观态度与较高的认同度。虽然他们对于房地产、通信、石油等行业垄断多有微词，对于贪污腐败、滥用职权的官员多有批评，但是他们并没有强烈的愿望要改变现有的经济社会秩序，而是希望施加舆论压力，通过建设性而非破坏性的社会行动，引起社会的关注来促使问题解决。但是，当政府政策以及某些利益集团直接影响或损害中产阶层的正当利益时，他们会有温和反抗的意识。这也正是当前强调改善民生、加强社会建设的意义所在。

目前来看，中国中产阶层已经初步形成，其促进经济社会进步的积极功能正在不断显现。但是，与理想型的阶层结构相比，其规模仍然不大，需要完善政策，进一步壮大中等收入群体，促进中产阶层健康成长。

四 持续规范国家与社会管理者阶层的行为

在中国现代国家建设进程中，政府主导的逻辑始终贯穿其中，引导着传统社会向现代社会的转型，这使得国家与社会管理者阶层成为主导阶层。虽然在亚洲现代化进程中，政府主导是突出的特征，但是在现代化进入到中后期以后，随着市场力量与社会力量的壮大，政府的主导性作用相对下降。近20年来，政府主导在中国发展中的作用没有削弱，甚至还有所加强，从而呈现与其他市场化国家很大的区别。

应当承认，充分发挥作为政治精英的国家与社会管理者阶层的积极性，对于推进中国的现代化具有特别重要的作用。但是，政治精英自身的优势是有一定合理边界的，一旦越界便会形成多种负面社会效应。[1] 因此，需要把握住政治精英阶层的社会定位。一方面，政治精英应当以维护和促进社会公正为自身一切行为的出发点和落脚点。随着市场经济和现代化进

---

[1] 吴忠民、贾双跃：《中国政治精英优势与现代化建设》，《人文杂志》2018年第6期。

程的推进，社会成员的平等、独立意识普遍增强，其利益诉求日渐多样化、复杂化。社会成员的利益诉求千头万绪，最大公约数就是社会公正。社会公正有两个相辅相成、缺一不可的价值取向，一是要让全体社会成员共享社会发展成果，二是要为每个社会成员的自由发展提供充分的空间。只要抓住社会公正这一关键点，便能够得到社会成员的普遍认可和支持。另一方面，要严格规范和约束公共权力的行使。政治精英通过公共权力的行使来为公众利益服务。公共权力的一个重要特征便是具有一定强制性，因而公共权力一旦越过合理边界，就会变成一种难以控制的"异化"力量，造成大量的腐败现象，损害民众的利益，阻碍现代化建设的顺利推进。所以，必须对公共权力设定严格的活动边界。客观地看，中国政治精英拥有很大的公共权力，所以，更应当注重规范和约束公共权力。要把公共权力装到"制度的笼子"里，这个"制度的笼子"就是以《宪法》为核心内容的法律制度体系。进一步看，对于中国的政治精英来说，规范公共权力的关键在于，强调法律的权威性，将政治精英的一切活动都限制在法律范围之内，任何人都不能超越法律。[①]

此外，中国政治精英阶层的吸纳能力还不强，具有一定的封闭性和弱竞争性，难以很好地吸纳体制外精英，其内部的流动也并不顺畅，影响着政治效能的发挥和政治稳定。为此，需要从改革进入机制、调整任职资格、畅通公务人员流动等多个方面着手，给予市场精英、文化精英更多转化为政治精英的机会，建立竞争、开放的国家与社会管理者阶层生长机制，形成高效的政治精英吸纳模式。

---

① 　吴忠民、贾双跃：《中国政治精英优势与现代化建设》，《人文杂志》2018 年第 6 期。

第九章 |

网络社会结构

随着现代通信技术和信息技术的发展，以互联网为代表的现代信息技术对整个人类社会的政治、经济、文化和社会产生了深远的影响。近些年来，互联网的发展进入移动互联时代，大数据应用、人工智能、5G、物联网等新技术不断涌现和发展，新的互联网应用不断产生，在民众中逐渐普及，带来了中国社会结构各个方面的变化。

互联网时代已经来临，对于社会变迁产生了总体性和全局性的影响。在对中国社会结构的考察中，已经无法忽略以互联网为代表的信息技术等基本变量。对此，我们需要将网络社会带来的深层变化，进行整体性地梳理和归纳，以发现蕴含在现象背后的社会发展新趋势、新特点。

第一节　互联网发展与网络社会的到来

一　信息技术革命与全球网络社会

人类社会的信息化是现代化发展到一定阶段的产物，西方学者将信息技术兴起后，社会产生的种种变革称为信息社会的变革。[①] 到了 20 世纪末期，世纪之交时，互联网在各种信息通信技术中的主导地位，以及全球信息和资源的流动的重要性日益凸显，卡斯特等学者将其称为"网络社会的

---

① 韦伯斯特：《信息社会理论》，曹晋、梁静、李哲、曹茂译，北京大学出版社，2011。

来临"。① 尽管网络社会能否被称为一个全新的社会形态还有争议，但不可否认的是，新信息技术革命与全球互联网的普及，带来了全球社会全面的变革。

（一）信息技术革命与互联网时代的到来

早在第二次工业革命时期，人类发明电报与电话，掌握了跨越空间的远程通信能力。广播、电视等新型信息传递工具的产生，标志着人类信息通信能力的巨大进步。1843 年，莫尔斯在美国华盛顿发出了人类历史上的第一封电报，1876 年，贝尔发明了电话。1946 年，现代意义上的电子计算机诞生。1958 年，在冷战的背景下，为了保证对苏联的军事技术优势，美国军方成立了高级研究计划局（ARPA）。在计算机的军用过程中，工作人员将计算机通过网络连接起来，成为现代互联网应用的前身。20 世纪 70 年代到 80 年代，电子计算机的互联网技术，转向各大高校和科研机构，随后又进一步转向民用，开始了商业化和普及化。20 世纪 90 年代，美国率先开展了"信息高速公路计划"，鼓励信息技术发展，大力投资信息技术基础设施建设。随后，欧洲和日本也开展了类似的计划，规划建设信息高速公路，形成高速信息网络。20 世纪 90 年代中期，电子计算机技术与互联网技术的发展相结合，全球性的互联网初步建立。

早期的互联网主要是通过计算机相互联结，个人电脑（PC）成为互联网的最主要终端。个人电脑的购买成本相对较高，体积相对较大，便携性差，在一定程度上阻碍了互联网在全球范围的普及，尤其是在不发达地区和民众间的普及。信息技术的逐渐发展，出现了新型的上网终端，从传统的个人计算机，转向移动化、小型化的新型计算和通信设备，诸如手机、手表等。早在 1997 年左右，第二代数字通信技术（2G）就具备了简单的接收数据功能，可以进行网页和电子邮件的接收。2000 年左右出现的第三代数字技术，进一步加快了数据的传输速度，使手机具备了更强的移动互联能力。2005 年，新的第四代通信技术（4G）演进方向被提出，在其后的十余年间，4G 技术逐渐确立和走向应用，使手机具备了高速的移动上网功能。基于手机等移动互联网终端的新型应用也不断涌现。2010 年以后，

---

① 卡斯特：《网络时代的崛起》，夏铸九、王志弘等译，社会科学文献出版社，2003。

随着 3G 和 4G 技术的发展，以及手机处理信息能力的增强和成本的降低，全球范围内越来越多的民众成为网民，生活中的互联网应用也无处不在。2020 年，全球人口为 76.76 亿人，其中手机用户 51.9 亿人，网民 45.4 亿人，有 38 亿人活跃在社交媒体上，其中印度和中国的网民增长规模居全球前两位。[①] 2019 年，第五代通信技术（5G）正式开始商业应用，更高的传输速度、种类更加繁多的互联网应用终端，将会带来万物互联，使各种物体都成为智能化的互联网终端。

（二）全球网络社会的发展趋势

随着信息通信技术的高速发展，人类社会正在延续现代化以来的全球化趋势和高速流动性。信息和资源在全球流动的速度大大加快，形成更加复杂的全球信息和资源网络。在经济、文化、政治等多个领域，互联网正在影响或者塑造人类社会的总体面貌。

在经济和商业领域，20 世纪中后期到 21 世纪初期，美国率先出现了跨国的互联网商业巨头。在计算机软件、硬件以及互联网应用领域中，微软、苹果、谷歌、亚马逊、Facebook 等跨国公司引领了全球信息技术的发展，成为互联网时代的商业权力和技术权力中心。与此同时，中国互联网和信息技术企业，诸如华为、阿里巴巴、腾讯也成长为世界级的高科技企业，正式步入世界信息技术竞争的舞台。而在金融方面，基于互联网的全球金融市场交易早已成为一种常态化的运作模式。新的互联技术、新产业的出现也催生出新的工作和就业方式。

在组织领域，新型的超越空间和时间限制的互联网组织，基于互联网社交媒体迅速发展。全球性的公益组织、政治组织等可以在一定程度上摆脱传统民族国家的限制。传统国家的权威性和治理能力在互联网时代遭遇新的挑战。在社会运动方面，2010 年以后，全球范围内，传统的社会运动与互联网的集合愈发紧密，出现了所谓的"推特革命"和"Facebook 革命"。新的社会运动借助全球社交媒体平台，通过互联网进行大范围的信息传播和组织动员，使互联网时代的社会运动呈现爆发迅速、范围广、影

---

① Digital 2020 Global Digital Dverview，weare social. com/digital－2020。

响大、动员能力强等新特征。

互联网在思想和文化领域，也催生出互联网时代独有的文化特质。首先是亚文化在互联网中的传播，使原有的小众群体可以通过互联网迅速找到认同，造就了互联网中各种多元文化的兴起。互联网中民众的自媒体能力，使网络世界中的新闻生产、信息生产呈现新的特点。网络空间的社会现象呈现，不仅仅受到传统大众传媒的影响，也受到民众自我传播和自我建构的影响。

二　中国互联网的发展历程与社会变迁

（一）中国互联网的发展历程

早在 1986 年，我国科学家就从北京发出了中国第一封电子邮件。1989年，中国开始建设互联网。1994 年，我国实现与美国互联网的全功能网络连接，中国最早的国际互联网诞生。[1]　截至 2020 年 3 月，我国网民规模达9.04 亿人，网络普及率达 64.5%，其中手机网民规模达 8.97 亿人。[2]

在中国互联网发展的数十年间，互联网的应用逐渐从科研领域渗透到社会生活的各个方面。在互联网商业领域，中国诞生了以阿里巴巴、腾讯、百度、京东等为代表的大型公司，它们具备一定的国际竞争能力。在中国民众的日常互联网应用中，搜狐、新浪、凤凰网、今日头条等资讯类网站应用，微信、QQ、微博等社交媒体类应用，淘宝、京东、拼多多等网络购物类应用，抖音、快手等短视频类应用，美团、大众点评等网络外卖类应用，滴滴出行等出行类应用，正迅速在网民中普及。而在基层社会治理方面，基于社交平台和社交网络的政府民众网络互动机制，也在逐渐形成之中。新型电子政务网站也在全国范围内普及，截至 2019 年 12 月，我国共有政府网站 14474 个，在线政务服务用户 6.94 亿人，百度移动端政务服务搜索量 201.97 亿次，政务机构微博 13.9 万个，政务头条号 82937 个。[3]

---

① "中国互联网"，百度百科，2020 年 5 月 31 日，https://baike.baidu.com/item/中国互联网/704957? fr = aladdin#reference - [1] - 38177 - wrap，最后访问日期：2021 年 5 月 13 日。
② 中国互联网络信息中心：第 45 次《中国互联网络发展状况统计报告》，2020。
③ 中国互联网络信息中心：第 45 次《中国互联网络发展状况统计报告》，2020。

（二）互联网带来的中国社会变迁

伴随着中国互联网技术的发展和互联网应用的普及，中国互联网空间以及现实社会的发展也受到全球网络化浪潮的影响，呈现一些新的趋势。

1. 社会的互联网空间和现实社会空间呈现融合的趋势

在互联网发展的早期，无论是广大民众，还是众多学者都将互联网空间视为一个相对独立的虚拟空间。早期互联网空间的虚拟性，主要体现在互联网空间在物理意义上是一个由软件代码搭建、呈现在电脑显示屏中的空间，与绝大多数社会成员所处的社会生活空间相距甚远。当时学者对互联网虚拟性的强调，很大程度也是因为早期互联网空间中人们的身份具有一种匿名性，除了陌生网友之间的网络交往之外，早期互联网在社会生活中的应用甚少。

随着 21 世纪初期，全球范围内 Facebook、推特等新的即时通信软件的出现，以及中国的微信、微博等社交平台的出现，网络中的社交行动扩展到日常生活之中，网络社会互动正在从陌生人之间的游戏，转变为具有现实意义的熟人之间的常态化社会互动。[1] 而网络购物和网络金融的普及，使民众更多地以实名认证的身份在网络上开展经济活动。互联网领域的商业化运行，在短短的近 20 年间，迅速将更多民众吸引到互联网之中，互联网转变为网民日常社会、经济、文化、政治生活的一部分。对于出生在2000 年以后的千禧一代而言，相比于经历过前互联网时代的其他群体，这一群体可以被称为互联网原住民，在互联网中生活已经成为他们的一种基本的日常生活方式。

2. 互联网时代的社会行动方式转变

各种互联网新型应用的出现，使很多传统的社会行动实施的方式发生了变革，从线下行动转变为网络行动。例如，传统的社会交往活动，大都基于面对面的社会互动，而网络中的实时通信技术，可以传递文字、图像、声音，使新型的社会交往活动可以超越时间和空间的限制。传统的市场交易需要通过实体的市场来完成，而互联网时代的市场交易等经济活动

---

[1] 陈氚：《网络社会中的空间融合——虚拟空间的现实化和再生产》，《天津社会科学》2016年第 3 期。

也可以通过网络空间来完成。

在社会交往领域，基于互联网的社会交往行动逐渐成为社会交往行动的重要形式。传统的面对面的社会交往尽管依然非常重要，但是众多的社会交往行动走向线上，通过网络得以实现。微信等即时通信产品的出现，使得人们在建立社会关系时，从交换名片、电话等方式逐渐转变为交换网络社交媒体账户名称，互加网络好友。

在经济行动上，金融市场的交易行为已经基本实现完全网络化交易。基于计算机和互联网的金融交易可以以极高的效率进行信息传递、价格匹配、资金流动等行动，同时打破了资金流动的时间和空间限制，形成一种全球化的金融交易系统。在日常消费领域，基于互联网的货币支付系统和网络市场，将原有的实体上的市场，转变为在互联网场景中搭建的市场。民众的购物行为，转变为在固定或移动的设备终端，通过页面浏览进行商品信息获取，通过点击进行货品和资金交易的行为。

在社会公共领域，尽管游行、聚集等仍然是社会运动和社会抗争的传统形式，但是通过互联网的网络集聚、抗议、维权和围观等行动正在逐渐发挥越来越重要的作用，引发越来越多的现实后果。通过社交媒体、网络论坛进行集体发声、支援、批判、围观、传播特定内容的信息，已经逐渐成为网民介入社会公共议题的一种重要方式。与此同时，通过互联网进行的环保、募捐、救助等慈善公益活动，也成为一种新的社会公共活动。而在政府主导的电子政务领域，越来越多的传统政府服务，通过互联网来进行供给。

3. 新的社会组织形式的出现

互联网带来的流动性、时空场景的切换、交往形式的变化，也使人们自我组织的方式发生了变化。新的互联网技术，使传统意义上社会组织的形式也发生了变化。一方面，传统的社会组织的行动方式、组织结构随着互联网应用发生了变化；另一方面，产生了基于互联网的新的网络群组或准组织。互联网提供了组织活动的网络场景，降低了组织形成的成本和组织运行的成本。更多的社会成员通过微信群等社交媒介建立网络群组，形成了互联网上的网络社群。基于互联网的新的组织形态，打破了传统的时空限制。在地理意义上，可以不受地域的限制；在时间上，可以以前所未有的速度迅速生成新的准社会组织。

4. 国家与民众互动方式的转变

在前互联网社会，我国国家和民众之间的互动方式形式多样，除了人民代表大会制度和中国共产党领导的多党合作和政治协商制度以外，还包括一系列政治制度，例如基层群众自治制度、基层选举制度、人民群众信访制度等。随着互联网在中国社会的普及，政府和民众之间的信息传递和沟通机制更加多样和高效。

从政府向民众信息传递的角度来看，政府信息的传达，不仅可以通过传统的官方渠道进行，也可以通过各种形式多样的新媒体技术来传递。民众获取相关信息的能力获得了空前的提高。从民众将信息和意愿向政府传递的角度来看，互联网也极大地提升了民众进行民意表达的能力。无论是网友通过网络论坛、社交媒体发表涉及公共议题的观点，还是通过政府设立的市长信箱、留言平台发表意见，抑或是政府相关部门运用大数据分析技术对民众网络舆情和意见进行收集和分析，都使人民群众的想法可以更加便捷地传递到国家层面。

5. 新的信息传播方式和社会心理的变化

在前互联网时代，信息传播是相对单向度的，信息的生产和传播往往掌握在传统的媒体手中，社会一般成员面对大众传播媒介只能被动地接受或拒绝，信息传播的时空范围也相对有限。而在互联网时代，信息传播的速度空前加快，信息传播的广度更是超出了以往的想象，信息的生产和传递也发生了巨大的变化。信息源的产生是多元的，生产者既包括传统的媒体，也包括互联网中的每个成员。信息的传递从单向度转向多向度和复杂化。

在这种情况下，传统主流媒体代表的价值观和舆论导向更容易受到网民的挑战，互联网中自发形成和传播的思潮也会更加多元。网络中不同的观点、立场、价值观相互交织冲突，构成了网络社会中新的舆论场。人们的情绪、态度、认知也更容易受到互联网的影响，产生更加复杂的社会心理现象，例如互联网中各个社会群体尖锐的思想对立和观念冲突现象，少数群体通过互联网寻求群体认同的现象，部分群体反对主流价值观和价值认同的现象，社会成员追求过度娱乐化的现象，等等。

6. 互联网作为新的文化和生活方式

互联网在中国的发展，也催生出不同于前互联网时代的文化和生活方式。互联网因为其信息传播的时空跨越性，打破了传统的信息传递的时间和地理边界，不仅使各种思想的传播更加高速和多元，互联网本身的特质也产生了独特的互联网文化和互联网思维，带来了多元、开放、包容、效率与无序化、对立化并存的互联网文化样态。生活在互联网时代，人们的日常生活方式也发生了巨大的变化。

在市场竞争领域，企业的互联网文化和互联网思维兴起，意味着企业可以迅速进行信息化技术升级，可以以更加开放的思维来组织和管理企业，在融资、技术、研发和生产、营销等各个环节实现互联网化，适应互联网时代的民众需求。

对于一般社会民众而言，随着互联网空间和现实空间的进一步融合，互联网行动占日常社会行动的比例日益提高，日常衣食住行的各个方面都逐渐转入到互联网企业打造的场景之中，对信息技术的依赖性越发增强。日常交往、新闻资讯获取、娱乐、购物、医疗、电子政务、智能化出行以及教育等各个方面都可以通过互联网信息技术完成，实现一种数字化生存。互联网不仅提供了一种可能的互联网生活方式，而且正在因为其效率优势，逐渐演变为一种必然的发展趋势。总体而言，社会一般民众对互联网信息技术的依赖度逐渐增强，智能手机、智能手表等随身信息终端正在逐渐成为身体的延伸。

值得注意的是，在互联网中成长的新生代群体，作为互联网时代的原住民，因为其成长历程对互联网的生活方式适应具有先天的优势，而年龄较大的社会群体，对互联网社会场景的接受需要付出更多的学习成本和心理成本，往往会延续前互联网时代的生活习惯，这也就形成了基于代际差的文化和生活方式差异，造成了互联网时代不同社会群体在思维方式、行为方式上的分化。

三　网络社会的本质

(一) 从"数字鸿沟"到数字不平等

早在 1996 年，美国前副总统阿尔·戈尔就提出了"数字鸿沟"的概念，直到 2000 年总统竞选时，他依然把数字鸿沟当成自己竞选的主要口号之一。[①] 数字鸿沟指的是，信息技术革命引起的信息差距。[②] 20 世纪 90 年代，计算机、互联网等信息技术开始在中国兴起，由于当时相比居民的收入，计算机的价格较高，所以，个体是否拥有信息技术工具成为人与人之间信息鸿沟的主要来源。拥有信息工具的人能够更多地接触到互联网，可以获得更多的信息；相比之下，没有信息工具的人便难以获得计算机及网络服务。这造成两部分人之间的差别，也就是当时学者提出的"数字鸿沟"问题。

进入 21 世纪之后，中国互联网的基础设施建设进入了快速发展阶段，互联网上网人数从 2002 年的 5910 万人上升到 2019 年 6 月份的 8.54 亿人，互联网普及率也从 4.6% 增长到现在的 61.2%（见图 9－1）。2010～2020 年，随着智能手机的发展，移动互联网已经逐渐取代互联网，成为网民接入网络的重要途径。从数据来看，2018 年底，我国移动电话用户的总数达到 15.7 亿户，移动电话用户普及率达到 112.2 部/百人，比 2017 年底提高 10.2 部/百人（见图 9－2）。全国已经有 24 个省份的移动电话普及率超过 100 部/百人。

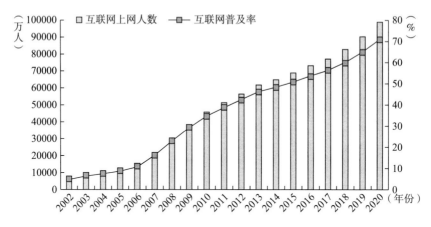

图 9－1　2002～2020 年中国互联网上网人数及互联网普及率

数据来源：历年《中国互联网络发展状况统计报告》。

当前，互联网的接入已经不再是公众面对的鸿沟，每个人都能以较低的成本进入到互联网中。究其原因，一是技术的不断发展所带来的"数字

---

① Wallys W. Conhaim, "The Global Digital Divide." *Information Today* 18（7），2001，p. 1.

② 韩民春：《从"数字鸿沟"看世界经济发展与贫富差距》，《太平洋学报》2001 年第 1 期。

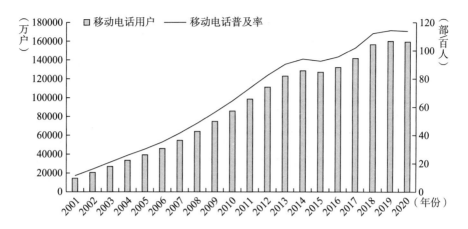

图 9 - 2　2001～2020 年中国移动电话用户及移动电话普及率

资料来源：国家统计局网站，https：//data. stats. gov. cn，最后访问日期：2021 年 7 月 18 日。

红利"。① "摩尔定律"告诉我们，当价格不变时，集成电路上可容纳的元器件的数目，每隔 18～24 个月便会增加一倍，性能也将提升一倍。换言之，一元钱所能买到的电脑性能，将每隔 18～24 个月翻一倍上。这一定律揭示了信息技术进步的速度。虽然这只是一个观测定律，并不能将其称为物理法则，但其揭示的趋势至今依然适用。这意味着数字技术设施的价格经历了一个不断下降的过程，并且还会继续下降。二是"提速降费"等政策让互联网成为类似公路、铁路一样的公共基础设施。2010～2020 年，党中央、国务院出台了一系列政策来推动网络速度的提升，同时降低了上网的费用，如《"宽带中国"战略及实施方案》等。这使互联网越来越多地从"工具性"转变为"价值性"存在于社会生活中。

不过，互联网接入门槛的降低，并不意味着信息差距的消失。由于主观或者客观的原因，公众获取信息以及利用信息的能力存在差距。这其中可能包括的原因有：信息素养的差距，如信息意识、态度、行为控制等方面的差别；信息效用汲取的差距，如信息资源的筛选、甄别等方面的差距；社会包容与排斥，如由于制度安排等造成的信息资源在不同社会群体中的不均衡分布等。这种在部分人群享受信息红利的同时另一部分人群却

---

① 翁寿松：《关于摩尔定律的争论》，《微电子技术》1998 年第 6 期。

处于被排斥状态的现象，被称为信息分化。

信息分化可以带来职业分化、权力分化甚至贫富的分化。首先是职业分化，一些占有或者能够获得较多信息的人，可以从原来的职业中分化出来，从事更新的职业或者更高层次的职业。其次是权力分化，拥有较多信息的人，可以有更多的话语权，也能在信息传播过程中处于更加重要的节点，这会给拥有信息较多的人带来更多的权利。最后是信息分化会加大贫富差距，物质的贫富分化会在一定程度上造成个人信息获取能力的不同，而信息分化反过来又会造成贫富差距的扩大，两者形成恶性循环。

（二）公共领域为网络社会的参与提供空间，议题设置将网络参与主体聚集在一起

齐美尔说，当人们之间的交往达到足够的频度和密度，以致人们相互影响并组成群体与社会单位时，社会便产生了。[①] 从本质上说，社会是人与人之间的关系，网络社会也是如此。不过，相较于实体社会，网络社会更加依赖信息来达成人与人之间的交互。在信息的不断流动过程中，网络社会的公共领域逐渐得以形成。

根据哈贝马斯的理论，理想型公共领域的产生必须同时具备三个条件：一是公共领域的参与者，也就是公众，他们来源于独立自主的私人领域，具备独立人格与理性要求，能够就"普遍利益问题"展开理性辩论；二是公共领域应该具备充分的交往空间；三是公共领域应该具有相对独立性，既不能依附于社会，也不能消融于国家权力之中。网络空间恰恰为公共领域的产生奠定了基础。[②]

在互联网上，网民首先是发布信息，不论是论坛、微信、微博中的讨论，还是基于政府、媒体、厂商的服务、应用推广，某一个或者某一类事件会引起其他网民的关注、互动，从而形成信息的互动，以及人与人之间的互动，这便构建起网络公共领域。在这个公共领域中，网民会脱离实体

---

① 袁亚愚、詹一之主编《社会学——历史、理论、方法》，四川大学出版社，1989。
② 方曙光：《网络公共领域下我国社会结构的嬗变》，《中共浙江省委党校学报》2012 年第 3 期。

社会，逐渐通过互动，发展为对公共权力、社会政策、公平正义等公共事务的关注，从而形成有一定民意基础的网络舆论，而这也会成为社会个体参与社会和政治事务的一种路径和场域。

实体社会中，群体的形成可能来源于"血缘群体"、"地缘群体"、"业缘群体"或者"趣缘群体"等，不过，在网络社会中，公共领域中的参与主体经常是因为同样的议题聚集在一起，发表自己的言论。这成为网络社会中群体产生的一个重要原因，大量的网民突破时间和空间的限制，对某一个议题阐述自己的看法和观点，从而达成一定的舆论共识。

网络社会以信息作为基础的本质，决定了"议题设置"的重要性。也就是说，在网络社会中，某一段时间内，多次大量的集中报道某一事件，社会中的公众就会突出议论这一话题，甚至会使话题本身的价值重要性下降。比如，网络社会中大量的"审丑文化"不断出现就与"议题设置"密不可分。现在，很多的影视作品质量堪忧，但是只要有人会去批评，就会有人去电影院买票看。这就是网络中常说的："不怕人骂，就怕人不理。"2011 年发生的抢盐风波中，在谣言流行了一段时间之后，越来越多的媒体出来辟谣，但民众的选择却依然是囤积食盐，直到媒体热度下降之后，民众的热情才开始平息。这些现象出现的原因都是"议题设置"的重要性在起作用。

（三）个体间联系增加的同时，个体化、原子化程度不断提高

移动互联网时代，人们对于智能手机的依赖越来越严重。智能手机不仅承载着通信功能，还承载着交往、娱乐、休闲、消费、学习等功能，不仅改变了人们的生活方式，应该说也已经成为人们生活方式的一种或者一部分。2019 年 6 月，中国青年报组织的对 2004 名受访者进行的调查结果显示，93.4% 的受访者感到人们"手机上瘾"的情况很严重，84.7% 的受访者平均每天使用手机累计超过 3 小时，65.4% 的受访者认为要自觉控制手机使用时间。在手机的使用中，受访者最常用手机做的事是关注微信、微博等社交软件（77.8%），然后是浏览信息（62.9%）。同时，调查也发现，60.5% 的受访者感觉自己的沟通能力因此降低了，57.8% 的受访者觉得自己和亲近的人之间的亲密度因此降低了，53.7% 的受访者直言离开手

机，自己就心不在焉。[1]

过度使用手机的原因主要有：一是手机功能强大，能够满足人们很多需要，二是快节奏的工作和生活导致人们离不开手机。移动互联网的发展，使个体之间的联系不断增加，"无时无刻不在线"成为常态。与之相对应的是，偶尔的"断线"会让个体产生焦虑、不知所措以及失去安全感等心理。

不过，与此相对的是人与人之间直接的联系开始出现"碎片化"、"原子化"和"个体化"倾向。很多人经历着在网上聊天很能说，但见面了却不知道说什么的情况。越来越多的家庭聚会出现的现象是：一家人一起吃饭，但都是各自玩各自的手机，沉浸在自己的世界里。

"原子化"倾向出现的原因在于智能手机能够满足个体的大部分需求。个人不再需要其他人面对面的支持，便能在网络上满足自己的各类需求，甚至是交往、情感的需求也能够获得满足。从个体的交往来看，出现了日本的"低欲望社会"、中国的"佛系社会"等现象。从社会层面来看，产生了"熟人社会"的瓦解，道德观的下滑等问题。

第二节　中国网络社会的基本结构

一　中国网络社会的阶层结构

（一）网民的结构属性

截至 2020 年 12 月，我国的农村网民为 3.09 亿人，占网民整体的31.3%，与 2020 年 3 月相比，增加 5471 万人；城镇网民规模为 6.80 亿人，占网民整体的 68.7%，比 2020 年 3 月增加 3069 万人。城乡间网民的差距进一步缩小（见图 9－3）。

从性别结构来看，截至 2020 年 12 月，我国网民男女比例为 51.0：49.0[2]，与整体人口中男女比例基本一致。相比 2006 年底 58.3% 的男性占

---

[1] 杜园春：《60.8%受访者会有意识地让生活与手机分开》，《中国青年报》2019 年 6 月 6 日。
[2] 中国互联网络信息中心：第 47 次《中国互联网络发展状况统计报告》，http://www.cac.gov.cn/2021－02/03/c_ 1613923423079314.htm，最后访问日期：2021 年 7 月 18 日。

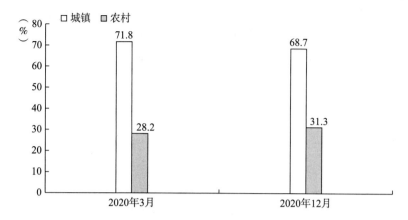

图 9 - 3 中国网民的城乡结构

资料来源：第 47 次《中国互联网络发展状况统计报告》，http://www. cac. gov. cn/2021 - 02/03/c_ 1613923423079314. htm，最后访问日期：2021 年 7 月 18 日。

比①来说，性别结构已经基本趋于合理（见图 9 - 4）。

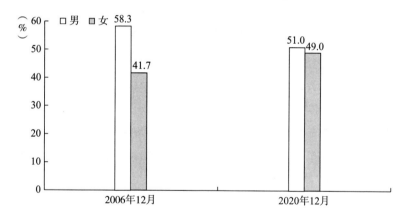

图 9 - 4 中国网民的性别结构

资料来源：第 47 次《中国互联网络发展状况统计报告》，http://www. cac. gov. cn/2021 - 02/03/c_ 1613923423079314. htm，最后访问日期：2021 年 7 月 18 日。

从年龄结构来看，2020 年 12 月，10 ~ 39 岁的网民群体依然是网民的主要构成群体，占网民整体的 51.8%，其中 30 ~ 39 岁的占比最高，为

---

① 中国互联网络信息中心：第 19 次《中国互联网络发展状况统计报告》，http://www. cac. gov. cn/2014 - 05/26/c_ 126548288. htm，最后访问时间：2021 年 7 月 18 日。

20.5%。① 这几年的一个显著特征是互联网持续向中高龄人群渗透，40～49 岁的网民群体从 2018 年底的 15.6% 提高到 2020 年的 18.8%②；50 岁及以上的网民群体占比从 2018 年底的 12.5% 提升到 2020 年的 26.4%（见图 9－5）。

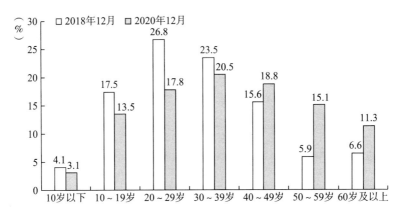

图 9－5　中国网民的年龄结构

资料来源：第 47 次《中国互联网络发展状况统计报告》，http://www. cac. gov. cn/2021－02/03/c_ 1613923423079314. htm，最后访问日期：2021 年 7 月 18 日。

从学历结构来看，截至 2020 年 12 月，小学及以下、初中、高中/中专/技校学历的网民群体占比分别为：19.3%、40.3%、20.6%；受过大学专科、大学本科及以上教育的网民群体占比分别为 10.5% 和 9.3%（见图 9－6）。

从职业结构来看，截至 2020 年 12 月，我国网民群体中，学生的占比最高，为 21.0%，其次为个体户/自由职业者，占比为 16.9%；农村外出务工人员占比为 12.7%（见图 9－7）。

从收入结构来看，截至 2019 年 12 月，无收入以及月收入在 500 元及以下的网民群体占比为 20.4%；月收入在 2001～5000 元的网民群体合计占比接近 1/3，为 32.6%；月收入在 5001 元及以上的网民群体占比为 29.3%（见图 9－8）。

---

① 中国互联网络信息中心：第 47 次《中国互联网络发展状况统计报告》，http://www. cac. gov. cn/2021－02/03/c_ 1613923423079314. htm，最后访问日期：2021 年 7 月 18 日。
② 中国互联网络信息中心：第 43 次《中国互联网络发展状况统计报告》，http://www. cac. gov. cn/2019－02/28/c_ 1124175677. htm，最后访问日期：2021 年 7 月 18 日。

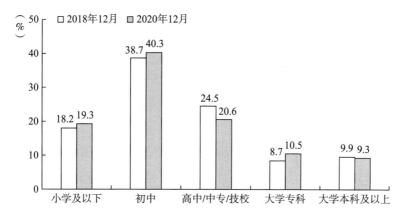

图9-6　中国网民学历结构

资料来源：第47次《中国互联网络发展状况统计报告》，http://www.cac.gov.cn/
2021-02/03/c_1613923423079314.htm，最后访问日期：2021年7月18日。

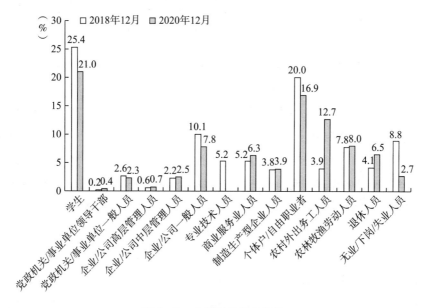

图9-7　中国网民职业结构

资料来源：第47次《中国互联网络发展状况统计报告》，http://www.cac.gov.cn/
2021-02/03/c_1613923423079314.htm，最后访问日期：2021年7月18日。

对于非网民来说，截至2020年12月，我国的非网民规模为4.16亿
人，较2020年3月减少8073万人。从地区来看，我国非网民仍以农村地
区为主，农村地区非网民占比为62.7%，高于全国农村人口占总人口的比
例23.3个百分点。从年龄来看，60岁及以上老年群体是非网民的主要群

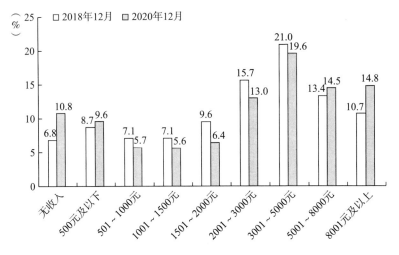

图9－8 中国网民个人月收入结构

资料来源：第47次《中国互联网络发展状况统计报告》，http：//www. cac. gov. cn/2021－02/03/c_1613923423079314. htm，最后访问日期：2021年7月18日。

体。截至2020年12月，我国60岁及以上非网民群体占非网民总体的比例为46.0%，较全国60岁及以上人口比例高出27.9个百分点①。

非网民不上网的主要原因是缺乏使用技能和文化程度不高。调查显示，因为不懂电脑/网络和不懂拼音等文化程度限制而不上网的非网民占比分别为51.5%和21.9%；因年龄太大/太小而不上网的占比为15.1%；因为没有电脑等上网设备而不上网的占比为13.3%；因为不感兴趣而不上网的占比为7.6%；因为没时间上网而不上网的占比为6.7%（见图9－9）。

从2020年的数据来看，我国网民的城乡差距依然巨大，学生以及个体户/自由职业者是网民的主要构成人员；非网民不上网的主要原因是个人技能，也就是能力层面的原因，相较2006年，没有电脑等上网设备以及当地无法连接互联网等接入层面的原因的占比已经大幅度下降，2006年的这一比例为31.8%②。

从网民的现实结构属性来看，现实社会的公众，在上网的过程中，经

---

① 中国互联网络信息中心：第47次《中国互联网络发展状况统计报告》，http：//www. cac. gov. cn/2021－02/03/c_1613923423079314. htm，最后访问日期：2021年7月18日。

② 中国互联网络信息中心：第19次《中国互联网络发展状况统计报告》，http：//www. cac. cm/2014－05/26/c126548288. htm，最后访问时间：2021年7月18日。

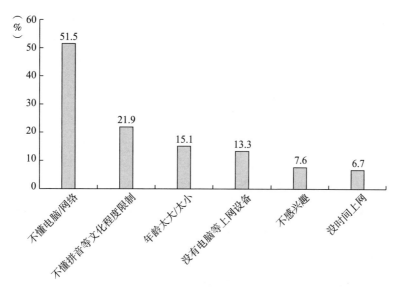

图 9 – 9　中国非网民不上网的原因

过互联网技术的"过滤"，网民的结构与现实社会相比有了较大的变化。呈现城镇居民、男性、39 岁以下、学生以及个体户/自由职业者、收入为5000 元及以下等特征。可以认为，网络社会相比较现实社会来说，是一个"影子社会"，不过由于这个影子社会构成结构的原因，并不能完全反映现实社会的现状。

（二）网络分层与现实分层的复制与分化

目前以网络社会分层为对象的研究还比较少，对于网络社会分层和现实分层的关系也分为截然不同的两个方面。一方面，网络社会分层可能遵循与现实社会分层无关或者截然相反的逻辑，也就是说，现实社会中的地位优势在网络社会中可能减弱或者丧失，即分层机制的分化或者"结构转型"；另一方面，现实社会的阶层地位也可能显著影响网络资源的获取和占有，进而将原有的阶层结构延续到网络中，也就是原有分层机制的"结构再生产"，或者说是网络分层与现实分层的复制。这两种研究及机制作用的发生都有现实依据和理论依据。

任何一个社会都有它主导的力量，比如，对于现实社会来说，马克思以生产资料的占有为标准，将社会分为若干阶级；而在韦伯的社会分层维度中，财富、声望和权力都是分层的重要维度。网络社会分层的重要依据应该是信息，包括对网络资源的获取、利用能力以及网络资源的拥有量。

当下，互联网上的数据以及信息资源正在以惊人的速度增长，随着互联网、传感器以及各种数字化终端设备的普及，数据呈现爆炸式的指数级增长趋势。根据 IDC 发布的《数据时代 2025》中的数据，全球每年产生的数据将从 2018 年的 33ZB 增长到 2025 年的 179ZB。而 1ZB 的数据量就相当于 1.1 万亿 GB。如果把 179ZB 全部存在 DVD 光盘中，那么 DVD 叠加起来的高度将是地球和月球距离（月地最近距离约 39.3 万公里）的 23 倍，或者绕地球 222 圈（一圈约为 4 万公里）。

随着大数据产业的发展，网络社会中产生的数据可以在实体社会中得以利用，从而产生经济收益，也可以带来声望以及权力的满足。特别是由于现在互联网采用的是"核心－边缘"结构方式，那些处于核心部位的政府机关、数据中心、数据企业可以掌握大量的数据，从而可以通过挖掘、分析数据中有价值的部分，获得较多的经济收入和权力地位。从这个角度来说，那些在实体世界中身处政府机关管理位置、数据产业管理层的人掌握了大量的数据。他们将实体社会中的阶层复制到网络社会，通过掌握的大量信息资源，在网络社会拥有了较高的阶层地位。不过，网络社会中，相比较大量的网民来说，有能力以及有机会掌握大量数据的人数很少，因此整个网络社会呈现上面人数很少、下面人数很多的"金字塔型"甚至是"倒 T 字型"社会结构。大量的人是掌握很少信息资源的普通网民。

不过，由于网络社会中自媒体、网络视频、社交软件等的发展，实体社会中，没有可能在公共领域发言的普通大众，也得以有机会在网络上发表自己的言论。"扁平化""人人都有麦克风"的网络社会又在某种程度上，弥补了传统社会"金字塔"结构的不足。张斐男提出的"空中花园"的社会结构理念，就认为当下的网络社会中，原有的金字塔结构的社会分层状况并未被彻底打破，社会权力仍然掌握在少数人手中。[①] 一个社会下层人员虽然可以成为网络中的领袖，但现实生活中他仍然不能摆脱已有的

---

① 张斐男：《网络社会社会分层的结构转型》，《学术交流》2015 年第 3 期。

社会系统的控制。因此，网络社会中的社会分层也发生了一些变化，这种变化就像原本搭建在沙漠中的金字塔被改建成了"空中花园"：金字塔的形状还在，但在金字塔底部和金字塔内部都出现了一团团的雾状结构，使金字塔远远望去更像是古巴比伦王国的"空中花园"。这些雾状结构就是在网络社会特有的信息技术的支持下形成的小利益团体，或者是具有共同兴趣的小团体，它们的力量还不足以改变整个金字塔结构，但它们正在影响并消解着原本的由上而下的权力结构。

对于网络社会阶层结构的认识，也可以从两代网络社会理论①发展的角度来看。当网络刚刚普及的时候，第一代网络社会理论认为，网络社会带来了自由、民主和平等。比如，Megatrends 认为，信息垄断的时代已经过去……代议制民主已过时，公民将真正实现真实治理②。网络自由主义（Cyberliberalism）的代表人物之一 Barlow 提出"网络空间独立宣言"，认为网络空间将迎来真正的、完全的自由和民主。③ Dyson 认为，互联网打破了强国、弱国之间的权力平衡，部分原因是其为这些国家提供了平等的竞技场。④ 第一代网络社会理论学者们普遍认为，网络社会可以消融实体社会的阶层结构，可以通过网络建立一个更加扁平化的社会。但随着"棱镜门"丑闻的曝光、美国总统大选谣言的传播，网络社会研究者们开始怀疑互联网是否存在着真正意义上的自由和民主，并对之前的网络社会民主政治观点进行批判性反思，这些反思性认识构成了第二代网络社会理论。比如，Lyon 很早就尖锐地批判了乌托邦式的网络社会理论，并提出了网络对公民的监视问题。⑤ 之后这些西方学者开始深入探讨西方政治背后的资本因素。Shapiro 描述了微软作为数字巨头对互联网经济市场的渗透和控制，

① 丁佳琦、何明升：《对网络民主政治的再认识——基于第二代网络社会理论视角》，《南京邮电大学学报》（社会科学版）2018 年第 1 期。

② Naibitt J. Megatrends, *Ten New Directions Trans Forming Our Lives*（New York：Warner Books，1982）.

③ Barlow J P., A Declaration of the in Dependence of Cyberspace, https://scholarship. law. duke. edu/cgi/view content. cgi? article = 1337&context = dltr.

④ Dyson E., *Release 2.0：A Design for Living in the Digital age*（New York：Broadway Books，1997）.

⑤ Lyon D., *The Electronic Eye：the Rise of Surveillance Society*（Chicago：University of Minnesota Press，1994）.

并认为微软这类托拉斯的垄断阻碍了网络平台的民主化。[①] 桑斯坦告诫人们要警惕媒体、企业对网络的控制，防范其可能造成的社会分裂风险，同时，提出要通过协商民主的形式和政府加强互信。[②] 这些都说明实体社会中的不平等不仅不会被消除掉，甚至面临变得更加严峻的可能。

随着计算能力、存储能力的不断提高，对于数据的掌握和利用越来越成为可能，这意味着现实中的阶层结构越来越可能复制到网络社会中。网络社会阶层结构正从最开始的扮演对实体社会阶层结构消融的角色，逐步转变为进一步扩大社会不平等的角色。

二　中国网络社会的组织结构

在从传统社会到现代社会的转型过程中，以往的社会学家看到了现代社会构成的原子化趋势，人们之间的疏离化、社会资本的减少和社区的衰落等，都强调从熟悉社会到陌生社会的变迁。新的网络沟通技术，尤其是互联网社交媒介兴起之后，随着社会成员交往行为的变化，传统的社会互动的时空限制被打破，人与人之间新的社会联系随着网络建立起来，使中国网络社会的组织结构呈现新的特点。

（一）网络社会组织的网络结构特征

中国的网民在网络社会中，并非以完全个体化和原子化的状态存在，而是凭借现有的社交平台，形成了各种不同类型的网络社会群体，并且一些网络社会群体的组织化程度也相对较高。我们按照当前中国网络社会组织的基本样态，将其划分为基础网络状结构、平台化结构和去中心化结构。

从最基本的结构来看，存在一个网状的基础网络社会关系网络。首先，网络空间中存在着现实社会关系网络的映射网络。由于互联网在本质上就是一个传递信息的网络，而信息的终端往往是一个个真实的社会成员（近期也出现了网络机器人），所以基于互联网的社会交往行为首先将现实

---

① Shapiro A. L., Hard Drive on Mivosoft: Whether or Not This Government Antitrust Charge Sticks, Justice Should Prevail（New York: The Nation, 1997）.

② 凯斯·桑斯坦:《网络共和国:网络社会中的民主问题》，黄维明译，上海人民出版社，2003。

社会中的社会关系网络映射到互联网世界之中，在所谓的虚拟空间生成了与现实社会结构相对应的网络关系。这样一种映射关系，是现实社会中看不到的社会关系在网络社会中的具体呈现，是可以运用传统的社会网络模型进行描绘的。

图9-10是格兰诺维特等人开创的社会关系网络分析研究中，一种常见的社会关系网络模型结构。图9-11中实线部分为互联网中相对应的基础社会关系网络，是对现实中的社会关系网络的一种映射和复制。然而，这种映射和复制并不足以表明网络社会关系结构的复杂性。由于在现实社会生活中的社会关系连接是受到时间和空间限制的，单个社会成员很难无限度地扩大自己的社会关系网络，但是在互联网中，打破了地理空间和时间的限制，社会成员拥有的社会关系网络将会更有宽度和广度。如图9-11所示，虚线部分的关系网络，表明在互联网情境下，社会个体成员可以和更多的社会成员有潜在的网络社会关系，进行基于互联网的社会活动的可能性加大，可以轻松跨越地理、社会阶层限制。因此，图9-11的网络社会中的社会关系网络更大。潜在的可能性更多，复杂程度更高。图9-12是著名的六度空间理论，假设世界上所有互不相识的人只需要很少的中间人就能建立起联系。这表明人们的社会关系可以通过相互扩展，达到一种惊人的联系复杂程度。而这种可能性，只有在互联网社交网络充分发展起来后，才能真正实现。

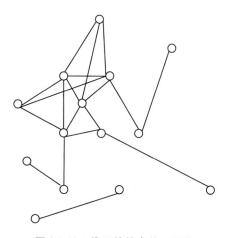

图9-10　线下的社会关系网络

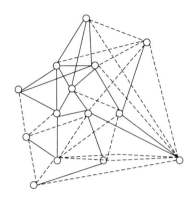

图 9－11　线上的社会关系网络：映射与潜在关系的建立

图 9－12　六度空间理论

资料来源：百度百科，六度空间理论图示，https://baike.baidu.com/pic/六度空间理论。

　　其次，除了最基本的网络状社会关系网络之外，网络社会组织结构的另一大特点是依托各大社交软件平台进行组织，形成一种基于社交平台的组织结构。截至 2019 年，在中国社会最为流行的社交软件是微信、QQ 和微博，这些社交软件的群组功能成为网络社会群体组织起来的关键平台。微信和 QQ 分别提供了微信群和 QQ 群，单一微信群的最大规模为 500 人，而 QQ 群的最大规模为 2000 人。此外，微博、网络论坛、贴吧、豆瓣小组和其他一些具有社交属性的移动 App 也可以形成一些群组，聚集起网民群体。图 9－13 列举了中国社会中目前存在的几大网络社会自组织搭建平台。

　　微信、QQ 等软件实际上为网络组织搭建了一个随时可以进行社会互动的场景。在互联网条件下，超出一定规模的群体，可以通过多层次嵌套的微信群结构，进行组织和集体行动。例如在沈原等对中国卡车司机的调查中，可以发现中国卡车司机自发形成的组织，主要是通过微信群进行运作，除了极少数开发出自己的手机 App 的组织之外，大部分组织完全是通过微信群进行社会互动。根据调查，在中国卡车司机群体中"中国龙"和"东北虎"等自发形成的卡车司机组织，主要是通过两个层级的微信群得以完成。第一层级是为数众多的单体微信群，每个单体微信群约 400 多人，第二个群体是针对群主或组长等核心人物的微信群。这样的多层次微信群结构，组织了大约 2 万多名卡车司机。[①] 在当下中国的互联网空间中，类似的多层次嵌套的微信群，还可见于很多领域，例如基于共同看病需求组织规模较大的病友群，基于共同兴趣爱好形成的粉丝团、游戏群体等，如果涉及人数更多，还可以进行更多层级的嵌套。图 9 - 13 表明了这种多层次的嵌套微信群结构。

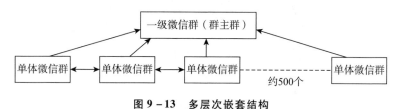

图 9 - 13　多层次嵌套结构

　　在中国网络社会中，第三种网络组织结构是一种去中心化的组织结构。这种组织结构的兴起，一方面和腾讯、阿里巴巴等企业推行的商业化策略有关，另一面也受到区块链技术发展的影响。区块链技术的演进，使互联网中的去中心化发展得以逐步进行。

　　去中心化的组织结构，主要优点在于弱化网络中心节点的信息优势地位。它首先应用在大型企业的组织架构和组织管理中，可以用来提升组织效率。当这种去中心的组织结构向互联网生活扩展时，去中心的结构体现了网络中民众信息生产和信息传播能力的提升，也体现了互联网网民自我

① 传化慈善基金会公益研究院"中国卡车司机调研课题组"：《中国卡车司机调查报告 No. 2》，社会科学文献出版社，2019。

组织的高度分散化。随着互联网从 Web1.0 时代，进入到 Web2.0 时代，再到多终端万物互联的时代，网络组织中的明显的具有结构优势的中心，有望在未来受到挑战和弱化。但是至少在目前这一阶段，网民的组织还是依赖由知名社交软件和一些商业 App 构成的平台结构，这些平台仍是网络结构中最为重要的中心节点。

区块链技术的应用，是去中心化的组织结构的另一个体现。当区块链技术应用于虚拟货币等金融领域时，就形成了一种新的社会信任的建构机制。通过向区块链结构中的每个信息节点进行广播，保证一条信息在整个结构中无法被删除，这就为信用的产生提供了保证，充分体现了货币的本质是一种社会所有成员的共同认可。目前，这样的区块链技术还没有应用到网络日常生活的其他领域，但是我们通过区块链虚拟货币产生的逻辑可以推断，如果这样一种去中心化的技术应用到网络成员的社会互动和组织过程中，则可能意味着一种更加透明、公开、平等化的组织关系（见图9－14）。

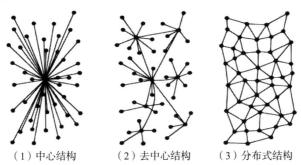

（1）中心结构　　　（2）去中心结构　　　（3）分布式结构

图9－14　区块链技术的去中心化结构

资料来源：张一苇：《私人 vs. 国家数字货币：这才是下一场货币战争》，https://www.sohu.com/a/199287240_130887，最后访问日期：2021年5月13日。

（二）隐性网络自组织

仅仅从传统静态的结构视角，并不能概括当下中国网络社会中组织形态的全部状态。信息时代和网络社会本身具有一种高度的流动性和变动性。信息在网络中的传播接近光速在运行，网络社会中的组织结构也处于一种可以瞬间变化的状态。当下的中国互联网，微信群和QQ群等网络准组织的数量难以精确计算，其中最重要的原因就在于几乎在每一瞬间，网络上都可能出现新的准组织。社会中的成员可以在极短的时间内，通过互联网迅速聚集起来，我们可以将这样的组织现象定义为隐性网络自组织。[①]

隐性网络自组织实际上是网络社会组织的一种临界状态，它介于原子化的个体和互联网组织之间。由于在互联网时代，网络组织形成的速度极大提高，原本没有的社会组织可以在很短的时间内形成。当然这种社会组织和传统的定义相比，可能并不完全一样，但是这种短时间形成的网络社会组织，同样可以发挥巨大的社会影响。

微信、QQ 等软件实际上已经为网络社会组织的搭建提供了社会场景，面对面建群技术、微信建群拉人机制，使一个潜在的网络组织的成立非常迅速，同时，也不用耗费任何空间和经济成本。因此，很多网络自组织的出现是突发式的，并不能在成立之前就被政府或者其他人员所掌控。但是这些临时性或者突发性自组织的形成并不是毫无规律的，它们往往基于线下生活中的共同利益诉求或者其他共同目标而成立。

在中国社会的众多网络集体行动中，无论是一些网络集体慈善活动，例如线上募捐和网络公益行动，还是一些集体抗争活动，例如城市社区居民针对政府、开发商、物业的集体维权行动，都会在很短的时间内，通过互联网的社交平台，形成具有明确组织目标、组织资源和动员能力的网络自组织。这些网络自组织往往在事情发生之前并不存在，但是一旦出现特定事件，就可能会将很多陌生人迅速组织起来。网络空间聚集和组织的背后，实际上是这些社会成员在现实生活中，具有潜在的共同利益结构和其他共同的现实关联。

三　中国网络社会的社会权力结构

社会权力是一个比政治权力更加宽泛的概念，它包括社会成员之间、组织之间、民众与企业和国家之间的各种错综复杂的权力关系，社会权力也具有各种不同的表现形式。在互联网时代，社会权力的力量对比、表现形式等很多方面都发生了变化。[②] 在当下的中国社会中，随着互联网的兴起，网络社会中的权力结构也呈现新的特点。

---

① 陈氚：《隐性网络自组织：互联网集体行动中的组织状态和治理困境》，《教学与研究》2017 年第 11 期。
② 刘少杰：《网络社会的结构变迁与演化趋势》，中国人民大学出版社，2019。

（一）网络权力结构中的中心－边缘模式

简单考察互联网领域的社会权力结构，就可以发现，在中国的互联网权力场域中，国家、民众、大型互联网商业公司构成了场域中的主要行动者。在传统的理论视角中，权力的大小与行动者占据资源的多少密切相关，拥有更多资源的行动者，拥有更多让权力对象按照自身意愿行动的能力。

全球网络社会中，大型跨国互联网巨头构成了互联网权力网络中的重要中心节点，而一般社会成员——网民，成为权力网络中的底层和边缘行动者。在中国，这一趋势也同样存在，并且随着大数据时代的来临，互联网商业巨头相对于社会个体的权力优势会进一步加强。总体而言，这是一种中心－边缘的权力模式。

首先，大型互联网企业垄断了互联网中社会行动的平台，占据了网络结构上的绝对优势节点。所有在网络上发生的社会行动，都要通过少数互联网平台完成。当社会成员在互联网上从事生产、社交、娱乐等各项活动时，都不得不依赖于商业化的运行平台。互联网并没有成为发明之初少数技术爱好者所构想的完全平等、自主的网络乌托邦。反而纳入全球资本运行的逻辑，产生出新的权力不平等。

其次，大型互联网商业企业相对于普通社会成员来说，具有资本和技术上的绝对优势。在互联网空间中，技术和资本意味着更强大的行动能力，使资本力量和一般社会成员在互联网中的信息生产、技术使用、选择行为判断等基础的行动能力方面具有显著的差异。

最后，大数据时代的来临，意味着一般社会民众汇集的海量行为数据，被掌控在少数企业手中。这些数据不仅仅涉及社会民众的个人隐私，其实质上更是一种数据资源。这些数据资源可以预测民众的行动趋势，可以获得更大的资本收益。而一般民众并不拥有这些海量数据，即使拥有，也不具备和大型互联网企业相匹配的数据处理和信息分析能力。

因此，在互联网时代，相对于互联网商业巨头的信息空间位置、资本、技术优势，社会民众处在一种绝对劣势的弱势地位，成为社会权力关系中的相对弱者。

国家行动者的加入，在一定程度上可以制约大型互联网商业巨头过于强势的权力地位，保护一般社会成员的隐私和数据资源，起到对这种中心－边缘权力关系平衡的作用。但是，另外，如果对国家行动者本身的信息权力不加限制，也可能会潜在地伤害到民众的信息权利。

(二)　互联网的赋权能力

互联网的兴起，也改变了传统中国家与社会民众之间的权力关系。互联网为民众和国家之间、民众与民众之间提供了新的沟通方式。卡斯特将网络社会中，行动者通过沟通产生的权力称为沟通权力。互联网同时强化了国家和民众双方的沟通能力，在理论上可以更加有利于共识的达成、人心的凝聚，是对国家和民众的双向赋权。

从社会民众的角度来看，中国社会进入网络时代以来，基于互联网形成的民众之间的民意表达、公共事务参与、集体行动动员能力都大大增强。网络化时代，政府越来越重视民众在互联网上的集体意见表达。网络围观、网络抗议、网络维权和线下维权的结合，都使社会民众自发的力量逐渐增强。互联网新的信息传播能力增强了政府行为的公开度和透明度，使政府公权力直接得到网民广泛的监督，从而能够有效地减少权力不受制约的现象，一定程度上可以减少腐败发生的可能。

近年来，在引发网民关注的互联网热点事件中，我们都可以看到中国民众参与公共议题的意愿和能力在逐渐增强，在一定程度上对政府起到了监督作用，在客观上促进了国家诸多领域的法治化进程，也推动政府在很多领域治理能力的提升。例如在空气质量预报和治理、基层执法规范化、暴力讨债、民间金融、农民工欠薪、高考名额分配公正等社会问题上，互联网促进了民众对公共事务的参与，也形成了社会矛盾借网络扩大影响倒逼政府在相关领域改革的机制。

从国家的角度来看，中国社会进入网络时代以来，一方面，互联网极大地提升了国家获取民意的能力，网络舆情监控、大数据分析、政府网络沟通渠道的建立，大大拓展了民意上升到国家层面的渠道。政府在进行社会治理时可以有效地获取民众意见，更好地代表人民群众的根本利益。另一方面，互联网提高了民众对公共事务的知晓程度和参与程度，提升了政府自身权力运行的透明度，使民众在通过互联网有效维护自身合法利益的同时，对公共政策的理解和认同进一步加强。这种政府和民众之间有效沟通机制的进一步完善，是互联网时代增进民众对国家信任的有效途径，有利于国家治理合法性的进一步提升。

第三节　互联网社会治理的政策建议

一　互联网技术与社会治理的结合

互联网时代带来的社会全面变革，使传统的社会治理思维和治理方法必须与时俱进，适应新的时代要求。互联网技术本身，既带来了社会生活本身的网络化、技术化和智能化，也可以应用于社会治理层面，以应对社会自身的变化需求。这就要求包括国家、民众和企业等在内的各方力量，都形成互联网思维，利用互联网技术，应对治理挑战。

（一）治理技术的信息化

大数据、物联网等技术的兴起，为治理技术的发展提供了新的可能性。在社会治理过程中，网络空间中的各方主体留下了数量众多的大数据，这些大数据是一种宝贵的资源，可以被充分利用。大数据在获取民意、预测社会发展趋势等各个方面都具有重要的价值。因此，充分发挥大数据的描述和预测功能，可以有效地提升国家治理能力和治理效率。

5G等通信技术的发展，以及物联网技术的兴起，给治理技术的发展带来两个方面的进步。首先是远程治理技术的发展。远程治理可以摆脱时间和地理空间上的限制，使治理者可以对治理对象进行不受时空约束的监管。例如，在城市交通治理、基层社区的社会治安治理等领域，远程智能摄像头的使用，可以降低社会风险，增进社会安全。在环境保护领域和食品药品安全领域，基于互联网远程监测设备的应用，可以加强对企业的监管。其次是物联网技术也实现了治理的自动化，减少人作为行动者的作用，减少人的主观因素在社会治理中的影响。

在基层社会治理领域，利用互联网自组织可以充分调动基层民众自我治理的积极性。当下，国家主导的基层社区治理，面临民众参与度不高、积极性不高的问题，其中的重要原因之一在于社会民众尤其是职业群体不愿意耗费时间和精力投入到与自身关系不大的社区事务上。而在现实中，尤其是在城市商业社区中，很多民众自发地构建了微信群、QQ 群等网络社群，这些社群可能基于共同的兴趣爱好、共同的利益目标等。应当充分利用这些已经形成的网络社群，让更多民众参与到基层社会治理中来。

（二）网络社会的多元治理

在传统的社会管理模式中，政府占据社会管理的主导地位。而在互联网时代，在网络社会中产生重要影响的行动主体呈现多元化。互联网企业、网络社会组织、民众、政府都在网络社会中扮演重要的角色。网络社会的运行机制也呈现高度技术化和复杂化，仅仅凭借政府自身的力量并不足以完成对网络社会的治理。

因此，在网络社会中，治理的主体应当是多元的，网络社会治理是每位社会成员的基本社会责任。各方行动者都应当承担起网络社会治理的职责。在信息的生产、制造、传播领域，大型互联网企业具有网络结构中的中心节点优势，也具有最充足的技术能力，应当承担社会责任和履行法律义务，维护国家统一、民族团结，维护国家利益和民族利益，对分裂国家民族，有害社会公序良俗的信息进行处理。国家应当制定相应的法律法规，规范和引导互联网中的各种行为，保护互联网空间中的弱者，保障民众的互联网合法权益不受侵害。民众也应当更加积极地参与到网络公共事务之中，遵守法律法规，合法维护自身利益，形成人人参与的网络社会治理。

（三）网络空间与社会现实矛盾的综合治理

在传统观念中，网络空间和现实空间相互分离、界限明显。网络空间往往被视为一种虚拟的、非现实的空间，或者是纯粹娱乐化的空间。但是随着网络社会的发展，现实空间和网络空间已经逐渐融合。[①] 在传统的治理思维中，互联网空间中出现的问题应当用纯粹的技术手段，或者主要在互联网空间中解决。但事实上，网络空间中的舆情热点、网络矛盾往往是

---

① 陈氚：《网络社会中的空间融合——虚拟空间的现实化和再生产》，《天津社会科学》2016年第 3 期。

现实中社会矛盾在网络空间中的集中体现，仅仅依靠删帖、舆情引导等技术手段平息网络中的舆情，并不能从根本上解决现实的利益冲突和社会矛盾，也没有根本解决网络中未来的潜在冲突。只有迅速从网络舆情中发现现实社会中的矛盾和冲突，将解决问题的关键放在互联网之外，才能从根本上实现网络空间中的矛盾解决。

此外，通过对线下（现实）社会矛盾的研究和信息收集，洞察现实社会中存在的结构性利益冲突和制度化的矛盾，也可以提前预测互联网中有可能会爆发的热点问题。一旦某些特定的现实社会矛盾和冲突在互联网中爆发，产生的负面影响可能会超出原有的范围，而且是更加巨大的。因此，应当建立起一种网络安全与现实社会安全联动的综合社会治理机制，将二者统合起来进行研究和治理，通过对线下基本社会矛盾的研判，预测互联网上可能爆发的冲突，避免社会冲突在互联网上的极端化，提前化解社会矛盾。同时，也通过对网络舆情的监控，将网络中反映的社会矛盾迅速反馈到有关部门，有效地推动现实社会中社会问题的解决。

二　网络社会中政府角色的重新定位

（一）政府的角色定位经历了不断发展、成熟的过程

我国的网络社会治理经历了从最开始的放任到后来的管控，以及现在的多方治理的过程。政府的角色定位也从最开始的局外人，到后来的管理者，变为现在的协同治理者。

互联网刚刚开始发展的时候，由于它的虚拟性、匿名性，网络空间似乎是一个"法外之地"。政府并没有对其进行应有的管理，网络空间经历了"野蛮生长"的阶段。无数的企业在这个阶段迅速出现，又迅速消失。网络上的舆情、言论也呈现混乱的局面。政府在这个阶段的"局外人"的角色，使网络社会与现实社会严重脱节，这一阶段的网络社会还只能被称为"虚拟社会"。

到了21世纪的前十年，经济快速发展带来的社会矛盾问题频现，而由于网络给公众言论提供了一个很好的发泄口，互联网成为社会矛盾爆发性出现的地方，特别是微博等自媒体的出现，使"人人都有一个麦克风"变为现实。这一阶段，政府意识到对于互联网进行治理的必要性，但采用的

是管控的方式。

2010～2020 年，随着政府对网络社会认识的加深，政府的角色定位逐渐变为协同治理者。2016 年 4 月 19 日，习近平主席在网络安全和信息化工作座谈会上指出："网民来自老百姓，老百姓上了网，民意也就上了网。群众在哪儿，我们的领导干部就要到哪儿去。各级党政机关和领导干部要学会通过网络走群众路线，经常上网看看，了解群众所思所愿。"① 这代表了新一届政府的执政思路与角色定位。党的十八大以来，"放管服"改革力度加大，政府借助互联网技术简化了审批手续、提高了政府效率。从信息公开到政务公开，再到数据开放，标志着政府不断开放，使公众成为网络社会治理主体之一。

（二）网络社会中新业态的不断发展给政府角色定位带来新的挑战

20 世纪 90 年代到 21 世纪初，互联网行业随着"互联网 +"行动的深入，以及大众创业、万众创新的推进，越来越多的新业态不断出现，如从最开始的网络零售业，到后来的共享经济、自动翻译、人工智能的出现等。

新的经济业态具有以下几个特点。一是核心在于创新。从互联网的发展来看，早期的创新在于商业模式的转变，如淘宝网就是将零售业从线下搬到线上。现在，随着互联网与实体经济融合程度越来越高，创新越来越多的是技术的创新，如人工智能、区块链等技术方面的创新。二是不确定性大。近几年共享经济的发展更是说明了这一点。互联网的新业态一方面能够促进社会效率的提升，另一方面也会带来难以想象的负面效应。如共享单车在提高人们出行效率、提升环保意识的同时，也带来了道路拥堵以及后续的共享单车数量过多、城市难以消化的问题。三是成功的少、失败的多。每一个新业态在刚出现的时候，都会有大量的厂商涌入，经过一段时间的竞争，甚至是恶性竞争之后，才会有一两家或者几家公司存活下来，在这个过程中，社会成本损失过大的问题很严重。四是缺乏适时有效的政策对新业态进行引导。新业态往往是以前没有的，是创新的，这也会

① 习近平：《在网络安全和信息化工作座谈会上的讲话》，人民网，2016 年 4 月 19 日，http://politics.people.com.cn/n1/2016/0426/c1024-28303544.html，最后访问日期：2021年 5 月 13 日。

带来一个重要的问题，就是政府以前从来没有遇到过类似的情况。

新业态的不断增多对政府提出的挑战越来越多：政府应该在新业态中扮演什么样的角色？政府是否应该在新业态刚出现时便出台政策对其进行规范？政府是否应该对新业态进行资助？对于这些问题，可以从新业态需要投入的资金量以及新业态潜在的影响这两个角度进行考虑。

对于投入较少、潜在影响力也较低的行业，如在线零售、共享单车、共享汽车等行业，政府可以作为"守夜人"的角色，先让这个行业自行发展一段时间，再对其进行规范。对于投入较大、影响也较大的行业，如人工智能、无人驾驶汽车、5G产业等，政府可以将这类行业定位为战略新兴产业，预先制定政策并可以给予适当的资助。对于投入资金较少，但可能会有较大影响的行业，如共享公寓、互联网贷款等行业，应该在这些行业刚出现的时候，就制定相应的政策，引导这些行业步入正轨，避免造成较大的社会损失。对于那些投入资金大但当下影响不大的产业，如太阳能、机器翻译等行业，这些行业属于基础性行业，未来可能带来较大的影响，政府应该加大投资力度。

（三）政府应当促进网络社会结构的不断完善

对于网络社会结构的研究，现在还只是起步阶段。但学界普遍认为，信息的拥有量应该成为网络社会分层的一个重要依据。由于信息拥有量的不同，人们在网络社会中处于不同的位置。有学者认为，现在的网络社会结构是"倒T字型"结构，只有特别少的一部分人拥有大量的信息，其他的人都只有少量的信息。

现实社会中，"金字塔型"的社会结构，由于缺少中间阶层的缓冲，会导致整个社会矛盾的累积以及冲突的不断发生。网络社会中也是如此，如果大量的信息掌握在少数人手里，会导致公众对信息的不信任，以及谣言的肆无忌惮传播。由于只有少数人知道事情的"真相"，其他人可能会选择不相信或者不信任。

政府应当将网络社会结构打造成"橄榄型"结构，也就是应该将信息尽可能地公开出去；同时，也应该关注到公众信息获取能力的提升，不断提高个体获取信息的能力，从而让信息在更多的人中得到共享。

| 后 记 |

　　社会结构是一个国家的基本国情，是制定公共政策最重要的依据之一。我的博士导师陆学艺先生从 20 世纪 90 年代开始就一直率领学术团队致力于中国社会结构特别是改革开放以后中国社会结构的变迁研究，形成了一系列有重要影响的学术成果和政策咨询报告，对推动中国社会学发展以及社会主义社会建设做出了积极的贡献。我本人有幸一直参与陆学艺先生的课题研究，经历了从"当代中国社会阶层结构"、"当代中国社会流动"、"当代中国社会结构"到"当代中国社会建设"四个课题的研究。在此过程中，我与相关老师、师兄弟姐妹们进行文献梳理、读书交流，深入基层开展问卷调查、个案访谈，参加课题成果学术交流研讨，历时 10 多年时间，增进了对中国基本国情的认识，开阔了学术视野，深化了对社会阶层、社会流动、社会结构、社会建设等相关问题的学术思考，提升了自己的社会学研究能力和水平。

　　社会结构的变化与优化事关中国特色社会主义现代化事业。随着中国特色社会主义现代化的深入推进，2010~2020 年，中国社会结构发生了新的深刻变化。党的十八大以来，中国特色社会主义进入新时代，我国现代化实现了更高水平的跨越式发展，城乡居民生活水平大幅度提高，成功解决了占世界总人口 1/5 以上人口的温饱问题，全面建成小康社会，正在迈向富裕社会。我国城镇化率 2011 年首次超过 50%，此后一路升高，使"乡土中国"变为"城市中国"，城乡基本公共服务均等化水平稳步提高，新生代农民工进入城市工作、定居生活的愿望越来越强，农村人口"老龄化""空心化"现象更加严重；新科技革命和产业变革，深刻改变着人们的生产生活和社会交往方式。与此同时，世界正面临百年未有之大变局，虽然"西强东弱"的格局尚未根本改变，但是，"东升西降"已成定势，新兴发展中国家正在崛起。我国经济总量自 2010 年以后一直保持世界第二的地位，中国与欧美发达国家的差距不断缩小。一些西方国家企图阻断、中止中华民族伟大复兴的历史进程，使我国发展的外部环境越来越复杂，不确定性和不稳定性进一步增加。我国发展的内外部环境和条件的一系列新情况新变化，正在影响甚至改变着社会结构变迁的动力机制。2020 年是中国乃至人类历史进程中的一个分水岭，新冠肺炎疫情突袭而至，检验了各国发展水平、治理特点以及治理成效，全球发展秩序以及社会治理模式受到了一次大考。我国在这次疫情大考中交出了优异的答卷，展示了中国共产党领导和中国特色社会主义制度的巨大优势，体现了中华文化和社会结构的独特魅力。

站在新起点、面对新局面，陆学艺先生主编的《当代中国社会结构》一书中所描述的不少情况和阐述的一些观点，需要进行跟踪研究、深化研究，分析新的状况、发现新的问题，提出新的解释、做出新的判断。2020 年也是全面建成小康社会、开启全面建设社会主义现代化国家新征程之年，在这样一个特别的历史时点，全面回顾和总结新时代的社会结构变迁，既是社会学学术研究之需，也是为促进国家现代化更好发展之需。

2013 年 5 月 13 日，陆学艺先生不幸与世长辞，先生开创的学术事业需要继承和发扬光大。经过多次讨论和反复协商，2019 年初，先生生前所在的中国社会科学院社会学研究所决定以先生主编的社会阶层、社会结构、社会流动、社会建设等方面的著作为主题，继续研究几本著作出版之后相关领域的重大变化，并纳入中国社会科学院科研项目"登峰计划"给予经费支持。2018 年 9 月底，在深化党和国家机构改革中，原中央党校和原国家行政学院合并重组，成立新的中央党校（国家行政学院），我从原国家行政学院进修部调至新成立的社会和生态文明教研部工作。重新回到我更熟悉的教学科研岗位，特别是从事我的老本行社会学和社会建设方面的教学科研咨询工作。为了继承陆学艺先生的学术事业，贡献作为学生的一份力量，也为了加强社会和生态文明教研部的社会学与社会建设学科建设，应师兄社会学所所长陈光金研究员的邀请，我牵头承担《当代中国社会结构（2010～2020）》一书的研究和写作任务。参加本书写作的作者由两部分人构成，一部分是陆学艺先生的学生，即我的师兄弟姐妹，他们是《当代中国社会结构》一书的作者；另一部分是我所在教研部的同事和博士研究生，他们都对社会结构相关领域有较为深厚的研究造诣。我也是希望以此书的写作为契机，不断提升我们教研部对于社会结构相关问题的研究能力和水平。

2019 年 2 月，从中国社会科学院社会学研究所那里领受写作任务后，我和张林江副教授共同承担了本书的写作组织工作。2019 年 3 月 17 日，编写组成立，在中央党校（国家行政学院）南校区召开写作启动会议。陈光金研究员、王春光研究员、李春玲研究员到会指导，就本书的写作目的、定位和相关要求进行了说明，并对写作提纲提出了修改完善的意见。本书的定位是与陆学艺先生主编的《当代中国社会结构》（社会科学文献出版社，2010 年 1 月出版）一书进行对话，主要研究该书发表以来 10 余年相关领域的新情况新变化，因此，将新书定名为《当代中国社会结构（2010～2020）》，并且基本沿用了上一本书的篇章结构。考虑到作为社会结构重要组成部分的城乡和区域问题往往紧密相连，城乡结构与区域结构很多内容又有交叉，二者很多时候难以完全区别开来，另外，我们对区域结构也缺乏深入研究。因此，新书没有再将区域结构单独成章加以研究，而是把与区域结构有关的内容放在城乡结构中加入分析。10 余年来，中国互联网迅猛发展，在现实社会之外形成了一个影响越来越大的互联网社会。网络社会与现实社会既紧密联系又相对独立，是社会结构的新领域和新形式。因此，新书增设了"网络社会结构"一章。

本书导论由张林江［中央党校（国家行政学院）社会和生态文明教研部副教授］撰写，第一章人口结构由刘金伟研究员（国家卫生健康委员会流动人口服务中心处长）撰写，第二章家庭结构由胡薇［中央党校（国家行政学院）社会和生态文明教研部副教授］撰写，第三章就业和职业结构由李志明［中央党校（国家行政学院）社会和生态文明教研部教授］撰写，第四章收入和财富分配结构由王道勇［中央党校（国家行政学院）社会和生态文明教研部教授］撰写，第五章消费结构由赵卫华（北京工业大学人文社会科学学院教授）撰写，第六章城乡结构由马福云［中央党校

（国家行政学院）社会和生态文明教研部教授］撰写，第七章社会的组织结构由毛佩瑾［中央党校（国家行政学院）社会和生态文明教研部副教授］撰写，第八章社会阶层结构由胡建国（北京工业大学人文社会科学学院教授）撰写，第九章网络社会结构由陈氚和李志新［分别为中央党校（国家行政学院）社会和生态文明教研部副教授、图书和文化馆副处长］撰写。

　　写作任务分工确定以后，各位作者根据2019年3月17日课题启动会上达成的共识，修改完善各章提纲。2019年6月2日，编写组召开会议逐章讨论新的写作提纲，提出修改意见。2019年12月，部分作者按照时间节点提交了初稿，编写组进行了研讨交流，同时对尚未完成的书稿提出了交稿时限等方面的要求。2020年3月，编写组收齐全部书稿，张林江和我分别通读全部书稿，提出书名、写作规范和各章修改完善意见，于4月上旬反馈给作者。2020年6月中旬至8月底，编写组陆续收到各位作者的修改稿件，我和张林江再次通读全部书稿并进行了初步的编辑、汇编成书，交由中国社会科学院社会学所科研处打印出书稿。2020年12月5日，在北京香山饭店召开了书稿审读会。中国社会科学院社会学研究所所长陈光金研究员主持会议，社会学研究所李春玲研究员、社会科学文献出版社副总编辑童根兴编审、南京师范大学邹农俭教授、北京工业大学人文社会科学学院副院长胡建国教授等出席会议。我和张林江参会，认真听取各位专家的意见和建议。会后，我们将专家们的审读意见，特别是陈光金所长的意见，整理发给相关作者，请他们尽快修改完善。在张林江教授的有效协调下，2021年1月中旬，收齐第二次修改的全部书稿。张林江对书稿进行了初步审读和编辑整理，然后打印成册，交由我第三次通读、修改全部书稿。对于不清楚和拿不准的地方，我又请相关作者进行核实、补充和修改。张林江根据我提出的书面修改意见，校订和修改各章书稿。2月初，全部书稿交给陈光金所长审定。

　　本书从启动写作到完成全部书稿，历时2年多的时间。参加本书写作的各位作者，不计名利得失，克服各种困难，认真研究，深入思考，团结协作，按照编写组和专家们的意见毫无怨言地一次次对书稿进行修改完善，令人十分感动。由于本书是集体合作成果，各章之间的观点并不完全一致，甚至一些数据也不尽相同。尽管作者们十分努力，也得到众多专家的精心指导，但是，由于作者特别是我的能力和水平所限，书中肯定还存在很多不尽如人意的地方，敬请广大读者和学界同仁不吝赐教。

龚维斌

2021 年 8 月

图书在版编目（CIP）数据

当代中国社会结构. 2010 - 2020 / 龚维斌等著. --
北京：社会科学文献出版社，2021.12
ISBN 978 - 7 - 5201 - 8740 - 4

Ⅰ.①当…　Ⅱ.①龚…　Ⅲ.①社会结构 - 研究 - 中国
- 现代　Ⅳ.①D66

中国版本图书馆 CIP 数据核字（2021）第 214412 号

当代中国社会结构（2010 - 2020）

著　　者／龚维斌　张林江 等

出 版 人／王利民
责任编辑／胡庆英
责任印制／王京美

出　　版／社会科学文献出版社·群学出版分社（010）59366453
　　　　　地址：北京市北三环中路甲 29 号院华龙大厦　邮编：100029
　　　　　网址：www.ssap.com.cn
发　　行／市场营销中心（010）59367081　59367083
印　　装／三河市龙林印务有限公司

规　　格／开本：787mm × 1092mm　1/16
　　　　　印 张：21.25　字 数：338 千字
版　　次／2021 年 12 月第 1 版　2021 年 12 月第 1 次印刷
书　　号／ISBN 978 - 7 - 5201 - 8740 - 4
定　　价／128.00 元